近代初期の松浦武四郎

松浦武四郎 67歳肖像＜撮影：明治17年（1884）＞
（松浦武四郎記念館蔵）

『庚辰游記』（明治13年刊）大峰奥駈修行を行う松浦武四郎自画像

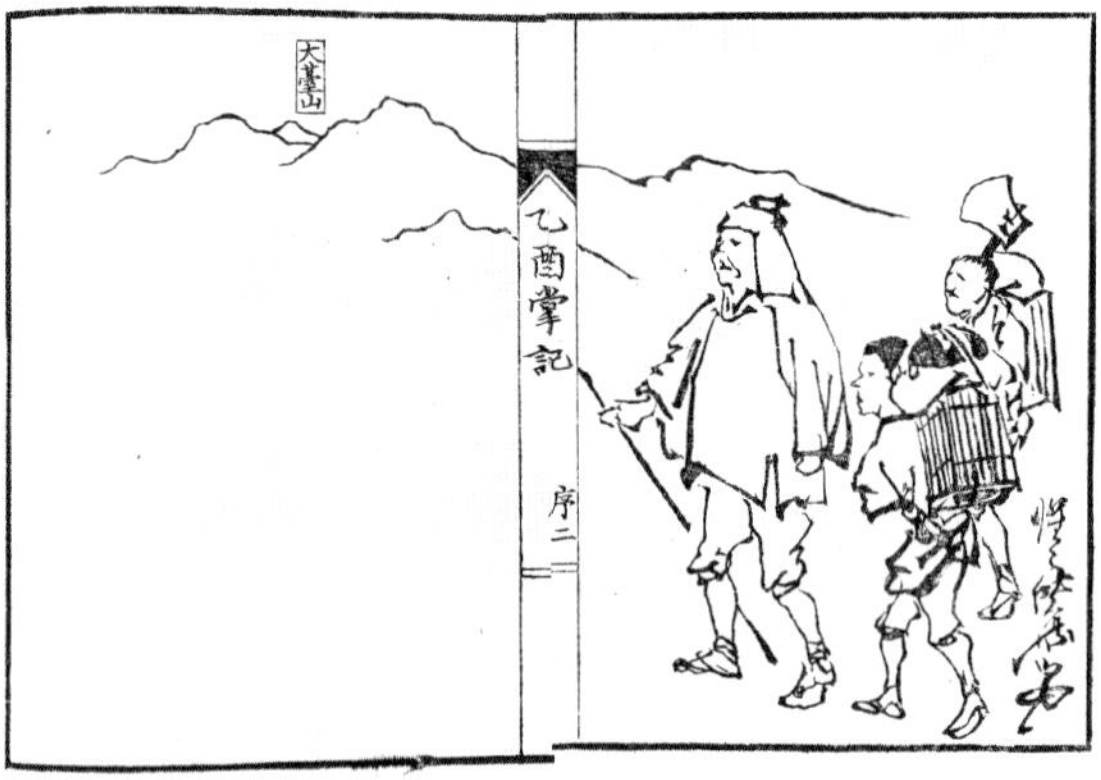

『乙酉掌記』（明治18年刊）大台ケ原に登る武四郎

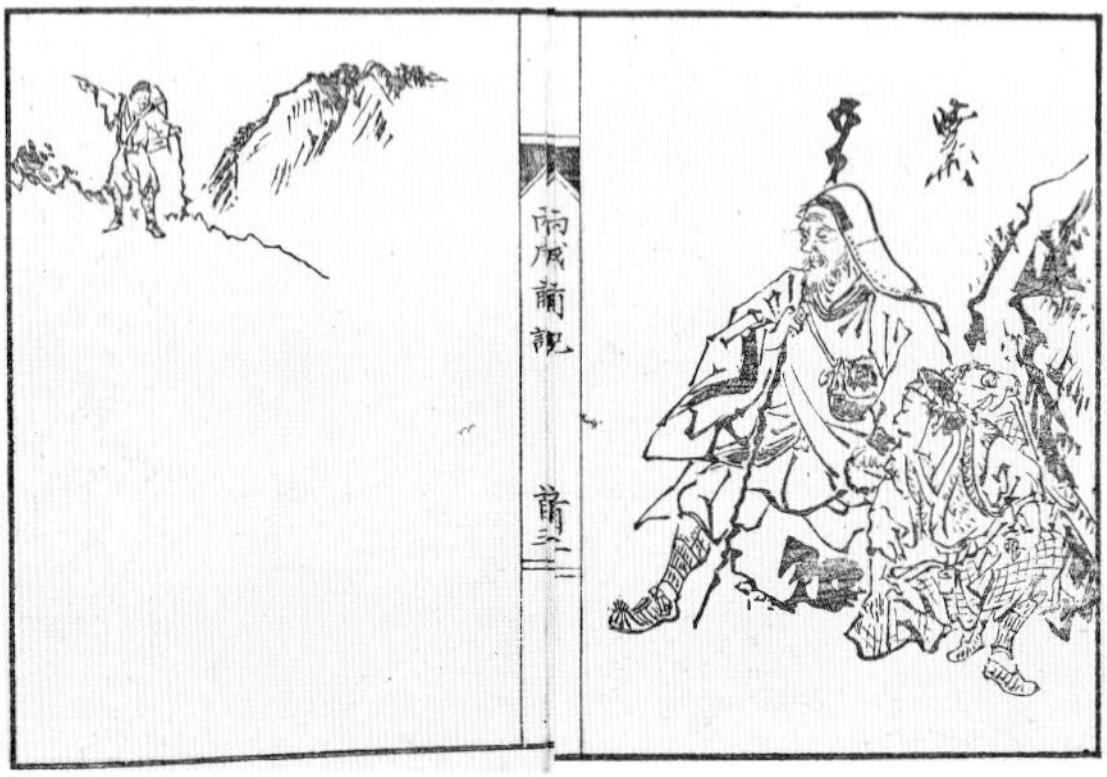

『丙戌前記』（明治19年刊）大台ケ原に登る武四郎

序　『近代初期の松浦武四郎』発刊に寄せて

松浦武四郎記念館
館　長　中　野　　恭

まず、過日に発生いたしました「平成三〇年 北海道 胆振東部地震」におきまして、被災されましたみなさまには、哀悼の誠を捧げますとともに、心よりお見舞いを申し上げます。

そして、一日も早い復旧・復興を、切にお祈り申し上げます。

このたびは、小玉道明先生のご尽力によりまして、「近代初期の松浦武四郎」とご銘名いただきました「珠玉の書」を、武四郎翁の生誕二〇〇年に上梓することができましたことは、誠に慶賀の至りであり、まずは衷心より厚く御礼を申し上げます。

本書の編集に携わっていただきました小玉道明先生と、武四郎の明治期の旅についてご寄稿をいただきました佐藤貞夫先生におかれましては、武四郎翁のふるさと三重県松阪市におきまして、永年に渡って翁の研究にご尽力を賜っております。

両先生は、机上の論壇を流布するというよりも、翁が後世に遺した諸資料を紐解くにとどまらず、翁が著した稿本に加え、刊本や書簡等、難解な古文書資料を丹念に読み解き、それらを成果物として発刊し続けていくという学究的な活動を重ねてこられ、その成果の一環として、今次の発刊にお繋ぎいただきました。

いうまでもなく、武四郎翁は、激動の幕末を生き抜いたことに加え、明治中期までの近代史に未踏の足跡を刻みました。晩年にわたって希有なる信念と強靱な意志が根底に存したことは、驚くべきことであり、本書では蝦夷地に於ける諸仕事を終えた翁が、全国を「万感の思い」を以て行脚した際の紀行文や書簡等、晩年における翁の諸資料を年表風に総覧し、謎に包まれていた明治以降の翁の活動を明らかにしていただきました。

折しも平成三〇年は、松浦武四郎生誕二〇〇年、北海道命名一五〇年の節目を迎えた「慶賀の年」に当たります。本書の発刊は、研究史に深く刻まれ、翁に思いを寄せる諸氏への貴重な発信に繫がることはまちがいありません。

最後になりましたが、本書の発刊にあたり、北海道出版企画センターの野澤緯三男様には格別のご協力を賜りました。心より感謝を申し上げます。

本書を一人でも多くの皆様方にお役立ていただき、武四郎翁の研究が今にも増して進捗し、発展することを、伏してお願い申し上げる次第です。

近代初期の松浦武四郎

目次

※表紙写真：松浦武四郎著『丁亥前記』（明治二十年刊）より上野一葉の筆による古希を迎えた武四郎の肖像

凡　例

年譜は、書簡、紀行文などの抜粋を列記した。
関連資料は、段を下げて併記した。
本文の用字は常用漢字を原則とする。
原文のルビは（　）内に、割注は〔　〕内に示す。
句読点と段落は引用資料のまま、一部改変あり。
各書簡の宛名と差出名は、書簡原文による。
文中の記念館は松浦武四郎記念館、会誌は松浦竹四郎研究会会誌の略称。
各行末の＊印は、編者の注書。

明治を旅する松浦武四郎

佐藤貞夫

激動の幕末期を一市井人として送っていた松浦武四郎は、大久保利通の推挙によって維新政府の蝦夷地政策の一端を担うようになった。蝦夷地における彼の探検実績が評価されてのことである。出仕に当たっては、彰義隊が抜扈していた頃であったので、松浦家でひと騒ぎのあったことが稿本『明治二年東海道山すじ日記』に記されている。その彰義隊は五月十五日の上野戦争において壊滅的打撃を受けた。その直前の閏四月二十八日、武四郎は太政官において「任徴士箱館府判府事」の命を受けた。

明治二年七月八日、箱館裁判所・箱館府は開拓使となった。武四郎は八月二日に開拓判官となり道名・国名・郡名撰定の任にあたった。蝦夷地は彼の「北加伊道」案に従って「北海道」と称されることとなった。

「北海道の名付け親」という栄誉に浴することになったのである。しかし、三年三月十五日、御用商人との縁を絶ちきれない開拓使と開拓長官東久世通禧の独断を糾弾する激烈な内容の辞表を出して辞任してしまった。

辞任後の彼は北海道開拓に携わることも赴くこともなかった。彼の蒐集した厖大な北辺資料は九年一月～六月に東京書籍館（現国会図書館）に譲り渡された。

北海道問題から離れた彼は維新政府の西欧化、資本主義的政策の展開に背を向けて独自の生き方をするようになった。若い頃から日本の古文化、古物に感心と知識を持っていたが、一段とその傾向を深めるようになる。

当時武四郎の名は古銭、古物の蒐集家として世に知られるようになっていた。「乞食武四郎」とまで言われるほどの熱心さであった。が、それは古銭そのもの、古物そのものに対する執着からではなかった。集めた古銭は、最終的には『多気志楼蔵泉譜』(全十五冊)に記録し、そのすべてを大蔵省に寄贈した。古物の方は整理の上しかるべき所へ托し(この経緯は今の処不明)、現在は静嘉堂文庫に収蔵されている。蒐集・整理・記録は研究の基礎作業である。リストアップを重視していたことは蒐集した古物の一覧や古物会出品目録を数多く残していることでも分かる。

数年かけて河鍋暁斎に描かせた『武四郎涅槃図』は、その奇抜さを讃えることが多いが、これも武四郎の集めた古物をリストアップする一つの方法であった。

武四郎はリストアップした古物をさらに研究対象としている。その成果は『撥雲余興』、『撥雲余興二集』として発表された。

明治期、彼の仕事として大きな意味を持つ物として各地の寺社への大神鏡奉納がある。八年に北野天満宮、九年に上野東照宮、十二年に大阪天満宮、十四年に吉野金峯山寺蔵王堂、十五年に太宰府天満宮に奉納された。自分の活動に区切りをつけたり、記念したりするために行ったと思われるが、世間への周知という面もあったのだろう。この中で蔵王堂への奉納は前年(十三年)の大峯奥駆けを記念するものである。維新政府によって元年に出された「神仏判然令」、五年の「修験道廃止令」による寺院・仏像・仏具の破壊、宗派・僧侶・信者に対する弾圧に武四郎流の抵抗として行われたことを見逃してはならない。

生涯通じての彼の特徴は旅行家、探検家であったことである。『松浦武四郎自伝』冒頭に「人となりて諸国の名山大岳に登らんことを欲して名所図会また好て地志を読」と記している。歩き続けた所に彼の面目がある。

しかし、その彼が十年頃には「五十九歳の頃より多病に成、六十一歳の時に危く黄泉の鬼と」なる所であったと旧知の末松孫太郎宛書簡に記しているが、その危機を彼は「歩くこと」(旅行・探検・登山)で克服した。

明治十二年六十二歳の彼は妻とうと西日本各地への旅に出掛けた。主たる目的は幼くして亡くなった「いし」の日牌を高野山に納めることであった。七十七日間に及ぶ夫婦旅については稿本『己卯紀行』に詳しい。が、この時彼の出版したものは『尚古杜多』二冊でその内容は古物一覧、新獲物の一覧であったため、せっかくの旅が古物集めのためであったかのように誤解されてしまった。

『己卯紀行』の旅の中で修験道廃止令以降の吉野の難渋を知り「来年は自分が大峯奥駆けに挑戦しよう」と約束をする。その約束に従って十三年の旅は大峯奥駆けが中心の旅となった。旅の詳細は稿本『庚辰紀行』に書かれている。しかしこの時も彼の発行した『庚辰游記』は古物一覧、小集目録を中心としており、旅行摘記はわずか一丁であった。

十四年の旅は前年の大峯奥駆けを記念して金峯山寺蔵王堂へ大神鏡を奉納することにあった。また次の課題「聖跡二十五霊社順拝」の対象天神・天満宮の選定をする必要もあった。六十七日間の旅の詳細は稿本『辛巳紀行』に記された。刊本は『辛巳游記』。

十五年壬午の旅は太宰府への大神鏡奉納が主たる目的であったが、日本海側にも脚を延ばし、吉田松陰の墓参りを果たした。詳細は稿本『壬午遊記』に記された。刊本は『壬午小記』で、そのうち旅行摘記は二丁である。

十六年も天神・天満宮巡りをテーマにしていたが、さらに脚を延ばし鹿児島に至って西郷隆盛の墓参りを果たした。詳細は稿本『癸未溟誌』に記された。刊本は『癸未溟誌』二冊。一冊は古物会への出品目録、新獲品の一覧。一冊は旅行摘記である。

十七年は稿本『甲申日記』の旅である。高野山に自分の髷を収めるのが目的で、天神・天満宮に小神鏡を奉納したり石標設置を確認したりしている。刊本『甲申小記』は旅行摘記が中心で、新獲品一覧は従となっている。

十八年は稿本『乙酉紀行』の旅。畿内の天神・天満宮に小神鏡を奉納、その後吉野から上北山の天ヶ瀬に岩本弥一郎を訪ね、彼等の協力を得て大台ヶ原を探索した。十八年の旅行記は稿本『乙酉紀行』

に詳しいが、それを三分の一程度にまとめて、『乙酉掌記』が刊行された。四十八日間の記録であるが、大台ヶ原探索に費やした日数は五日間であった。

この年の秋には、亡くなった娘いしの十三回忌追福のために秩父観音霊場めぐりをして稿本『乙酉後記』を記し、同名の小型本を刊行した。刊本は稿本の要約版となっている。

十八年の初め頃『聖跡二十五霊社順拝双六』が発行され有志に配布されたと思われる。

十九年の春の旅行は、前半天神・天満宮めぐり、小神鏡奉納・建標を行い、後半は大台ヶ原探索の二回目を行った。その後、大杉谷に入渓しているが、これは伊勢側からの登山の可能性を探ったものと思われる。

秋の旅は上毛・信濃を周遊し妙義山に登っている。記録は稿本『丙戌後記』として書かれたと思われるが、現存しない。刊本『丙戌後記』は残っているので内容は把握できる。

二十年春の旅は大阪～太宰府を往復して小神鏡奉納の漏れをなくし、後半は大台ヶ原探索三回目を敢行した。彼が大台ヶ原の探索で願っていたことは大台ヶ原開山・開路であったことがはっきりする。新しい小屋・登山道を西原や小椽の人々に披露した。

二十年秋の旅は稿本『丁亥後記』と同名の刊本に記されているように、養女まさの三七日法要に参加することであったが、その前に富士山登山を敢行した。

以上十年代の旅行記を中心に見てきたが、そこに記録されたことは、彼が晩年を「余生」ととらえて生きていたのではなく、懸命に生きていたことを示すのに十分である。

「一畳敷書斎」は、古物収集の延長線上にあるものではなく、彼のこれまでの旅行、特に十年代の旅行の中で知り合った人々や、建造物を思い出すよすがとして作った物である。一畳の中の自分を楽しむのではなく、寄付された古材を通して外に広がる世界（交流した人々や文化財）を楽しんだのであろう。

松浦武四郎近代年譜

一　蝦夷地探査日誌出版続行

一八六一年　万延2　文久元（改元2・19）　44歳

3・24　楢林昌建から日誌代金
「石狩日誌　十部。代金　二分二朱。野田氏へ金ニ不封送り遣し候間、御落掌可被下候」
（竹四郎宛（文久元）3月24日付け楢林昌建書簡　記念館蔵、秋葉　実「松浦武四郎往返書簡（23）」会誌37　2002）

夏　石狩日誌が飯野郡射和村（松阪市）、両替商・知識人の竹川竹斎に届く
識語「文久元酉年夏　従松浦武四郎来ル　川北石水取次」（射和文庫蔵書目録編集委員会編『同目録』竹川竹斎百年祭実行委員会　昭和56）

6・18　郷里の甥松浦圭介宛に日誌類各種発送、当家伝来の古瓶所望
「此便、石狩日誌、久摺日誌等申候本上木仕候ニ付、差上候と存じ候得共、封物余り嵩ミ候間不差上申候。何れ近日津川北か野田九十郎殿へ向遣し申候。尚又、近日　後方羊蹄日誌、十勝日誌等と申候もの出板仕候。今便山川地理取調図首尾二巻差上申候。是は全部廿八冊ニ御座候也。残り廿六冊は大封物、川喜多便りニ遣し申候。最早此頃は、僕の著述板行物、京摂にても多気志楼物と号、流行仕候。先々当節は著述并蔵板等を摺出候而、家内と両人遊び居候て宜敷御座候。只安楽を相楽ミ居候事ニ御座候」（中略）（長頚瓶の図）

八十九　一鴎斎（楢林昌建）
肥前島原藩　長州ニ在て西京ニ来り　境ニ而会津の手ニ召とられ船ニ而淀川を上る時　入水して丹波ニ逃行　其よりまた長州ニ入り御一新の際越後ニ軍艦にて行　後議院之判官ニなる
（『雲津雁影』【百二十二】）

『石狩日誌』一冊　文久元年刊
凡例　万延紀元庚申の立秋
跋　万延庚申深秋　鵞湖木雄

『久摺日誌』一冊　文久元年刊
首言　万延紀元暮秋
跋　文久元年六月一五日
穂積重胤

『東西蝦夷山川地理取調図』二六枚
木版色刷　文久元年刊
首　凡例　安政己未歳臘月吉辰
東西蝦夷山川居所不定　東西蝦夷山川地理取調方　伊勢　松浦竹四郎源弘誌
尾　跋　庚申孟春　拙堂隠士識

「如図素焼様之もの、大さ一升位も入候糸底の無花入、内ニ有之候ひしか、未た有之候哉、若有候ハ、兄江御相談被成贈り被成下候、是は極古き堀*すへとか申物之由、親父も申され候、此焼物貴地よりいか・大和・河内・和泉辺ニて時々出候ものニ御座候、江戸表ニ者無物ニ御座候間、座右中花生ニ仕度候、右之礼ニ者掛物ニ而も本ニ而も遣し申候、若家ニ無之候ハヽ、其類の焼もの払物ニ有之候ハヽ、御世話頼入候、代料差送申候

僕此頃者何をも不楽、奇石を相楽しミ諸国の奇石数百品所持仕候、若おもしろき石有之候ハヽ、御贈り被成候、御礼何なりとも差上申候」

（桂助宛（文久元）6月18日付け弘書簡　記念館蔵、『三雲町史』三　資料編2　２０００、秋葉　実「松浦武四郎往返書簡（24）」会誌40　２００３）

多気志楼主人著述併蔵板　邨嘉平刻

＊木村嘉平

＊堀すへ　出土須恵器

7・29　楢林昌建から異人対応の質問

「扨而、夷人為幻術身隠、日本人十五才以下之子供生血を吸取り候儀、昔物語りには聞伝候得共、斯く実事ニ而ハ、是非共一度は戦争ニ及び国体取戻し度、廟堂謀議云云

可悪、諸有司為渠等欺、御武運ハ是迄とは存し居り候得共、干戈不動渠ら有と成り候儀、可洪嘆息義、不堪悲憤奉存候、近日情形は又々深入り致し、半月日時刻々異人意ニ相成候事、申上る迄に無之候」（中略）

「一　京師御降縁、愈九月頃ニ相成候哉、美人天朝墜、天災初可専云云」

「一　異人共、追々皇国之間徘徊ニ付而ハ、自然　伊勢大神宮へ参詣も可致旨難計候ニ付、一昨年渡辺肥後守在役中、両神宮并大宮司より十里四方不立入候旨、嘆願書差出し候処、渡辺氏不計御奉書到来、右嘆願書江戸へ持下り、退役に相成、後役秋山氏へ相渡、則同人西尾候江差上候処、御同人被仰候には、定而伊

勢よりは故障可申立と被仰候由、即答には参不申、追而可及沙汰と申事ニ而、其事は相止ミ候、然るに、此度大宮司并神宮方より催促仕候
秋山曰、公儀より沙汰も無之、万一異人とも宮川を渡り、参詣と申事若しらは渡舟を引上け、拙者家来を初、組方へ鉄砲を備立打立候より外無之、若又入宮中候様の事ならは、両神体を奉可然地ニ逃行候と申下知被致候、其中には鳥羽、田丸、松坂、津援兵可来、と申居り候
余程麁忽之下知とは存し候得共、私共小人内々承り、何共致方無之、一旦条約相立候国柄なれは、山田奉行一手ニ而直に打立候儀難相成、且、若又万一之節御神体を奉し逃け候而ハ、千万歳迄取返しは六ヶ敷、依之、只今之内ニ神廟護衛を此地に設け置度、秋山位ニ而ハ其儀は思ひ付不申候間、可然公明正大、有遠謀奉行を被遣度、此事而已小生平日祈申候、吾兄、何卒此事は為皇国、御一策御立被下候」

（多気志楼御主人宛（文久元）7月29日付け竜＊書簡『遺芬』三　記念館蔵、秋葉実「松浦武四郎往返書簡（24）」会誌40　2003）

8・6

仙台藩、三好監物が日誌類待望

「宮下伊兵衛を以被相下候由、蝦夷漫画、相と丶き不申、尊書到来、則、同人承り候所、昨年来御音信無之由、申出候
今般、三浦乾也を以北蝦夷余誌并ニ石狩日誌御恵投、毎々御手厚忝仕合奉拝戴候、追而御礼可申述候へ共、先一応御礼申達候、久摺日誌御出来候は丶、御贈被下候由、忝仕合、只今より相楽罷在申候、蝦夷地方も色々転変、国元取調も已前とハ相違候哉相聞得申候」

（松浦武四郎宛（文久元）8月6日付け三好監物書簡『蝦夷屏風』左隻　記念館蔵、

＊竜　楢林昌建

三好監物　死ス
旧幕蝦夷開拓の時エトロフニ到る
明治元年仙台ニ而勤王を主張し而
八月十五日東山ニ而切腹ス
（『蝦夷屏風』右隻　四紙目）

『蝦夷漫画』一冊　安政六年刊
安政己未新梓
多気志楼主人著併蔵
複製　記念館　平成8
解説　佐々木利和

『北蝦夷余誌』一冊　万延元年刊
安政七庚申の仲春　松浦竹四郎誌
跋　書松浦多気志郎蝦夷日記後
鷲津詞伯所贈
庚申夏五月　松浦弘識

秋葉　実「松浦武四郎往返書簡（24）」会誌40　２００３）

8・22　シベツ大通辞、秋田屋加賀伝蔵に久摺日誌出版通知、すずこを所望

「然は、今度久摺日誌上木出板仕候間、一部呈上仕候、御笑納被成下候、尚近日シリベシ、トカチ、シレトコ等、何れも私共廻り候処上木仕り、追々進上仕候扨々、申上兼候得共、鮭のすゝ子一樽当年も頂戴願上度候、其段幾重にも御願申上候、鮭は当方ニ而買候ても宜敷候得共、すゝ子は如何ニも手に入不申品故、くれくれも此段御世話奉願上候」

（伝蔵宛（文久元）8月22日付け竹四郎書簡　加賀家文書館寄託、秋葉　実「松浦武四郎往返書簡（24）」会誌40　２００３）

9・28　楢林昌建から日誌受領と所感

「久摺日誌一部　　危言一部　　紀事一部
右三部、難有奉拝受候、十部は友人共へ遣し置候、代料は取集、後便差上可申候、後方羊蹄志も出来候ハヾ、送り被下候
久摺日誌、篤と拝見仕候、漢文記の処、御書労奉敬服候、作者禹穴を探、多少の艱難を極め、之を画にも筆し、山川地理・物産・国益の事を載せられ・詩文家の無用之著述とは大異也
日誌中、サーアレップの事有之、右ハ西洋地而已出候と相心得、薬店ニ而も高料に売有候、吾国続きに右産物出候事、珍重に存じ候、樹木・禽鳥・草花・土石、金銀銅山等も有之候由、吾兄も初め諸友司開発之地、追々御国益ニも可相成処、奥蝦夷地より追々北戎蚕食致し候由、可洪歎息事に御座候
一　危言中議論は、小生西洋医方も少々取交へ治療も施し候処、危言中所言の如くに御座候」

10・24　楢林昌建から伊勢山田の世情

（松浦武四郎宛（文久元）9月28日付け竜書簡　記念館蔵、秋葉　実「松浦武四郎往返書簡（20）」会誌40　2003）

「一　当所風儀、毎々申上候通り人物無之、当今煮茶会流行、後は道具会或ひは妓遊に相成候、風儀を引直す人望の学者無之、小生も一人醒たる顔も不出来、柳に相成、時節を相待申候

（上欄注）前日御異見の如く、小生慷慨ニ而、吾身を失ひ災厄に罹り而は無益故、群小人にも相交り、賢者の道を晦し候、勿論医業の事故、無貴無賤出入する故、柳に相成居り候、吾兄も、世に名を知る人多く有之候間、御用心専一奉祈上候

シリベツ志、出来早々御遣し被下候、種々伺度儀も御座候得共、後便津、野田氏、月並ニ奉申上候、恐惶謹言」

（松浦竹四郎宛（文久元）10月24日付け竜書簡　記念館蔵、秋葉　実「松浦武四郎往返書簡（25）」会誌41　2003）

11・12　平安読書室、山本榕室から蝦夷地地理・物産質問

「先年来御著書四、五部拝見仕候、三蝦地面ニいろいろ御骨を被折、実ニ国家御為と奉存候、何卒不毛之地もいろいろ国益と相成候産物も作り立、人民もふえ候様ニ御世話可有之と呉々も奉存候、拝見之御著書中物産之物質疑仕度事多く、東夷之物産も研究いたし度候付、書中を以て相伺申度兼々存候とも、御居住不相分候へハ、無致方空く歳月を送候、此度御書被下候ニ付、幸之事と存候ニ付、疑事別紙書述さし出候、乍御面倒御閑暇人之節御書加被下、御序ニ右書付御返却可被下候、北蝦夷余誌御恵贈被下、千万恭存候、北蝦之地理、産物相分り難

六十九番　沈三郎（山本榕室）
西京油小路山本沈三郎　本草家也
安政中物故する也
（『雲津雁影』【百二十二】）

有存候、厚く御礼申上候、乍粗末御菓子料一封呈上仕候、御受納可被下候、御示フレチと申物、内地ニ更ニ無之物ニ御座候、栗本翁海蛭之説出書何等之書ニ出候ヤ、本書之文御録示可被下候」

物産会出品勧誘と開催広告依頼

「拙宅例年相催候物産会も自来時日を極め、五月九日、十日ニ会集可仕ニ付告帋彫離仕候間、今便進呈仕候間、御府内同志之方々へ御弘可被下候」（中略）

「本草学ニ付てハ社中も多く候へとも、府内より東国とんと往来仕候社友も無之候、何卒右告紙、奥羽常野総越之地方御城下等ニは御往来も被成候方も多く可有之候間、可然方十枚、弐十枚ツヽ御弘め、前条申上候葉腊等之義御頼ミ申上候、右之段御返事申上度、如此御座候、万緒拝鳴之節可申上候、草々不乙」

獣類の蝦夷名問い合わせ

「近来夷地香気を持候獣見出、今迄右之香を山靼或朝鮮人と交易致来候、長崎へ唐方より廻り候白毛麝香此物なりと申説有之実切ニ候ヤ、夷名何と申候ヤ承候、大坂ニて一見、獣毛三四寸ちゝみ有之、半分白く半分鳶色もの一見仕候、同品なら者リコンカモイとか何とか名付有之とくと不覚、御実見も御座候品ニ可有之、詳説夷名形状等御示可被下候」

（松浦竹四郎宛（文久元か）霜月12日付け山本沈三郎書簡、山田哲好「史料翻刻松浦武四郎記念館所蔵の松浦武四郎関係書簡」《東一〇八—六》『松浦武四郎研究序説』笹木義友・三浦泰之編　２０１１）

11・28　山本榕室が品名同定

「九月二日之御状十一月二十六日到着仕候、益御清福奉賀候、世上大変革珍しき事ともに御座候、物価騰貴ニハ大ニ迷惑仕候」（中略）

「ホツキ貝、サリカニ、をし葉被下忝奉存候、考案別ニさし出候、御考可被下候、アツケシ牡蛎　舟便ニて御送り被下候由、御心掛御恵被下候、御礼申上度、如此御座候」（中略）
「紅毛新渡柿の砂糖漬、著漢名称未分、拙案、本草典漏子此物らしく、波斯棗、千歳棗、千年棗、番棗の名も此物ニて、鳳尾蕉なとハソテツらしく、二物混説と存候、劉恂嶺表録の文実の形味、又蓮新芽の如、左右より巻込候たねの形も符合仕候、異説も虚ニ存候、何卒江府本草家へ御告示御高説承り度候、公東本草オスフレブ二巻の始之果并核、此物とミえ申候、羅甸和蘭之名もあり、葉の形海核なと云へきものニあらす、信偽相半し候」
（松浦竹四郎宛（文久元カ）11月28日付け山本沈三郎書簡、山田哲好「史料翻刻　松浦武四郎記念館所蔵の松浦武四郎関係書簡」《東一〇八―五》『松浦武四郎研究序説』笹木義友・三浦泰之編　２０１１）

公東本草　オスフレブ二巻
オスカンプ『薬用植物図譜』か
発刊　一七九六〜一八〇〇

榕室の識別（11月28日付け沈三郎書簡の別紙か）
「ホツキ介　内地ニテ絶テ不見、始見ノ品　先西施舌ミルグヒノ類、西施舌一方ニ舌ノ如モノ出候、（図）如此穴アリ、此ニ之ナク候
カツラ　加茂カツラニテ無之、定テ（図）菩提樹ノ類、別ニ一葉ヲ生、花ヲ開キ、堅キ実ヲムスフ、漢種ノ菩提樹ヨリモロク候共、念珠ニツクルヘシ、木皮ヲ剥ヲ北国ニテ馬ノ飾ヲ製シ、蟲蠅ノ属ツカスト云、皮ハ麻ノ剥セシマ、ニ似タリ
ヤチタモ　此木ミアタラス、大氏イヌホウ又ニンシンダマシト云木ニ似タリ、五枚一葉ニテ人参ノ葉ノ如モノニ似タリ、葉并茎ノ色アサキモノトハ別カイカ、

イタヤ　キツネモミヂ、一名ツタモミヂト云モノ也
シナ　本草本条ノ楡ナリ、三月楡莢ヲ生ス、他ノ楡ノ秋月莢ヲ生ス
ヲヒヤウ　即アツシ也、楡ノ一種、此類四、五品アリ、漢土ニモ数品ヲアリ
イツレカイツレニ充候ヤ未研究
タモキ　秦皮ノ小葉ノモノ、シデノ如細弁ノ白花ヲヒラクモノナラン
アカタモ　楡ノ一種ナリ、木皮ハアツシニ同カルヘシ／榕室苔」
（山田哲好「史料翻刻　松浦武四郎記念館所蔵の松浦武四郎関係書簡」《東一〇八—四》『松浦武四郎研究序説』２０１１）

この頃　向山黄村が後方羊蹄日誌の挿絵に賛か
『洞爺湖眺望の図』　武四郎筆　北海道大学図書館蔵
「粒餐不淩慕腥羶、陋俗方随皇化遷、期看羊蹄山下路、満犂膏雨墾春田　黄邨」
（三浦泰之「時代をめぐる人びと」『松浦武四郎　時代と人びと』　北海道開拓記念館編　北海道出版企画センター　２００４）

12・4　「後方羊蹄日誌今日出来候」（松浦武四郎研究会編『校注　簡約松浦武四郎自伝』松浦武四郎没後１００年記念事業協賛会　１９８８）

12・15　外宮神職、御巫清直に近著
「陳者、後方羊蹄社祭文之儀、御玉斧奉乞候処早々御加筆、万々有難仕合奉存候、右御礼申上候筈候処、右書上梓延引、漸々此日刻成仕候間
＊一本幷僕拙著之山川地理取調図一部
進上仕候間、何卒不束之書ニ御座候得共、御笑納被成下候」
（御巫尚書宛（文久元）12月15日付け松浦竹四郎弘書簡　神宮文庫蔵、「資料編補遺」『三雲町史』一　通史編　２００３）

『後方羊蹄日誌』一冊　文久元年刊
安政六年己未暮春　源の弘しるす
跋　文久新元　沈山居士大沼

御巫清直
伊勢御師也
（『蝦夷屏風』右隻　二紙目）

＊一本は後方羊蹄日誌

一八六二年　文久2　45歳

1・13　楢林昌建に日誌類頒布

「客冬十二月十六日華書、正月七日着、辱奉拝見候、先以新春御吉慶、御満堂、益御機嫌能越歳、千里同風目出度奉万福候、小生方、一同無事消光、加馬年、乍慮外御放慮可被下候
○後方羊蹄志　一部御恵贈被下、難有奉拝戴候
○山川地理割図　一部、是又御恵贈、難有奉拝受候、右ハ先達而一部被下之候間、其内望人も有之ハヽ、相譲り、代料奉差上候、春木大夫殿へ譲り度と存候
○後方志一部并御書状、御巫氏へ相届け候、乍憚宜敷御礼被申上候、蝦夷の歌二首相頼置候、尚又二神主殿歌読ミも有之候間、頼置き、橋村弾正と申人も読手に御座候、是れへも頼置候、其内取集め送り可申候
○後方志*十部　友人共配分可仕候、代料は小生金二歩二朱取替可申、御落掌可被下候、漢文記事、筆力老煉、可謂大手筆、風寒雨雪を犯し、為国苦辛、可謂国土無双
元日大雪、豊年之吉兆、翌二日参宮、小生拝賀相畢而後、坐を替へ、友人松浦竹四郎源朝臣弘代拝、天下太平、国家安寧、武運長久云云／右外宮代拝也
内宮代拝／如右云云」
（松浦竹四郎宛（文久2）1月13日付け竜書簡　記念館蔵、秋葉　実「松浦武四郎往返書簡（26）」会誌42　2004）

5・9、10　京都、第四七回読書室物産会、出品七〇人、三八八点
江戸　松浦竹四郎の出品

*後方志は後方羊蹄日誌

蝦夷シマネズミ　即鼷鼠　蝦夷ハラテキ　即日光ノ赤沼ラン
蝦夷シャリ海中産フレチ　即竜腸
案閩書南産志沙蠶生汐海沙中如蚯蚓泉人美謚曰竜腸
（「文久二年壬戌五月九日十日読書室物産会品目」『文久壬戌読書室物産会　品目』
森約之写、東北大学付属図書館狩野文庫蔵）

5・20　川喜田石水・佐々木弘綱に十勝日誌贈る
「十勝日誌一部、魚つくし写し、右呈上仕候。佐々木弘綱え一部、一封遣し
度候間、何卒御届被成下候
世間騒々敷候間、他方御文通も御益用之外、御見合披成候様仕度候」
（武四郎書簡（石水宛文久2年5月20日付）石水博物館蔵、秋葉　実「松浦武四
郎往返書簡（27）」会誌43　2004）

6・13　蕃書調所物産方の伊藤圭介ら来訪、初対面か
「伊藤圭介、田中芳雄来る」　（『簡約松浦武四郎自伝』1988）

6・24　伊藤圭介と面談
「下谷若林鐘五郎之長屋ニ居候松浦竹四郎へ御咄ニ行、蝦夷ノ説ヲ聞ク」
（圭介文書研究会編『伊藤圭介日記』第八集（文久二年三月～八月）名古屋市東
山植物園　2001）

6・27　伊藤圭介に北蝦夷余誌頒布を依頼か
「上田へ、此北蝦夷余誌代壱朱也、一部遺候、若々御不用候ハヽ、御返却被下ニ而
差支無御座候、過日バタビヤ之新聞并掟書価金壱分弐朱御遣、有余ハ御預り可
申上被仰下候処、右ニ而差引可被下候、其外十価――一段ツヽニ而値一朱也
御望被下候ハヽ、求上可申候」
（『伊藤圭介日記』八）

『閩書南産志』
明　何喬遠著、和刻本二巻
宝暦元　大坂儒医大江都賀翻刻
大坂　菊屋　兵衛刊行

七十八　川北久太郎（石水）
伊勢川北久大夫の倅也　是は西京
嵯峨自然居士の子孫ニ而　代々和
歌をよくす
（『雲津雁影』【百二十二】）

『十勝日誌』一冊　文久二年刊
凡例　万延元庚申の初冬
跋　辛酉冬日　蒋潭鍜侶

伊藤圭介
尾張名古屋藩　旧幕の比より開成
所御雇ニ成　当時博物館官員　本
草家也
（『蝦夷屏風』右隻　四紙目）

8・11　天塩日誌の発刊

「麹町火事、天塩日誌成る」
（『簡約松浦武四郎自伝』）

閏8・1　山本榕室から十勝日誌の代金

「其後御無沙汰仕居候　秋涼相催候益清迪奉賀候　小子も兎角持病気ニテ困入候
麻疹流行家内寄宿生十三人一時ニ平臥　中ニハ死去之者も有之大ニ困リ申候
此頃追々床払もいたし病家も手透ニ相成　五月已来何もかも廃絶御憐可被下候
十勝日記料三朱　大和屋三郎左衛門*方へ出し候　定て御落手と存候」（中略）
「当年物産等*目録板ニいたし候　一部進上仕候　久志本氏よりとゝけ可被申候、
参り不申候ハヽ、とりニ御遣し可被下候」
（松浦武四郎宛（文久2）閏8月1日付け山本沈三郎書簡　足利市立草雲美術館蔵、
小野智一編集・発行『雲津雁影』改訂版【十七】　2011）

＊三郎左衛門　西村三郎右衛門か
＊物産等　物産会か

9・3　蕃書調所、伊藤圭介からフレチの質問

「一　過日御沙汰のフレチ之考、別説も無御座、阿部*、山本抔ニ雷同候へば、又
外のモノ拙考も可仕、併フレチの事ハ委ク承度存候、過日御沙汰ニハ〔フレ
チ　赤腸〕ノ義、西蝦夷舎利浜ニ而寒中海荒の時、浪ニテ打上ル〔土人云、
腎薬也ト〕右丈相伺申候、最少し精ク形状の御教示可被ト候、マダ種々御奇
談ヲ奉窺度、又々追而御参上も支度候、匆々再拝手」
（松浦武四郎宛（文久2）9月3日付け伊藤圭介書簡　足利市立草雲美術館蔵、
『雲津雁影』改訂版【八八】　2011、秋葉　実「松浦武四郎往返書簡（42）」
会誌58　2010）

＊阿部は喜任、山本は榕室

冬日　伊藤圭介のフレチ考証

「多気志楼主人　蝦夷産フレチト称ス乾腊ノ品ヲ余ニ送レリ。然ドモソノ生活ノ

形状ヲ詳ニセザレバ和産充ツベキ物有ヤ未ダ之ヲ精定スルコト能ハズ、恐クハウミミ、ズノ属ナルベシ。又ハヲリノヒモト呼ブ品有、亦此一種ナリ。又井或ハユ又ハアカユト称スルモノハ充ルニ妥ナラズ　中略
又洋説ヲ按ズルニ、此類ヲ蚯蚓ノ次ニ挙テ「ゼーウヲルム」〔海蚯蚓ノ義〕、「ゼーサントウヲルム」〔海砂蚯蚓ノ義〕ト云。ソノ形蚯蚓ヨリ大ナリ。海浜砂中ニ産ス。漁師之ヲ捕テ魚ヲ釣ル餌トス。蚯蚓ノ如ク砂上ニソノ糞アルヲ見テソノ居穴ヲ察シ、鉄ノ杓子ヲ以テ掘出シ貯ヘ用ユ。又砂中ヨリ甚ダ引出シ難キコトアリ。是ソノ体ノ管ノ内ニ在テ大ニ膨張スレバナリ。

体ノ形円長ニシテ太サ一指、長サ一尺、甚ダ粘滑ニシテ雑腹蘭黄色ノ液ヲ泄出ス。此蟲沙ヲ去テ扁桃油ニ浸シ薬用トナセバ関節痛ヲ止ム。此類ニ数種アリト云。是亦「フレチ」ノ種ナルベシ。

　文久壬戌冬日　　錦窠伊藤圭介識於市谷邸舎」

（『知床日誌』文久3刊、安政5・5・8に引用）

12・14　山本榕室に左大臣一条忠香への進言依頼、北蝦夷地のロシヤ進出の現状
「〇先生一条家へ出入被成候か、扨、蝦夷地最早カラフト地者、ロシヤ半島を蚕食し、最早南岸ニ及候、本蝦夷地ニも毎々舟ニ而参申候、此事よくよく左府卿へ御話被成候」（中略）
「一条家へ蝦夷地之儀、くれくれも御申込ニ相成候ハヽ、宜敷候、此儀実ニ国家之為ニ御座候」（追伸）
（榕室先生宛（文久2・12）月14日付け弘書簡、三浦泰之「東京大学史料編纂所所蔵京都山本家宛て松浦武四郎書簡の写しについて」No.1　会誌63　2012、小玉「山本読書室と松浦武四郎」ふびと69　研究ノート　三重大学歴史研究会

12・22　蕃書調所、伊藤圭介が尾張藩年寄大道寺家家臣、水野正信宛に紹介（２０１８）

「下谷ニ松浦竹四郎といふ者あり、是亦一奇人也。モト伊勢松坂辺、則紀之籍ニ而、町人歟百姓也、海内を遍々遊歴し、又蝦夷へも三四度行たる人ニ而、当時蝦夷学而已打懸居申候、蝦夷之著述二百巻もあるへし、追々出板三航蝦夷日誌とか申ものより抄録開板と相見申候、若林鐘五郎〔御旗本　画家〕と申人之長屋之狭室ニ居、著述而已ニ消光居申候、拙も追々会面懇意ニ相成申候
十勝日誌、石狩日誌、後方羊蹄日誌なとの出板出来もの既ニ七八部に及へり、何れも図説あり、詩歌なと相交へ面白し、又夕張日誌、天塩日誌出来申候、一部一冊ツヽニ而価金壱朱ニ御座候、御望ニ候ハヽ、相求差上可申候
于時同人へ僕申ニハ、我藩ニ而水野氏蝦夷之写本記録集被申候旨、風与尊君之御噂申候ヘハ、夫ハ何卒御文通申度旨ニ而紹介を相頼との申事也、仍之別封一封此度御届申候、御落手可被下候、古人之蝦夷之記録も相集二百巻計も所持之由ニ御座候
此度同人之呈書御披見被下候ハヽ、主意相分可申候、竹四郎素より慷慨家なり、其話ニ蝦夷ハ俄より追々蚕食之情ニ而何レハ彼有となるへし、当年文通ニ俄人儀成夫婦も当年参り、住居官吏見廻りも相始申候由、其内ニクシネンコタン一円に居住を構ふるなるへしと憤」

（水野宛（文久２）12月22日付け伊藤圭介書簡、『雑記』　名古屋市蓬左文庫蔵、土井康弘「水野正信と松浦武四郎の交際と伊藤圭介」（資料１）『錦窠翁日記』伊藤圭介日記五　名古屋市東山植物園　平成11、土井『日本初の理学博士伊藤圭介の研究』　第二部第一章　資料43　皓星社　２００５）

『三航蝦夷日誌』稿　七冊　付一
嘉永庚戌年三月玄猪前二月　松浦弘誌
於武江本所の居　勢陽雲出之迂生
松浦弘誌

同封の竹四郎書簡

「扨、先生中国ニ御成長被成北地之事杞憂実ニ感服仕候、別而北地之書籍等御集之由、僕事も勢州雲出生ニ而津ニ而成長仕処、六十七州を踏申候、其後弘化乙巳年蝦夷へ渡り、丙午年カラフトニ入、丁未東蝦夷ニ再行仕候、嘉永酉年クナシリ、エトロフ□□□帰国仕候、此度御公領ニ相成候而より、卯年より僕著述之三航蝦夷日誌三十五巻戻本被仰付候、同年より蝦夷行被仰付、辰巳午三年之間東西蝦夷山川地理取調方被仰付、先以年来之宿志漸々相違割図著述仕候、則刷合有之候間呈上仕候、御高覧可被下候、尚追々取調申日誌も上木仕候

扨、先生蝦夷地書籍等沢山御集之由承り申候、僕も少々集候処、僕集申候ハ文政以来之本ニ而古記物少く甚以困り入候、若何歟寛政享和頃之著述、先生御所持之蔵書目相成候ハヽ、拝見奉願上度存候

実ニ蝦夷ハ全国北門之大頂域なる事誰しらぬ者も無御座候得とも、幕府之有司ハ異邦之様ニ申なし、只見ぬふりいたし捨置候様ニ仕来り有之、実ニ嘆息之至ニ御座候、当閏八月二十九日カラフトより之書状ニ、魯夷愈窮迫、七月十三日より見廻り専仕り、女も追々ナヨロへ別住仕候由参候、実ニ可歎事ニ御座候

種々彼地来状中申上度事有之候得共忌謹も有之候間、先一通り得貴意尚後便審敷申上度候、何卒貴家御蔵書御目録拝見願上度、先ハ早々如此御座候」

（12月12日付け松浦武四郎書簡、土井康弘「水野正信と松浦武四郎の交際と伊藤圭介」（資料2）『錦窠翁日記』名古屋市東山植物園　平成11、土井『日本初の理学博士　伊藤圭介の研究』皓星社　2005）

１・13　シベツ大通辞、秋田屋伝蔵に夕張日誌送付、すずこを所望

「一　此度、夕張日誌上梓致候間、一部進上仕候
一　蝦夷土産道中双六、去霜月喜多野へ向け一枚差上候、是は御家へも年内ニ相とゝき候と存候、此度また二枚差上候
一　扨　昨年もすゝ子鮭被下候、実ニ遠方有難奉存候、何卒当年もすゝ子一樽御恵之程願上候、鮭は手ニも入候も、すゝ子の儀は当方ニ而手ニ入不申候間、此儀くれくれも奉願上候
当春も山川地図一部呈上候と存し、右は船便りニ出し申候間、御請取可被成下候」

（秋田屋伝蔵宛（文久３）１月13日付け武四郎書簡　個人蔵、秋葉　実「松浦武四郎往返書簡（31）」会誌47　２００５）

２・４　発刊禁止の近世蝦夷人物誌、蝦夷観

「一　近世蝦夷人物誌と申候者三冊ツ、三編こしらへ置申候、上板を官へ願候処、かない不申実ニ残念ニ御座候、是ニ而少々私共の慷慨を書込置候間、入御覧度存候か是者当三月末まて者必す一本写させ差上候
兎角蝦夷と申候ハ、外国同様ニ心得捨置候事、実ニ遺恨ニ絶不申候間、蝦夷人も何も日本内地之人も異り候事無之、内地之者者惣而猖獗ニ御座候得共、蝦夷人者実ニ淳朴ニ御座候、可愛者ニ御座候、五常と申候得共、却而内地人ニ増居候者も御座候、是者必す不遠写し差上候
其余種々申上度儀御座候得共、両三日眼病床上不取敢貴答申上候」

（水野三四郎宛（文久３）２月４日付け松浦弘書簡　蓬左文庫蔵、土井康弘『日本初の理学博士　伊藤圭介の研究』第二部第３章　資料３　皓星社　２００５、秋葉　実「松浦武四郎往返書簡（31）」会誌47　２００５）

『夕張日誌』一冊　文久三年刊
万延元庚申中冬於下谷新屋敷僑舎
源弘しるす
跋　黒河春村

『蝦夷土産道中双六』　文久三年刊
不売不鬻以貽同志
多気志楼主人蔵版

八十六　水野三四郎（正信）
尾州藩好事にて　九十五六歳の時の書状也
（『雲津雁影』【百二十二】）

『近世蝦夷人物誌』稿　初編・弐編・参編、各三巻
蝦夷近世人物誌叙　安政戊午元旦
独松居士叙於函塁寓舎
凡例　安政四丁巳の徐夜箱館の馬頭なる多気志楼の南窓下に於て
勢陽松浦弘誌
弐編巻の上　凡例　安政五戊午十二月三十日江戸牛込の杉並なる僑舎におゐて　五十瀬　松浦竹四郎源弘誌
三編　跋　豈元の深川伊予橋の寓居なる饕餮豆の居の南窓の下の

この頃　水野三四郎の返信

「二月四日之御復書同十日相達難有拝見、右節伊藤老迄ハ返報差立申候得共、先生江之御請達ニ相成奉恐入候、付春暖相満申候処、益御繁昌恭喜之至奉存候、扨、今便も猶又割図二冊〔十一　十二〕外ニ当年玉ニ御拵之双六、去年大小、蝦夷沿革図、大概図、まハるへし、あつし形のし等種々拝戴被仰付たゝ不存候へとも、御厚愛難有奉相謝候、誠以御剛勢且行届之程奉感服候」（中略）

「一　蔵書目差上候付、利明著述考、豊饒策、先々写候而差上様奉領、則刻指上一人ニ而写仕奉進上候、繁勤之身ニ付平生雑事ハ毎晩、新春佳節盆暮節季共一日も怠り不申候、右等も倅共儀ハ当節柄当務之通ニハ、武芸殊ニ御世話御座候ニ付、打懸り中々写すなとハ不行届候間、何事も私一臂仕合　夫故延引相成候節申上候

紙筆料之儀も被仰下候へ共、私よりハ外之報酬之品更ニ無御座、蔵書之内御入用之物丈ハ、追々写し呈上仕候心得ニ御座候間、此次之御入用品いか程ニ而も御書置被遣可被下候、一時ニ而難行届候へ共追々調を可仕候

豊饒策上中下之由ニハ候得共、当地ニハ此一冊にして無御座候

利明著述考ハ、文化頃尾張人朝比奈厚生、号如有子、禄数二百五十石、俗称甚右衛門と申人ニ而、著述多き人ニ御座候、尤慷慨之人ニ候へ共　利明之書悉く見候、著述考ニハ無御座さしたる事も無御座候

豊饒策、四大急務を論し、自然治道衆へも四大急務の仕様を論し候事ニ而、豊饒策の中下巻と申ても宜敷之書ニ相見申候、尤重復之条ハ省候而写し置申候、何分蔵書中之内ハ何なり共御書ならへ被遣、其寛急も被仰下様奉存候

一　尾藩より蝦夷地手出しの事御尤千万、私素より心懸ニハ不及申候へ共、主

机にて有しや我か心得有ものか
は四方の君子よし是を懇閲なし
玉ふ事を希ふは松浦竹四郎源弘
しるし畢

家先代駿河守有志之為故老ニ付吹込置、至極得意候而、無如才相響居被申候処、時節不致候ハ、去秋物故被致候
尤中人大臣とも以下ニハ有志憤慨不少候へ共、国家多事老臣皆大入替と相成、中々以手出しの形勢ニハ至り不申候段甚此事ニ御座候、好時期至り、君侯思召立出候事も御座候ハ、難からすと存候へ共、其有無いまた顕レ不申候、阿州侯、大野侯等感服ものニ奉存候」（中略）
「○近世蝦夷人物誌御著述之由、扨々捲舌之至御座候、上木御願不相叶候由残念至極奉存候、御写させ可被下由難有、乍然私蔵ハ早行写取可申候間、被下物ニハ及不申候、実ニ格別有用之品以而奉願上候、内地人と蝦夷人兎角に分隔いたし候事ハ（中欠）右之外
一　御日記上木悉ニハいまた読不申候へ共、御画図、御詩哥共十全之御高才、扨々万端御剛勢御行届之程奉感服候
一　長崎実録大成　一　辺要分界（以下欠）

（月日不明の水野三四郎書簡控　名古屋市蓬左文庫蔵、土井康弘「水野正信と松浦武四郎の交際と伊藤圭介」（資料3）『錦窠翁日記』伊藤圭介日記五　名古屋市東山植物園　平成11、土井『日本初の理学博士　伊藤圭介の研究』第二部第3章　資料4　皓星社　2005再録）

2・5　山本榕室から日誌代

「新刻夕張日誌一部御恵御礼申上候、四部弘め候様御申越、右一部代一朱□□ニて弘可申さし引仕候、残金三朱相納申候、御落手可被下候
舎弟、豚児へ蝦夷之詩作さし出可申被仰下候、某へ他国仕候者も御座候、申送候間、出来候丈跡より可呈候、拙か作一首、外ニ舎弟之作今便奉呈候、私も先

日カタクリの賛被頼、四言之賛仕候、若御入用ならハ可被仰下さし出可申候、太田行状慥ニ相届可申候、水戸家公達姫君之御事被仰下拝見、御館ニハ多勢被為在候御事ニ候、客年申上候も全紀州家之御為と存候ニても無之、三家之御家ハ賢明之御方ほしく存候

天下国家之御為ニ思込申上候事、何卒御熟談事相成候へハ天下の為ニ賀し候事ニ候、申上候家里三島あたりへ御談し可被下候、下拙ハ如此事甚不得手ニ候、端かけのミ之事より出来不申候」

（松浦竹四郎宛（文久3）2月5日付け山本沈三郎書簡、山田哲好「史料翻刻　松浦武四郎記念館所蔵の松浦武四郎関係書簡」《東一〇八―三》『松浦武四郎研究序説』笹木義友・三浦泰之編　2011）

2・7　伊藤圭介が水野三四郎に武四郎著作入手を仲介

「御頼之多気志楼へ蔵板取寄可申、内金弐百疋也、過日御取替遣置申候処、昨日左之通持参仕候

日誌　七冊／一冊一朱ツヽ／壱分三朱／漫画　一冊／弐匁五分

壺の石後ヘン／壱両五分／〆

右ニ而相済／沖の石　壺の石前編本切レ申候間、出来候ハヽ、可差出旨也」

（水野三四郎・清太郎宛（文久3）2月7日付け圭介書簡　名古屋市蓬左文庫蔵、土井康弘『日本初の理学博士　伊藤圭介の研究』第二部第3章　資料2　皓星社　2005）

2・12　秋田屋伝蔵に日誌類送付

「割図　一部／夕張日誌　一冊／我古山人蘭懸物

右之通呈上仕候。尚、近日、ノッシャフ行、シレトコ行記行上木仕候間、出来

次第早々差上候間、御笑納可被成下候」
（秋田屋伝蔵宛（文久３）２月12日付け武四郎書簡　個人蔵、秋葉　実「松浦武四郎往返書簡（31）」会誌47　２００５）

5・9、10　第四八回平安読書室物産会、出品三七人、一四四点
江戸　松浦竹四郎の出品
シユサモ　蝦夷産魚／イタヤ介　同／エリモ介　同
（「文久三年癸亥五月九日十日読書室物産会目録」『読書室物産会品目　文久癸亥』藪亭森約之写、東北大学付属図書館狩野文庫蔵）

一八六四年　文久４　元治元（改元２・20）　47歳

1・19　水野三四郎正信宛に世情
「扨、当表も春来至而穏ニ相成候得共、在方之所ハ浮浪共屯仕候由、下野国小山宿、同真壁在、常陸国玉造、小川、那珂湊迄追々相集候由、上総東金在不動堂と申所ニ而正月十七日朝未明ニ板倉内膳正様手者寝込江討入、敵味方共怪我人多く其内即死も余程有之生捕六人之由、実ニ戦々競々之世の中ニ御座候将又旧臘薩州之蒸気船を長州ニ而打候由、扨々困り入候事ニ御座候」
（水野正信宛（文久４）１月19日付け松浦弘年賀葉書　名古屋市蓬左文庫蔵、土井康弘『日本初の理学博士　伊藤圭介の研究』第二部第３章　資料７　晧星社２００５）

2・20　『鴨厓頼先生　一日百詩』[*]　一冊　青山堂蔵
序　元治元歳次甲子維夏下浣　下忍斎晃
跋　元治改元甲子端午前一日　松浦弘誌　邨嘉平刻

＊頼三樹三郎

この日　奥付　三都書林　発行

山本榕室死去（沈三郎・錫夫、文化6・7・7　1809生）

「二月二十日　先生卒享年五十有六　長男士稷*嗣　廿三日葬于深草山」（『読書室年表』）

5・27　外国貨幣初見か

「成島へ行方同道行、洋貨拝見す」（『簡約松浦武四郎自伝』）

後に成島柳北が渋団扇（1—8）に漢詩と落款か（『渋団扇帖』一）

8・20　津、川喜田石水に古銭の斡旋

「御注文之内　心当御座候間

香港一文　次便　近日さし上候　仙台一匁　決而無御座候ものニ御座候

仙台銀玉　時々御座候　見付次第さし上候

出羽浪銭　中々無ものニ御座候　銅山至宝

琉球通宝　懇意之者持居候間、今日取よせさし上候

琉球通宝は二品とも私共懇意之者今一通り持居候間、岡*氏も望ニ御座候ハ、さし上候」

（石水雅兄宛（元治元）8月20日付け弘書簡　石水博物館蔵、『三雲町史』三　資料編2　2000、秋葉　実「松浦武四郎往返書簡（32）」会誌48　2006）

8・29　水野正信宛に、西蝦夷日誌初編と各地騒乱頻発状況

「然ハ西蝦夷日誌上梓仕候間一部呈上仕候、別ニ四部差上申候間、何卒御配分之程宜敷願上候、扨、世間も甚騒々敷事ニ相成、長州一件、京都一件、太平山、筑波山、猶又此頃、水戸城を浪士と松平大炊頭方と奸物方と相互ニ争居候由、道中筋一切飛脚通し不申不相知候得共、最早今日頃大変と申事ニ御座候

*士稷は復一

柳五（成島柳北）

旧幕儒者　成島図書頭倅　当時朝野新聞記者となる　号柳北と云

詩歌をよくす　（『遺芬』四）

『渋団扇』1—8

漢詩（胡粉）婦子朝来掃甑　塵蕭条破屋　又新春売書　売剣家貧尽　幸是先生未売身

落款（胡粉）元日　柳北

（朱書　成島甲子太郎）

*岡嘉平次

『西蝦夷日誌』初編　元治元年刊

凡例　文久三癸亥の初冬

跋　文久癸亥嘉平月　茶渓

扨又八月初旬、英仏蘭亜長州下之関ニ而一戦之由、何歟長州方大敗之由ニ早々降参之由、右之風聞書手ニ入申候間、図一枚、証文壱通、彦三郎書状一通、左ニ写取差上申候、実ニ長州段々之愚拙無論候
一 八月廿五日、金川奉行支配組頭布衣脇屋卯三郎事殿中ニ而召捕相成、又廿六日早稲田辺ニ而御旗本壱人召捕相成申候、長州江内通と申事ニ御座候、実ニ戦々競々の世之中ニ相成申候」
（水野老先生宛（元治元）8月29日付け松浦弘書簡　名古屋市蓬左文庫蔵、土井康弘『日本初の理学博士　伊藤圭介の研究』第二部第3章　資料8　皓星社　2005）

9・21　川喜田石水に古銭の紹介
「先達而御注文之香港一文、出来仕候間さし上申候、残り仙台一匁銀は、手に入次第さし上候、仙台一匁は、決而世の中ニ無ものニ御座候、江戸ニ而一文見候計、他ニ無御座候、浪銭、銅山銭も手に入候ハ、、さし上候、早々謹言
細倉当百は鉛銭也、御望ならは一文字ニ入候間、さし上候、岡氏、もし琉球通宝并同異字等御入用ならは、手に入さし上候、余は後便万々申上候」
（石水雅兄宛（元治元頃）9月21日付け弘書簡　石水博物館蔵、秋葉　実「松浦武四郎往返書簡（32）」会誌48　2006）

この年　外宮神官御巫清直から真鍮製釘隠し転用香合、後の明治一四年冬、松田雪柯が収納箱【箱5　引出上段　17】の箱書き
（内川隆志編『静嘉堂文庫蔵　松浦武四郎蒐集古物目録』平成25）

【箱5　引出上段　17】
《箱蓋表》香合　多気志楼蔵
《箱蓋裏》元治元甲子のとし伊勢の国人御巫清直に贈らるものなり是内宮御正殿のかうの釘を以て作るものなり　明治己卯冬日修斎書
（『松浦武四郎蒐集古物目録』）

松田縫殿　　（松田雪柯）
いセの御師也
（『蝦夷屏風』右隻　六紙目）

一八六五年　元治2　慶応元（改元4・7）　48歳

1・15　名古屋、水野三四郎正信の称賛

「実ニ御高名如雷且連々御著述上木深く奉感慕候処、不奉存寄伊藤氏江御托し御懇章被成下、誠以過当之次第按栄罷有仕合奉存候、先生勢陽御成長ニ而御有志充満、六十七州御踏東西北之蝦夷地数回御巡視、日誌御進献被仰出　山川地理取調被為蒙候、誠ニ以御大業巻舌奉恐感候、右地理図三部拝戴、呉々不可思議之至奉万謝候

就而ハ私蔵書目蝦夷地分差上候様被仰下奉讃承候、然共僕儀ハ文盲井蛙何之所詮も無御座、御案外ニ可及段ハ今便伊藤氏へ段々相断置候間、右書中も御併覧被成下御海涵被下置度甚以猿面之至、右記如尊誌幕府有司ハ北地を外国之如く捨置候事ハ、嘉永年迄之事故と奉存候処、甲寅以後も旧染之風邪雪遺り候哉と今又嘆息仕候

右地新簡之趣種々忌諱も御座候ハ御尤の方、何卒御指要之記も作成之上拝見奉願度候、僕方ハ都下と違ひ近年之品ハ弥以持合不申候間、尊家文政以来専一多分罷為在候御可応御蔵書目拝見之儀是亦奉願上候」

（松浦竹四郎宛（元治2）1月15日付け水野三四郎書簡　足利市立草雲美術館蔵、小野智一編集発行『雲津雁影』改訂版【七十七】　2011、秋葉　実「松浦武四郎往返書簡（33）」会誌49　2006）

4・　外国貨幣の集成（『外国貨幣誌』稿　一冊　記念館蔵）

「首言　今茲ニ俄羅斯及ビ和蘭・米利堅・英吉・仏蘭・孛漏生・葡萄牙等当時通用ノ貨幣ノ搨摸ヲ挙テ　其量目ト其地金代料積ヲ付置モノハ近年各国通商交易倍左ニナリタリト云ヘト其事件ニ関係商估モ未其貨幣相応之事審記セサル者有

テ其損失少カラス
是譬ハ航海ヲ説テ天度ヲ知ラサルカ如ク戦ヲ好テ兵史ヲ読ス　其地ヲ理明カニセサルカ如シ　兵史ヲ読テ戦天度ヲ明ニシテ航シ貨幣ヲ審ニシテ通商交易セハ何ソ其利セルコトアランヤ　依テ今是ヲ一カ冊トシテ同好ノ士ニ贈ルモノナリ」　俄羅斯　和蘭　同所領ハタヒヤ貨　亜米理加　英吉利　香港
仏蘭西　孛漏生　瑞士　塼爾都噶爾
「奥書　元治二年乙丑四月　於武江下谷三橋之寓居　多気志楼主人　松浦弘誌」

5・5

開成所、神田孝平に石鏃・石斧借用願い

「扨、雷斧八枚拝見被仰付、扨々見事之品沢山御貯之段、驚入申候、三砮三枚御恵投、将又雷斧も八枚中ニ而一枚御恵投被下候トノ趣、驚喜不知所謝候
小生義此程忌中籠居、不堪不聊折柄、珍品拝見大ニ心情ヲ慰メ申候、何卒一両日拝借仕度、御承知被下候様奉願候、既ニ数品頂戴之上、決して豪奪ナド申事は無御坐、御放念可被下候」

（松浦宛（慶応元）5月5日付け神田書簡、『遺芬』二　記念館蔵、秋葉　実「松浦武四郎往返書簡（33）」会誌49　2006）

神田孝平
美濃人　旧幕に召出され　後御一新後　議院之判官と成　後兵庫県令ニ任せられ　当時文部省に出る
（『遺芬』四）

7・4

川喜田石水に古銭の問合わせと自著などの送付

端裏書（十五日着）「東湖扇鼠喰有之候得共、御かんへん被成下候様願上候閏五月廿二日書状今朝相届、明日早々返事出候由ニ付早々相認メさし上候、先以愈御安泰珍重之御儀ニ奉存候、当方無異罷存候、当方者五月廿四日より雨ふり始、当月十五日頃迄者大雨度々有之候、先其後漸々天気ニ相成候、然ル処此五六日者実ニ大暑ニ而御座候
米価百俵弐百七両まで来り候処、小うり二合四勺此頃下り百二十匁位ニ成候、

然し一切小うり者下ヶ不申候事ニ御座候
上より御救と申ものも不出、一昨日こしらへ候干飯を百文ニ五合つゝニ而一軒
前五百文つゝ御うり被成由御沙汰有之候、何者とも不知
　窮民をおすくいと云まゝかいしよ　銭かほしゐて百に五合と
張札仕り候、是ニ而近頃いよいよ本の御救出候との事ニ御座候、上の御役人衆
実ニ評判不宜候
○又文久四文を八文の直上ヶ等有之候、是も実ニ下々之評判不宜、しかし漁徳
　辺より先者中々小商人者八文ニ不取、又千住青物市場等ニ而も左様取不申と
　の事ニ御座候
　然し異国の金銀銅の比較仕候て、八文の直段ニ存之候、銀が少し直段宜し
　過候との様存候
私共少々役方より頼まれ条約七ヶ国金銀銅の比較を貨幣を以著述候、則一本入
御覧申候、此本十冊こしらへ申候而今四冊残り居候、只此銭類者銭商を煩すら
せ候間、少し懸りも有之間呈上者仕兼候、若御届有之候ハ、、百疋ニ而御もとめ
置被成下候、只々御一覧ニ入候事ニ御座候〔此代料申上候事甚恥入候得共　銀
商と中間ニ而こしらへ候間百疋と申上候〕
　御不用ならは御一覧後御もとし被成下候、此外瑞士（スイツ）か残り居候、
　近日瑞士当時之通用銀　ニツケル銅、近日こしらへさし上候
又此頃金貨上り候様風聞有之、新小判十両位ニ御座候
　私考ニ二歩判者百十四両より上り者不仕候と存候
一　拙堂書有難奉存候、右ニ而宜敷候、外ニ紙五枚さし上候、宜敷願上候、ゆ
　るゆるニ而宜敷候

一　双六、志りへし、御継立等御入手之由承知仕候、此頃江戸より仙台街道、箱館までの道中双六こしらへ懸り申候、出来次第さし上候
一　泉彙之儀宜敷願上候、二部御頼申上候、符号泉志不持申候、孔方鑑、朽木板の昔し見受候か、当時江戸ニ一切無御座候
　寛永通宝の背ニ川の字の銭もし道具屋等ニ有之候ハヽ、仁朱か十匁迄ニ而手ニ入候ハヽ、御世話奉願上候
一　豊楽斎之儀有難奉存候
一　行方昇平宝鑑、当秋者又五十部こしらへ候由承申候、出来次第早々二部程御廻し申候、尚春五十部こしらへ候処　皆役方へ行候由ニ御座候
一　私共こしらへ候新貨幣、一両日中ニ早々さし出候、此頃者　又銅山至宝の五十当か手ニ入申候間、是もさし加候
一　藤田石摺御手ニ入候安心仕候
一　同人書者無御座候との事、則私共所持扇一本さし上候、先年者半切もの三、四枚所持居候処此頃無御座候、扇者三本所持仕候間さし上候
外ニ二幅対所持仕居候、近日石すりニ仕候、出来次第さし上候、是者七夕頃ニすり上申候
一　同人扇、戸田の藤房卿石摺ニ仕候間、一枚校合すりをさし上候、二三日の内ニ今一枚東湖のうたと相沢の詩と合、是と対のよこ物ニ致し申候、是者盆後　早々さし上候
一　画帖巻竹の中ニ恵心僧都の作仏一躰入置候、何卒此仏様のつしを竹ニ而こしらへ置度候間、竹仙先生へ御頼被成下候様願上候、実ニ竹仙者細工名人ニ御座候　此仏像、京都泉涌寺の千躰仏ニ而、まきれ無之恵心仏ニ而、私共

五六年前より所持仕居候／則巻竹の中入候間、出し被成下候、礼物仁朱位ニ而如何、若し出来不申候ハ、可然百疋位御取計奉願上候

一　東西日誌并大小せん届候由、安心仕候

一　著述物十冊さし上候

夕張、後方羊蹄、納紗布　〆六部

東西日誌　〆四部／一冊代五匁つゝ

一　貴兄蝦夷の歌何卒早々願上候、くれくれも此段奉願上候

一　京都者景嗣、蓮月等も出来申候、式部女先生御懇意ニ御座候間、何卒御序も被為在候ハヽ、是ニも頼度候間、宜敷願上候」

（石水大君宛（慶応元）7月4日付け松竹書簡　石水博物館蔵、『三雲町史』三　資料編2　2000、秋葉　実「松浦武四郎往返書簡（33）」会誌49　2006）

『納紗布日誌』一冊　慶応元年刊
凡例　万延元庚申晩冬
跋　署往涼来疾若梭　天高秋過上
庭柯　即既試問南飛雁　蝦北
風涛近奈何　旧作　正志安

7・5　川喜田石水に書画の進呈、古銭・泉彙入手依頼

「新貨幣本次便さし上候／藤田二幅対墨本、次便二品さし上候、背川寛永もし十匁位までニ而手ニ入候ハヽ、御世話奉願上候

泉彙宜敷奉願上候、但し二冊奉願上候

東湖扇面鼠喰居候得共、何分排仏之扇と千島の歌の扇も石摺ニ仕候間、さし上兼候間是をさし上候」

（石水宛（慶応元）7月5日付け松竹書簡　石水博物館蔵、『三雲町史』三　資料編2　2000、秋葉　実「松浦武四郎往返書簡（33）」会誌49　2006）

9・24　川喜田石水に古銭などの斡旋依頼

「本月十日書状一昨日相達し拝見仕候、土井若竹有難奉存候、永々珍重仕候

一　蝦夷地へ御詠草何卒早々奉願上候

一　斎藤翁故人ニ被成候由、願上候儀者誰ニても不苦、向斎・文伊・斎藤翁の倅等ニ而宜敷候、可然願上候
一　扨、貴地ニ而者凌雲第一、雪樵第二との事、愚眼者左ニ無之候、江戸ニても評判　青谷を第一と仕候、第二凌雲、第三佩芳と評判ニ御座候
o考正かな東海道より奥羽え懸ケて青谷・杏村・秋水・若竹・香峰、此外江戸ニても無御座候、花莽ニて者小華南華賜名との風聞ニ御座候
o鬼島広隆御存之仁ニ御座候ハ、、蝦夷の歌一首御願被成下候
此仁未た存不申、只高名と聞及候計也、くれくれも願上候、御巫と度々文通仕候、天塩日誌へ哥も入置候、後方羊蹄日誌中の御説詞も後利を乞候仁ニ御座候
一　千躰仏厨子宜敷願上候、右代料宜敷奉願上候
一　川の字銭之儀御手ニ入候ハ、、願上候、私事少々寛永銭もあつめ、最早川の背文計ニ而凡たまり申候間願上申候也
一　和漢泉彙くれくれも願上候
一　小切匁二枚さし上候、何卒青谷先生へ御願被成下候」
（石水雅兄宛（慶応元・9か）月24日付け松竹書簡　石水博物館蔵、『三雲町史』三　資料編2　2000、秋葉　実「松浦武四郎往返書簡（33）」会誌49　2006）

12・7　山本榕室の長男復一から蝦夷地調査日誌代
「○金弐歩壱朱日誌七冊代、慥ニ落掌有難奉存候
○日誌壱通り被仰聞候、則十三冊別ニ西蝦夷之部二冊被聞候、是又差上候、代料之儀者何れも五匁ツ、、ニ御座候」（中略）

五十番　復一郎（山本復一）
西京山本楽所の孫　岩倉家の執事
此頃正院ニ在官ス
（『雲津雁影』【百二十二】）

「此比、箱館道中双六と申候者上梓仕候、只今摺切候間、近日こしらへ立候間、呈上仕候」

（山本復一郎宛（慶応元）12月7日付け松浦竹四郎書簡、三浦泰之「東京大学史料編纂所蔵京都山本家宛松浦武四郎書簡の写しについて」No.2　会誌63　2012）

『新板箱館道中双六』袋
内題　新板箱館道中名所寿語六
　二梅題　多気志楼蔵板
発行　慶応元年

一八六六年　慶応2　49歳

2・　田中芳男らが、下旬にパリ万国博覧会出品用の昆虫採集

「当年者仏国ニ而博物会有之ニ而、開成所物産方より伊藤圭介門人田中芳男、阿部将翁倅等、豆州、相州辺へ虫捕御用ニ出懸候」

（山本復太郎宛（慶応2）日付け不明の松浦弘書簡、三浦泰之「東京大学史料編纂所蔵京都山本家宛松浦武四郎書簡の写しについて」No.3　会誌63　2012）

百五　田中芳男
信州飯田出生　伊藤圭介の門人也
旧幕の時雇ニ而開成学校ニ出　近
比内務省勧農局へ出たる也
（『雲津雁影』【百二十二】）

3・25　京都、山本復一に日誌代金礼など

「本月四日御認メ之尊翰、一昨二十三日花頂殿より御届ニ相成候、有難奉存候、尚又、去暮差上候日誌代金壱両弐朱ト三百文御遣し、慥ニ請取申候、墨本之儀被仰聞候、御叮寧之義恐入候」

万国博出品準備に意見

「当年者仏国都府ニ而万国博物会有之候由ニ而幕府よりも小吏御遣候由、先方より者大樹公ニ被為入候様、若大樹公差支も候ハヽ、御三家之内何か様成共御越し奉願候由参候由、然る処、今般外国方調役一人参候との事ニ御座候、追々役名等相分リ候ハヽ、申上候、右ニ付、市中在中願之者有之候ハヽ、参り候様御触有之候、上州之者壱人、江戸之者清水宇三郎と申、少々横文も出来候者商估ニ御座

候、是ヵ願候、其外者大神楽の獅子舞、皿つかひ、軽業師、是もノ等願出候由、物産家者未た誰とも不相知申候、伊藤圭介門人田中芳男、阿部将翁倅等、此比、豆州、駿州辺へ虫とりニ出かけ申候、右之位之事ニ而御座候
元来幕府之事者御用役ニ而致し、直之好事熱心等の輩無之候間、如何ニも十分之事ニ者不参申、残念之事ニ御座候、然し幕府ニ而入費凡七十六、七万との事ニ御座候、出帆迄之入費者中々百弐、参十万ニも相成候と存候、惣而農業道具、又者武器等、のりもの駕籠、庖厨道具までも遣し候よしニ御座候、是と申すも其道の暗き小吏の懸りニ而取扱候事故可捧腹事のミ御座候」

蝦夷地産物の考証

「蝦夷地山越内領クンヌイ山中トシヘツ川すしニ而、是者私共見出し申候黒土ニ御座候、舎密家等マンカンの御もとゝ申居候、少々さし上候
　此比、秩父ニ而マンカンを出し申候由ニ御座候
茶碗之黒薬とも申候、如何ニ御座候御説奉伺候、則東蝦夷日誌初巻しるし置候、西蝦夷地テシホ川上ニ而土人草の根、又、草の葉を喰候時、入而煮候ハヽ、草毒を解候由ニ而喰候土　是をチヱトイト申候、右之土托ニモ度々草葉をたき、それニ是をとかし入候而魚油とさし置候ハヽ、田舎筋ニ而仕候ねり粉*そうする様之ものニ相成候、是ニ雲母之気少々有之候、如何御説奉伺候、少々さし上候、尚、外ニさし上度品も有之候得共、如何ニも脚便ニ候間、何レ宜敷序便之時さし上候、先者匆々謹言」
（*構堂先生宛（慶応２）３月25日付け松浦弘書簡、三浦泰之「東京大学史料編纂所蔵京都山本家宛松浦武四郎書簡の写しについて」No.４　会誌63　２０１２）

『東蝦夷日誌』初編　慶応二年刊
文久三癸亥年九月初一日於下谷渾
不似溝の西崖なる寓居　源の弘著

＊そうする　雑炊

＊構堂は山本復一

５・７　水野正信に近刊書と世情

『西蝦夷日誌』弐編　慶応二年刊
文久三癸亥霜月中つ頃に喰熬豆て
しるし置
跋　此国の仙人とこそいわまほし
ゑぞの野山を分尽すとは
範正　（村垣淡路守）

「扨、今般西蝦夷日誌第二篇上梓仕候間、一部呈上四部差上候間、可然奉願上候去月十六日　御進発被為在候、定而川支御道中相延、頃日尊地へ被為入候と奉存候、沼藤迄之段奉恐察候

○十六日大森ニ而御書院番衆発狂抜刀、家来一人、助郷一人殺し、其内増山河内守様家来切候処、大騒相成申候、番頭漸く鎗ニ而も御使番中根藤十郎、焼酎ニ飲酔こしぬけ、其侭御役御免御戻相成申候

○十七日程ヶ谷御泊之後、御小納戸と御書院番と切合ひ、御書院番即死、御小納戸切腹仕候

○十八日藤沢泊之処、又助郷人足を大砲方之者切申候、右様一宿ことニ一段〃〃奥行有之、此上如何相成候か御案申上候、又当所市中へ莫大之御入用懸り、市中大込り、右ハ全く八丁堀与力同心等種々賄賂を取、不相応之割付仕候由、廿五日夜、中村次郎八、佐久間弥太吉、中田郷右衛門等御役御免相成申候、御用金ニ而市中も余程さけ、新場小田原の肴の直段も下ヶ候由御座候」

（水野老先生宛（慶応2）5月7日付け松浦弘書簡控『西窓紀聞』一五三　名古屋市蓬左文庫蔵、土井康弘「水野正信と松浦武四郎の交際と伊藤圭介」（資料5）『錦窠翁日記』伊藤圭介日記五　名古屋市東山植物園　平成11、土井『日本初の理学博士　伊藤圭介の研究』第二部第3章　資料10　皓星社　2005））

5・20　読書室物産会、出品者　一五名、出品数　八四点

江戸　松浦竹四郎の出品

東蝦夷山越内領トシヘツ川筋　方言クンネシュマ　茶碗黒薬所用

西蝦夷テシホ川上　方言チエトイ　喰土ノ義　案石麪ノ類

（『慶応二年丙寅五月二十日読書室物産会品目』山本家蔵、松田　清編『山本読

書室資料仮目録』統合電子版　書籍・古文書類２３６３）

5・22　書記官横山由清との面談か

「一昨日ハ拝唔草々　難有御座候事何か咄て召給候得も　何も恐縮ニ御座候より
不取敢
　ことしより君かめ鑑の／はつ□□／あかすつむへき／ちるやいく春／由清
右は何□□再考候ハ、　明日奉仕候可申上候也　匆々頓首」
（宛名不明〈慶応2〉5月22日付け由清書簡　足利市立草雲美術館蔵、橋本芳一翻刻・小野智一編集発行『雲津雁影』改訂版【十三】　２０１１）

六十四番　　由清
　横山由清　和学者流也　当時議官の小書記官となる
（『雲津雁影』【百二十二】）

8・20　川喜田石水に古銭送付の約束

「符号泉志有難奉存候、何卒代料宜敷奉願上候」（中略）
「御注文□内　　心当御座候間
　香港一文　　次便　近日さし上候、随分御座候
　仙台一文　　決而無御座候ものニ御座候
　仙台銀玉　　時々御座候　見付次第さし上候
　出羽銀銭　　中々無ものニ御座候
　銀山至宝
　琉球通宝　　懇意之者持居候間、今日取よせさし候
琉球通宝者二品とも私共懇意之者、今一通り持居候間、岡氏も望ニ御座候
ハ、さし上候
一　三タ様百図　銭範御さかし被成下候由　有難奉存候」
（石水雅兄宛〈慶応2〉8月20日付け弘書簡　石水博物館蔵、『三雲町史』三　資料編2　２０００）

9・15　尾張藩医、伊藤圭介から西蝦夷日誌の注文など

「去月念九日之華墨拝誦、如命秋冷愈御清色、奉怍喜候、随而拙者無異消光、乍憚御休情可被下候／西蝦夷日誌御再板御出来、壱部御恵投被下、奉多謝候、不相易面白覚申候、外弐部も落手仕候

　頂戴之一部御礼に菓子料／一金壱朱也呈上申候

外之弐部代金／　一金弐朱也

　〆金三朱呈上

右宜敷御握掌可被下候、代料不足候ハヽ、追而御聞せ可被下候

一　麻布善福寺前書物、其余深潜著述候もの御手ニ入申候ハヽ、御写し御贈りも可被下旨被仰下、難有奉存候、若、宜敷御都合出来、右様被成下候ハヽ、大悦不過之、□□御懸合被下候

一　塩田三郎と申人欧行、種々物産持帰られ申候由、田中御同伴被下候、尚、其予南華と申画師へも御寄候而、西洋草木写真図鑑田中一見、橋永本嵩ニ教示御座候由、御紙其他被仰聞候下、田中よりも同様申来、あらあら植本へ今便差遣申候、蟹行文字書入方、可然宜田中之方御相談、何れニも書入出京御相談可被下伏乞、今後は甚多用、已上申上候也」

（松浦武四郎宛（慶応2）9月15日付け伊藤圭介書簡　『蝦夷屏風』左隻記念館蔵、秋葉　実「松浦武四郎往返書簡（32）」会誌48　2006、三浦泰之「松浦武四郎関係書簡一覧」『松浦武四郎研究序説』笹木義友・三浦泰之編　2011）

＊会誌48は元治元年

11・5　伊藤圭介に水野宛書簡の転送依頼、箱館役人の姿勢

「扨、今般東蝦夷日誌三編上木仕候間一部呈上仕候、別ニ箱館往来搆候間一部差上申候、外二部ツヽ、差上候間、御社中御広メ被成下候様是又奉願上候、右代料

も○日誌五匁、○箱館往来弐匁六分、○此頃紙直段騰貴、甚申上兼候得共左様思召可被下候

箱館より水野三四郎殿へ一封参候間、何卒御序ニ御届奉願上候、水野老人此節者如何被成候哉、一向便も無御座床敷奉存候、御逢も御座候ハヽ、宜敷奉願上候

当地も先諸方江在留人被　仰付候、合原伊勢守、中村慶助、英国、浅野美作守、仏国、松本寿太夫、亜国と成候処

平生ハ極々洋好ニ候得共、左様被仰付候而ハ御迷惑と相見、合原も込り候而引込、浅野ハ御勘定奉行江逃、向山栄五郎江被仰付候、左候而考候得ハ、平常洋説家も内実真之洋学家にてハ無之と奉存候、何哉ニ付実ニ可歎世之中ニ御座候」

（錦窠老大人宛（慶応2）11月5日付松浦武四郎書簡『西窓紀聞』一七四　名古屋市蓬左文庫蔵、土井康弘「水野正信と松浦武四郎の交際と伊藤圭介」（資料6）『錦窠翁日記』伊藤圭介日記五　名古屋市東山植物園　平成11、土井『日本初の理学博士　伊藤圭介の研究』皓星社　2005）

『東蝦夷日誌』三編　慶応二年刊
文久三亥のとし極月末つころ餅ひ搗音の中に　松浦の弘誌
跋　南華逸史麟

12・9　伊藤圭介が水野三四郎に武四郎書簡転送の由

「昨日江戸より便有之、箱館より之一封御届申上候、珍説も御座候ハヽ、御聞かせ可被下候、○松浦より私江之手紙入貴覧申候、御一見後御返却可被下候、○門人田中芳男事当七日出帆、フランス博覧会ニ参候旨申越候、来冬末ならてハ帰帆間敷と申事也」

（水野三四郎宛（慶応2）12月9日付け伊藤圭介書簡　名古屋市蓬左文庫蔵、土井康弘「水野正信と松浦武四郎の交際と伊藤圭介」（資料6）『錦窠翁日記』伊藤圭介日記五　名古屋市東山植物園　平成11、土井『日本初の理学博士　伊藤圭介の研究』第二部第3章　資料11　皓星社　2005）

一八六七年　慶応3　50歳

4・7　大村益次郎に河津祐邦を紹介済みか

「将又昨夕北島君ニ而例之仁へ御談判被下　降心可仕旨難有奉存候　何分ニも御発足前今一層御尽力奉希候　大邨参謀へも御添書態々被遣奉謝候　今日は慎方ニ御座候間　明後日頃ハかならず罷出候様可仕候　右御候迄早々」

（松君宛（慶応3）4月7日付け邦書簡　足利市立草雲美術館蔵、秋葉　実「松浦武四郎往返書簡（35）」会誌51　2007）

9・5　郷里の甥松浦圭介に近況など

「扨、癡叔事者或藩より子年十一歳之男子貰受居候、是者先年蝦夷地御用蒙候後貰受置候、少し疲弱ニ付稽古事も出来不申候間、彫物師へ相頼日々通ハせ置候、此師匠と申候者京坂出生ニ而画も出来、国学も出来候加納夏雄と申、鍔一枚五十金より下者不彫申名工ニ御座候、

然る処子年十月女子一人出生致し、大丈夫ニ育居候、当年四歳ニ候処先百人一首を半計読候様ニ成候事ニ御座候、名者一志と申候、

扨、癡叔事何も商売者不仕候、去ル申年箱館方者眼病ニ付断申候、無縁ニ候得共家内四人暮し年々日誌類も上木致し候得共、トウカコウカ暮し居候、先以六十余州、外ニ蝦夷・噠哈嗹迄名を雋候故之事候と存候」（中略）

「然し死候而も何も残るものはなし、只版木と書物計、然し古金者好ニ而相集メ、大黒様之頃より之正用品不残相あつめ、大判者一枚も持不申候得共、小判より玩賞品ニ到るまで所持仕候、古金家番付ニも随分宜敷処へ出候間、京・大坂より尋来ル者我か宅ニ参り、古金持之番付ニ乗候間相応なる身分と思ひ、大違ニ而いつも棒腹致し候事ニ御座候」

大村益次郎　死
山口藩　元村田蔵六と云て旧幕開成学校ニ洋学執行し　明治一新之時　大参謀と成　勝利有て後　暗殺せらる
（『遺芬』四）

河津三郎大郎　死　（祐邦）
旧幕人也　箱館組頭より外国奉行と成　仏蘭西へ行　後若年寄格ニなる（『蝦夷屏風』右隻　三紙目）

9・25 川喜多石水に古銭談

（松浦桂介宛（慶応3）9月5日付け松浦竹四郎書簡 記念館蔵、『三雲町史』三資料編2 2000、秋葉 実「松浦武四郎往返書簡（35）」会誌51 2007）

「一 米価此方も少しッヽ下り候位之事ニ御座候、越も八俵〔四斗 四升〕位、新九俵半と申事ニ御座候
一 駿遠ニ御祓か降候由ニ而錦画か出申候、秋葉山等余程参詣人有之由ニ御座候
一 岡氏より御注文之銭之義、早々浅草へ参り神幡堂を尋候処、店も仕舞一向品も無御座候、其より外心当りの処二軒程寄り申候
一 琉球銭之儀 二文さし上候、先達而者一文十匁位ニ而御座候処、三朱と申事ニ御座候、先々引取さし上候、もし御不用ならは御もとしニ而不苦候、□□ニ引合置候
一 水戸五十文銭一向心当り無之候、先達而十文計銭商持参候処、追々沢山出候と存し一文も不引取置候哉、皆無く成候、是者不遠手ニ入次第さし上候
一 金トル之儀最早一文もなく成候
一 仙台細倉銭 是も此間は銭商持居候処、当時心当り無之手ニ入候ハヽ、早々さし上候、是者仙台ニ而わつか吹候計ニ而惣而江戸へ参り候、高五十文ニ不足事と存候
一 咸豊百文銭 私共存候処、愛鶩堂・操珍堂右二軒之所持之外一文も見不申候
一 昨夏湯島の唐物店へ一文出候得共、一文か金三両と申事ニ御座候処、早々売候との事ニ御座候、尤銭も凡弐百文余有之極々結構之品ニ御座候、其外見受不申候よき銭商之銭ニ御座候
一 同治銭者 随分御座候、私も一文持居候間、見出し後便さし上候、是者然し

至而銭症は不宜候
一　米沢銀札と御認メ之品一向不存候、然し切レの張有之候と候ハヽ　仙台銀札かと存候、是者壱歩ト仁朱ト二品御座候、早々仙台人へ頼注文仕候、着次第さし上候、切レの張有之候銀札者　仙台より外ニ心当無御座候
○後便同治銭　早々さし上候／○鉛銭者　心当御座候、不遠さし上候
○銀札者着次第さし上候／○水戸五十文銭者手ニ候間、少し御待被成下候
尤　仙台鉛せん者、至国元ニ而も当時不足と申事ニ御座候
一　京都対山者　御地へ度々参り滞留仕候事も有之候間、定而貴地ニ者画有之事と存候、何卒百疋か弐百疋位之物有之候ハヽ、御世話奉願上候、尤　小切も扇子ニ而も半切ニ而も宜敷、山水を願上度候、如何様之物ニ而も宜敷候間、御世話奉希上候、匆々」

（石水雅伯宛（慶応3）9月25日付け弘書簡　石水博物館蔵、『三雲町史』三　資料編2　2000、秋葉　実「松浦武四郎往返書簡（35）」会誌51　2007）

10・5　江戸道灌山の風聞

「扨、崋山画料［九両弐歩］為持被成下候、慥ニ請取申上候、請取書者、今日か明朝取置候間、先生御光駕之節さし上候、小野鎮台御気ニ入候ハヽ、於僕も大慶ニ御座候」（中略）

「五日
一　昨夜より道灌山辺之屋敷ニ歩兵少し屯仕候、王子海□内ニ而炊出仕候等風聞御座候、又者昼之間ニ散し、夜ニ入候て相集り申候等、狐評判一切不相分候得共、承候間申上候、已上」

（香峰先生宛（慶応3・10）月5日付け松竹書簡、三浦泰之・山本　命「東海道

12・11〜23　東海道吉原宿脇本陣、鈴木香峰に江戸の騒乱通信

吉原宿の脇本陣鈴木香峰と松浦武四郎」No.5　『松浦武四郎研究序説』笹木義友・三浦泰之編　2011）

「扨、先生御出立後も不相異、強賊処々ニ入申候、赤阪てんま町山本、市ヶ谷町一、谷町鹿島等え凡六十人斗□併□ニ而参り申候、又、霊岸島鹿島へも参申候処、是者一○も不取、却而金高百二両忘れ帰り申候、詰番の撒兵と前ニ而打合、撒兵一人即死、二人疵有之、

十一日、久保町溝御前の貸やニも入、弐千両取申候、其余辻切おし込夜不絶、別而追々甚敷相成候者、歩兵の乱妨、御用金との二ツ、諸町人職人迄運上鑑札相わたりし様成申、皆被仰付候処、風呂や、髪結所の二ツ者、大そう被仰付候間、難渋申上候処、左候ハ、株なしニ致スと申事ニ而、此間四十文ニ成候札をひかされ、元の三十二文ニ成候、

然し御運上さへ御上納仕候ハヽ、四十八文ニ致し遣スとの事ニ御座候由、御祓も日々降候、評定所へも金の幣降候、大久保六番之いなり様の木像、青山久保之千手余の不動の古仏、二尺二三寸の銅か付候降候、中々其不思儀者筆紙ニつくしかたき事ニ御座候」（中略）

十日夕方、上野御橋の下へ千両箱一ッ降候よし申、引上ヶ見申候処、空ニ而、仲町堺屋の三、四日前ニおし込か入、取行れ候箱ニ而有之よし、尤、右箱ニ而者金弐十弐三両入居よし也、店ニ有候を小賊盗取、大あて違ニ而投去よしと被存候、同日、本願はし通り御徒士市中某新徴組ニ　広小路おかち町より出る処ニ而口論致し切られ申候、同日夜、谷中天王寺の横ニ而　中元様之者二人切られ申、一人者赤合羽、一人者ネンネコ半天を着居候

六十一番　鈴木香峰
旧幕人　後駿州吉原宿ニ到り駅吏
宿駅の役人　扇やと云駅吏ニなり
画をよくし　称耕造　号錦竹山人
（『雲津雁影』【百二十二】

赤城石流山辺強賊追々相増候よしニ候、撤兵一大隊、炮兵二丁日光へ出立仕候、右強賊十一人八州手ニ而被押候よし、川越辺追々強盗相まし候、此頭者元川越町人新助の息ニ而、三段目の角力を取候男のよし也、凡十組三百人も有之よし、徳丸一件未た不静、日光神仰一件未た不止、此者共赤城山と一組ニ成候よし等風聞仕候」（中略）

「十六日昼比より市中へ無理御用金被仰付候、急ニ明十七日歩兵三大隊相立候支度金御取上ヶ被成、市中従是大そう動被成候、上様事者家猪一（フタイチ）と字し悪口言つくしかたし、

十七日、赤坂火消屋敷へ御留守居小出大和守、井上備後守出張、御小普請を皆呼よセ［八千人余］、何か御酒を願ハぬか等話し有候処、追々是迄願候とも被仰付候者等有、段々義論を相始メ、其内大勢口々悪口致し、両人ホウホウの躰ニ而うら門より逃帰り申候、

十七日、寄合肝煎宅へ寄合之用人等を呼、此度之事申聞セ候処、右用人等家猪一御方之為ニ者何事も不仕候、徳川家の御為等ならは何事ニ而も致スと一同御不例ニ申上、肝煎も大閉口仕候由、

十八日、同心屋敷へ薩州やしきより此屋敷を借候よし申、荷物を持運ひ候よし、手代早打ニ而登城、御城大さわきと申事也、

右ニ付二小隊くり出し、新銭座ニ相詰メ申候、

廿日、夜九ツ鐘の少し前、私共同地面ヨリ三橋国之助門ニ浪士参り、頼ましよと云より、門長屋の者トナタ様と言候ハヽ、渋谷和四郎え子細有て来り候者故明ル様申、もし明すは打破り皆殺しニ仕候由呼いり候間、長屋の主人起出明候ニ、弐十五六人入来り、三橋玄関へかけやを二ツ斗打候と、先ニ言候者、渋谷者此

方也と、三橋の台処前を通り、渋谷の玄関え行、戸をかけやにて打やふり
（図有り）
候ハヽ、渋谷家内者兼而用意致し居候間、遂ニうしろより隣家ニ行、十才目くらの子供抱、下女一人連候也、左候哉、
浪士座敷より玄関へ不残打こわし、小者を召連、我古の前迄連行切ころし置候、
大将の門を出る哉、呼子の笛を吹候て、三枚はしより我古の前辺り迄一間位の間を置、一人ツヽ立番有之候を引上ヶ参り申候、其時九ツ時鐘打切申候、
　私共者三橋の玄関へかけや打込候て戸を破り候音ニ而目をさまし、如何とも致し方なく、只黙して居候、
引上ヶ時、門番へ火用心を致ス致スとそれのミ声かけ出候、又、渋谷乱妨の跡へ、但今ニ役を勤居候ハヽ、親類の果迄も切つくし候よし書張置候、
其より光徳寺前おたふく横町へ行、八州馬場俊蔵へ入、鉄砲を多く打込候処、俊蔵覚、長刀を持て余程ふせき候、浪士一人を切殺し候、馬場ニ而者老母と下女と即死、小者一人外へ連行切殺し候、
其より本所八州廻り安原へ致り、是ニ而者家内娘外より客ニ来り居候娘一人、小者下女五人即死仕候、老母と男子者助り候由、御座候、
駿州台一軒、小川町講武所前一軒、其余一軒、下谷何処か組やしき内ニ有候由、是者無なん之由ニ御座候、実ニ恐入候次第、是迄呼子の笛を話しニ聞候得共、自分聞候事無之候処、窓前ニ而吹候間、如何ニも心細き事ニ而、家内等も大ニ驚き申候、
廿三日、朝六過より二ノ丸御焼失、諸大名者胡服の上へ火事羽をり、小炮練調見事之事ニ御座候、此比御修覆ニ而廿日御かこゐもとれ、廿五日御引移り之処、右

様半時の烟と相成候、市中ニ而申居候者、実ニ神わさと申居候、此比ニ而者職人うら店まても運上を御かけ被成候、諸人の怨望のしからしむる処ニ御座候、御旗本ニ而大賊六十八人有之由、凡召捕被成候との事ニ御座候、頭者七千石の旗本と中事ニ御座候、其余種々申上度儀御座候、先々早々」

（香峰先生宛（慶応3・12）月24日付け松浦書簡、三浦泰之・山本　命「東海道吉原宿の脇本陣鈴木香峰と松浦武四郎」No.7『松浦武四郎研究序説』笹木義友・三浦泰之編　2011）

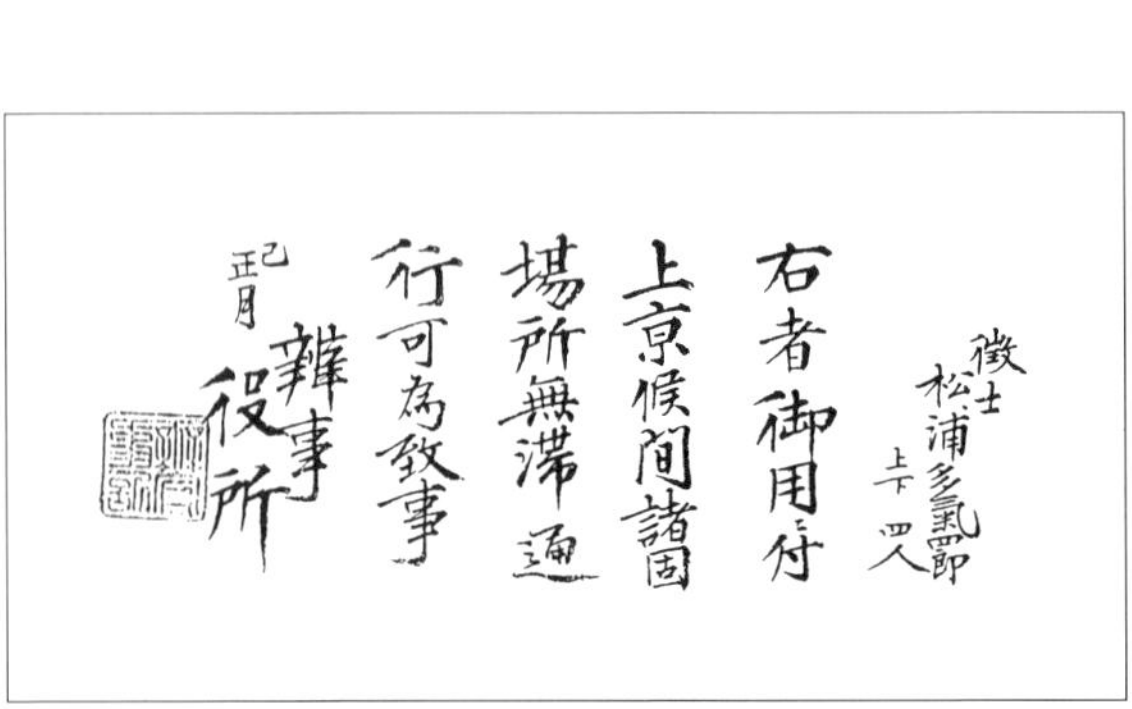
徴士
松浦多気四郎
上下四人
右者御用付
上京候間諸国
場所無滞通
行可為致事
巳
正月
雑事役所

二　新政府官職就任と離任

一八六八年　慶応4　明治元（改元9・8）　51歳

2・11　太政官制度事務局権判事、井上長秋から面会要請

「都合よろしき旨被仰聞、いずれ左様なくてならぬ事に御座候、しかし御尽力故と大慶に存じ候、今日は、寄場人足役所へ出張の命に御座候、夫より小松方へ出かけ可申、（三）条公より御帰りがけ御立寄被した候而も、留守に相成義も計り難く、小子方より御尋申上候事と可致、因而此段申上置候也」

（松浦竹四郎宛（慶応4）2月11日付け井上石見書簡、横山健堂『松浦武四郎』北海出版社　昭和19、秋葉　実「松浦武四郎往返書簡（37）」会誌53　2008）

井上石見　死ス　（長秋）
薩州鹿児島人也　箱館判官となる
明治元年エトロフ島に到る　何れえか瓢流す
（『蝦夷屏風』右隻　四紙目）

3・20　大久保利通が井上長秋と武四郎の面会斡旋

「箱館府判事井上石見、此内より横浜迄参居、松浦竹四郎江面会いたし度候付、其段相通呉候様承候、同人何方寓居にて候や不存、貴君御承知可有之旨承申付、右形行御含被下、何分明日相分候様御取計被成下度奉願上候」

（肝付千早宛（慶応4）3月20日付け大久保一蔵書簡『蝦夷屏風』左隻記念館蔵、谷沢尚一「松浦武四郎と楢林昌建（二見一鴎斎）」会誌2　1984）

大久保市蔵　（一蔵、利通）
鹿児島藩　当時内務卿也
（『蝦夷屏風』右隻　四紙目）

3・25　太政官の蝦夷地評議（ルビ付き）、岩倉具視から推挙

「三月二十五日午刻上　議事所ニ於テ三職及徴士列座　蝦夷地開拓ノ事ニ付　副総裁*岩倉卿ヨリ策問ス

*岩倉具視

第一条　箱館裁判所　被取建事
第二条　同所総督　副総督　参謀等人事之事
第三条　蝦夷名目被南北二道被立置テハ如何
右史官読上　公卿　諸侯　徴士答論左ノ如シ」（中略）
「　　　　　大久保一蔵*
松浦多気四郎御撰挙可然ト奉存候　　　」（中略）
「○此外徴士　参与十数名別ニ異存無之不及建言　副総裁曰衆議ニ従テ先ヅ人撰ヲ決定シ　然ル後　裁判所取建追々開拓ニ手ヲ下スベシ
　右ニテ議事終リ衆皆退散ス」
列席者　山階宮　鷹司前右大臣　中御門大納言　万里小路中納言
　越前宰相　阿波少将　肥前前中将　十時摂津　毛受鹿之助
　大久保一蔵　木戸準一郎　神山左多衛　溝口孤雲　荒尾駿河
　井上石見　小原二兵衛　青山小三郎　越前宰相
（『太政官日誌』第八　慶応四年戊辰三月、石井良助編『太政官日誌』第二巻　東京堂出版　昭和55影印）

*大久保利通

3・尾張、熱田駅の廃仏棄釈

「其次第を聞に明治元年辰三月の官軍、当駅え着ニ成りしや、祠官鈴木何某、大勢の社人等を集め、此度王政御一新に成るに付ては、総て宮中に仏法くさき物は一品も無様にせばやとて、当宮に小さき観音堂の有を取払致しよし。橋本三位公にはそれしきの事驚かるまじの御政道になるや。
三間四面の宝庫を開き、此中に充々たる伝教大師、行基、其余世々の高徳の僧侶、并に公家、名将方の写経等、経紙、金字なる物を取出して、是を焼て、其金を分析されしが、二百八十円とやら有しと。其内に菅相公の紫切とかいへる法華経の五の巻とや、是残せしが可惜事ならずや」（焚書の挿絵）

（『己卯記行』一、明治12・3・27伝聞）

閏4・4、5　明治政府大総督府から呼出し（書状入り封書の松浦孫太解説）

「明治元年閏四月四日五日

下谷山下ノ三橋ノ長屋ノ寓居ヘ錦裂ノ印ツケタル官軍ノ使者二人来ルニ　当時上野ノ戦争前ニテ家ノ周　又物リニハ　天野八郎其外ノ隊長株ノ居ルコト、テ大ニ驚キ　掻ノ頃ナリシカバ祖母ハ小石（五才ノ小女）ノ声ヲ立テザル様ニ勝手ニテ小サクナツテ居タトノ事

即刻登城シタ　此ノ時　余リ遅キ為明日登城トナリ　父ガ上下カナニカヲ風呂敷ニツヽミテ背負ヒ　供シテ馬場先ノ方ニ行キ（夜明前トノ事）コヽノ番小屋ノ様ナ処デ支度ヲカヘテ登城シタリ　即御用ニテ上京（京都）セヨトノ命有　帰リ来ルヤ荷車ヲ数台雇ヒ　一度ニ家財其他ヲ運ンテ各所ニ分テ預ケ転宅シ祖父ハ姿ヲカヘ上京ス　箱根ガ一番危検ナリシトノ事

又官軍ガ来リシ故　何事カト近所ヨリ聞ニ来リシ時　祖父ハ蝦夷日誌ヲ買ヒニ来リシナリト話サレタリト父ヨリ聞シ」

閏4・4　（表書）松浦武四郎殿　大総督府下参謀

「御用之儀有之候間　唯今早々登城可有之旨参謀江被命下候也　壬*四月四日」

閏4・5　「松浦武四郎　御用之筋被為在候間　早々上京可致　大総督宮被仰出候事　大総督府　参謀　閏四月五日」

＊壬は閏

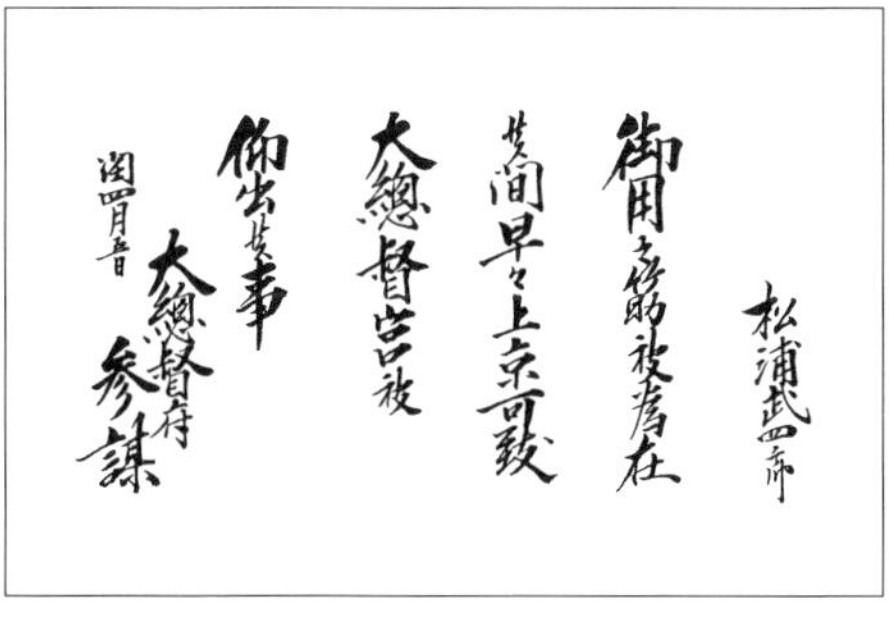
松浦武四郎
御用之筋被為在候間早々上京可致
大總督宮被
仰出候事
閏四月五日
大總督府
参謀

（松浦武四郎宛（慶応4）4月4日付け総督府参謀書状、『宣旨』箱　明治21・2・7　記念館蔵）

閏4・6

騒乱の江戸

「去る明治元戊辰の閏四月六日、初夜過る頃、雨降りに余が下谷三枚橋なる寓居の戸を叩く者ありければ、其頃は上野山内には彰義隊と云賊等多く立篭り、夜行人の包を奪ひ、また物もてる家に夜となく昼となく押入、軍用金の調達と号て、金子押がり等すとて騒敷ことの聞居し時なれば、それ等にても余が家にも聊かにても貯もありもやせんとて来りしか」

（『明治二年東海道山すじ日記』、佐藤貞夫翻刻・編『明治期稿本集』　松浦武四郎記念館　平成29収録）

閏4・

在京の山中静逸から京都行き見合わせの意見

「先日は御無沙汰申上候、御入来被下候処不在残念奉存候、志歟ハ久世公より云々御通知ニ而、まつ御上京ハ御見合被遊候哉と奉存候、しかし又々御様子ニより周旋可仕候義ニ御座候ハヽ、申伝てう、粗品拝呈御一笑可被下候　頓首」

（松浦翁宛（慶応4）閏4月付け山中書簡　足利市立草雲美術館蔵、橋本芳一翻刻・小野智一編集発行『雲津雁影』改訂版【百十八】　2011）

閏4・26

京都、室町出水上ル西角　畑柳平宅に滞留、新政権に感服

「扨、諸方より出候参与并判事等、皆位か付候間、書付写し上候、（中略）着後早々地下堂上輩より呼ニ参、実ニいそかしく、其余旗本等参り詰候も有之、是等ニ頼まれ候事有之候、只々奔走斗仕候、追々大政官も模様異被成候、実ニ新規事故、いろいろむつかしき由ニ者御座候得共、中々かたかた改も有之候て、先第一感心仕候者、是迄女中の権有之、諸大名内願之筋、官女え持込候

三十九番　山中　（静逸）
三河国の人也　御一新の時弁官となり　後石巻県令となり　号信天翁また静逸　在京師嵐山下　去年主上臨幸ニ成候也
（『雲津雁影』【百二十二】）

東久世公　（東久世通禧）
是慶応年間長州脱走の七卿の内也　開拓長官より随侍の番長ニ任し　当時議官也　号竹亭
（『遺芬』四）

柳坪　（畑　柳坪）
西京室町出水上ル処　畑橘州の養子也　儒医にし而詩文をよくす　また古物の鑑識有る也
（『遺芬』四）

松前家蝦夷地願書等長橋之向え持込候、願候処、一昨廿四日より、主上昼之間者奥え入らせられ候事不相成候様成、学文御出精被成候様ニ定被申候、則秋月右京大夫御師範之席仕候
徳川氏者女中権をさる事出来す、終ニ女中を願入候様之事も御座候得共、此方者最早女中之権を去候、是ニ而中々世の中、勤幕家之論と者大違ニ御座候、実ニ感服之至ニ御座候」
（香峰先生宛（慶応4）閏4月26日付け松浦竹四郎書簡、三浦泰之・山本　命「東海道吉原宿の脇本陣鈴木香峰と松浦武四郎」No.11『松浦武四郎研究序説』笹木義友・三浦泰之編　2011）

閏4・28

箱館府判官に任命（辞令入り封書の松浦孫太解説）

「明治元年閏四月廿八日於太政官（二条城）
　徴士箱館府判事
同日　叙従五位下
此ノ時ノ事　三田葆光氏ノ話ニ　上下（カミシモ）ガナカリシカバ同氏ヨリ借リテ行カレシト　又従五位ノ下ニ叙セラルト誘聞セラレタル時　左様ナ高位ニ叙セラレテモ拙者家モナキ浪人左様ナ位下サレテモ下サレナンデモ　蝦夷ノ事ハ身ニ引受テ国ノ為ニ尽スト申タル処　役人ガダマツテお請ケスレバヨイト申サレタトカ　帰京シテ三田氏ニ話サレタト同氏ヨリ孫太ニ直接ニ聞タルマ、ヲ誌ス」

徴士　無定員
諸藩士及都鄙有才ノ者　公儀ニ執リ抜擢セラル　則徴士ト命ス　参与職各局ノ判事ニ任ス
（『太政官日誌』慶応4・2）

閏4・

辞令

「松浦武四郎　徴士箱館府判官　事被仰付候事　閏四月」

松浦武四郎
徴士箱館府判
官事被
仰付候事
閏四月

5・

「松浦武四郎　叙従五位下　右宣下候事　閏四月」（『宣旨』箱　記念館蔵）

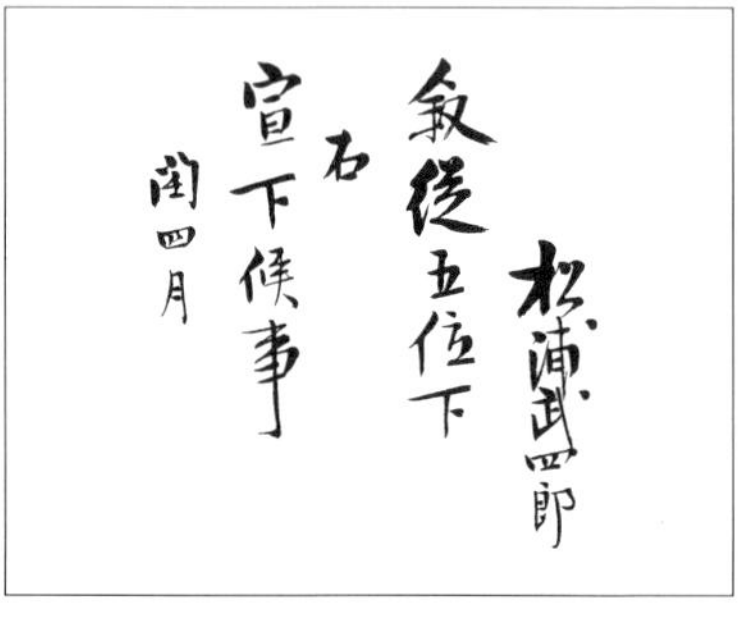

官員録に掲載

「○箱館府

知府事　清水谷侍従

判府事　井上　石見

同　松浦武四郎

権判府事　岡本　監介

同　小東　一郎

同　小野　淳輔

同　堀　真五郎」

（「官員録」『太政官日誌』第廿一　慶応四年戊辰五月）

5・25

蝦夷地調査の賞与（書状入り封書の松浦孫太解説）

「明治元年五月廿五日　壱万五千疋ヲ賜フ書及包紙

想ヒ起ス　嘗テ祖父ハ廿五日ニハ吉事ノアリシト云ハレシヲ

翁ハ天満宮信仰ノ結果トセリ　幕府御雇入レハ安政二年十二月廿五日ナリ」

5・

（包書）「金　壱万五千疋」

「松浦武四郎　蝦夷地方之儀ニ付　多年苦心自著之書物并図等致献上　且大政更始之折柄奔走尽力候段　神妙之至被思食候　依之金壱万五千疋賜之候事　五月」

（『宣旨』箱　記念館蔵、『太政官日誌』二七　慶応四年六月、秋葉　実「松浦武四郎往返書簡（37）」会誌53　2008）

5・26

参与、大久保利通から面会要請

「扨、昨日者御見舞被下候由忝奉存候、此品軽少之至ニ候へとも、御発足ニ付御礼旁表寸志候間、御笑納被下候へハ大幸ニ御坐候、此より早々頓首
五月廿六日追而就御出立ニ彼是御頼談申上度義も有之、御面会出来候得ハ御合被下度、午□迄ニ御足労被下候得ハ無此上不顧余由、御申上試候」
（松浦竹四郎宛（慶応4）5月25日付け大久保一蔵書簡『英豪書簡』記念館蔵、笹木義友「北海道国郡検討図をめぐる人びと」『松浦武四郎　時代と人びと』展示図録　北海道出版企画センター　2004）

5・　蝦夷開拓建白書案作成
『京都滞在中所用蝦夷開拓基本建白』稿　一冊　記念館蔵
慶応四年於京都　蝦夷開拓に関する建白草稿

6・　東丸文庫に蔵書五百余巻納本（書状入り封書の松浦孫太解説）
「明治元年
六月　東丸文庫ニ三航蝦夷日誌、寛政度上地、文化度魯人乱妨、文政度魯人引渡し、諸役手当、産物取調、安政度請渡ノ書類　五百余巻納本之有云々　多気志郎納本の印と云フ印有　北海道庁ニ多く有りとの事　昭和九年三月岡田健蔵氏ヨリ聞く
予は昭和六年二月　おくのみちくさと云福居芳麿の蝦夷の島踏を写したる翁の自筆本を帝国図書館ニて発見す」

6・4　蝦夷書類調べ
「蝦夷開拓書類四箱　岩倉殿江呈上ニ相成候付取調候間　如何致し候而宜敷候哉
此段御打合申入候也　六月四日　箱奉松浦竹四郎殿
追而此侭目録ト照リ合セ候而已ニテ宜敷候故　早々　御答有之度者也」

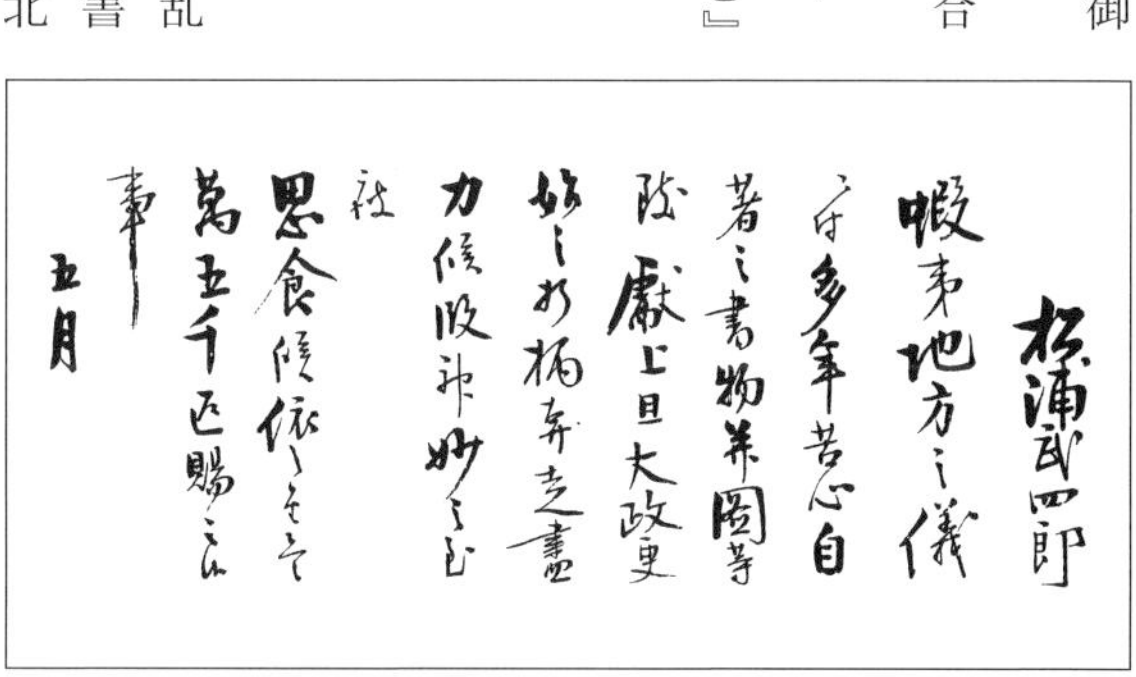

（『宣旨』箱　記念館蔵）

6・8　江戸帰着と再度の上京予定

「私事、当閏四月上京仕候。五月下旬出立、六月八日帰而早々尚又上京候」

（川喜田石水宛（慶応4・7）月18日付け竹四郎書簡　石水博物館蔵、『三雲町史』三　資料編2　2000）

6・19　京都の山本復一へ東京の世情

「王臣相願候者二分、御暇相願候者五分、何とも付すダラダラ申居者三分位ニ御座候、中ニ者若年寄服部筑前、勝安房、河津伊豆等を打ころさん等さわき立候者も有之、屯集仕出候、其より河津者病気を申立引込居候、筑前者一日出たり、二日引込たり仕候而、漸々相勤居候

右之虚ニ乗し、旗本家人者三日之内ニ家屋敷取上ヶニ成候等申事申ふらし、建屋土蔵等一棟何銭と　皆風ろや焼物にうり払候様ニ相成候、目も当られさる始末ニ御座候

又日本橋式部小路ニ而、料理や渡世仕候者有之、頼候ハヽ、かくし女も線香ニ而取持申候、翁庵と申候者宅へ判事衆また参謀等毎夜御来客之由、其より其主人翁庵なる者苗字帯刀御免ニ成候、何事ニ而も願事者此処へ持行不申而通らざる由、市中眉を蹙めて嘆息仕候

此間京都ニ而権判事被仰付候片桐雀介勢宜敷、此取なしニ而印刻師蔵六、其余文人五、六輩筆生へ出候、此文人、又内願之世話のみ仕候、当時賄賂ならて者何事も不被行、実ニ残念之至ニ御座候」

（山本復一郎宛（慶応4・6）月19日付け松浦竹四郎書簡、三浦泰之「東京大学史料編纂所蔵京都山本家宛松浦武四郎書簡の写しについて」No.5　会誌63

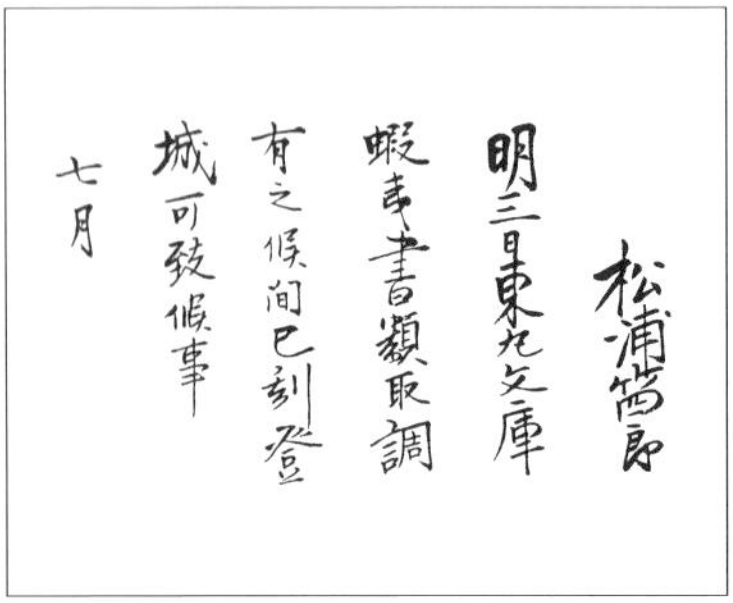

２０１２）

6・25 判司事、島 義勇から面談要請

「急々に致御談候義御坐候ニ付、早々御出被下度、奉希候。何れ、期拝悟候。匆忙拝手」

（松浦判事宛（慶応4）6月25日付け義勇書簡「蝦夷屏風」記念館蔵、秋葉 実「松浦武四郎往返書簡（37）」会誌53 ２００８）

7・3 寄贈蝦夷書類調べに呼出し

「松浦竹四郎 明三日東丸文庫蝦夷書類取調有之候間 巳刻登城可致候事 七月」

（『宣旨』箱 記念館蔵）

7・18 川喜田石水に近況報告

「昨年御詠歌願上候東蝦夷日誌四編、漸く出来仕候間拝呈仕候。別ニ一部岡氏へも遣し度候間、御届ヶ之儀是又宜敷奉願上候

私事、当閏四月上京仕候。五月下旬出立、六月八日帰而早々尚又上京候処何分手廻り兼、漸々七月廿日頃出立、九月節句前ニ着仕候様存候

京都室町出水上ル 畑柳平

宅付近ニ上居仕候心得ニ御座候、もし上京ニも相成候ハヽ、御立寄奉願上候

箱館府判事御蒙り有難は候得共、中々微臣之任ニ無之候」

（川喜田石水宛（慶応4・7）月18日付け竹四郎書簡 石水博物館蔵、『三雲町史』三 資料編2 ２０００、秋葉 実「松浦武四郎往返書簡（37）」会誌53 ２００８）

この頃 足利の田崎草雲に東京の民情

「今朝は参上御面倒相願候、早々御聞済被成下候、有難奉存候、然は画仙壱枚為

四十四番 島団右衛門（義勇）
鍋島藩 明治ノ始め会計官判官より開拓の判官 大学少監 侍従 秋田県令等ニ成 後佐賀の一件ニ関係してきらる
（『雲津雁影』【百二十二】）

府庁布達
○故江藤新平、島義勇梟首ノ写真販売候者有之候趣、右不相成差止候間、現今所持品ハ勿論、売先ヨリ取戻シ差出候事。
右ノ趣写真師並右受売渡世ノ者ヘ市世区々無漏可相達候事
（新聞雑誌 明治7・5・28）

『東蝦夷日誌』四編 慶応四年刊
文久四甲子の弥生の末つころ松竹叢堂に於てしるす
跋 慶応丁卯後月 黄邨向山栄

草雲
田崎草雲 野州足利の人 画工也
（『蝦夷屏風』右隻 五紙目）

支度、何卒急度願上候、上の方は小さく
　商法会所の棒杭足下ニ而　商人か泣て居り候処
相願上候相成候ハヽ、にしき絵の出さる先ニさし出度候、一昨日御酒を持てもと
の処の画さし上候処、早々上え出候よし、昨日申来申候、匆々
　くれ〳〵も極早速きつと人数多く有さへすれはよろし」
（挿絵）
（草雲先生宛て日付け不明松浦書簡　足利市立草雲美術館蔵、小野智一校閲『雲
　窓雁影　田崎草雲書簡集』【百六十七】　作成年不明、秋葉　実「松浦武四郎往
　返書簡（37）」会誌53　2008）

7・貸出古銭、手元に戻る

「寛永通宝大泉
　　寛永十三年所鋳　筆者南光坊天海僧正　秤量九十六匁
　此銭　奥州高館中尊寺ニ一文有リ　同国福島駅の東陳某神棚に
　懸て祭るあるよし　三浦乾也の話あり
　背ニ彫文　丑十四年三月吉日　棟梁　大工何々と有
（拓影）
此銭を三浦乾也仙台にて得て帰り　文久元酉のとし余に贈らるに
翌二年壬戌のとし　また三浦氏にかし与へしを松平備中守勘定奉
行中　乾也よりかり得て御用筋あるよしとて返されざるを　余明
治辰の七月に三浦氏糺問局に捕はれに成て有るを世話し出し遣は
しける故　乾也数度備中守へ懸合て取もとし　余に返せるなり」
（「大銭類」『多気志楼蔵泉譜』二　記念館蔵、横山健堂「（一三一）寛永通宝の大泉」
貨幣174　古銭文学（二十一）　談叢　東洋貨幣協会　昭和8、『複刻　貨幣』
16　東洋貨幣協会　昭和61）

8・22

鎮将府判事の江藤慎平宛に、蝦夷地政策進言の採択要請

「先達而箱館局、御当地より御取建之儀建言ニ付、尚右之利非御直ニ御聞取之程奉願上候処、御用多ニ被為在候哉、御沙汰無之、依而相考候ニ、其御慰り被為出来候共、其基本ト被為遊候記録等も被為在間敷

然る処三十年前より、私共彼地跋渉致し、心懸置候、於関東、松前家より請取之節も、納本被申付候日誌類并ニ、寛政度蝦夷地上地一件、文化度俄羅斯人乱妨一件、文政度俄羅斯人引渡一件、諸役之手当一件、産物取調帳安政度請取一件相集、五百余巻御座候間、右之類御当地江持越置、御用之節御見合セニも相成候様仕度候

依而は、何卒建言之箇条御評議之程、御多繁ニ而御暇取ニも相成候ハ、、一先御暇頂戴仕度、尚又、御用之節は右記録等持参、早々上京仕候間、其段宜敷御取成之程奉願上候、恐惶謹言」

（鎮将府江藤慎平宛（慶応4）8月22日付け書簡　北海学園大学北駕文庫蔵、秋葉　実「松浦武四郎往返書簡（37）」会誌53　2008）

8・23

東京府御用掛に就任（辞令入り封書の松浦孫太解説）

「明治元年八月二十三日　東京府知事付属（明治二年九月四日辞ス）
同年　九月十二日　東京府郡政局御用掛

当時東京トナリシモ　今迄支配シテ居りし役人ハ主ニ雇出デザル為メ　祖父ハ幕臣ヲ説テ朝臣ニシタルモノ多キト（三田氏ノ話）東京府知事ニナレトノ話アルモ断テ　向島デ団子屋ヲスル方ガヨイト話サレタト（平塚瓢斎ニ話サレシヲ子息ノ聞ヲ不思議ナ事ヲ云フ人ト思タト昭和九年三月三日史料編纂所ニテ森銑

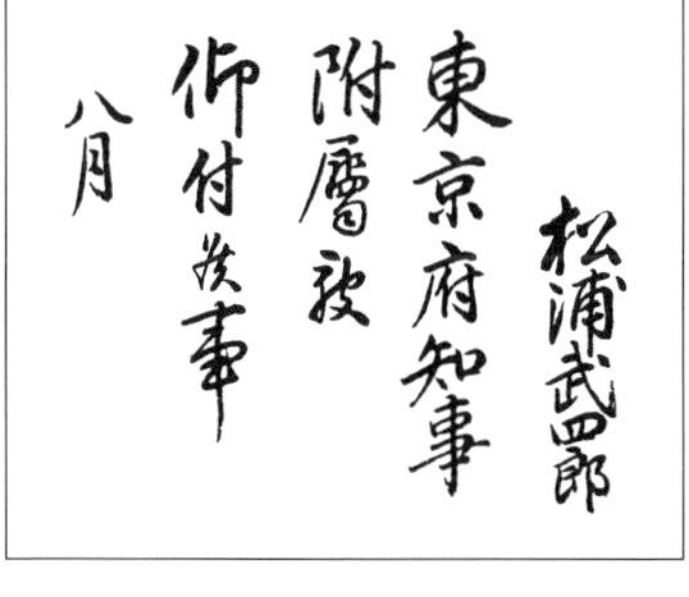

三氏ヨリ聞ク」

8・　辞令

「松浦武四郎　東京府知事付属　被仰付候事　八月」

9・　「松浦武四郎　東京府郡政局御用掛ﾘ　申付候事」　（『宣旨』箱　記念館蔵）

9・15　郷里の実家離れの庭に灯籠設置準備

「廿八日早天着致し、日々何哉用事之事に奔走致居候
扨、石灯ろうつもり書出来候ハヽ、御同人江御事付可被成下候」

（松浦一貫・桂介宛（明治元・9）月15日付け松浦武四郎書簡　記念館蔵、『三雲町史』三　資料編2　2000）

9・25　渋団扇に一筆依頼の開始か

「貴書拝見之処　書中*三田君御一覧之御団扇等早速認　御帰京相待候処　御立寄無之　幸ひ三月まで*藤沢氏東京へ御駕候　元同藩之三田氏ニ且尊所ニ御届方同人へ頼候処　今以相届不申由如何之事ニ候哉　三田君へ御逢も候ハヽ、御聞合被下候　伺ひ度御嘱冨士承知仕候」

（松　竹四郎宛（明治元）9月25日付け鈴木香峰書簡　足利市立草雲美術館蔵、『雲津雁影』改訂版【六十三】　2011、山本　命「渋団扇帖」『松浦武四郎研究序説』笹木義友・三浦泰之編　2011）

渋団扇の由来

「尚ほ遺族の所蔵品中に渋団扇の貼りまぜ屏風があつたが震災にどうなつたか知らん、これには種々の書画があつて如何にも面白いものだつた。

これは何時も彼が外出の度毎に必ず二三本携へて行つたと云ふ

＊三田昇馬、藤沢南岳

渋団扇で、先づそれを腰にさし胡粉のやうなものまでも用意してゐたといふ。もし出先きで人に逢ふと必ずそれを出して書かせたもので、それが集つて屏風となつたといふ訳で、これも亦彼が趣味の一端を窺いひ知ることが出来る」

（市島春城「多気志楼主人」書斎3　大正15）

「翁の一挙一動は趣味の一挙一動であつたので、平生外出の時には必らず、渋団扇一本を腰に挿んで出かけ、書画の能力ある人には即座に書かせた。いつぞやそれが屏風に張られたのを見たことがあるが、いろいろ知名の大家の筆跡があつた。又旅行の折には寸珍の書画帖を携へることが恒で、到る処に人の書画を求めた。此寸珍帖若干が自分の手に落ちたこともある」

（市島春城「松浦北海に就て」書画骨董雑誌345　昭和12、『余生児戯』冨山房　昭和14再録、『市島春城随筆集』10　余生児戯　クレス出版　1996復刻）

この頃　鈴木香峰が渋団扇（2—32）に松図と落款か

（『渋団扇帖』二）

9・29　東京府知事、烏丸*中納言宛に年貢猶予の意見

「当春来、諸国共非常之大雨、川々洪水其向処流没不少段者　高聴ニも相達し候与奉存候得共、此迄も被存候処、昨日府内外境界取調之為隅田川筋より初出在仕候処、葛西郡隅田村より堀切、若宮、善左衛門村、木下川村、渋江、上木下川、葛西川、亀井戸村、辺迄川筋処々流込、稲作立枯、根腐等者中々半毛之見込も無御座候、中ニ者皆無之土地不少様見受申

左様之儀ニ而者、旧幕比者必す検見相願、何分引分与歎願仕候処、在中百姓共

＊烏丸光徳

『渋団扇』2—32
松図（絵具）
落款（胡粉）香峰
（朱書　駿河吉原　鈴木耕吉）

六十一番　鈴木香峰
旧幕人　駿州吉原宿ニ到る　扇や
と云駅吏ニなり画をよくし　称耕
造　号錦竹山人
（『雲津雁影』【百二十二】）

申居候ニ者、今般者大政御一新之御時節、御年貢始而天朝江上納之事故、左様之儀無之皆納仕度候由申居候、実ニ落涙感涙之次第ニ御座候間、左候得共、元来不熟之稲作外より買入上納も難仕小前百姓共之儀ニ御座候間、何分上納之内半分上納哉、又者三分上納と哉仕、残納者来巳秋出来秋皆納仕度候由風聞有之候間、甚以殊勝之儀ニ付、何卒、左様願出候ハヽ、願之通被仰付下候様奉願上候、依而者右之段鎮将府江御申立ニも相成候事、堺界取定、見取図さし出候、御何卒一応知府事公ニも府内外之処御順覧、篤与稲作立枯荒田同様ニ相成候小前百姓共難渋之次第御一覧之程奉願候、尤、御順村之節者御狩衣哉、又者したゝれ水干之御出立ニ被為成候ハヽ、一通下々勧行之一廉ニも相成候与存候間、其段不顧恐奉申上候、已上」

（烏丸中納言宛（明治元）9月29日付け松浦武四郎意見書控、三浦泰之「札幌市中央図書館所蔵の松浦武四郎自筆資料⑵」No.11—③　会誌58　2010、『松浦武四郎研究序説』　笹木義友・三浦泰之編　2011再録）

この日　烏丸中納言宛に遊猟取締の意見

「御府内外近村之儀者、是迄御拳場与相唱、都而厳禁之儀者申迄も無御座候、其余御鳥飼場与相唱候処、南者相州藤沢宿より同厚木、八王子、中仙道北本所宿より例幣使迄、野州梁田宿辺懸り、日光道中小山、常州古壁筑波下ゑ懸り、土浦、総州佐倉、上総東金、内海ニ懸り、不残放炮相禁し、朝廷献上之鶴飼立置候事故、諸鳥安堵ニ存、年々鶴雁者不申及、水鳥、渡り鳥多く相集り、別而隅田川筋より綾瀬川中川筋者森立候場所無之候間、四時不絶相集り申候然る処、一昨寅年より被為免候旧幕人并諸藩士等日々遊猟ニ参り、百姓共難渋仕候由之処、別而も当春官軍方下向後者日々錦飾御印相付候人々三人五人位、或十人位一隊ニ而遊歩放炮を致候処ニ農業之者流丸ニ而怪我即死人も有之候由、別而も当月廿三日、立石村ニ而孕女壱人流丸ニ而打殺され、一昨日者下木下川村ニ而稲苅仕居候処、其近辺より水鳥二羽程立去候哉、官軍方二人被参、此処ニ而水鳥ねらゐ付候処、追度候与申懸られ、鉄炮を以て右農人三人程したゝかに打たれ、壱人之婦人者半死半生、最早昨日者絶命ニも相成候哉と親類共打より悲歎仕候由

右様之儀日々有之、農作ニ罷出候苅込時節も甚困り入候由、在々ニ而者錦飾相付候人共見受候ハヽ、卑夫卑婦共相恐れ、業体相休、逃去候事ニ相成候間、何卒左様無之、錦はゐ見受候共

御大政御一新　之時与相悦候様仕度奉存候間、何分ニ外国人之儀者別段ニも御座候得共、遊猟之者者放炮発是迄之通り御禁制被成候様仕度、此段奉願上候」

（烏丸中納言宛（明治元）9月29日付け松浦武四郎意見書控、三浦泰之「札幌市中央図書館所蔵の松浦武四郎自筆資料⑵」No.11—④　会誌58　2010、『松浦武四郎研究序説』　2011再録）

10・19　岩倉具視宛に新貨幣停止と遊興場不許可の意見書

「以書付願上候三条

一　金銀刻増已来物価愈騰貴、未た平等之相場ニ不申相成候処、今般猪幣御布告ニ相成候、尚又騰貴不一方、此上貨幣御改ニ相成候而者　実ニ下民凌方如何共難仕哉ニ奉存候間、於当地黄銅白銅を以て通用貨幣御吹立之儀、種々御益筋申上候者御座候共、何卒御採用無之様仕度奉存候

一　今般御大政之御趣意者　惣而御収税之御見込ニ被為在候由、下々ニ而風唱仕、

追々奸商共頻りニ諸運上事願出候由、其儀者兎も角　岡場所与相号遊所之地、或者三座之歌舞妓、天保度取払之元地江移し方、又者冨札興行等之儀申立候者有之由、右等之儀
輦下ニ近キ候而者、自然火盗之災も相増候者不申及、風俗を乱し、良民之害ニ相成候儀不少候間、是又御採用無之様奉懇願候
一　徳川旧臣之儀者、駿州江引払候哉、又者帰農仕候哉、夫々之御所置御沙汰被為在尤之儀ニ者候得共、元彼家ニ於て重臣をも相勤、叙爵等被仰付候者ニも此度帰農仕候者も有之候由、右等之者江者苗字帯刀御差免、郷士被仰付候様仕度、一度位記口宣頂戴仕候者、譬亡国之臣与者乍申、其身敢而罪状も無之者共忽土民ニ相成候而者却而、朝庭之御失体与奉存候間、何卒右様被仰付下候様仕度、左候ハヽ、旧幕人共之心緒も落着深く　今般　御東幸之御仁恵をも奉感佩候哉ニ奉存候間、此段不顧恐泣血奉懇願候、謹言」

（岩倉大納言執事宛（明治元）10月19日付け松浦武四郎意見書控、三浦泰之「札幌市中央図書館所蔵の松浦武四郎自筆資料(2)」No.11—①　会誌58　2010、『松浦武四郎研究序説』　2011再録）

この頃　新政府の鎮将府宛に人材選考に提言

「此比粗承り候ニ、旧幕府司天台御請取ニ相成て、其侭御封印之処、暦術之儀者、耕織之根元、国家大政之基本、別而も外国交際一日不可闕之様奉存候、鎮将府之御義者、奥羽数百里外ニ及、御管轄ニ相成候而、就而者蝦夷北蝦夷之儀も、従先年御当地暦本相送り来候、彼地儀、冬分積雪之深浅ニ而春夏之寒暖も遅延有之候間、是非暦本無之候而者漁猟耕職之元相立兼候間（挿入）彼地開拓之筋何卒可然人物御人撰之程幾重ニも有度奉存候

依而者旧幕出役仕居候者夫々手筋相求メ　御抜擢之儀願候者も可有之候得共、如何ニも左様御座候而者、於　天朝御無人ニ候間、矢張旧幕之者御用ニ相成候等風唱、御失体ニ相成候間、今般天下有名之暦術家御登庸被遊様仕度候、兎角世間見分狭候より旧幕人御用ニ相成候ニ相成行申、先以当時州内有名之暦術家ト申候者

薩州　小間喜藤吉
伊勢　村田佐十郎

右之二名也、著述も余程見及候、是迄旧幕司天局ニ而、同人著述ニ相基居候儀有之由承及候、其上旧幕是迄手付之者（挿入）人物相撰　付属ニ御取入ニ相成候ハヽ、適海内一家東西御同視之御視志を衣履可奉感佩候哉ニ奉存上候」

（鎮将府宛（慶応4）松浦武四郎意見書控、三浦泰之「札幌市中央図書館所蔵の松浦武四郎自筆資料(2)」No.11—⑥　会誌58　2010、『松浦武四郎研究序説』2011再録）

『算法地方指南』一冊
長谷川善左衛門寛閲
村田佐十郎恒光編
序　天保七年二月秋田十七郎義一
書肆　江戸千鐘房　北林堂合梓
発行　同七丙申年二月

11・6　東京の橋名変更・公文書誤字・目安箱条文「覚」に意見

「一　照降町より葭町江渡候橋名之儀、従古来おやぢ橋と唱、文字も親父橋と認メ候処、今般橋杭も橋名木戸々々江町名相認メ候様御沙汰有之、右橋之儀、親仁橋与相認メ御座候、依而愚考仕候ニ、親睦の熟字等も御座候、如何ニも、御謹ニ似より候様風聞も仕候間、右橋名前々之通り、親父橋与相認メ可申様、従貴兄等内沙汰相成候ハヽ、如何与存候

一　大政御維新後、日誌司と申候者出来、日々月々之事上木被成候、万民迄も官台之事畏恐多くも奉拝承候様被成候処、京の字を京とまゝ認メ有之候、京者原の古字ニ而正字通ニも書居候、支那人も是を是以例も御座候得共、漸々多羅洛

碑のミニ而、其事人々間違候間、□者議論有之候事ニ御座候、其間違候を敢而真似候ハすとも可宜事与存候間、京者京の本字御認メ被為置候様仕度候

一　東京処々目安箱差置相成候、然る処、右目安箱上之条目ニ、覚と認メ御座候、如何ニも不都合之様ニ奉存候、東京ニ而覚と相認メ候事者、節季之書出しと哉、また物事を覚置候事ニ而、条目等ニ者、掟　定　等之字相用来候事故、是又御改メ被成候而者、如何与奉存候、種々右様之事、なま物知りとも議論も仕候間、兄まて内々申上置候、已上」

（東京府知事宛（明治元）11月6日付け松浦武四郎意見書控、三浦泰之「札幌市中央図書館所蔵の松浦武四郎自筆資料(2)」No.11―②　会誌58　2010、『松浦武四郎研究序説』　2011再録）

11・28　三田葆光から鐙購入の勧め

「昨日は尊書ニ而あふみ之義被仰下難有　然処あしく留守ニて不都合恐入候　過日入御覧候二掛ヶ之内一掛は　もはや外へ遣しまし　一掛ヶ則為持さし出候相当之価にてよろしく候間　宜奉願候」

（松浦先生宛（明治元）11月28日付葆光書簡　足利市立草雲美術館蔵、橋本芳一翻刻・小野智一編集発行『雲津雁影』改訂版【六十五】　2011）

十五番　三田
三田喜六　名葆光　箱根組頭より外国頭また民部卿ニ扈従してフランスニ到る　和歌をよくす
（『雲津雁影』【百二十二】）

12・　東京浅草で古銭の入手

「冨士泉　鉄
（拓影）
明治辰極月　於浅艸得之」

（「皇朝逸品」『多気志楼蔵泉譜』二　記念館蔵）

臘月　頼山陽次男、頼支峰が額字「浮梁軒」、落款「戊辰臘月書　支峰間人」

（『額面集巻』巻子、『松浦武四郎関係歴史資料目録』調査報告書2）

この頃　頼支峰が渋団扇（1—42、43）に漢詩、草石図と落款　（『渋団扇帖』一）

この年　春山弘が額字「雲駄楼」、落款「戊辰嘉平月春山弘書　迂亭」

鈴木鶩湖が額字「錦台園」、落款「戊辰青木日前一日書於水雲山房成晩益華香深」

（『額面集巻』　記念館蔵）

『渋団扇』1—42
漢詩（胡粉）笛声疎雨露　草色夕
日残　虎踞山河固　不如牛背安
落款（胡粉）支峰
（朱書　西京　頼復次郎）
『渋団扇』1—43
草石図（胡粉）
落款（胡粉）支峰　戯作

一八六九年　明治2　52歳

1・　弁事役所発行の通行証

「徴士松浦多気四郎　上下四人　右者御用ニ付上京候間　諸固場所無滞通行可為致事　弁事　己正月　役所印」　（『宣旨』箱　明治21・2・7　記念館蔵）

2・6　大総督府参謀から呼出し

「賊党等引纏て我を把しに来りもせんやと、戦栗まま雨戸開さければ、肩に錦飾付し武夫磅礴隊といへる弓張烑灯を灯して、我名を云えるまゝ迎え入れて見れば、一つの状箱を出しぬ。

其上書は大総督参謀と有て早々登城可有之旨なれば、直に支度して其武夫に連れられ、西の丸に至るや早九つ過なるが、去年には引かへて門々も甚厳しく、城内に入れて其草履のまゝ中の口に入り等して、敷つめし畳の上をも泥足にて歩行等したる跡有を過て、蘇鉄の間のうしろに到、待居しかば、*河田某出来て、今宵は余り夜ふけ参謀にも早眠に着れしかば、明朝疾く来られよとのことにて空しく帰り、

明て七日巳の刻頃にまた出しかば、御用の義有れば早々上京せよとの御書付賜はりしに、昨日の雨にて馬入、六郷も留りし由聞ば、一日の猶余賜はれども道中諸関門の通り切手頂き、明八日立として其日は家の物の具等皆外々に預け、

*河田　河田景与

留守の間の始末云置て」

（『明治二年東海道山すじ日記』）

2・9　京都へ出立、道中大雨、迂回

（『明治二年東海道山すじ日記』　佐藤貞夫翻刻編『明治期稿本集』　記念館　平成29、『乙酉後記・丁亥後記』　松村暸子・唐津巳喜夫翻刻、刊本『乙酉後記・丙戌後記・丁亥後記』　影印収録）

2・10　参与、木戸孝允から意見聞取り要請

「過日ハ匆卒ニ御別れ申候間、今一応拝青段々相窺奉存候処、今朝御発程之由承知仕、甚遺憾ニ奉存候、会津降伏人之処も弥北地之論、一決仕逐々軍務とも相談仕置候、一万余人を彼地ニ相移し候と申事中々容易ニ無御座候処、先達而来会津人潜居いたし居候面々ニも面会仕得と朝廷御旨趣も申聞候処、一統意外ニ奮発仕居候様被相察、朝廷之為め粉骨尽力仕度存念ニ而、主人重罪万分之一を相償度との志も相見へ、いかにも可憐之至ニ而、且又於朝廷も今日ニ至り候而ハ天下御一視ニ而、会人と雖も斉敷皇国之民ニ付、此上ハ一人も其処を得候様被為游度と之思食ハ申上るまでも無之、御事ニ付何卒此機会ニ屹度御手も被為尽度御事と奉存候

四番　孝允　（木戸孝允）
山口藩ニ而元桂小五郎と申　後木戸準一郎と申　参議より内閣顧問ニ到り　明治十年死去致され候
詩も出来候　東京ニ而者人か知り居候間　詩者貴地等の様流行不仕候間　はやりよミ難く候得共　さし上候

北地之辺ハ得と御教諭をも蒙り度、其内軍務官とも得と相談置申候間、御地御用相済次第早々御東下奉祈候、其中御高按も被為在候ハヽ、大村と弟之間へ御一書奉願候、先ハ右申上度寸呈候」

（『雲津雁影』【百二十二】）

（竹四郎先生宛（明治2）2月10日付け準一郎書簡『英豪書翰』記念館蔵、笹木義友「北海道国郡検討図をめぐる人びと」『松浦武四郎　時代と人びと』北海道開拓記念館編　北海道出版企画センター　2004）

2・20　遠州「気賀を立て　いなさ峠、〔三り〕三日火、本坂越、〔二り半〕嵩山、

〔一り〕長柄、〔三り〕御油宿」、東海道に合流
「此一巻を得てより我が人情別て切にぞなりぬ。今度の御維新の際等に此事等改政あらずんば、いつの日か往来の者此川支、川越の難を免る事を得、また川上川下の者いつか此産物の運送に莫大の運送を費すことを免れんや、と思ふまゝをしるし置もの也」
（『明治二年東海道山すじ日記』）

2・23 京都行の帰途に郷里実家立寄り
「以急便申上候、然は、今般就御用上京仕候間、参宮并ニ墓参方仕度候、只今津まで着致し、一、二軒外宅へ相より申し候、直ニ貴村迄参り止宿致し候間、供の者は両人ニ而今晩御世話ニ相成度、もし差支ニも相成候ハヽ、何れえ成共頼置可被成下候、中村清七様・嘉右衛門、利助へも一寸早々御しらせ置可被成下候」
（松浦桂助宛（明治2・2）月23日付け松浦武四郎書簡　津問屋場急便　記念館蔵、秋葉　実「松浦武四郎往返書簡（38）」会誌54　2008）

3・3 東京在、松坂出身の世古格太郎から進言
「昨日は御入来、毎々失敬奉多謝候、扨　拙生昨夜輔相様江罷出、深更まで御話申候而、先生も御上京ニ相成居候趣申上候処、御発輦迄ニ是非一度先生参殿御座候様、拙生より御伝へ申上置べしとの儀ニ御座候間、一両日中朝歟夕歟迄ニ三本木御殿江御参殿御座候様被致、此段御通し申上候」
（松浦武四郎宛（明治2）3月3日付け世古格太郎書簡　記念館蔵、秋葉　実「松浦武四郎往返書簡（38）」会誌54　2008）

四十一番　世古生（格太郎）
勢州松坂人也　弁官ニ在　後宮内少丞ニ任し死ス　是も掃部頭ニ召捕られし男也
（『雲津雁影』【百二十二】）

3・22 郷里の甥松浦圭介に蝦夷屏風裏面貼り方指示
「屏風のうらは蝦夷地蝦夷地御用中之反古請書付ニ而張候様、尤此請書付類うら折致し張候いたし度候、実ニ希世の珍物ニ成候、たんさくも相交候様いたし度

三十七番　郷　純蔵
美濃国の人　当時大蔵大丞なり
（『雲津雁影』【百二十二】）

候、尤東京へ帰り次第追々廻し進候、何分当方多用寸暇無之候間くわしく者東京より申送候、郷純蔵、桑名より書状昨日とゝき申候
とうろうは、（灯籠挿絵）此方よろしく候」
（圭介宛（明治2・3）月22日付け竹書簡　記念館蔵、『三雲町史』三　資料編2　2000、秋葉　実「松浦武四郎往返書簡(38)」会誌54　2008）

4・8　松浦圭介宛に帰着通知

「然ば、四月四日東京着致し申候、家内一同無異罷在候間、御安意可被成候
今般藤堂様より、金三両時候として被下候、不絶出入致し呉候様との事成、是も一応申入候、已来書状往復は、是迄の通野田九十郎様へ相頼候様致し候間、左様御心得可被成候、灯ろうも余り見苦敷無様ニ御建可被成候」
（圭介宛（明治2・4・8付け）武四郎書簡　記念館蔵、『三雲町史』三　資料編2　2000、秋葉　実「松浦武四郎往返書簡(38)」会誌54　2008）

5・8　岩代国巡察使、四条隆平侍従宛に旧会津領賦課変更の意見

「会津領之儀者、是迄国役金穀百性共持高割ニ無御座候、人口割ニ被成候間、貧民到而難渋、有徳身柄之者他国与者相違、別段利益有之候、依而窮民子供之育方出来兼候、二人三人目より者間曳と申押殺候悪弊有之候、依而者已来国役之儀、高割ニ相成候様御沙汰有之候得者、困民余程凌能く、十年を過候ハヽ、人員も急度相増候様ニ奉存候、別而今般
王政御維新之程、如何斗哉奉感戴候事与奉存上候間、此段不顧愚慮奉申上候」
（四条侍従閣下参謀宛（明治2）5月8日付け松浦武四郎意見書控、三浦泰之「札幌市中央図書館所蔵の松浦武四郎自筆資料(1)」No.11—⑤　会誌58　2010、『松浦武四郎研究序説』2011再録）

この日　開拓判官、島　義勇から面談都合連絡

「今日ハ無拠御用ニ而遅相成候ニ付　拙宅へ御同道被下候而もよろし　明九日ハ見分トし而　早朝より脇方へ罷出候ニ付　其の御念可被下候　不一　匆拝」

（松浦武四郎宛（明治2・5・8）日付け島団右衛門書簡　足利市立草雲美術館蔵、橋本芳一翻刻・小野智一編集発行『雲津雁影　松浦武四郎宛来信集』改訂版【二十二】　2011）

5・19　郷里甥、松浦圭介に実家庭の石灯籠設置依頼、額と戸袋の透し模様約束

「石とうろうの事　（灯籠図）

此高ニ可被成候、然し余り細工手間一方と異り候ハヽ、其処また勘考可被成候、水流雲在村舎之額面出来致し候、ふくろ戸の画と共に次便にて遣し申候」

（桂輔宛（明治2・5）月19日付け武四郎書簡　記念館蔵、『三雲町史』三　資料編2　2000、秋葉　実「松浦武四郎往返書簡（36）」会誌55　2008）

6・6　蝦夷開拓総督以下の任命

「議定鍋島中納言

当官ヲ以蝦夷開拓総督被仰付候事

参与大久保四位　　会計官判事島五位　　軍務官判事桜井慎平

当官ヲ以蝦夷開拓御用掛被仰付候事

松浦武四郎　　佐原志賀之介　　相良倖斎

蝦夷開拓御用掛被仰付候事　六月」

（『開拓使日誌』一　明治二己巳自五月至八月、中山泰昌編『新聞集成　明治編年史』一　財政経済学会　昭和9）

6・8　蝦夷開拓御用掛に任命　（辞令入り封書の松浦孫太郎解説）

「明治二年六月八日　於行政官　蝦夷開拓御用掛（七月辞ス不詳）」
辞　令
「松浦竹四郎　蝦夷開拓御用掛被仰付候事　但被准四等官候事　六月　行政官」
（『宣旨』箱　記念館蔵）

6・9　蝦夷地、釧路から網走の山道開方案の意見書
「東海岸クスリ領より南海岸アハシリ江山越之儀申上候□」
（三浦泰之「札幌市中央図書館所蔵の松浦武四郎自筆資料(2)」No.7）

この日　長万部・虻田から札幌・天塩経由渚滑の山道開方案の意見書
「東地アブタより西地石狩領北海岸ユウヘツシヨコツまで　山道見込之儀申上条書付」
（三浦泰之「札幌市中央図書館所蔵の松浦武四郎自筆資料(2)」No.8　会誌58　2010、『松浦武四郎研究序説』2011再録）

6・14　二見一鴎斎から蝦夷地官職推薦断り
「昨日夕方松長　相原両人来訪　小生ヲ蝦夷地用ニ相務様　今朝岩公へ可奉申上旨強而被申強而相断り候　併是丸山ニも相談ノ上ト相見候　丸山に小生ノ未就官事等ヲ思ヒてノ事両人ハ己ノ力不足ヲ小生ニ依事ヲ欲成ナリ　可笑」（中略）「先生ヨリ旧幕臣ヲ此度吹挙ノ由両人ヤカマシク被申　世間ニテ兎ヤ角申候事ト相伺い候由両人申居り候間御心留可被成候　且先生と確ト周密事ヲ謀り我輩両人ヲ疎外ニスルト申居り此段モ御含可被成候　世間ト申ハ両人より申立候事ト相見候　併せ而頓着被成間敷候事
小生愚夫トイヘトモ天下ノ宰相ノ目鑑ヲ得テ　両人ノ如き無識ノモノノ吹挙大可愧々々　先生此旨御寛察下候　御一見後火中奉祈候　匆々拝具」

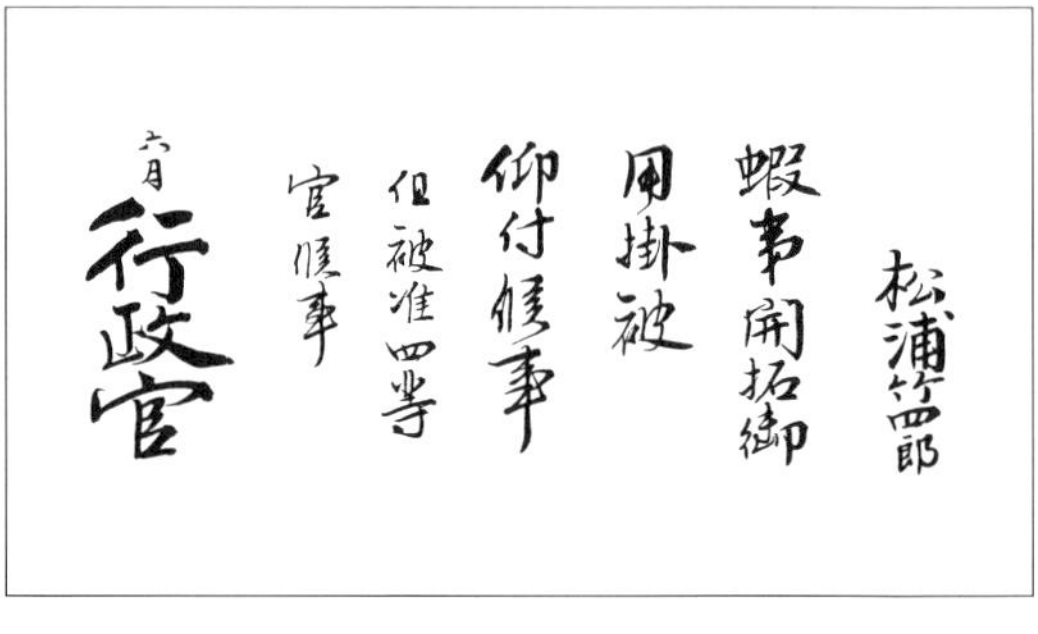
松浦竹四郎
蝦夷開拓御用掛被仰付候事
但被准四等官候事
六月
行政官

7・3 大久保利通から面談要請

「種々御示談申上度儀御座候付　御退出懸ニ寓居へ烏渡御立寄被下候得ハ別而大幸奉存　此旨不顧日昼御願申上置候　相如件」

（竹四郎宛（明治２）７月３日付け一蔵書簡　足利市立草雲美術館蔵、『雲津雁影』改訂版【百】２０１１）

一番　一蔵　（大久保利通）
是者薩州藩大久保一蔵と申候　当時内務卿ニ而　貴地ニ而者晴湖哉枕山等の様ニ賞美も仕ましく候得共　当時ニ而者随分よく人かしり居候方ニ御座候
（『雲津雁影』【百二十二】）

7・11 太田源二から蝦夷開拓御用就任祝い

「可被成御奉職奉大賀候　陳は　御用被為有候ニ付乍御苦労御登城可被成候　此段御掛合可申入旨ニ付如此御座候」

（松浦武四郎宛（明治２）７月11日付け太田源二書簡　足利市立草雲美術館蔵、『雲津雁影』改訂版【三十七】２０１１）

四十九番　太田源次
御一新の際　鎮将府ニ在て下参謀を勤む　近比議官ニ到る
（『雲津雁影』【百二十二】）

（多景志楼宛（明治２）６月14日付け一鴎斎書簡　足利市立草雲美術館蔵、『雲津雁影』改訂版【三十七】２０１１）

7・17 蝦夷地道名の建議

「蝦夷地道名之儀勘弁申上候書付　巳七月十七日　徴士松浦武四郎阿部弘

日高見道（中略）

北加伊道

夷人自呼其国曰加伊。加伊蓋其地名。其人鬚長故用蝦夷字。其実非唯取蝦而名之字。〔参考厚田大神縁記頭書伊藤信民参考秦鼎校読但縁記ハ寛平二年之書ナリ〕加伊ト呼事、今ニ土人共互ニカイノートト呼、女童之事ヲカイナチー、男童之事ヲセカチー、又訛テ、アイノートモ近頃呼ナセリ。頭書之説実ニカナヒタリト言ヘシ。

海北道　海島道　東北道　千島道　和歌（略）

国名之儀ニ付申上候書付　巳七月　松浦武四郎阿部弘（略）
郡名之儀ニ付申上候条　巳七月　松浦武四郎弘（略）」
（『蝦夷地道名国名郡名之儀申上候書付』写　二冊　北海道立文書館蔵、佐々木利和編『アイヌ語地名資料集成』草風館　昭和63、笹木義友「明治政府による蝦夷地への道名・国名および区域の設定」『松浦武四郎研究序説』笹木義友・三浦泰之編　2011、平田剛士「北海道命名150年祝賀に漂うコロニアリズム」週刊金曜日　2018・3・23）

7・25　開拓大主典に任命
「明治二年七月廿五日　太政官より開拓大主典」（辞令入り封書の松浦孫太解説）

辞令
「松浦武四郎　任開拓大主典　右宣下候事　七月」（『宣旨』箱　記念館蔵）

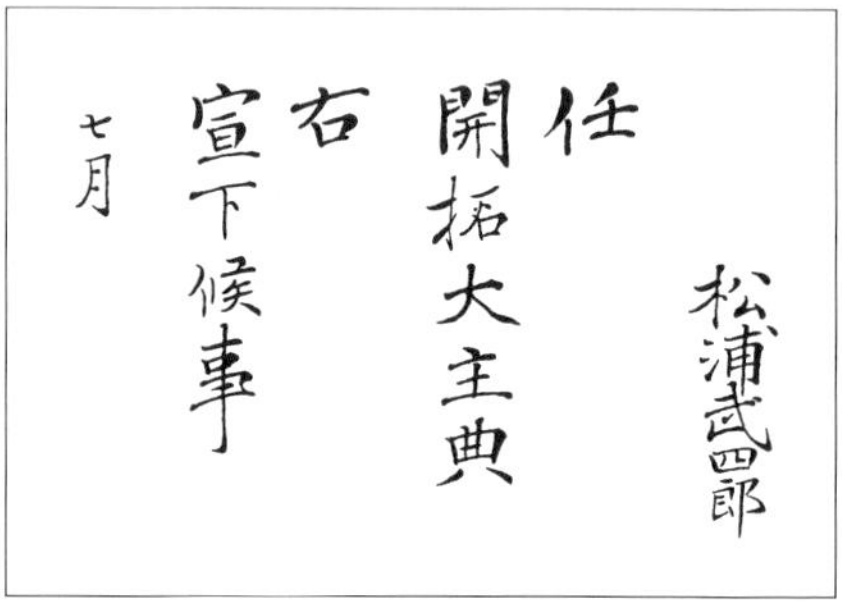

7・　郷里へ冨岡鉄斎評と蝦夷地命名通知
「鉄斎者当時書画・詩歌出来候事者近代ニ並なき人物ニ御座候間、急々手紙を遣被成候、蓮月尼の要旨ニ而余程僕者京都第一の懇意也」（中略）
「此頃蝦夷の国名・郡名・道名刻被仰付候、漸々十六日まてニ仕上ヶ献呈致し申候、実ニ冥加しこくの御事ニ御座候」
（松浦両人宛（明治2・7）月付け松浦弘書簡　記念館蔵、『三雲町史』三　資料編2　2000）

二十七番　富岡鉄史（鉄斎）
西京富岡百錬　能詩画　鉄斎と号し　此比泉州大鳥神社大宮司

7・　郷里の実家に石灯籠と戸袋の指示
「石とうろの事　伏を願候人を麁末ニ不致候事　操觚正名早々写し贈り候事　屏風本間ニ致候事　ふくろ戸近日遣候事」
（断簡、宛名・年月推定、『三雲町史』三　資料編2　2000、秋葉　実「松浦

武四郎往返書簡（39）」会誌55　2009）

8・2　開拓判官に昇格（辞令入り封書の松浦孫太解説）

「明治二年八月二日　北海道開拓判官
同　　九月十九日　叙従五位
○同九月十九日　北海道々名、郡名選定為御手当目録之通リ金百両被下候事　―此分焼失セリ
（翌九月廿日開拓判官之辞表ヲ出ス）
前二通ハ昭和九年二月廿八日秩父宮殿下台覧ヲ賜フ」

辞　令

「松浦武四郎　任開拓判官　右宣下候事　八月　太政官」（『宣旨』箱　記念館蔵）

8・3　開拓判官、島　義勇から面談要請

「早速に致御談義御由候ニ付　則開拓所に御出勤可被下候　委細期拝姿候」

（松浦判官宛（明治2・8・3頃）島義勇書簡　足利市立草雲美術館蔵、『雲津雁影』改訂版【二十六】　2011、秋葉　実「松浦武四郎往返書簡（39）」会誌55　2009）

8・5　水戸の加藤木賞三から次男一郎の消息

「勧農或問承知仕候　筆耕等面倒ニ付御貸可申候　今日出庁ニ而相認候故　何事も不被相尽　夫レニ明日出張いたし候故大混雑　後日万々申上何レも無事ニ御座候　一郎事も坂地ニ而云々安心仕候」

（松浦弘先生宛（明治2）8月5日付け加藤木畯叟書簡　足利市立草雲美術館蔵、『雲津雁影』改訂版【三】　2011、秋葉　実「松浦武四郎往返書簡（39）」会誌55　2009）

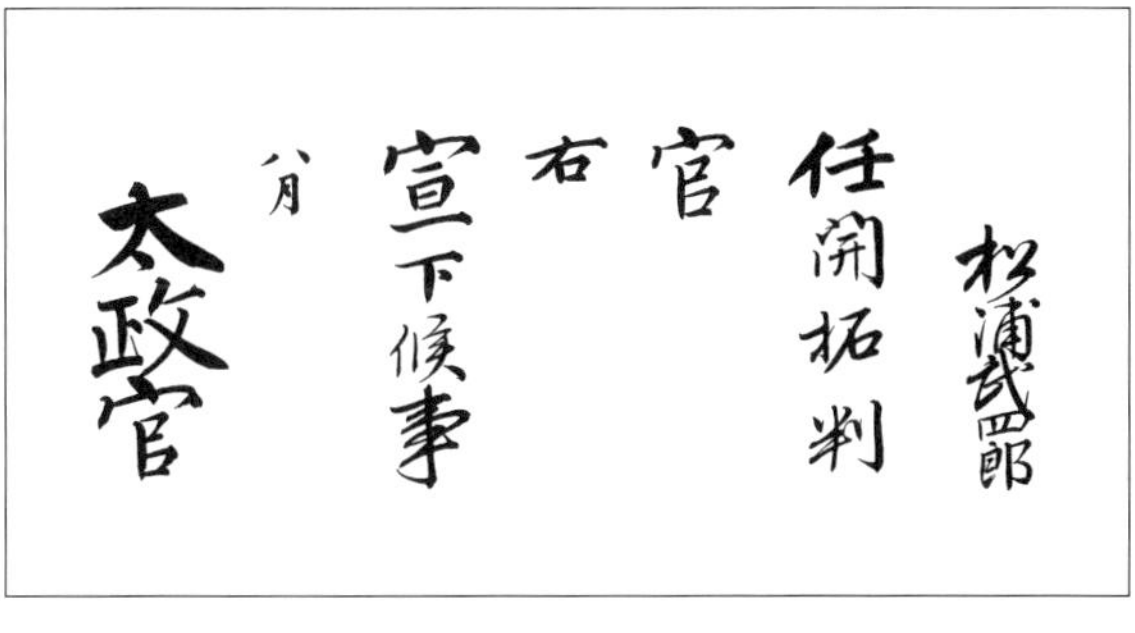
松浦武四郎
任開拓判官
右
宣下候事
八月
太政官

七十九　加藤木畯叟
水戸藩　加藤木賞三と云　田地学ニくわしき人也　当時茨城県在官
（『雲津雁影』【百二十二】

8・15

北海道の公式命名

「記　明治二年第八十八号　八月十五日　東京城第五十一

○八月十五日甲寅　御布告書写

蝦夷地自今北海道ト被称十一箇国ニ分割国名郡名等別紙之通被

仰出候事

北海道　十一ヶ国

渡嶋《ワシマ》国

亀田《カメタ》　茅部《カヤベ》　上磯《カミイソ》

福嶋《フクシマ》　津軽《ツカル》　檜山《ヒヤマ》　爾志《ニシ》

〆　七郡

（以下略）

（『太政官日誌』明治己巳第八十八号　八月十五日）

この日　御巫清直宛に北海道命名を送る

「扨、当春者参上仕候、忽卒甚以失敬、何れ不違又々参宮可仕心得ニ御座候、今般大橋黙仙老其方判事ニ御座候間、是者岩倉邸ニ而隣長や住居候、至而懇意ニ仕候仁ニ而御座候間、一封相呈仕候事ニ候

当方何分王政一新捗取兼候事御座候、未たカラフト島えは俄羅斯人参り種々不方を申懸、実ニ混雑之事ニ相成候

此度蝦夷を北海道十二ヶ国ニ相分ち　渡島　後志　膽振　日高　十勝　石狩

釧路　手塩　北島　千島　樺太　と相号申候、郡名も付申候、今十五日布告被成候、是は私へ国号撰定之事仰付候事、実ニ有難仕合、行基菩薩已後之新事と成候段、実ニ冥加ニ相可事ニ御座候、扨其ニ付候而御玉詠一首願上度、何卒御よミ被成下候様奉懇願候」

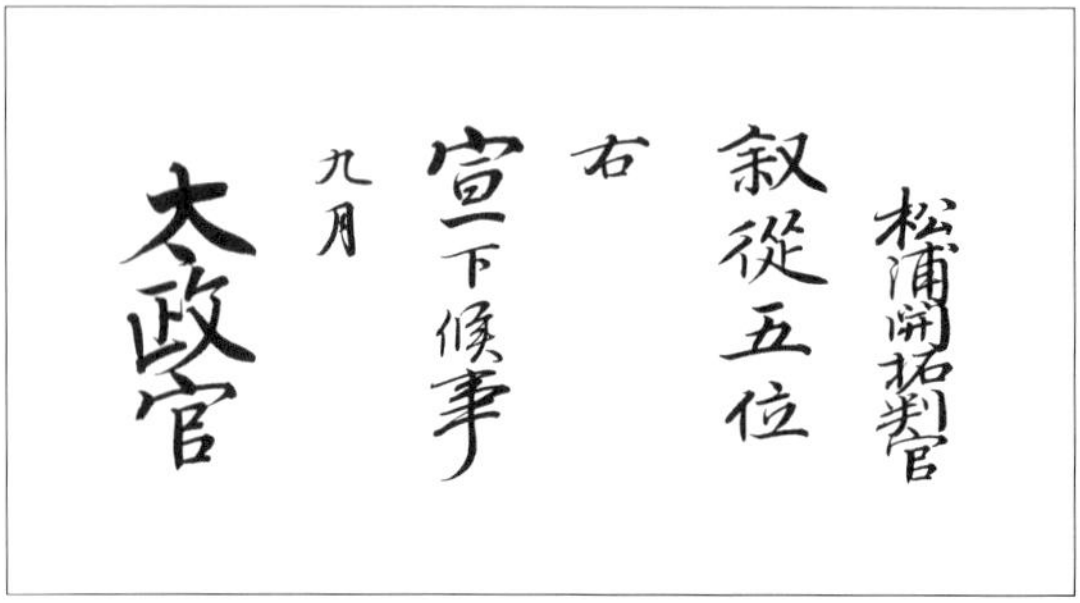
松浦開拓判官
叙従五位
右
宣下候事
九月
太政官

（御巫大人宛（明治2）8月15日付け松浦弘書簡　神宮文庫蔵、「資料編補遺」『三雲町史』一　通史編　2003、秋葉　実「松浦武四郎往返書簡（39）」会誌55　2009）

8・18　栗本鋤雲から贈本の礼状
「拝展蝦夷志御上梓製本出来ニ付御賚贈難有　何ソ神速ナルヤ可驚可喜歟　筆之既是亦鳴謝々々　小痾養懶中畧　復耳余都而付于面晤万々」
（松浦宛（明治2）8月18日付け栗本書簡　足利市立草雲美術館蔵、橋本芳一翻刻・小野智一編集・発行『雲津雁影』改訂版【二】、秋葉　実「松浦武四郎往返書簡（39）」会誌55　2009）

9・　叙位の辞令
「松浦開拓判官　叙従五位　右宣下候事　九月　太政官」（『宣旨』箱　記念館蔵）

9・3　下野国足利の田崎草雲に、北海道命名を通知
「今般、蝦夷地区北海道と改め申候、十二ヶ国ニ国名相付申候、八十四郡ニ部分仕候、近日図面写出来候間さし上候、匆々頓首」
（艸雲先生宛（明治2・9）月3日付け松浦判官書簡　足利市立草雲美術館蔵、『雲窓雁影』改訂版【百三十二】、秋葉　実「松浦武四郎往返書簡（39）」会誌55　2009）

9・8　脇田頼三から蝦夷志入手の要望
「尚々蝦夷志弐巻　御序之節御恵投可給候様奉冀上候　並ニヱソ郡名書一冊　是亦同様奉願上候、此壱品当雲所産と中学友ヨリ文水入貫受候侭呈上致候　座右御用被下候ハ、大幸々々　頓首々々」
（松浦先生宛（明治2）9月8日付け脇田頼三書簡　足利市立草雲美術館蔵、『雲

二十番　栗本
旧幕家医師　栗本匏庵　号鋤雲
外国奉行ニなりて安芸守に任し
当時報知新聞の編輯人也
（『雲津雁影』【百二十二】）

『蝦夷志』　新井白石先生著
蝦夷闔境図校正　多気志楼蔵版
序　文久壬戌隆冬
匏菴陳人栗本鯤識　木邨嘉平刻

草雲
田崎草雲　野州足利の人画工也
（『蝦夷屏風』右隻　五紙目）

四十七　脇田頼三
西京の人　御一新之際岩倉家ニ在り　故有て切らる
（『雲津雁影』【百二十二】）

津雁影』改訂版【八十一】、三浦泰之「史料翻刻　松浦武四郎による人物紹介に関する史料」『松浦武四郎研究序説』２０１１）

9・　開拓権判官、得能通顕から北海道図の誤字指摘

「一　国郡図御廻し被下、難有奉存候、毎度御丹誠奉感拝候、図中拝見仕候処、精密ニ御出来、国宝と奉存候、然るニ甚差出ヶ間敷候も、勇払之処ニ勇抑と在之、彫刻の誤書ニは無御座候哉、見当り候間一寸申上候」

（松浦宛（明治2）9月付け得能生書簡『遺芬』四　記念館蔵、秋葉　実「松浦武四郎往返書簡（39）」会誌55　２００９）

百八　得能恭之助（通顕）
予州宇和島藩　御一新之際越後出張等勤めし男ニ而　後開拓の権判官となり引込
（『雲津雁影』【百二十二】）

『北海道国郡図』
明治二己巳年新梓　開拓使
題言　寧静致遠　民部卿
漢詩　鍋島直正（初代長官）
和歌　東久世通禧（二代長官）
凡例　明治二己巳晩秋　松浦武四郎阿部弘謹誌　木邨嘉平刻

10・18　郷里実家の灯籠柱の銘文指示

「石灯ろう之銘未た出来不申候ハヽ／従五位開拓使松浦判官阿部弘／松浦姓之事、北畠家来之分者植松浦ニ而安倍ニ候間、已来姓者安倍と用候様致し度候」

（圭介宛（明治2）10月18日付け書簡　記念館蔵、『三雲町史』三　資料編2　２０００、秋葉　実「松浦武四郎往返書簡（39）」会誌55　２００９）

10・27　山本榕室の長男復一から佐賀在中の心境

「然は、僕義過日中上通公子随従、当月十三日肥前佐賀藩仕候、御安念可被下候、扨、此度　御東幸ニ付、定而於御地岩家へ度々御参殿可有之奉遠察候　僕在京中は毎々御懇切色々御申遣され　*於岩家毎々感入被致候　尚不相替御願意奉希候　奥羽も存外早ク一払千載之快事候　乍併蝦夷地方ノ事は如何之形勢候哉　甚掛念致居候　定テ色々御献策可被為在奉遠察候　佐賀は僻遠之地　時勢ノ事甚難聞及困却仕候」

（松浦宛（明治2）10月27日付け復一郎書簡　足利市立草雲美術館蔵、『雲津雁影』改訂版【七十】２０１１、秋葉　実「松浦武四郎往返書簡（39）」会誌55

＊岩家は岩倉具視家

２００９）

10・　三河裁判所権判事、薄井から書画売買の斡旋依頼

「過日御はなし有之、大判金三十両位ならハ、何処ニ而も相求度と申者有之候間、御面倒ながら御引合被下度、此段相願上候

一　応挙、探幽、隆古、椿山、靄崖等の諸幅売却いたし度と申者有之、思召も有之候ハ、、御一覧奉願候」

（松浦判官公宛（明治２・10頃）薄井珉二書簡、秋葉　実「松浦武四郎往返書簡（39）」会誌55　２００９）

12・10　津、川喜田石水に千島一覧扇面

「其後又々東京ニ罷在候、何哉相応之御用之もの有之候ハ、、御申越被成下候、清水浜臣たんざく手ニ入候間、一葉さし上候、千島一覧扇、今般岩倉様え持上り之百本こしらへ、其序ニ少し摺らせ申候間、一本呈上候、一本は岡の方へ御遣しニ被成下候

種々申上度儀御座候得共、何分一寸之暇も無御座候文略仕候、岡君の方へも、宜敷御伝音可被成下候、匆々謹言」

（宛先不明（明治2か）12月10日付け弘書簡　石水博物館蔵、『三雲町史』三　資料編2　２０００、秋葉　実「松浦武四郎往返書簡（38）」会誌54　２００８）

この頃　東久世通禧が渋団扇（1―2、2―17）に和歌、漢詩と落款か（『渋団扇帖』一、二）

12・　開拓使が北海道国郡図の刊行

「北海道国郡図十部、右制本相成候ニ付奉献納候、十二月松浦開拓判官」

（『開拓使公文録原本一・二』北海道立文書館蔵）

「十二月　判官松浦弘所著ノ北海道国郡図、刻成リ之ヲ献ス」

九十四　薄井竜之
信州高遠の人也　武田耕雲斎に付而大平山ニ入り　筑波郡加湊一件等ニ出　耕雲斎木曽街道を上りし時ニ信州和田ニ而軍用金弐百両を盗ミ　江戸へ出来り薩州邸内へ入諸方の賊をなしたり　御一新後開拓使監事ニ任せられ　後山形県参事ニなりたり

（『雲津雁影』【百二十二】）

『千島一覧扇面』　北海道鳥瞰図
漢詩　明治己巳孟冬　藤原直正
和歌　東久世通禧
刊記　明治二とせ己巳のあき
北海道人松浦弘誌
多気志郎弘図　木邨刻

（『開拓使日誌　補遺上』）

この年　『北海道国郡検討図』の作成　木版色刷り　北海道ホテル蔵
「東西蝦夷山川地理取調図」（安政7）に国郡境界色線と付箋
『蝦夷図寄書軸』　一幅　紙本　無題　記念館蔵
落款「七十一叟　知紀」
「天地をこゝろにいれて見るときは　我物ならぬものなかりけり」
山並み図　落款「西安写意」
落款「宣題　宣光」
「我松浦兄二十年之旧識　突如来訪愈酒話　往時此間況味僕与兄相知耳
隔人兄愈其唖然開口不知　以為如何」
落款「弘」
「陸奥の蝦夷の千島を開けとて　神もや我を作り出しけむ」
（笹木義友「北海道国郡検討図をめぐる人びと」『松浦武四郎　時代と人びと』
北海道開拓記念館編　北海道出版企画センター　２００４）

この頃　八田知紀が渋団扇（１—44）に和歌と落款か　（『渋団扇帖』一）

この年　『鬼の念仏図』　一幅　紙本墨画、富岡鉄斎・太田垣蓮月筆、記念館蔵
落款「銕斎」
賛「蓮月七十九才
なかなかにむねのはちすやひらくらん　こゝろのおにのうらうへにして」
（三浦泰之「時代をめぐる人びと」『松浦武四郎　時代と人びと』　北海道出版企
画センター　２００４）

この年　『菊図』　双幅　紙本淡彩、村田香谷・富岡鉄斎・渡辺小華筆、記念館蔵

『渋団扇』１—２
和歌（胡粉）きミか代は春の日た
かのくにかけて　うらゝにかす
む雪のいろ哉
落款（胡粉）竹亭
（朱書　東久世通禧卿）

『渋団扇』２—17
漢詩（胡粉）風□霜苦不毛　秋拓
土防辺楽　旦応北望黒竜江　雲
霧黒莫教　一点□貴洲
落款（胡粉）蝦北感憶　竹亭
（朱書　東久世通禧卿）

『渋団扇』１—44
和歌（胡粉）村上義光　ひゝき
にもたれはらわたをたゝさらむ
よしのゝおくの山ひとの声
落款（胡粉）知紀
（朱書　鹿児藩　八田嘉左ェ門）

一　落款　右「香谷山人」　菊「銕斎居士写」　左「小華生　又写」
　賛「咲そめしちよのむかしもゆく末の　秋のかきりもしらきくの花
　　　　　　　　　　　　　　　　　　蓮月七十九才」
一　落款　右「香谷写意」　菊「銕斎居士写」　左「小華作」
　賛「しらきくの枕にちかくかをる夜ハ　いめもいくよの秋かへぬらん
　　　　　　　　　　　　　　　　蓮月七十九才」
（三浦泰之「時代をめぐる人びと」『松浦武四郎　時代と人びと』）

この年　収蔵する上野国伊香保神社の鉄製懸仏【単独箱　21】掘出し
（内川隆志編『静嘉堂文庫蔵　松浦武四郎蒐集古物目録』平成25）

この年　菊池容斎が額字「嘗八転」、落款「□□年八十二」
（『額字集観』巻子、『松浦武四郎関係歴史資料目録』調査報告書２　三雲町教育委員会　２００４）

【単独箱　21】
《箱蓋裏》上野国伊香保神躰　明治二年於神地堀出之
大産霊神　埴安姫神　延喜之物歟
内舎人穂積之真年
（『松浦武四郎蒐集古物目録』）

一八七〇年　明治３　53歳

1・20　郷里の甥松浦圭介に知人等の接待依頼
「林知事公・橋本様并ニ河田、大橋等通行之時ニ者、そはなりうんとんなり*何成出し候て御取扱可被成下候、当時私事、如此身分ニ相成居候間、其御方等ニ而も、竹四郎故郷と申事ニ而よられ候間、後々の為ニも相成候間、其段くれくれも申入候、巳上」
（桂介宛（明治３・１）月20日付け松浦弘書簡　記念館蔵、『三雲町史』三資料編２　２０００、秋葉　実「松浦武四郎往返書簡（40）」会誌56　２００９）

＊蕎麦なりうどんなり

孟春　高林二峰が八稜鏡収納箱【箱２　引出下段　２】の箱書

【箱２　引出下段　２】
《箱蓋表》八稜鏡　多気志楼蔵
《箱蓋裏》庚午孟春　二峰多
（『松浦武四郎蒐集古物目録』）

この頃　高林二峰が渋団扇（1―6）に漢詩と落款、（2―34）に竹図と落款か

（内川隆志編『静嘉堂文庫蔵　松浦武四郎蒐集古物目録』平成25）

（『渋団扇帖』一、二）

2・1　郷里の甥松浦圭介に庭灯籠柱銘の指示、現職に誇り

「灯ろう書付之事

従五位開拓鞫安倍弘

従五位守開拓鞫安倍弘判官　と致してもよろし、あまり長く成り候間、右之通刻字致し候方可宜候

正月御歌会始之節　御題の歌、勅任已上献上致し候間、則さし上候書損一枚送遣し候、節朔ニは礼服ニ而参朝、天顔を拝し候て、公家衆と大名衆と我々合せゆふし十七八人位ならで東京へ当時なし、其仲間へ入仕候ハ、実ニ有難冥加ニ過候事也、実ニ感佩致し候事也

○韓天寿　月僊

右之何哉半切り、聊落候位のもの有之候ハヽ、買て遣し候様頼申候也、月僊は人物入の山水よろし、天寿何ニ而もよろし、代料は早々遣し申候、此二品急々頼入候」

（桂介宛（明治3）2月朔日付け松浦弘書簡、『三雲町史』三　資料編2　2000、秋葉　実「松浦武四郎往返書簡（40）」会誌56　2009）

2・10　郷里の甥松浦圭介に灯籠銘の指示

「追啓致し候、御灯籠名書鞫臣之字入度候間、左之通可致申候

従五位守開拓判官阿倍鞫弘

余り長成候間、如此ニ割込候様可致候事」

『渋団扇』1―6
漢詩（胡粉）九十日春今日始　春
嫌有□□　日新似今日々　尋春
去似我　聞人有幾人
落款（胡粉）二峰処士書
（朱書　上毛人　在東京
高林二峰信好）

『渋団扇』2―34
竹図（胡粉）賛（朱）風通竹間清
落款　醸山人（胡粉）二峰書（朱）
（朱書　醸山竹　二峰賛）

十番　高林　（二峰）
上野産　高林二峯と申　元島や佐
右衛門の帳場致し候而　此比八丁
堀ニ而書家店を開　大流行致し候
男也

（『雲津雁影』【百二十二】）

（松浦圭介宛（明治３）２月10日付け松浦弘書簡　記念館蔵、『三雲町史』　三　資料編２　２０００、秋葉　実「松浦武四郎往返書簡（40）」会誌56　２００９）

　後に灯籠の銘文案

「立弐尺七寸　横六寸三分
　箱館府判官事　従五位開拓使松浦判官安倍弘建之」
「箱館府判官事　従五位下源弘謹建之　世話士――――」
「箱館府判官事従五位下松浦武四郎源弘建之」

（書簡断片、『三雲町史』三　資料編２　２０００、秋葉　実「松浦武四郎往返書簡（38）」会誌54　２００８）

現在の灯籠正面　銘文
「明治三年庚午二月吉祥日
従五位守開拓判官安倍朝臣弘建之
世話人　松浦久兵衛智
松浦圭助」

２・20　秋田県十二等岡本武輝から世情報知

「近頃各県一統集会之由ニ而、当県権参事も来月登京之趣、御承知も被為在候通、県令も不在、且七等出仕も先般辞職故、長官と申者無之相成候而は、自然民情如何と被存候、且、過日無縁に属する小役銀と唱候者、今般改革と相成半ハ減省したるは、士族卒共ニも少し陰ニ会同等有之模様、事件も有之間敷とは存候へ共、究迫之折柄故、心配罷在候
私儀も、兼而大館と申所へ出張被命居候得とも、当所事務多忙ニ而、来三四月頃ニは出発可致哉之心得、輦下之御模様も大ニ変更と申事ニ承り、定而市中等も相替り候儀と遠察罷在候、縷々申上度事も御座候得共、筆端ニ難尽、右御礼時下御伺旁、如此取急乱毫之段、御海容御推読之程奉祈候」

（松浦公閣下宛（明治３）２月20日付け岡本武輝書簡　足利市立草雲美術館蔵、橋本芳一翻刻・小野智一編集発行『雲津雁影　松浦武四郎宛来信集』改訂版【二十】　２０１１、秋葉　実「松浦武四郎往返書簡（40）」会誌56　２００９）

八十三　岡本武輝
田中本多藩士　二十才ニして秋田県十二等ニ任せられ　二十四才岡山県十等ニ任せられ　此比帰府して宮内省ニ有る　詩をよくす
（『雲津雁影』【百二十二】）

2・23

萩の近藤清石から、和同開珎鋳型などの連絡

「先般神宮教導職等も兼務之任有、当節ハ其ニかゝづらひ、大キニ多用、御憐察可被遣候、陳は御越候劇場役者、想像仕候処、御評至而妙ナリ、只海老蔵之眼ヲ欠クノミ

○和銅型ハ、長門国豊浦郡府中ヨリ一宮住吉神へ行路傍ヨリ出候、当時は更ニ不出候

○厚東八万塔ハ、同国厚狭郡棚井村安養寺ト申廃寺地ヨリ出申候

○*縣翁之書、何卒奉願候

○多賀城碑摺本等　世良同居也

執達不遠　近藤芳介、世良孫槌帰県可致候、ソレニ御頼ミ被成下度、右当人へ小生よりも其段申遣置候

○東隆寺之碑摺本　日ハいかゝ被成御覧候哉、随分面白キの哉と存候

○田舎ハ何もかはりたる事なし、都下之風聞御序之節御知せ奉希候

随時御自重尊一ニ奉存候、余ハ付後鴻候　匆々敬白」

（多気志楼先生宛（明治3）2月23日付け棄誉志書簡　足利市立草雲美術館蔵、橋本芳一翻刻・小野智一編集発行『雲津雁影』改訂版【二十八】、秋葉　実「松浦武四郎往返書簡（40）」会誌56　2009）

五十二番　棄誉志
長州藩　近藤清石と云　称虎十郎
当時山口大神宮の宮司を勤む　歌
人ニ而著述物沢山に有る也
（『雲津雁影』【百二十二】）

*賀茂真渕

後に近藤清石から和同開珎鋳型譲り受け

「近頃寛永年、長門国府毛利甲斐守殿家中、小川瀬平ノ宅地ヨリ和同銭ノ鋳型ヲ堀出ス、先年城州伏見ニテ鋳ルトコロノ法ニ同シク、精密ノ土ヲ以テ制セシモノナリト、三貨図彙ニテ閲テ涎ヲ流セシコト久シカリシト、其時出タリシモノトテ、山口県ナル近藤清石君ヨリ恵マレシカバ、ウレシトテ取リアエズ

銭型の文字にも知るゝ国ゆたか　民やすかりし程と知らるゝ」
（「和同開珍型」『撥雲余興』、横山健堂「（一四〇）撥雲余興に見えたる和同鋳型」
『複刻　貨幣』16　古銭文学　東洋貨幣協会　昭和61）

2・30　大橋　慎から兵部省の太政官組織改変論で面談要請
「扨、昨日ハ又々大論争起り　長官公ニ追従奔馳仕り貴寓へも参上仕候共　病院之御留守ニ而面語不相調候　委細ハ御面上可申上候　然ニ今朝未兵部省出候ハ頃日共出使不仕候ニ付　一応申上候也」
（松浦開拓判官宛（明治3）2月30日付け大橋　慎書簡　足利市立草雲美術館蔵、『雲津雁影』改定版【十四】、秋葉　実「松浦武四郎往返書簡（40）」会誌56　2009）

九十　大橋　慎
土佐藩大橋慎三と云　御一新前三条はし旅宿ニて会津の手ニ召捕ハれ其より逃去り　兵部省少丞となり　後開拓の判官に転し神祇の少丞をも勤し　後侍従ニ成り死ス
（『雲津雁影』【百二十二】）

仲春　『蝦夷年代記』一冊　発刊
凡例　慶応三卯晩冬於江戸下谷三枚橋の寓居　松浦武四郎阿部弘誌
見返　明治庚午仲春梓行　多気志楼蔵版
序　明治庚午猶清和月　平安　錬斎富岡百錬撰
（『松浦武四郎関係歴史資料目録』報告書2　三雲町教育委員会　2004）

3・6　田崎草雲宛に開拓の現状から開拓使辞職の意向
「北海道開拓も、何分例之松前家は請負人と長官へ賄賂相遣候、島判官と僕の証言有仕候より、如何ニもむつかしく候、依而近日辞表さし出候可申候
閑人ニ成候て、近在遊歴ニ出可仕申候、書画帖きぬ三枚さし上候　何卒急ニ御志望候又之儀奉願上候　来客中乱筆失敬　余は近日尚又可申上候　早々謹言」
（田崎草雲宛て明治3・3）月6日付け書簡　足利市立草雲美術館蔵、『雲窓雁影』【百三十一】、秋葉　実「松浦武四郎往返書簡（40）」会誌56　2009）

3・15　開拓判官辞職願い

「去五月、開拓御用掛被仰付候節、彼地儀は、第一、松前藩転封、第二、奸商請負御廃し、第三、諸侯え分割の三ヶ条、申上候処、右第二、三の箇条は、御採用にも相成候得共、第一の箇条は、何分難相成との儀にて、御用掛の儀、御請御断御申上候処、達て島判官、是非当分の内、出勤候様との儀に付、嘆願書は、同人如何被致候哉、不存申候得共、何分烏合の官員、区々の論にて、十分の見込も難相立故、鍋島中納言様え尚ほ又辞職願置候得共、何の御沙汰も無御座」

（横山健堂『松浦武四郎』北海出版社　昭和19、秋葉　実「松浦武四郎往返書簡（40）」会誌56　2009）

堅田精司「開拓使と松浦武四郎」会誌2　1984

3・29　褒賞と士族編入

「松浦武四郎　先年来北海殊方之地へ跋渉　山川之形勢ヲ探リ　土地之物産ヲ索メ著述居多
奇特之事ニ候　方今開拓ニ付テハ補益不少　仍テ被賞其功　終身十五人扶持下賜候事

○

同上　東京府貫属士族ニ被　仰付候事」

（『太政官日誌』明治庚午第十六号）

3・30　開拓判官辞任（辞令入り封書の松浦孫太解説）

「明治三年三月三十日
依願免官／東京府貫属士族ニ列セラル書付
此外終身十五人扶持ノ書付アリシモ　之レハ明治九年十一月
二十四日御印章返上シテ同日金禄トナリ
一　金百六十三円八銭三リ（二十七石代）　内米弐石九斗　禄税

3・　位階返上

　　此金十七円五十一銭六厘　明治九年十月　東京府権知事楠本
　　正隆殿トシテ引替トナリタルナリ」

「松浦開拓判官　依願免本官　但位階返上之事　三月　太政官」

3・　辞令

「松浦武四郎　東京府貫属士族ニ被仰付候事　三月　太政官」

（『宣旨』箱　記念館蔵）

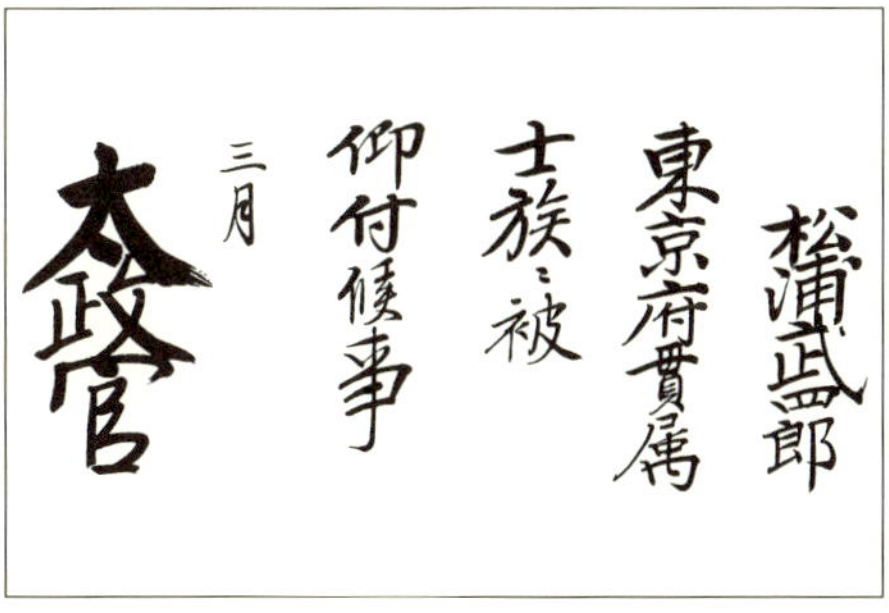
松浦武四郎
東京府貫属
士族ニ被
仰付候事
三月
太政官

4・6　郷里の甥松浦圭介に官職辞任など

「石灯ろう代書付無之、何卒早々何程と代料承知被下候様いたし度候事、僕も二月廿八日所労願さし出候、先々功成名遂候形ニ候間、辞表さし出置候、近日引込候積りニ御座候

　此一条者深謀有之候事也

此間山本重次郎*よられ候よし、同人は親亡羊先生も懇意ニ致し候、同人兄弟五人共ニ存候、別而兄の山本沈三郎と申候は別段こん意ニ致候人也、甥の復一郎と申候者、当時岩倉家執事ニ而候僕第一の懇意也、是ハ岩倉家第一の人也、随分よられ候間者大切なされ候、其復一郎と申候者僕を岩倉家へ吹聴致し候人也」

（圭介宛（明治3）4月6日付け松浦弘書簡　記念館蔵、『三雲町史』三　資料編2　2000、秋葉　実「松浦武四郎往返書簡（40）」会誌56　2009）

4・15　郷里の甥松浦圭介に北海道国郡図の送付

「一　今般北海道国郡図出来致し候間、一部遣し申事」

（圭介宛（明治3）4月15日付け武四郎書簡、『三雲町史』三　資料編2　2000）

*重次郎　十二郎・亡羊八男の善夫

5・4　度会県小参事大橋黙仙に送金依頼

「尚々武四郎様御辞職ニ相成、終身十五人扶持被下置候事
○拙者、急用向ニて早追道中、夫故□此度ハ御尋不申候也、薄暮之節、愈御安祥、奉賀候、然は、拙者去月廿日東京発程ニ而、同廿六日度会山田江致帰県候、又候六日出立ニて東京江罷越候、尤豊橋より気船ニて神社江着地候、武四郎様御無事、大ニ御世話ニ相成候而、金子八両御託シ被成候間、相送り申候、慥ニ御落手可被下候、余は帰県之上万々可申上候、怱々頓首」

（松浦圭介宛（明治3）5月4日付け大橋黙仙書簡、秋葉　実「松浦武四郎往返書簡（40）」会誌56　2009）

5・　古銭の購入

「形周ノ大篆　宝貨ノ周部無カ如シ　而外縁尖《ト》ガラス　肉質及ビ篆画ノ絶妙均ク周尊古商書ニ符契ス　蓋シ明月ノ銘文全ク通幣ニ恊フ　彼此以テ参考スルニ之則周始ニ作ル処ト決ス　亦後世月星ヲ依用スルモノコ、ニ始ル　此泉古ヘヨリ存ル処惟二品過ス　先哲之ヲ審カニセズシテ厭勝ノ部ニ載ス　決テ其類ニ非ス
稽古斎　和漢稀世泉譜」

「孝悌礼義　朝鮮国鋳之
（拓影）
建皇堂　松渓堂蔵求　価五百疋　明治三年五月」

（「皇朝逸品」『多気志楼蔵泉譜』二　記念館蔵）

孟秋
8・26　水戸、藤田東湖長男健が渋団扇（2―25）に漢詩と落款か

（『渋団扇帖』二）

『渋団扇』2―25
漢詩（胡粉）庚午孟秋　麟島賞月
紫山吐月暮黄軽恰似美人棒玉晶
遠遊豈唯覚寿快賞得金波暫々清
落款（胡粉）藤田健
（朱筆　水戸　藤田健次郎
東湖男）

野田竹渓宛に偽造札乱発の伝聞

「右札遣ひは船にて東京にも廻り申候得共、東京にては遣ひ方なく壱万計遣ひ引

取申候、其より箱館に参り十九万両程持行、内四万両遣ひ中候、十五万両未た船中にて有之候を召捕、実に大騒動に及候、夫々諸国に弾正大巡察廻り申候次第如何にも不容易事に及候
知事公は不存由御答に御座候得共、皆大参事等城中にて大仕懸にて作り居候内に何分余程の儀に及候由、先以不宜事太守様御耳に入候は甚不宜候得共、薩の気込も有之候、又御一工風にも被為及候と存候間一応申上候、此状は決て御一覧被成候後火中に相願候、先は早々謹言」
（竹渓宛（明治３）８月26日付け弘書簡　都立中央図書館写し蔵、横山健堂「（三四）福岡藩、貨幣偽造事件の取調に就て西郷南洲の挿話（松浦武四郎の書簡）」貨幣158　古銭文学（六）　談叢　東洋貨幣協会　昭和７、『三雲町史』三　資料編２　２０００）

藤田東湖
無銘之出也　水戸藩　世にしる処也　（『蝦夷屏風』右隻　一紙目）

秋　『林氏雑纂』上下二冊、林子平関連文献・記録発刊
跋　明治庚午仲秋　鷲津宣光撰并書　明治三歳庚午菊秋　山中猷撰并書
奥付　官許　御用御書物所　東京　須原屋茂兵衛　和泉屋市兵衛

９・13　元開拓権判官岩村定高から屋敷の相談
「奉拝賀候、然ハ昨日御屋敷立条御沙汰被下、其折ハ余屋敷と致懸隔候故御断仕申置候へ共、計略尽果、頓ニ致困窮候処より、屋敷へ申談候処、漸聞啓候間、二三ヶ月拝借被仰付候義ハ被相叶間敷や、尤暫時之義ニ付御相談致候へ共、万一御都合専一候ハヽ、御聞取被下度奉懇願候、此段御相談致候、如是御座候」
（松浦竹四郎宛（明治３）９月13日付け岩村右近書簡、秋葉　実「松浦武四郎往返書簡（40）」会誌56　２００９）

八十五　岩村右近　（定高）
佐賀藩　開拓権判官となる　当時三重県令となる
（『雲津雁影』【百二十二】）

９・17　宮内省、山科元行から呼鈴の所望

「近頃御無音申上候、然は私義先日来背病ニ而平臥、甚困入候さて、病牀ニ而人ヲ呼候鈴、あれこれ骨董店ニ而尋候得共見当り不申ニ付、先生多分鈴御所持之趣、何卒暫時一鈴拝借仕度、此段病中偏希望候、右御頼申上度、匆々頓首」
（松浦竹四郎宛（明治3）9月17日付け山科元行書簡　足利市立草雲美術館蔵、『雲津雁影』改訂版【五十一】、秋葉実「松浦武四郎往返書簡（40）」会誌56　2009）

10・2　田中芳男から面談要請
「昨日は参堂の処、都合能御在宅ニ而彼是拝悟、難有奉存候、尚可相願事御座候得共、晩景取急ぎ失念仕候間、いづれ其内参上可申候得共、若し近辺御通行も可有之候ハヽ、南校北御七分場迄御立より被下度、相願置候」
（松浦先生宛（明治3）10月2日付け田中芳男書簡　足利市立草雲美術館蔵、『雲津雁影』改訂版【三十五】、秋葉　実「松浦武四郎往返書簡（40）」会誌56　2009）

小春　京都、画人重春塘が渋団扇（1―13）に蘭図と落款　（『渋団扇』一）

首冬　大坂、篆刻家益田香遠が渋団扇（2―30）に漢詩と落款　（『渋団扇』一）

11・11　杉浦　誠に小硯届く
「○内海より相願候小硯昨日同性より落手　種々御厚配被下候段万謝ニ候　即々公務繁忙日々点灯帰宅ホト、、閉口之処　夜来は此小硯ノためニ幾分之労を癒し候　二梅にも御逢之節周旋の程宜敷願候　代価イカ程さし上宜敷哉　何卒御申越被下度　委曲は近々内海に托し候心得ニ付　同人より御聞取可被下候」
（北海老兄宛（明治3）11月11日付け誠書簡　足利市立草雲美術館蔵、『雲津雁影』

六十二番　山科元行
西京人　山科能登之助と称し禁裏御医師也　本草学をよくし　上野公園地内教育博物館を立る
（『雲津雁影』【百二十二】）

『渋団扇』1―13
蘭図（胡粉）
落款（胡粉）庚午小春月写　春塘
（朱書　同　春塘）＊西京

『渋団扇』2―30
篆書（胡粉）□□満□沢　□雲□
奇峰　□日□□□　□□□□松
落款（胡粉）庚午首冬　香遠厚篆
（朱書　益田香遠）

杉浦　（杉浦　誠）
号梅潭　名誠　旧幕御目付より箱館奉行ニ任せられ　明治一新の際判官ニ任ス
（『蝦夷屏風』右隻　二紙目）

改訂版【六十八】、秋葉　実「松浦武四郎往返書簡（40）」会誌56　２００９）

この頃　杉浦　誠が渋団扇（２―29）に漢詩と落款か

（『渋団扇帖』二）

冬日　『千島一覧』一枚　木版色刷、北海道人著図　東京書林　和泉屋市兵衛

端書　庚午冬日　北海道人戯図

この年　『壺の碑考』　題辞　鷲津宣光、跋　三田葆光、東京　玉巌堂梓

「おもふことといはではしのぶものかはと　書つくしたる壺の碑」（おほよそ言）

引用書　坪碑考　林子平　壺碑審定説　弘斎平信恕　坪碑考　平維章

観迹聞老志　東鑑　旧跡遺聞　夫木抄　六百番歌合　山家集

拾玉集　新古今集　良玉集

この年　『蝦夷人舞踏之図』　双幅　紙本淡彩　記念館蔵

一　落款「多気志絵」

太田垣蓮月賛「ひるかえす　そてこそなかれ　えそ人も

ちよもめつると　まひうたふらん」

一　落款「北海老人絵」

加藤千浪賛「弥来髯　撫る蝦夷も　妹とらむ

なさけの道はかはらさりけり　千浪酔て詠書」

（三浦泰之「時代をめぐる人びと」『松浦武四郎　時代と人びと』　北海道開拓記念館編　北海道出版企画センター　２００４）

この頃　太田垣蓮月が渋団扇（１―12）に和歌と落款か

（『渋団扇帖』一）

加藤千浪が渋団扇（２―20、３―15）に柳下灯籠図、隅田川図と落款か

（『渋団扇帖』二、三）

この年　無文銀銭の購入

六十三番　誠　（杉浦誠）
旧幕之節御目付より箱館奉行　杉浦兵庫と云　御一新の時開拓判官となり当時非役号梅潭　詩を能ス
（『雲津雁影』【百二十二】

七十五　二梅　（木村二梅）
木村市左衛門　号二梅　詩を能ス
また書をよくす　大蔵省へ在官ス
（『雲津雁影』【百二十二】

『渋団扇』２―29
漢詩（墨）透□繲影入窓明遠　藹
初看春意生有客　揚々淹于孔今
朝林下視　新鶯
落款（墨）
函館晩春雑吟之一　梅潭生
（朱書　杉浦　誠）

五十五番　毅　（鷲津毅堂）
尾州人也　号毅堂　鷲津宣光と云
弁官より登米県令　後神祇少丞
大審院五等判事等ニ転ス　詩画をよくす
（『雲津雁影』【百二十二】

『渋団扇』１―12
和歌（胡粉）
花のころたひにありてやとかさぬ　人のつらさをなさけにて
おほろ月よの花のしたふし
落款（金泥）蓮月　八十才
（朱書　西京西加茂　太田垣蓮月）

「銀銭　量二匁八分五リ

（拓影）

顕宗天皇紀曰　二年丙寅十月戊午朔癸亥宴群臣　是時天下安平民無徭役　歳比登稔　百姓殷富　稲斛銀銭一文

宝暦十一年辛巳十月七日　摂津天王寺村南平野町　糀屋某カ田地字真宝院ト称スル畠中ヨリ堀出ス無文銀銭　凡百枚許ヲ得テ官ニ納ムト　即是ナリ

稲垣氏　明治三　求之　価六両二分」

（「皇朝逸品」『多気志楼蔵泉譜』二　記念館蔵、「無文銀銭」『撥雲余興』明治10、横山健堂「（一二九）皇朝逸品の銀銭」貨幣174　古銭文学　（二十一）談叢　東洋貨幣協会　昭和8、『複刻貨幣』16　昭和61）

この年　井上文雄が渋団扇（1―24）に和歌と落款　（『渋団扇帖』一）

『渋団扇』2―20
柳下灯籠図（胡粉）
和歌（胡粉）中々にまよふしるへと成にけり　こひのやミ路をてらすともし灯
（朱書　加藤千浪　絵も）

『渋団扇』3―15
墨田川図（胡粉）
賛（胡粉）河風のふけよとうたふ舟もなし　すみた川原の秋のゆふ暮
（朱書　加藤千浪）

『渋団扇』1―24
和歌（胡粉）もゝのよになよなようちて清けなる　浦賀女にかめとらせはや
落款（胡粉）七十一翁文　花押
（朱書　田安藩　井上文雄）

三　交友渋団扇、古物古銭収集・譲渡

一八七一年　明治４　54歳

1・3　前開拓権判官得能恭之助から位階返上の相談

「然ハ私儀も去月廿五日免官被仰付申御座候、就てハ位記返上致候様御書付も御座候処、右位記ハ位階被下候宣紙之事ニ在之哉心得兼候候付、御問合申候、貴属様御返上ハ如何之御配合ニ被成候哉、唯御沙汰已にて御書付返上致候事ニハ無之哉、乍御面倒為御聞被下度奉存候心得、御相談迄ニ候、以上、頓首」

（松浦武四郎宛（明治４）１月３日付け得能恭之助書簡　足利市立草雲美術館蔵、橋本芳一翻刻・小野智一編集発行『雲津雁影』改訂版【八十】２０１１、秋葉実「松浦武四郎往返書簡（41）」会誌57　２０１０）

仲春　長崎、篆刻家小曽根乾堂が渋団扇（1―25）に竹図と落款

（『渋団扇帖』一）

3・3　伊勢松阪出身、宮内省世古格太郎から頼三樹三郎掛軸の借用願い

「前略唯今御承し候　万山三樹之妙々幅、何卒即時拝見仕度、今日は少々持病ニ而平臥致し居候間、何時御入来被成下候而も在宅ニ御座候得共、可相成は此便へ御付筆被成候ハヽ、大喜無此上候也」

（松浦先生宛（明治４）３月３日付け世古生書簡　足利市立草雲美術館蔵、『雲津雁影』改訂版【十一】２０１１、秋葉実「松浦武四郎往返書簡（41）」会誌57　２０１０）

3・25　九鬼真人から渋団扇一筆了承、現物見あたらず

『渋団扇』1―25
竹図（胡粉）
賛（胡粉）清風　高節
落款（胡粉）辛未仲春仿楳花道人
筆意乾堂
（朱書　崎陽　小曽根乾堂）

「百条の団扇早速落手仕候処、白山*、正月十五日より北条へ罷越不在、漸当月廿日帰京ニ付、早速相認サセ、今更差上候、御注文通り相違候ハヽ、何時ニ而も認替サセ可申候、何分紙包年越し大延着、不都合ニ奉存候
別而北海道新図志二冊被下奉多謝、不相替御盛事感心仕候、且又、此様な珍説御洩被下、難在候、西京も不相替頗の大ヘチヤ筆紙ニ難尽
一　諸方職方職道　諸人転居大困り
一　公家外山又全壱人〔剣客戸田栄之助　柔術家八田帯刀〕
右の外当月八日数人被縛候由
是、広沢*の一件ニ付、東京より申来罷有候事被申唱也
一　異人往来　一　坊主ヘチヤ　不相替
一　税大流行　小便糞ニ至ル　京地四隅女ノ町屋　免許
○病気見立　江戸ハ風邪、大阪ハ咳、西京は労咳
一　大阪へ芋沢山上京、西郷も来ルトノ事、何やらおかしなかぜがするとの
風説ニ御座候
一　西京ニふゑ候先ハ○難渋人也○女郎家○京都府士族いふ人并徒刑人
一　減り物ハ○諸藩兵隊○東山立木○町人之金持
但し下河原山猫ト称しヽ者も　不景気ニ付不残散乱致し候　真之葛原
ニ相成申し候
右酔余戯相認し字御免可被下候、当年ハ隙を得候ハヽ、久々ニ而東下仕度、其節は蒙御厄介たく、兼而願置候」
（松浦老台宛（明治4）3月25日付け九鬼真人書簡　足利市立草雲美術館蔵、『雲津雁影』改訂版【四十四】、秋葉　実「松浦武四郎往返書簡（41）」会誌57

*白山は清瀬清興

*参議広沢暗殺事件

百二十　九鬼真人
丹波綾部九鬼の次男ニ而　西本願寺家老下妻少匠之養子行　下妻大監と云し大やまし也　当時また九鬼を名乗候　大坂大限や小兵衛を使ひし人物也
（『雲津雁影』【百二十二】）

2010）

4・14　文部省博物局、蜷川式胤から古銭値段問合わせと物産会出品の勧誘

「此間の古銭、何れも無御座候間、申欠度候料ハ何程や御尋申上候
九段ニ於て物産会御座候間、何成共古物御出し可被成候、付而ハ召物切手二枚
上申候、一枚ニ而五人位ひハ参られ申候事」

（松浦老宛（明治4）4月14日付け蜷川書簡　足利市立草雲美術館蔵、『雲津雁影』
改定版【百二十】、秋葉　実「松浦武四郎往返書簡（41）」会誌57　2010）

5・14〜20　大学南校物産局が東京九段招魂社で大学南校物産会

武四郎の出品　鉱物門化石之部

「一　石螺　北海道浦川産　鸚鵡螺一種巨大者
右松浦弘出品」

古物之部

「一　雷斧砥　一　雷斧鋸
一　未成雷斧　右三品北海道於箱館所堀出ニシテ　松浦弘彼地遊歴ノ時之ヲ得
タリ　砥ハ其石質灰色形楕円ニシテ長サ一尺五寸　幅一尺一寸　厚サ三寸半
其面ニ縦ニ長ク凹ナル筋四条アリ　是天然ニ非ス　物ヲ研磨セシ痕ナリ　鋸
ハ薄キ平扁ナル石片ニシテ　其一端ニ物ヲ研リ載ルノ用トナセシト想ハル、
痕アリ　雷斧ノ未ダ全成セザル者ト彼是参考シテ　此石ハ皆雷斧ヲ造ルニ用
シコトヲ証ス
一　石砮　モンベツ石ニテ造ル者
右松浦弘出品」

（東京国立文化財研究所編『明治期府県博覧会出品目録』中央公論美術出版　平

百十七　蜷川式胤
蜷川式胤　西京東寺家来也　御一新後　正院制度寮を取立し後　また博覧会を設立し男也
（『雲津雁影』【百二十七】）

成17、『明治四年物産会草木玉石類写真』　東京国立博物館蔵、「未全雷斧　石鋸砥石」『撥雲余興』　明治10）

5・23　太政官が古器旧物保全の布告

趣旨「古器旧物之類ハ古今時勢之変遷制度風俗之沿革ヲ考證シ候為メ裨益不少」

（太政官日誌　明治辛未三〇号）

夏日　秦蔵六が田の山古墳出土、大形銅鈴収納箱【箱3　上段左　16】の箱書き

（『静嘉堂文庫蔵　松浦武四郎蒐集古物目録』　平成25、本居内遠「泊村にて堀出たる古鈴の故由」稿　東京大学国文学研究室本居文庫蔵、水野忠英「伊勢国飯*高郡泊村畠地所得之古鈴」『ちとせのためし』　嘉永4、「所掘得之古鈴」『撥雲余興』　明治10、小玉「三重郡泊村・田の山古墳出土の銅鈴」三重の古文化93　三重郷土会　平成20）

京都、鋳金師秦蔵六が渋団扇（2―5）に青銅器・爵図と落款

（『渋団扇帖』二、惺々暁斎「漢父葵爵之図」『撥雲余興』　明治10）

篁汀が渋団扇（2―39）に菊花図と落款

（『渋団扇帖』二）

6・　八銖半両銭の購入

「八銖半両〔径リ八分七厘　重サ一匁二分七厘〕奇品図録ニ出ルモノナリ

前漢高后二年　（拓影）

二千六十年

愛*

播陽云　日秦半両ハ大篆ナリ　漢ノ□莢泉及ヒ八銖半両ハ小篆ナリ　大小軽重秦泉ト八銖泉ト同シ大小篆ヲ以テ別ツヘシ　乾隆銭録及ヒ竜□子著述スル処大半両ハ漢武帝建元五年鋳ルモノニテ小篆ナリ　文献通考ノ銭幣考及ヒ伊勢山

＊飯高は三重の錯誤

【箱3　上段左　16】
《箱蓋表》古銅鈴
《箱蓋裏》辛未之夏日　蔵六観
（『松浦武四郎蒐集古物目録』）

『渋団扇』2―5
青銅器図（絵具）
落款（墨書）辛未之季夏日蔵六生
（朱書　西京　秦蔵六）

『渋団扇』2―39
菊図（絵具）
賛（墨）秋意淡　薄
落款（墨）辛未夏日写　篁汀
（朱書　篁汀）

＊愛　愛鷲堂

田上宮寺行信房釈慶運カ説　ミナ如此　方円□　愛鵞堂　柏木
明治四未六月　十両求之」
（「古文銭」『多気志楼蔵泉譜』一　記念館蔵）

6・ 古銭の購入
「五行大布
後周武帝建□三年　　八分　　価金八円　明治四年六月求之
六月更五行大布泉　　（拓影）　此銭陽明家求古様之次ニ有モノト云
以一当□収商估之利
愛　興布泉銭並行」
（「古文銭」『多気志楼蔵泉譜』一　記念館蔵）

中秋 筆者不明の渋団扇（2—19）に花図と指頭図　（『渋団扇帖』二）

7・ 廃藩置県時文書に、実家松浦家は紀州藩地士
「須川村地士　御代官直支配　松浦圭助」
（「勢州三領地士姓名」『南紀徳川史』11　清文堂　平成2復刻）

この頃 駿河吉原駅、鈴木香峰が渋団扇（2—32）に松図と落款　（『渋団扇帖』二）

8・22 鈴木香峰に渋団扇の礼、屏風仕立ての意向
「扨、世の中様子定而御聞取被成候哉、如何にも一昨年比之様子と者相違申候、何分東京人気悪敷相成候、此上者如何相成候哉、案し候事御座候
先達而団扇御認メ被下、万々有難存候、其都度こと御礼も不申候得共、実ニ有難存候、是哉正月ニ屏風ニ金砂子ニはりませニ仕候つもりニ御座候、此品如何ニ御座候得共有合候間、御孫にもさし上度候、よろしく御伝え被成候」
（香峰宛（明治4・8）月22日付け松浦弘書簡　富士市立博物館蔵、三浦泰之・山本命「東海道吉原宿の脇本陣鈴木香峰と松浦武四郎」№32『松浦武四郎研究

『渋団扇』2—19
花図指頭図（絵具）
為書（青絵具）辛未中秋　為多気志楼先生
落款（胡粉）游萍満文　指画
（筆者　不明）

『渋団扇』2—32
松図（絵具）
落款（胡粉）香峰
（朱書　駿河吉原　鈴木耕吉）

序説』2011、秋葉　実「松浦武四郎往返書簡（46）」会誌62　2011）

秋日　京都、画人村田香谷が渋団扇（2―26）に墨石図と落款
（『渋団扇帖』二）

9・18　渡辺小華から崋山『一掃百態』稿の編集依頼

「然は小生義　先般中種々之災厄ニ出合何許ニも数々御配意候段難有存候　且ツ忌明後も一県変革等ニて不得寸暇　夫故御無音耳申上候段御海容被下候　兼而之一掃百態序跋擢写仕候間　何卒御取綴文章之処も被申候様御点削ヲ加へ候上　朝迄へ相伺度伺済之上ハ早々御取懸り被下度　尤伺方も何卒御配意之上同県詰合之者平山良助と申者へ御申付取斗候様奉願上候」

（松浦先生宛（明治4）9月18日付け渡辺諧書簡　足利市立草雲美術館蔵、『雲津雁影』改訂版【三十八】2011）

この頃　渡辺小華が渋団扇（1―15）に蘭図と落款か
（『渋団扇帖』一）

10・　『竹島雑誌』一冊　松浦弘著述　東京　青山堂蔵梓

この年　古銭の購入

「八銖半両　九分八厘

小篆　説　（拓影）

同前

愛　代価四両

播陽云　大篆ナルモノヲ以テ伊勢津堀留町上宮寺行信房　元禄年中秦始皇半両ヲ得ント欲シテ一七日大神宮エ参篭所得トス　然ルニ今以此泉神泉半両トシテ行信房ノ得ルトコロシテ伝之　イカナラン　明治四未年求之　代価」

「四銖銭　七分

宋書本紀　文帝元嘉七年　（拓影）

『渋団扇』2―26
墨石図（墨）
賛（墨）媧氏補天後墜星箆許存珍
瓏秋水骨磊落夏雲根渾是天然貨
□無□□痕竜蹲兼虎踞一々任人
論
落款（胡粉）辛未秋日　香谷
（朱書　西京　村田香谷）

六番　渡辺舜治　（小華）
三州田原年寄等を勤候渡辺崋山と申者の倅　貴地等ニ而流行の環翠先生等の様ニ筆はまハらされとも画も少々出来候　号小華と申男也
（『雲津雁影』【百二十二】）

『一掃百態』一冊　明治12年刊
文政元年自序

渋団扇』1―15
蘭図（胡粉）落款（胡粉）小華
（朱書　渡辺小華）

『竹島雑誌』一冊
序　明治四年辛未六月藤川忠猷識
凡例　明治三庚午のとし仲秋後三
日　於東京日比谷　馬角斎誌
松浦武四郎弘
跋　駿河国静岡の隠士　三田葆光
奥付　官准　松浦弘著述
明治四辛未歳冬十月開雕　東京
書林　雁金屋清吉発兌

十月戊午立銭署鋳四銖銭

求　愛□　明治四年求之　価金七円」

（「古文銭」『多気志楼蔵泉譜』一　記念館蔵）

「後周布泉　八分

隋書曰　後周之初尚用魏

銭及武帝保定元年七月　（拓影）

乃更鋳布泉之銭以一当

愛*　五　与五銖並行　千三百十五年

寛政中美濃国武義郡坂戸村ニテ堀出之　尾名古屋商コレヲ估テ東都ニ携来テ価百金ト云　時ニ浪華ノ銭商冨田宗助者後周布泉ヲ飛騨国ニ得テ商来リ二十金ニ需キシカバ　尾ノ銭商望ヲ失ヒ本国ニ持帰リテ篤風斎ニ販　是則愛鶩堂ノ一品ノモノ　則コレハ銭商冨田宗助ナルモノ浄子堂ニウリテ帰リシ　飛騨国堀出シノ一品ナリ　文政年間愛鶩堂ニ到　明治四未年余ニ帰スルモノナリ　価十五円」

（「古文銭」『多気志楼蔵泉譜』一、横山健堂「○古銭文学（二十一）（一二七）後周布泉」貨幣174　談叢　東洋貨幣協会　昭和8）

*愛は愛鶩堂

この年　富岡鉄斎が額字「馬角斎」落款「為北海良友　鉄斎生題」

（『額字集観』巻子　記念館蔵、『松浦武四郎関係歴史資料目録』調査報告書2　三雲町教育委員会　2004）

この頃　市川万庵が渋団扇（1—52）に篆書「馬角斎蔵」と落款か　（『渋団扇帖』一）

『渋団扇』1—52
篆刻印形（胡粉）馬角斎蔵
落款（胡粉）万菴兼篆
（朱書　市川三兼）

一八七二年　明治5　55歳

2・7　旧幕陪臣、画人井上竹逸から寄書きの断り

「過日御尊来被成下候処　不在ニ而不奉得拝顔残念之至　此事ニ御座候
扨　其節被仰置候諸先生様御寄合書之内へ　小生ニも認候様被仰置候得共　蜂
蝶之類但今迄少しも認候事無之　まして先生方御染筆之所へ認入　返而位置ヲ
も失ヒ恐入候間　此段真平御高免被成下候」
（松浦大君宛（明治5）2月7日付竹逸房書簡　足利市立草雲美術館蔵、橋本芳一翻刻・小野智一編集発行『雲津雁影』改訂版【四十二】　2011、秋葉　実「松浦武四郎往返書往返書簡（41）」会誌57　2010）

この頃　井上竹逸が渋団扇（1―7）に蘭図と落款か　（『渋団扇帖』一）

2・27　日比谷官宅、類焼免れる
「松本宗十郎へ御遣候手紙　慥ニ受取申候。昨廿六日丸ノ内より火出候。飛火処々有。僕宅も風下取片候処先々助申候。御安心可被成候　早々謹言」
（松浦圭介宛（明治5・2）月27日付け武四郎書簡　記念館蔵、『三雲町史』三　資料編2　2000、秋葉　実「松浦武四郎往返書往返書簡（41）」会誌57　2010）

2・　古銭の購入
「齊貨刀　齊太公貨
（拓影）
建皇堂蔵　木邨淑之□□所贈報之　金七両二六　茲明治五二月」
（「刀布」『多気志楼蔵泉譜』二　記念館蔵、「斉貨刀」『撥雲余興』　明治10）

春日　信濃出身、東京の書肆福田鳴鵞が渋団扇（2―6）に漢詩と落款
（『渋団扇帖』二）

3・10〜4・29　文部省が東京湯島聖堂大成殿で文部省博覧会

三十二番　竹逸房
井上竹逸　御存し人物也
（『雲津雁影』【百二十二】）

『渋団扇』1―7
蘭図（胡粉・墨）
落款（墨）竹逸人写意
（朱書　東京　井上竹逸）

『渋団扇』2―6
漢詩（胡粉）性嫌紅紫艶　虚白保天真　誰識幽楼地　花開偽了人
為書（胡粉）壬申春日　為松浦先生属
落款（胡粉）福□
（朱書　福田鳴鵞）

武四郎の出品

「一　未成雷斧　一箇　一　雷斧鋸　一箇
一　雷斧砥　右三品北海道所堀出　一箇
一　螺化石　北海道浦川産　一箇
右　松浦弘」
「一　古銭廿八品
右　松浦武四郎」
「咸豊重宝　九品
右　松浦弘」

（『明治期府県博覧会出品目録』東京国立文化財研究所編　中央公論美術出版　平成17）

3・17　博物館、町田久成から古銭家紹介

「今朝、水野の所蔵泉貨一覧の処、余程沢山ニ有之、随分宜キ品有之哉と見及候、若も不都合有之候ハヽ、ヤゲン堀水野宅江御止ニ而、土方教と申人江御引合ニ相成候て、御見せ申事と存候、僕の友人と御申込ニ而恵居候、過刻御尋被下候へとも、御不在ニ付、鳥渡此段申上候也」

（多気志楼閣下宛（明治5）3月17日付け竹隠書簡『遺芬』四　記念館蔵、秋葉実「松浦武四郎往返書往返書簡（41）」会誌57　2010）

5・　半両銭の購入

「半　両　量一匁
秦始皇鋳之　元年　（拓影）
ヨリ二千百十九年

七十六　福田敬業
本所堅川　万屋兵四郎事也　号鳴鵞　詩書をよくす　加州侯ニ仕えて当時石川県士族となるなり
（『雲津雁影』【百二十二】）

竹隠
薩州鹿児島藩士　町田久世と云　当時内務権大丞を勤め　博覧会懸りをす
（『遺芬』四）

但　年暦明治五年迄
周防国厚東郡宇辺村長者邸ヨリ寛政年間掘之　此泉壺中ニ八百品程有　上ニ
朱履アリト云フ　内大ナル物一品ヲ寺ニ納メシト是ヲ其僧某寛政十二申年摂州
ニ持来リ荒木氏ニ売其ヨリ静好堂主人ニ売ル処又愛鷲堂主人ニ到リ　古泉記聞
明治五五月　依岡田正平　余求之　代価廿五円」

＊山口県宇部市

（「古文銭」『多気志楼蔵泉譜』一、横山健堂「（一二八）半両」貨幣１７４〇古銭
文学（二十一）談叢　東洋貨幣協会　昭和８）

夏日 6・16　大坂、篆刻家益田香遠が渋団扇（1―1）に篆書と落款　（『渋団扇帖』一）

『渋団扇』1―1
篆書（金泥）鳥松梵歌
落款（金泥）壬申夏日（朱筆　益田香遠）

『百蟲行』の発刊　一冊　春木南華原著
巻末「明治五申六月十六日当先生七周忌辰因上梓　聊表放生供養之意也
松浦武四郎阿部弘誌」

8・25　郷里の甥松浦圭介に伊勢神宮例幣使らの接待依頼
「九月廿三日頃、坊条従三位様事、例幣使ニ出立ニ相成候、多分随行のよし、
十二、三日頃雲津通行ニ相成と存候、其節堀主記と申候仁、主記役ニ而参候、
同人者極懇意之者ニ付其節くわしき書状等さし出候
川迄迎ニ行、もし坊条様雲津ニ而小休ニ相成候ハヽ、貴宅ニ而一献出され候様
可仕候、蕎麦ニ而もよし、またうとんの様なるものニ而もよし、堀主記者至而
懇意ニ致し置候仁物也、随分よく致し被成候
此書状着次第黒田町へ一寸しらせ遣し候様いたし度候、余者後便申上候」
（圭介宛（明治5・8）月25日付け武四郎書簡　記念館蔵、『三雲町史』三　資料編
2　2000、秋葉　実「松浦武四郎往返書往返書簡（41）」会誌57　2010）

10・2　鈴木香峰に絵の所望、藤沢南岳宛渋団扇一筆の再度依頼

「○蝦夷日誌中の画一枚是また何卒願上候
○団扇を此間藤沢へ一組ニ遣し申候処、着後紛失仕候由ニ而、使空敷帰され申候、今般之全紙富士出来候ハヽ、たしかなる使へ御託し願上候」
（香峰先生宛（明治5・10か）2日付け松浦武四郎書簡　富士市立博物館蔵、秋葉　実「松浦武四郎往返書簡（43）」会誌59　2010、三浦泰之・山本　命「東海道吉原宿の脇本陣鈴木香峰と松浦武四郎」No.13『松浦武四郎研究序説』笹木義友・三浦泰之編　2011）

この頃　藤沢南岳が渋団扇（3—42）に漢詩と落款
（『渋団扇帖』三）

『渋団扇』3—42
漢詩（墨）一零又一開嬌　艶清而
二十　四番余春風　長有信
落款（墨）七香小史
（朱書　大坂人　藤沢南岳）

10・15　開拓使宗谷支庁手塩詰大主典、佐藤正克が天塩日誌図の錯誤指摘
「松浦氏天塩誌ニ七段滝ノ図アリ。然トモ今其何処ナルヲ知ラズ。豈ニ虚筆、人ヲ欺ク耶」
（佐藤『闢幽日記』稿　明治5　佐藤家蔵、『日本庶民生活史料集成』四　三一書房　一九六九収録）

10・21　郷里の甥松浦圭介が一志郡須川村（松阪市小野江町）副戸長に就任
「副戸長被仰付候由、大慶之事候、随分此頃之様子を弘く聞見致し、道寿様を目的とせず御勤可被成候、実ニ先祖之名を相顕し候、是より大孝者無之候也、酒をつゝしミ可被成候事、実ニ大酒之由、驚入候事也」
（圭介宛（明治5）10月21日付け竹四郎書簡　記念館蔵、『三雲町史』三　資料編2　2000、秋葉　実「松浦武四郎往返書簡（41）」会誌57　2010）

11・5　佐藤正克が天塩日誌の錯誤指摘
「又進ム数丁ニシテ河流凍合スルモノ丁余、舟ヲ右岸ニ繋ギ上陸シ、「チヤサレ」ヲ留メテ午食ヲ炊シメ、「ラフニ」ヲ従ヘ、積雪ヲ侵シ疏林〔熊笹多シ〕ヲ穿チ「サ

ンルベシペ」ニ至ル。一水東ヨリ来ル。其奥ニ数峰ノ高山アリ。松浦多気四郎氏「天塩日誌」ニ此地ヨリ山行スト云ヘリ。「ラフニ」「トキコサン」ハ曽テ松浦氏ニ随行セルモノナリ。余因リテ之レヲ問フ。皆曰ク不知ト。後之レヲ「シベツ」ニテ聞クニ、「ナイタイベ」ヨリ山行セリト云ハ全ク虚ナリト」

（佐藤『闢幽日記』、『日本庶民生活史料集成』四　一九六九収録）

11・25　田崎草雲に塩数の子手配中通知

「先達而は御濛雨中ニ毎々御来訪被成下候処、何時も御麁末申候、失敬御事ニ御座候、扨、其後も御立寄被下候処、時悪敷他出仕候、残懐之至ニ存候
兼而御貰多申御約束申候塩数の子余り少々相成候得共、宅而用之分相配分仕候、次ニすし子参り候を少しさし上ニ致候処、先方は出候て無相違候得ハ今日届キ可申候、依而は余り延引ニ成候間右之品ニ代て品川新海苔可呈上仕候」

（田崎草雲宛（明治5・11か）月25日付け松浦武四郎書簡　足利市立草雲美術館蔵、『雲窓雁影　田崎草雲書簡集』【百三十六】、秋葉　実「松浦武四郎往返書簡（41）」会誌57　2010）

この頃　田崎草雲が渋団扇（1―33、2―16）に楓・蝸牛図と落款か（『渋団扇帖』一、二）

この年　古銭の入手

「莢銭　重三分有奇
顧烜銭譜　前漢高后
時既患莢泉之軽
求　明治五申年求従柏木氏之」

（拓影）

「伝形半両　四分
顧烜云　半両有半字在右

『渋団扇』1―33
楓図（絵具）
賛（金泥）濃緑万枝紅一点
落款（金泥）草雲
（朱書　足利藩　田崎恒太郎梅渓）

『渋団扇』2―16
蝸牛図（絵具）
落款（胡粉）草雲写ほか不明
（朱書　田崎草雲）

『渋団扇』2―4
書（胡粉）福
落款（胡粉）六十九翁遂庵
（朱書　金沢藩　市川遂庵）

者曰伝形半両　漢篆文銭　（拓影）
求　柏木　代価一両一分」
「伝形五銖　六分八リ
蜀劉備鋳之
凡千六十□年
白虎斎　二梅　明治五求之」　（拓影）
「玉筋篆貨泉
松渓堂　明治五申年求之」　（拓影）
（「古文銭」『多気志楼蔵泉譜』一　記念館蔵）

この年　市川米庵の養子遂庵が渋団扇（2―4）に福の書と落款　（『渋団扇帖』二）
河口兼之助が渋団扇（2―7）に蘭石図と落款　（『渋団扇帖』二）
河鍋暁斎が渋団扇（2―27）に寿老人図などと落款　（『渋団扇帖』二）

一八七三年　明治6　56歳

1・14　伊勢山田博覧会の開催許可・新聞報道

「　展覧会相開候願
今般度会県へ打合展覧会相開神宮旧蔵之神宝類ヲ始同県管下之古器旧物其外中外国動植物及新発明之諸器械等ヲ為差出展観致候ハ、人民開化進歩之一端ニモ可相成ト存候条　此段御聞届有之　文部省へ御打合之上至急御指揮有之度存候也」
壬申十一月廿七日

『渋団扇』2―7
蘭石図（絵具）
賛（金泥）江南三月多芳草緑葉連
始映柴薫々□舟□□上一汀香雨
入琴□　□□
為書（金泥）壬申清和写為　松浦
老台先生雅払
落款（金泥）□侯生
（朱書　河口兼之助）

『渋団扇』2―27
寿老人図（絵具）
落款（金泥）暁斎
（朱書　河鍋暁斎）

神宮少宮司浦田長民　神宮大宮司北小路随光
大木教部卿殿　宍戸教部大輔殿　黒田教部少輔殿
聞届候事　明治六年一月十四日」
（官許東京日日新聞　明治6・1・20）

2・この頃、郷里の甥松浦圭介に古銭入手依頼
「〇字かわり銭多く有候よし、御遣し被下候、文典ニても洪武ニても年かわりをより候間、より候上は返上致し申候」（中略）
「〇古銭は何ニ而も宜敷候間、好便の時御遣し被下候事」
（圭介宛て年月日付け不明の武四郎書簡　記念館蔵、『三雲町史』三　資料編2　2000、秋葉　実「松浦武四郎往返書簡（41）」会誌57　2010）

3・1　古銭家番付自慢、甥圭介宛か
「〇古銭御遣し被下候、当時古銭家番付ニ而は日本番付二、三番位ニ成候」
（宛先なし（明治6）3月1日付け書簡　記念館蔵、『三雲町史』三　資料編2、秋葉　実「松浦武四郎往返書簡（41）」）会誌57　2010）

この頃　「僕、無手ニ而遊び居候而、天下の名品なり、古器・古書画・古銭・古金銀をあつめ、遊び居候も、全く世の中の情を知居候間、此暮し出来候也
当時、古銭は日本ニ而三人目位ニ相成候、古金銀も東京ニ而名を上げ申候」
（宛名・日付け不明の武四郎書簡　記念館蔵、『三雲町史』三　資料編2、秋葉　実「松浦武四郎往返書簡（41）」会誌57　2010）

この頃　古銭入手依頼
「僕此頃古銭も愛で候、七、八年前は、日本の番付の三段目ニ居候得共、此頃は二段位ニ成候　（古銭名、二五種）

右之類、市場の庄道十*ニ無之哉、もし有之候ハ、求め漕スへし、あまり高けはすり形を直段共可被遣、此段急々道十せんさく願候」
（宛先・日付け不明書簡　記念館蔵、『三雲町史』三　資料編2、秋葉　実「松浦武四郎往返書簡（41）」会誌57　2010）

＊道十は一志郡市場庄村（松阪市）の古物商宇野箱重

3・15〜5・31　山田大世古町、元御師竜太夫邸で伊勢山田博覧会
主催　度会県庁・神宮司庁
周旋方　三井則右衛門・尾崎　楠・山口和田理・竹川竹斎・西村三郎右衛門
（「伊勢国山田博覧会出品目録」『明治期府県博覧会出品目録』東京国立文化財研究所編　中央公論美術出版　平成17）
武四郎の出品、「北海道、樺太より採集せし物品数十種出品す（閉会の後、その物品は回漕のせつ船舶沈没の厄にかゝる）」
（吉田武三「松浦武四郎略年譜」『評伝松浦武四郎』同刊行会　昭和38）

＊目録に武四郎出品なし

3・31　文部省編書課、伊藤圭介の来訪
「昨三一日松浦ニ逢、金谷一代記可取寄約」
（圭介文書研究会編『錦窠翁日記』伊藤圭介日記第五集　明治6・4・1　名古屋市東山植物園　1999）

九十六　伊藤圭介　尾州の人　本草家に而　旧幕之御雇ニ相成　開成所に出　御一新之後　また文部省ニ出仕ス（『雲津雁影』【百二十二】）

4・15〜7・31　文部省博覧会事務局が東京山下門内博物館博覧会
武四郎の出品、人造物部二
「一　古瓦　六　松浦武四郎　一　興福寺瓦硯　一面　同」
（「博覧会列品目録」『明治期府県博覧会出品目録』平成17）

4・19　小野湖山と折半の屋敷取得証書か
「只今日本橋より帰り申候　御宅へ上り候積処同伴人有之直帰宅仕候　證書ハ明

日可入御覧候　大分都合よろしき様御座候」
（松浦宛（明治6・4か）19日付け小野書簡　足利市立草雲美術館蔵、橋本芳一
翻刻・小野智一編集発行『雲津雁影　松浦武四郎宛来信集』改訂版【五十八】
２０１１）

七十七　小野
小野湖山之事也、此書状　同人
権弁事勤中の書也
（『雲津雁影』【百二十二】）

この頃　小野湖山が渋団扇（1―40）に漢詩と落款か　（『渋団扇帖』一）

『渋団扇』1―40
漢詩（胡粉）舌端細味天真美
鼻観先通聖妙香
落款（胡粉）湖山生
（朱書　近江人　豊橋藩小野湖山）

4・21　郷里へ転居通知
「〇此頃／外神田妻恋坂下大関様やしきあと／松浦―――
え湖山と申人と両人ニ而六百坪程地所相もとめ、小屋補理に懸候間、来月初旬
ニ者引越申候、引越候ハ、早々御しらせ申上候」
（一貫・圭介宛（明治6・4）月21日付け武四郎書簡　記念館蔵、『三雲町史』三
資料編2　２０００、秋葉　実「松浦武四郎往返書簡（41）」会誌57　２０１０）

5・10　東京日比谷、岩倉具視邸内長屋から神田五軒町に移転
「炎冷不同候処　御興居御佳適恐賀候
扨　昨日ハ御移住相成候由大恭奉存候　早速拝賀仕処延引恐入候　此品甚如何
数品共呈上　御笑留被下候得は幸甚　頓首」
（松浦先生宛（明治6）5月11日付け福田敬業書簡、『雲津雁影』改訂版【八】、
秋葉　実「松浦武四郎往返書簡（41）」会誌57　２０１０）

5・14　淡海槐堂から蘭図
『蘭図』軸装　紙本淡彩　記念館蔵
落款「明治六年第五月十又四日　於東京客舎酒間戯作　此図呈北海老先生一粲
辱知生緝」
（『松浦武四郎関係歴史資料目録』２００４）

この頃　淡海槐堂が渋団扇（2—36、38）に朱竹図と漢詩か　（『渋団扇帖』二）

5・27　伊藤圭介に金谷上人御一代記の取寄せ依頼
「一　松浦竹四郎、金谷上人御一代記取寄頼、京画某并浦井よりも話有之由」
「外神田妻恋（コヒ）坂下五軒町三番地、元大関やしき内松浦武四郎　金谷一代記、
取寄頼、右幸便頼遺事」（圭介文書研究会編『錦窠翁日記』伊藤圭介日記第五集）

6・5　東京の金沢克忠が武四郎新居羨望
「○此頃御転住被成候趣目出度奉祝候　坪数モ多ク園池ヲ設ケ御耳目之御楽も御
十分之よし　羨望之至ニ御座候」
（松浦公閣下宛（明治6）6月5日付け克忠書簡、『雲津雁影』改訂版【五十七】、
秋葉　実「松浦武四郎往返書簡（41）」会誌57　2010）

6・　足利、田崎草雲から雪月華石、箱書は市河万庵、記念館蔵
木箱蓋表「雪月華石　万菴□題　印　印」
蓋裏「雪　日光山大谷川拾之其形似予黒髪頂矣
月　北海道夕別川上拾之ユウベツ北見国也
花　野州足利渡瀬川産所贈田崎艸雲也
明治六年酉六月　松浦武四郎弘記／印」
（『松浦武四郎関係歴史資料目録』同報告書2　三雲町教育委員会　2004）

6・　富岡鉄斎が画幅、八月に箱書、小野湖山が翌年に後跋
『蕪川帰棹巻』巻子　紙本淡彩、記念館蔵
落款「明治六年癸酉六月　与淡海槐堂翁多邨某同赴東京帰途　経木蕪山従濃州
伏見駅至笠松舟中写所見　以贈北海松浦翁并乞正　銕史富岡錬」
題字「癸酉十月　蕪川帰棹　淡海槐堂題」

『渋団扇』2—36
朱竹図（赤絵具）
賛（墨）湘江清風
落款（墨）槐堂
（朱書　板倉槐堂）

『渋団扇』2—38　淡海槐堂
漢詩（胡粉）吾心不可転　終古重
於山　任地時俗士　呼醜又呼頑
落款（胡粉）題石自述槐堂
（朱書　再出）

五十七番　克忠
東京人　開拓使官人　金沢教治
当時大蔵省在官
（『雲津雁影』【百二十二】）

跋　「余往歳帰途次、宿于濃州伏見駅、其翌下木曾川、辰牌上舟、未午牌到笠松駅、其危険極矣、其痛快極矣、而奇巌絶壁翻渦飛湍、仏観亦極矣、今此巻、其険、其奇歴々在眼前、使余呼回三十余年前旧夢、快可言耶、欣賞之余題以博北海先生一粲、他日与槐堂銕斎相見、則又応添一層快話也
後跋「甲戌紀元節於梅花深処　南軒湖山酔民愿題」
箱書「明治六年癸酉八月写以寄似　北海松浦翁并乞正　鉄史百錬」
（三浦泰之「時代をめぐる人びと」『松浦武四郎　時代と人びと』北海道開拓記念館　北海道出版企画センター　2004）

7・17　太政官が「社寺ノ什物類自侭ニ処分相ナラス」の布告
「神社仏寺共古来所伝ノ什物　衆庶寄付ノ諸器并ニ祠堂金等ノ類ハ神官僧侶ハ勿論氏子檀家ノモノタリトモ自侭ニ可致筋無之候条　若不止得已儀有之候ハ、委詳具状ヲ以テ教部省へ可申立候此旨布告候事」
（明治六年　布告全書）

8・13　川喜田石水から一身田博覧会出品勧誘
＊津市一身田町
「尚者番は、貴地博覧会目録御恵投、千万奉感謝候。熟覧相楽申し度、会目録は未上木相成申候。写しも宜本手ニ入不申候間、手ニ入次第呈上可仕候
一　当県下一身田ニ而今般博覧会相催申候間、則稟告同封仕候。是も少々不都合之義在之。ダラダラ急ニ相成品物不寄ニも可有之哉と、社中之者苦心仕居候事ニ而候、御故郷之義ニ御座候間、なにとぞ御出品之ほど伏而希申候。勿論往返入費は会元ニ而相弁申候。左様御承知可被下候、御知己諸君へも御風聴、精々沢山御出品之ほど願上候」
（竹四郎宛（明治6）8月13日付け川喜多久太郎書簡　足利市立草雲美術館蔵、

『雲津雁影』改訂版【百十二】、秋葉実「松浦武四郎往返書簡（40）」会誌56（2009）

8・20〜10・8 奄芸郡一身田村、専修寺が一身田博覧会
取締 久住五佐衛門・川喜田久太夫・山中伝四郎・岡嘉平次・
辻 彦作、武四郎の出品見あたらず
（『明治期府県博覧会出品目録』 平成17）

8・28 岡本監輔から長女一志の安否伺い
「御嬢様御容体如何被為在候哉 チヤホ指上度存候処 一羽ナラテハ無之 雌鶏ナキ所ニ而ハ余り可愛ソフナリト家内共相評候間 別ニ雌鶏之者相択指上申候 追付卵も相生候間却而御為ニも可相成 御娯ニ相成候ハ、重畳仕合奉存候 猶其内御伺可申上候 頓首拝」
（松浦先生宛（明治6・8か）月28日付け岡本監輔書簡、『雲津雁影』改訂版【四十六】、秋葉 実「松浦武四郎往返書簡（41）」会誌57 2010）

五十一番 岡本監輔
阿州の書生也 此人カラフトを一周して帰り 後御一新之際箱館判官ニ任し開拓判官ニ転したり 通称文平と云 近頃支那北京へも廻万里長城外も行し男也
（『雲津雁影』【百二十二】）

8・30 京都、北野天満宮大神鏡奉納準備か
「当時西京の北野神廟へ納物の事ニ而引合居候事有之候。右の事件しれ候ハ、、僕一度西京迄参候間、来月中旬にも、いし・とく召連参り候かも不知候」
（圭介宛（明治6・8）月30日付け武四郎書簡 記念館蔵、秋葉 実「松浦武四郎往返書簡（41）」会誌57 2010）

8・ 古銭の購入
「五中二爪 五分 此泉奇品図録ニ出ルモノナリ 天下
（拓影） 只一品ト云
求 明治六年八月求之 価金千疋」

10・12　加納夏雄から長女一志死去に弔意

（「古文銭」『多気志楼蔵泉譜』一　記念館蔵）

「先頃より御令娘様御不快之趣ハ承り居　再度申遣し御案思申上候処　其後追々御重病ニ而終ニは御養生相叶不申之由承　誠ニ以御残念之御事ニ奉存候得御十分ニ御手当之御儀致　禅是迄之御寿命之処　常々御手広之御事別而御賑敷御葬被遊候由　実ニ御本人は御満足ニ思召被成候　折角御忌中御大切　殊ニ御心配介抱之御労出不申様　随分御厭被遊度先ハ不取敢御悔申上度存候」

（松先生宛（明治6）10月12日付け夏雄書簡、『雲津雁影』改訂版【七】、秋葉　実「松浦武四郎往返書簡（41）」会誌57　2010）

六十六　加納夏雄
西京の人　彫物師　御一新之際
貨幣の種型典を彫りし人也　職人
ニ而　位をもらひしは此男斗已
（『雲津雁影』【百二十二】）

この頃　加納夏雄が渋団扇（1―31）に鍔図と落款か

（『渋団扇帖』一）

『渋団扇』1―31
鍔図（胡粉）中に蕨図
落款　夏雄画
（朱書　西京人　加納治三郎夏雄）

11・20　富岡鉄斎から京都の書画会の盛会、紙雛図送付準備通知

「十一月六日、七日京東山清雅堂と中骨董家ノ追善ニテ海内ノ書画展観大盛ナリ　野生モ一覧ス　北茂モ大周旋也　古書画ノ展観会大盛会不融通中ニ可怪稼也　噫々　野生モ過日来風邪ニ悩ミ臥居候　追々全快　紙雛図其内蓮月老人ヘ持参賛ヲ得テ東送致候」

（宛名なし（明治6）11月20日付け富岡百錬書簡、『雲津雁影』改訂版【七十八】、秋葉　実「松浦武四郎往返書簡（41）」会誌57　2010）

一八七四年　明治7　57歳

1・25、26　東京上野松源楼、不忍精舎の和漢書画展覧会・新聞報道

会主　須原鉄阿弥（鉄二）・楓川亭鈞吉

出品　真を證し奇を競ふ物凡三百三十余幅

（「和漢書画展覧会」横浜毎日新聞　明治7・1・21、「松源楼書

画展覧会の景況」同　明治7・1・27）

3・1〜4・30　伊勢山田博覧会・新聞報道

「来ル三月一日より四月三十日迄六十日の間度会県下勢州山田に於て博覧会興行候」

（官許東京日日新聞　明治7・2・15　江湖叢談）

4・30　博覧会事務局の聖堂書画展覧会・新聞報道

「来五月一日ヨリ昌平阪聖堂於テ書画展覧会相開候ニ付　出品ヲ望ム者　本月廿七日ヨリ同所於テ證書引換受取候間　午前九時ヨリ夕四時迄之内同所へ申出可ク事　博物館事務局」

（官許東京日日新聞　公聞　明治7・4・30）

5・1〜31　東京湯島で博覧会事務局の聖堂書画大展観

出品者　古社寺・華族ら

（『明治期府県博覧会出品目録』東京国立文化財研究所編　中央公論美術出版　平成16）

この頃　市河万庵が近江志賀出土、須恵器提瓶収納箱【単独箱　7】の箱書き

（内川隆志編『静嘉堂文庫蔵　松浦武四郎蒐集古物目録』平成25）

【単独箱　7】
《箱蓋表》江州志賀所堀出玉焼壺
《箱蓋裏》甲戌雨水前一日卍菴題籤
《箱側面　武四郎筆か》
江州志賀所堀出玉焼壺
（『松浦武四郎蒐集古物目録』）

四十番　河三兼（市河三兼）
市川米庵六十一歳の時の子供
号万庵
（『雲津雁影』【百二十二】）

5・22　東京の展覧会事情と尚古会

「去十月来は只世の中を断然御座候而、只今古物ニ歳月を送申候事ニ御座候。当方も唐画類并ニ日本もの等文人物は追々勢宜敷、当一月廿五日忍池ニ而展覧会等頗る大入。また五月朔日より廿日まで聖堂ニ而展覧。是は大に不評判ニ御座候。松坂長谷川の伊孚九等も参り候得共、さして評判も無之候。則目録の一号呈上仕候。二、三近日進呈仕候

また、私共社中ニ而尚古会と申候を廿一日ニ毎月仕候。明治元年十二月より始メ居候。当年ニ而七年ニ成候。其内目立候もの上梓仕候。尚古会漫録と号し候。御なぐさミに一、二書呈上仕候。御笑納被成下候」
（前野六之丞宛（明治7・5）月22日付け松浦武四郎書簡　記念館蔵、秋葉実「松浦武四郎往返書簡（42）」会誌58　2010）

5・京都、鏡匠金森弥輔の北野天満宮奉納鏡製作、鏡背銘・蝦夷地図
「幾としかおもひふかめし北の海　道ひくまでになし得つるかな
明治七戊五月吉日　松浦武四郎阿倍弘　山城国　金森弥輔作」
（『北野天満宮奉納神鏡背面拓本』一幅　記念館蔵、高木崇世芝「武四郎奉納の五大鏡」会誌38・39　20周年記念特輯　2003）

8・30　古銭の入手
「古篆皇宋　　（拓影）
下谷御徒士町　明治七戊八月三十日求之」
（「暦代平銭奇品」追加『多気志楼蔵泉譜』一　記念館蔵）

8・自宅で田崎草雲・富岡銕斎と観月会
「明治甲戌設観月会於馬角斎座客草雲翁　蓮葉為杯甚快事也」
（『寄合帳』田崎草雲筆　足利市立草雲美術館蔵）

9・富岡鉄斎が徳川斉昭和歌三首軸入り箱の箱書
箱蓋表「源烈公蝦夷懐紙」
箱蓋裏「明治七年甲戌九月　松浦老親台珍賞　鉄斎百錬拝題」
（『松浦武四郎関係歴史資料目録』2004）

11・古銭の処分、「去」は後筆、譲渡の意味か

「乾元重宝
　十当銭ト云モノ□　去（拓影）
唐粛宗　乾元、年所鋳
求　明治七　十一月千疋□□渡ス」
「同（慶暦通宝）　去（拓影）
求　明治七　十一月千疋□□渡ス」
「同（裕民通宝）　去（拓影）
求　明治七　十一月千疋□□渡ス」
「同（大観通宝）　去（拓影）
求　明治七　十一月千疋□□渡ス」
「淳祐当百　明治七　六月入　去（拓影）
求　明治七年十一月千疋□□渡ス」（「大銭類」『多気志楼蔵泉譜』二　記念館蔵）

この年　越前旧鯖江藩老中、門部詮勝が渋団扇（2—12、13）に竹図、漢詩と落款
（『渋団扇帖』二）
澳国人ヘンリー　V　シイホルトが渋団扇（3—29）に署名
（『渋団扇帖』三）

『渋団扇』2—12
竹図（朱）
落款（朱）七十一叟松堂写
（朱筆　門部詮勝）

『渋団扇』2—13
漢詩（胡粉）瀬川急雨晴秋空無限
琅玕淡墨中□□□々□十□万□
□□虎□斜風
落款（朱）□□松堂□
（朱筆　門部詮勝）

『渋団扇』3—29
署名（胡粉）ヘンリー　V　シイ
ホルト　オーストリア　ハンガ
リア　1874
（朱筆　シーボルト）

一八七五年　明治8　58歳

5・15　京都、北野天満宮大神鏡奉納
「明治八年亥五月西京北野天満宮え神鏡奉納相済」
（『己卯記行』明治12、佐藤貞夫翻刻・編　記念館　平成27）
北野天満宮奉納神鏡拓本題言
「明治八年乙亥五月十五日　奉納北野神廟余従主人武四翁拝之　因題此々

神鏡径三尺弐寸五歩　重弐百十六斤別有鏡台々彫梅花及松枝也
造鏡台　吉岡忠平　彫梅花及松枝者　堀田瑞松
周旋　山田茂平　田中素平　秦蔵六　富岡鉄史
運力　朝男山　高瀬川　小松崎并門弟中」
（『北野天満宮奉納神鏡背面拓本』一幅　記念館蔵）

6・　京都知恩院、養鸕徹定が渋団扇（3―10）に漢詩と落款　（『渋団扇帖』三）

7・23　郷里の甥松浦圭介に伊勢参宮の三田葆光接待依頼

「三田様御出の時、必すそうめんを早くたき、一杯可出。からすへも貴様
相成候ハヽ、留守ならよし、おいわへ可申付候、可行也

甚暑之節、愈御安全奉賀候
然者当方無異、亀次郎も追々躰丈夫ニ成、読ものも大ニ漢籍之内ニ而者、論語
の子略第十三ニ成候
師範学校之方も、此間試験有之候ニ而、小学第八級ニ上り申候
然し日々気まゝ、ますますイタツラ小僧ニ相成候
試験之時ニ褒美にもらひ候絵を、竹三郎へ幸便之節遣し候由、申居候
僕事、見付辺より脚まめニ而難渋、帰宅後平臥、未た起上不申、困却いたし候
来月中頃、東京人（静岡県也）当時
正院六等　三田葆光　十等　渥美豊次郎
等西京より参宮被成候間、貴宅へ御より被成候ハヽ、急き候事故、至急そはニ
而もそうめんニ而も、早くこしらへ一杯出し、からすへ御同道、藤枝まてよく
案内致し候様可致
もし留守ならは、おいわえ申付置候而、長五郎か本家の卯三郎ニ而も頼、

『渋団扇』3―10
漢詩（朱）如青冷雲中霹靂起火非
所応也
落款（朱）乙亥六月古経堂主人
（朱筆　豊后人　知恩院住大教正
養鸕徹定）

からすへ案内いたし候様可致
是者、僕か蝦夷地へも同道、いろいろ世話ニ成候御方。是へ亀のやうすよく頼遣し候間、くわしく可聞候也、此御方、徳川家の時、フランスへも御付ニ而、行候方也」
（圭介宛（明治8・7）月23日付け松浦武四郎書簡　秋葉　実複製、『三雲町史』三　資料編2　2000、秋葉「松浦武四郎往返書簡（42）」会誌58　2010）

7・　永井盤谷が真鍮製雲珠転用香合収納箱【箱5　引出下段　16】に箱書
（内川隆志編『静嘉堂文庫蔵　松浦武四郎蒐集古物目録』平成25）

8・9　永井盤谷が渋団扇（2―33）に菊図と落款か
（『渋団扇帖』二）
郷里の甥松浦圭介に三田葆光の接待再依頼
「三田葆光と申候方よられ候ハ、大急きそうめんにてもたき、一杯出し、随分酒はいけ候方故よくもてなし、からすへ御供仕候様可致、もし留守宅ならは長五郎ニ而も道寿ニ而も頼置候而案内させ候様、おいわえ申付決而麁略に不可致候」
（圭介宛（明治8）8月9日付け松浦松竹書簡　記念館蔵、『三雲町史』三　資料編2　2000、秋葉　実「松浦武四郎往返書簡（42）」会誌58　2010）

8・17　三田葆光への接待を心配
「六月廿九日午前安着致し候、然し途中より足痛ニ而未た平臥致し候、亀次郎大丈夫きけんよろし、論語も三ノ本半分程あかり候
此御方者三田様とて、近所ニ而毎々御世話ニ相成候方故、何卒在宿ならはからすへ御供申上候様いたすへく候、もし留守ならは重次郎、長五郎等之内御案内申し、*からすへおつれ津の方へ御出の道すしよく御おしえ候様いたすへく候」
（松浦桂助宛（明治8・8）月17日付け松浦武四郎書簡　高木崇世芝蔵、『三雲町

【箱5　引出下段　16】
《箱蓋表》古甲冑金物　香合
多気志楼蔵
《箱蓋裏》天保三年壬辰九月　大和国十市郡笠縫村於字王塚所堀得
明治八年乙亥七月上澣
盤谷老人喜暉書
（『松浦武四郎蒐集古物目録』）

『渋団扇』2―33
菊図（胡粉）
賛（朱）清霜下離落　佳色散花枝
落款　永悳写（胡粉）盤谷（朱）
（朱書　中橋　狩野永徳　永井
喜暉讃）

＊からすは香良洲神社

この頃　金森弥輔の上野東照宮奉納鏡製作か、鏡背　陽鋳銘・日本地図
「北の海　南の小嶋　西の国はて　東照る神の御威綾は
富岡百錬　秦　蔵六　山田茂平
明治八亥年　松浦武四郎阿倍弘　山城国住　金森弥輔作」
（『上野東照宮奉納神鏡背面拓本』軸装　記念館蔵、高木崇世芝「武四郎奉納の五大鏡」会誌38・39　20周年記念特輯　2003）

9・　東京、上野東照宮大神鏡奉納準備で寸暇なし
「十月四日小一郎*の三回忌続ニ而、東照宮様へ神鏡奉納一件日々寸暇無之、依而今少し見出し候を待被下へく候」
（圭介宛（9月）28日付け竹書簡　記念館蔵、『三雲町史』三　資料編2　2000、高木崇世芝「武四郎奉納の五大鏡」会誌38・39　20周年記念特輯　2003）

*小一郎は娘小いし・一志

10・19　開拓大主典、十文字竜助に上野東照宮奉納鏡通知
「明後廿一日上野東照宮へ神鏡奉納仕候間、御光来被成下候様願上候」
（十文字宛（明治8）10月19日付け松浦書簡、三浦泰之「札幌市中央図書館所蔵の松浦武四郎自筆資料」No.14—①『松浦武四郎研究序説』笹木義友・三浦泰之編　2011）

十文字良助（竜助）
仙台藩の古賀侗庵先生の門人也
詩文をよくす　明治元年仙藩勤皇家十人の其内也　（『遺芬』四）

10・22　東京、上野東照宮へ大神鏡奉納・新聞報道
「○昨二十一日に差し渡し三尺ばかりの大鏡を車に載せて　其前に大きな幣を三本立《た》て　供物と見えて柿など籠に入れて傍に積み重ね　田畑といふ印の半天を

着た人足が百人ばかり木遣《きやり》にて其車を引き　上野の方へ押し行しハ東照宮へ奉納するのだと申すことなり　跡より馬に乗て行しハ其祠官でも五座りませう其外にも羽織袴の官人が多勢見えましたが　何人の奉納なされるのだと道ゆく人に尋ぬるに　東京府からお納めに成るのだと云ふ者もあり松浦多気四郎さんから寄付せらるゝのだとも云ひまして分りません」

（東京日日新聞　明治8・10・22）

10・28　郷里の甥松浦桂助に蝦夷屏風の仕様注意

「堀博昨日帰府ニ而参られ候　愈御安泰珍重ニ存候、昨今　三田様よりよろしく被申入候、貴敬ニ有之候者司法権大法官　鷲津宣光と申候

屏風はり接候ものは、山中兵助様出府帰国之時ニ頼候つもりニ候、然し此頃少し家内風邪ニ而引込候、十月四日小一郎の三回忌続ニ而、東照宮様へ神鏡奉納一件日々其事ニ而寸暇無之、依而今少し見出し候を待被卜へく候」

（圭介宛（明治8）10月28日付け竹書簡　記念館蔵、『三雲町史』三　資料編2　2000）

12・1　富岡鉄斎から北野天満宮整備事情

「○北野モ今年十二月一日、御祭神新調ニ神輿出来、其形チハ御鳳輦ノ如立派也、北野モ御神赫々ト誠不堪恐惶ハ勿論、今年ハ老台之鏡ヲ始　御新付之物多シ　目出度也」

（北海老手台宛（明治8）12月10日付け富岡百錬書簡、秋葉　実「松浦武四郎往返書簡（42）」会誌58　2010、山田哲好「史料翻刻　松浦武四郎記念館所蔵の松浦武四郎関係書簡」《東一〇九―七》『松浦武四郎研究序説』　2011）

12・3　武蔵、根岸武香に古銭など斡旋、人物埴輪入手依頼

「慶長一歩、此間の直段ならば買置候也、乾字小判者八両位ならて無御座候也、元禄小判も九両位ならて無御座候也
去月廿二日金銀図録封し申候処、廿二日尊翰相達し拝見仕候、愈御安泰奉賀候、然者当方無異消光仕候、御所蔵之古金銀御申こし、委細承知仕候
御所有之品之内、慶長か享保か不分明之品御座候由、右者一枚打形御遣し被成候様可仕候、東ニ享保者随分有之候得共、慶長者中々無ものニ御座候
金五円御遣し御預り置申候
御書面中、銀貨者安永南鐐以下ニ御座候間、と者安永南鐐御所蔵ニ而外品皆もとめ候哉、また安永南鐐か御入用ニ而御座候哉、御伺申上候也
慶長○十円八十七銭五りうり物一枚有、是も十一円と申参候処、十二銭五り引候而参申候、如何致し候哉
正字判一枚三円七十五銭ニ而払物参り申候、如何致し候哉
右二品共御用ならは買置申候也
代金者来春御こしの時ニ而宜敷候間　御望ならは急々御返書奉待候也」
「埴物出候ハ、御周旋願上候、金管者くれぐれもお願上候也」
（根岸武香宛（明治8）12月3日付け松浦武四郎書簡　根岸家文書4652、三浦泰之「埼玉県立文書館所蔵根岸武香関係文書にある松浦武四郎関連資料」会誌59　2010、三浦「武蔵国の「好古家」根岸武香と松浦武四郎」資料編No.2『松浦武四郎研究序説』2011）

12・6　シーボルトの古物展覧会

「一　昨日者白金松平主殿様やしニ而ヘンリーシーボルトと申西洋人　古物展覧会を致し、柏木、樋口、福田、蜷川等も参り、大当りに御座候」

＊やしは屋敷か

（根岸武香宛（明治8か）12月8日付け武四郎書簡、根岸家文書4647、三浦泰之「埼玉県立文書館所蔵根岸武香関係文書にある松浦武四郎関連資料」会誌59 2010）

広告

「第七大区五小区上大崎四十七番地／元松平主殿頭邸にて
会主　ヘンリー　ホン　シイボルト
補助　蜷川式胤　古筆了仲　西村喆叟　松浦馬雨斎　樋口趨古　横山月舎
　玉川齊　柏木探古　愛古堂磐翁　栗本鋤雲　金沢蒼夫
十二月六日早天より開筵　午後四時閉筵　但晴雨不論」
（内川隆志『静嘉堂文庫の松浦武四郎コレクション』記念館講演会記録　平成26）

12・8

根岸武香に古銭の査定、人物埴輪入手依頼

「去月五日御差出之書状　昨七日相達拝見仕候、貴家よりさし出之書状者殊之外早く相達し候様ニ存候、則申上候／慶長小判　安政小判
右今日二枚共引取申候、別摺形さし上候
　世の中慶長と申候得共、皆享保ニ御座候、是者武蔵判ニ而慥成ものニ御座候、凡素人取引十二両弐歩位も仕候品也
○此間両替やより之書状切ぬきさし上候、書付者此次ニ此方へ御遣し願上候、両替やは極するきもの故、其時の書状を以て直段を取引仕候也
○乾字元禄、西京の両替やへ申遣し申候、近日報知有之候、報知参り候ハヽ早く申上候
○慶長壱分も中々少きものニ御座候、見当り候ハヽ申上候
○享保壱分一ツ払物参り申候　一ツニ而　二円七十六銭八り九毛

○乾金壱分　一ッ　一円六十八銭九り
○元禄仁朱　一ッ　一円十八銭〇六毛
○両本壱歩　片本壱歩　揃一組／二ッニ而　七円四十二銭八り六毛
右之内、享保壱歩、元禄仁朱者無御所蔵故御取置可被成下、乾金は御所持故如何と存候得共、安き物故一応御尋申上候也
両本片本者中々如此直ニ而無之、極々珍物ニ御座候故、もし御入用ならは御取置可被成下、もし御不用ても是者私共取置候間、来春御光来相成候節御望ならはさし上候まゝ、是者中々揃の無もの故、私方ニ取入置候也
此品深川の内藤忠次郎の蔵品ニ而、極々上品也
銀も諸方へ頼置候間、参り次第申上候也
○慶長哉享保かしれさる小判御所持之由、すり形御廻し可被成候様願上度候
○土偶人所持人有之候由、是者何卒拙者へ御周旋願上度、何卒御聞済被下候、とにかく向の申直段ニ而一寸御かり受御遣し願候、大てゐの事ならは頂戴仕候、凡何程ニ申、私共直段相付御取入ニ成候後、外へ御遣しニ相成候様の事ニ而者困り申候間、申上兼候、柏木者最早一ッ所持仕候事故、一ッは私へ御周旋願上度、代料者随分きはり申候、呉々も早々御買受御廻し方願上候」

（根岸武香宛（明治8）12月8日付け松浦武四郎書簡　根岸家文書4647、三浦泰之「武蔵国の「好古家」根岸武香と松浦武四郎」資料編No.3　『松浦武四郎研究序説』笹木義友・三浦泰之編　2011）

12・13　根岸武香に古銭の査定か

「十一日書状、昨十二日夕方相達し拝見仕候、愈御安泰奉賀候、然者先達而申上

候七品皆手を打置候間、御使之者参り次第さし上候
御遣し之摺形者慶長之座坐と存候、是者しかと見不申而者不分候得共、光沢之字并ニうらの極印者京座ニ無相違、東京ニ而者十五円位と申品也、第一〔一、十六円〕徳もの、第二〔一、十五〕、第三〔一、十四替〕駿河と申位のものニ而、珍物ニ御座候也
一歩者慶長ニ無相違也、摺形返上仕候
○五両判一枚出物有之候
　代十九円五十銭と申候也、御意買上者十八円七十銭四四
○元禄一歩　さかし候得共なし、逆桐を一ッ持参候、代二円二十五銭也
○文　一歩逆桐壱円七十五銭七七／右二品者一口ニ而なけれ者不売也
○但馬南鐐　○加賀南鐐
　是二品者好事家取引一円位ッヽもの也
是者私方へ取引置候也、来春御覧ニ入候而もし御入用ならはさし上候
一秋田小判　壱円三歩仁朱也／一同　弐歩判　三歩三朱也
是も外より来候間買置候、来春御光来之上入御覧申候也
一乾金小判、元禄小判、当暮ニ者何れへか出よりと両替や共者申居候、出候
　ハヽ、申上候也」（中略）
「土偶人之事、柏木*へ御約束之事ならは決而私者強く不申上候、人の心をかけ候品を他より懇望致し候等者不宜事故、無二念
金管者何卒此間御約束も申上候事故、拙者へ御譲り願上候也
　両替や書付者次便御もとし願上候、両替や者極々スルキ物故、書状書付類者失ひ候ハヽ、直を上候て困候間、くれくれも五両判の直段書御もとし被下候也

＊柏木貨一郎

土偶人者必す柏木へ御遣し被成候様、小生事人の約束を横合より手を入候事甚心おもしろからす、友人中可悩事故呉々も早く御手入柏木へ御廻し可被成候」

（根岸宛（明治8か）12月13日付け松浦書簡　根岸家文書4651、三浦泰之「武蔵国の「好古家」根岸武香と松浦武四郎」資料編No.4『松浦武四郎研究序説』笹木義友・三浦泰之編　2011）

12・21　根岸武香に古銭の斡旋、尚古会の開会通知

「呉々も金子廿五日頃までニとゝく様御送之程願上候也、何分月迫仕候間、
金子ホシク候也
十九日御認の尊翰昨廿日夜着仕候、愈御安泰奉賀候、然者申上候五両判
十二日しらせ参り候、六日待呉候様申聞候処、日も切候間、廿日朝此方
より断遣し申候
当暮ニ者また払物、是者急度出候間、其節買置候様仕候
元禄逆桐　文字逆桐　但馬南鐐　加賀南鐐　秋田小判　同二歩判
右之六品買入申候、尤、但馬・加賀等者中々出品ニ無之候間、新蔵品と致し取置申候、直段前申上候通り
金子之儀相成候ハ、、先口廿七両余と今度の口も七円も御座候事故、一勘定致し、品物御引わたし候、金子頂戴仕度候、最早余日も無御座候間、早々御さし送り願度、暮廿七、八日頃ニ成候ハ、、随分意外之品々出候間、其方へ相廻し度候
馬鹿二朱　一ツ　真文弐歩　一ツ
払物出候、文弐歩者御蔵品無之様存候間申上候、否早々御申越し願上候

土偶人御近村より堀出ニ成候由、われかニ而も宜敷候間、人と駒との形一ッ二ッ願上度候、一ッの上物者柏木へ御送り之事故、是者決而御無心不申上候間、其われの方を必す一ッ二ッ願上度、古金銀の御周旋者東京・西京・大坂共、私共両替やへ引合居候間、如何様ニ而も仕候、元禄乾金の○西京より返事さし当り無之由、大坂へも申遣し之由、当暮ニ者京摂の在中等より商人共持登候事有之候間、其節申通し候様申来候間、何れも時の相場ニ而買呉候様願候

尤、元禄乾○者三田*もわし津*も尋居候間、先生之方不用ニ成候共すくニ買れ申候

大閤円歩、此間西京ニ而一ッ出候を八両と申来候間、遣し呉候様申候処、先方ニ而断申来候、古金銀程あしの早きものは無之候

今日者廿一日、連月の尚古会拙宅ニ而大坂堂島左法善之真泉堂と申候仁を招き候ニ付御上陳列

福田　威斗／蜷川　燋斗／柏木　威斗／松浦　燋斗／松浦　威斗

柏木

松浦　古泉友天奇品図録ニ出候

横山　すり形泉斗也

右展覧之後、上野へ参詣ニ而、東照宮囲廊／天の運体拝見之事御座候、客者いつもの尚古会連中斗なり、外客断申候也、何卒古金銀者如何様ニ而も御周旋申上候間、金の管玉・土偶人共何卒御周旋願上候」

「五両判　当暮中ニさかし買置申候、一勘定金子御送之儀呉々も願上候、相成候、ハヽ、廿五日頃ニとゝく様ニ御取斗奉希候、品物一先御引わたし度候也

五両判　此間の直段ならは不申上候而買置候而宜敷候哉、為念申上候」

＊三田葆光　鷲津毅堂

＊柏木貨一郎

＊横山由清

（根岸宛（明治8・12か）月21日付け松浦書簡　根岸家文書4643、三浦泰之「武蔵国の「好古家」根岸武香と松浦武四郎」資料編No.5『松浦武四郎研究序説』2011）

この年　山本章夫編『山本氏読書室蔵書目録』掲載の武四郎著作類
内題　読書室蔵書目録　明治乙亥改正　章夫編、京都大学付属図書館蔵
第六十四函
蝦夷大概図　一冊　北海道国郡図　一冊　十勝日誌　一冊
石狩日誌　一冊　天塩日誌　一冊　後方羊蹄日誌　一冊
西蝦夷日誌　二冊　東蝦夷日誌　三冊　唐太日記　鈴木茶渓　二冊
第六十五函
東蝦夷日誌　二冊　西蝦夷日誌　一冊　蝦夷漫画　一冊
知床日誌　一冊　納紗布日誌　一冊　石狩日誌　一冊
十勝日誌　一冊　北蝦夷余誌　一冊　久摺日誌　一冊
後方羊蹄日誌　一冊　天塩日誌　一冊　夕張日誌　一冊
蝦夷行程記　阿部将翁　一冊
（松田　清・遠藤正治編「『山本氏読書室蔵書目録』と岩瀬文庫の山本読書室本」実学史研究X　思文閣出版　1994、小玉「伊勢商人西村広休の蔵書目録」三重県史研究32　三重県　2017）

この年　清国人、梁文玩が渋団扇（3―20）に漢詩と落款
（『渋団扇帖』三）

『渋団扇』3―20
漢詩（墨）堪備煎茶用経秋尚服労
為書（墨）清光緒元年為北海老人嘱
落款（墨）梁文玩
（朱書　清国人　梁文玩）

一八七六年　明治9　59歳

1・7　根岸武香から刀子・長頸片刃箭式鉄鏃【単独箱　2】

《文書》「明治九年一月三日本区比企郡大谷村字塚山ヲ掘テ出ル所ノ土偶ノ図

（図の注記）耳ハ落テ環ノミ残ル　腰ヨリ下欠タリ　如図無底ノ壺アリ　手ノ中ニ如此緒ニテ結ヘル形チ有リ　木ノ根ニヅ躰ハ微塵ニ毀チタリ

右者予テ去月奉申上候通リ　区内大谷村土偶人ヲ掘セシ地ヘ　一月二日人足五六人引率　土ヲ堀リ候得共何分不見当　猶三日ニ塚ノ廻ヲ掘候処　三四躯掘出シ候得共　何レモ木ノ根ニテ破リ〔木ノ根始ハサシコミシ細根モ年々ニフトリ大根ト成ルニ随ヒ終陶器ヲ破リ候也〕全躰ハ一躯モナシ　漸ク前図ノ如キ首モ胴モ手モ離レ離レノ品二躯見出シ候　尤頭ノ様子余ホト奇品ニ御坐候　此段不取敢申上候　右御送リ可申哉御問合申上候　凡土偶人ニハ全躰ハ有之間敷ト奉存候　矢ノ根　小刀ナド堀出シ申候

猶又来月頃ハ堀度候得共　当ノ無キ仕事〔魚ヲ釣ル如ク〕ニテ人足ハ多分ニ掛リ容易ニハ掛リ兼候　呵々　一月七日夜認　松浦君　根岸武香」

《包紙》「大谷村字塚山ニテ堀出ス短刀　銕鏃

松浦先生　根岸武香」

（三浦泰之「箱書・文書の翻刻文」『静嘉堂文庫蔵　松浦武四郎蒐集古物目録』内川隆志編　同文庫　平成25、内川『静嘉堂文庫の松浦武四郎コレクション』記念館講演会資料　平成26、「武州比企郡大谷村堀出埴輪物」「匕首　鏃」『撥雲余興』　明治10、坪井正五郎「埴輪土偶に基いて古代の風俗を演ぶ」東京人類学会雑誌3―23　雑録　明治21）

6・4

東京神田五軒町の新宅で落成記念所蔵書画展覧

「丙子六月北海松浦翁新築成　因卜佳日開古器賞鑒之会　賓客群至余亦与焉座間献呈」

（『馬角斎茶余』小野湖山跋　記念館蔵）

6・17　開拓使大判官、松本十郎が石狩日誌評

「松浦氏石狩岳ニ登ノ紀行アレドモ、役土人共申口ニ依レバ全虚ナリ。只チウベツ水源ヨリ空知水源ニ出デ（ルウチシ）ヲ越ヘ、（サホロ）〔十勝領〕水源ニ出ルノミ。依テ輿地図ノ実地ト齟齬シ謬誤ノアルモノ全ク是レガ為ナリ。大抵松前人側量図当今伊能勘ケ由地図ト称スルニ基クナリ」

（松本『石狩十勝両河紀行』稿　明治9　松本家蔵、『日本庶民生活史料集成』四三一書房　1969収録、田端　宏「武四郎研究の概史」『北への視角』　松浦武四郎研究会編　北海道出版企画センター　1990）

6・28　松本十郎が東西蝦夷山川地理取調図・石狩日誌・十勝日誌の錯誤指摘

「於是松浦氏輿地図ヲ以テ実地ニ比較セバ全ク齟齬セリ。第一十勝岳ト石狩岳行違イタル様ニアレドモ是亦不然、（シノマン石狩）ヨリ一瞬セバ（ヲトフケ）川ノ水源ナリ。十勝岳ハ（シノマン）山ヨリ其中ニ一峯ヲ隔テ、突忽ニ秀出スルハ是ナリ。下図概略ヲ示ス。（図省略）

故ニ米人等松浦氏ノ図押、右岸ノ沢ヲ以テ（アキカフ）ナラント察ス下リタル由。松浦氏ハ松前人某地図ヲ以テ基キテ定メ、其他文飾ヲ加フルノミ。以テ謬誤ノ由リ来ル処ナリ」

『東西蝦夷山川地理取調図』二八枚

「松浦氏ノ紀行ハ全ク土人ヨリ聞書タルコト判然、又絵図亦頗ル齟齬セリ。嗚呼都人士能ク人ヲ欺ク。第一石狩、十勝両水源ノ位地天ニ誤ル。今度導案内ノ土人〔老人〕（セッカウシ）笑云、松浦（ニシバ）〔殿ト云儀〕川上ノ土人コタン〔村ナリ〕マデ登ルノミ。何ゾ如此ノ深山ノ水脈山脈ヲ知ランヤト」

（図省略、松本『石狩十勝両河紀行』明治9）

7・2　武四郎錯誤の指摘

「五時過出立。未申ヲ指シテ行。石狩岳北々西ニ当リテ近ク見ヘル、以テ松浦氏ノ憶想ノ誤ルトコロナリ。何ニトナレバ十勝岳ハ、（シカリベ）（ヲトフケ）両山ノ方ニ接ス北々東ニアリ。

石狩岳如此見ル故ヘニ水源ハ下図ノ如クト想像ノ説ヨリ大ニ謬誤ヲ生ルナリ。

一昨年米人ノ越ユルトコロ、又今年ノ余輩渡渉実地ニ当レバ判然タリ。松浦氏図掲グ」

（図省略、松本『石狩十勝両河紀行』）

8・21 根岸武香に古銭の値段相場通知

「扨、当方一切古金銀出不申候処、一昨日西京へ（抹消字）頼置候処より右之品参り申候、天正、両本等者御所持なれとも佐渡一歩、同小判者未た御所持無之候間、一応者御尋申上候、此直段やすくもなし、高くもなし、相応の直段ニ御座候、然し此直ニ而東京ニ而有之候哉と申、それはそれは佐渡判者廿円出し候而も無之候、此二ッ者御もとめ置被成候て如何
天正円歩も安キ方也、其地今一人古金ほしきと申候仁有之候由被仰聞候間、則さし上候、もし御不用ならは、すり形早々御返却願上候、当方古物追々流行、其後土偶人一ッも出不申候、小生之品を大ニ浦山敷思ひ候由、是者当府第一等の土偶人と申事ニ御座候
小生ふしん出来仕候付、六月四日展覧を仕候、右目録上梓仕候付さし上度候得共、書状故在中不相成候、近日何れさし上候、先々早々すり形御廻し申上候、御用御不用共に早く御返書願上候」
（根岸宛（明治9）8月21日付け松浦弘書簡　根岸家文書5057、三浦泰之「武蔵国の「好古家」根岸武香と松浦武四郎」史料編No.1　『松浦武四郎研究序説』笹木義友・三浦泰之編　2011、『馬角斎茶余』　明治9）

葉月　浅野梅堂から田村将軍像・鞍馬寺古枡【箱4　下段　4】の譲与

「此升浅野梅堂君京都于役中に得られしを　田村将軍の御像と共に余ニ譲り与へられしなり（中略）明治九年葉月の末に弘誌

千とせをはふる物そとは山法師　手なれの程におもひはかるれ」

（「鞍馬山寺延暦升」『撥雲余興』明治10、内川隆志編『静嘉堂文庫蔵松浦武四郎蒐集古物目録』平成25）

この頃　浅野梅堂が渋団扇（3―9）に薄鈴虫図と落款か

（『渋団扇帖』三）

9・16　東京麻布の鈴木恭信から玉類【箱1　引出下段左下　7】購入

《文書①》「売渡之証

一　青琅玕曲玉　二ツ／一　青玉曲玉　壱ツ／一　大曲玉　壱ツ

一　古剱鍔壱ツ并古剱形石二ツ

右之品々拙者所有物ニ而今般貴殿江代価金六拾円ニ売渡候儀実正也

然ル上ハ右品物一条ニ付　以後外々より何等申者有之候共　貴殿江聊御迷惑

相懸不申候間為後日　譲状壱札依而如件

第二大区小七区麻布永坂町三十八番地　島津忠寛邸内

明治九年九月十六日　鈴木恭信　江夏千城代印　印　松浦四郎殿」

《文書②》「仮請取書

一　金三拾五円也

右者勾玉御代価被遣御預り申上候也

九月廿四日　佐々井半十郎　印」

（三浦泰之「箱書・文書の翻刻文」『静嘉堂文庫蔵　松浦武四郎蒐集古物目録』内川隆志編　平成25、「勾玉」『撥雲余興』明治10）

【箱4　下段　4】《箱蓋表》古量

《箱蓋裏》

鞍馬山寺延暦十陸年丁丑四月日

深二寸一分　方三寸九分　容五合

右量木理細膩類榧刻十四字寔千載

書跡亦可翫漱芳令君燕間耽古物獲

此以伍券軸命苞銘非玉非銅弗砕弗

蠹款刻宛然書存古躰今量校之本違

黍米豈徒品題物則有醬

嘉永七季甲寅正夏貫名苞

《枡側面》延暦十陸年丁丑四月日

《枡下底刻字》鞍馬山寺

（『松浦武四郎蒐集古物目録』）

『渋団扇』3―9

薄に鈴虫図（胡粉・絵具）

落款（胡粉）老呆

（朱書　浅野中務）

浅野備前守　（梅堂）

旧幕役人中務少輔または備前守と任ス　京都町奉行を勤む　号蒋潭

（『遺芳』四）

11・7 指物師、銀次郎から鈴杏葉【箱3 引出上段 3】購入、箱書は小野湖山
（内川隆志編『静嘉堂文庫蔵 松浦武四郎蒐集古物目録』平成15、「十字鈴」『撥雲余興』明治10、内川・村松洋介「静嘉堂文庫所蔵 松浦武四郎旧蔵資料の人文学的研究」考古学資料館紀要28 国学院大学 平成24）

【箱3 引出上段 3】
《箱蓋表》古鈴 多気志楼蔵
《箱蓋裏》明治九年立冬前一日
湖山楼主長愿題籖
《文書》記
一 四十弐匁 一ッ きり御箱
右之通り慥ニ請取申候
十一月七日 指物師銀次郎
上
（『松浦武四郎蒐集古物目録』）

12・23 伊勢地租改正反対一揆
「○三重県下にてハ頑民ドモハ何か東京へ出で嘆願の筋があるとか云ひ多人数にて押し出し道々の近傍へ放火し既に愛知県内まで押し来りしに付き二十日に愛知鎮台より一中隊と廿一日に二中隊ほど繰り出しになり専ぱら鎮撫中なり」（後略）
（東京日日新聞 明治9・12・23）
「○（三重県より二十三日電報）同県の百姓一揆ハ去ル二十日朝勢州松坂の三井銀行支店へ押し寄せ暴動の上終に放火に及ひ同銀行ハ一円焼失」
（横浜日日新聞 明治9・12・25）

12・28 郷里の甥松浦圭介に地租改正反対一揆の影響問合わせ
「二十日頃より諸方新聞紙は、勢州暴動一斉書候付、貴公様宿如何と存じ候」
（松浦圭介宛（明治9）12月28日付け松浦武書簡 坂口茂蔵、秋葉 実「松浦武四郎往返書簡（43）」会誌59 2010）
小野江村、「家屋焼失………取壊ノ件 無之候」
（『暴動一件書類』三重県庁蔵、『三雲町史』二 資料編1 1999）

一八七七年 明治10 60歳

1・ 厳嶋神社禰宜、村田良穂が渋団扇（3―37）に和歌と落款
（『渋団扇帖』三）

3・21 大蔵省へ収集古銭の寄贈

「神田五軒町の松浦多気四郎君ハ我朝　顕崇天皇の銀銭、和同万年を始め斎桓公の大公貨、秦始皇の大平、両漢文帝の半両、漢文帝の五銖、王莽の貨布等、和漢種々の古銭を集め長持三棹に入れたるを去る廿一日大蔵省へ献納されたり」(朝野新聞　明治10・3・24、三浦泰之「埼玉県立文書館所蔵根岸武香関係文書にある松浦武四郎関連資料」会誌59　2010)

3・26　「自分集候古銭、今度　不残大蔵省へ岩倉様御世話ニ而相納申候、廿一日ニは面接所一はゐテーフルへ乗、敷物ニ而陳列、実ニ見事也、此日は大蔵省は一日休暇同様ニ而大勢の官員皆見物ニ参り申候」
(松浦圭介宛（明治10）3月26日付け武四郎書簡　記念館蔵、『三雲町史』三　資料編2、秋葉　実「松浦武四郎往返書簡（43）」会誌59　2010、三浦泰之「松浦武四郎関係書簡一覧」『松浦武四郎研究序説』　2011)

3・27　「私父のあつめ候古銭不残　廿一日大蔵省へ長持三棹ニ而納め申候、岩倉様・大隅様も御出かけニ相成、大にきあい仕候、すくに此事新聞ニ出候間、同新聞一部差上申候」
(松浦圭介・いわ宛（明治10）3月27日付け松浦亀次郎書簡　記念館蔵、三浦泰之「武蔵国の「好古家」根岸武香と松浦武四郎」付記『松浦武四郎研究序説』笹木義友・三浦泰之編　2011)

4・14　「去月廿一日、大蔵省へ是まで集メ候古銭不残納め申候、廿八日　金千弐百円貰候、一寸御吹聴致し申候」
(圭介宛（明治10・4）月14日付け武四郎書簡　記念館蔵、『三雲町史』三　資料編2、秋葉　実「松浦武四郎往返書簡（43）」会誌59　2010)

4・　小野湖山が三鈴杏葉収納箱【箱3　引出下段　8】に箱書き

『渋団扇』3―37
和歌（墨）明治十年一月　一句よみとつる
うち人の円むや御前の若しほに
ほのほのしらむすまの月かけ
落款（墨）厳嶋神官良穂
（朱書　芸州人　厳嶋禰宜村田良穂）

5・
（内川隆志編『静嘉堂文庫蔵　松浦武四郎蒐集古物目録』平成25、「武州大里郡堀出十字鈴のず」『撥雲余興』明治10）
伊藤圭介が江馬活堂に武四郎収集介石例示
「御沙汰之介石　大ナル者ハカボチャ石ト称シ申候物ニて、北海道ヨリ往々出候物て　松浦竹四郎モ一塊蔵居申候」
（江馬活堂宛（明治10）5月付け伊藤圭介書簡　江馬家蔵、江馬文書研究会編『江馬家来簡集』思文閣出版　1984）

【箱3　引出下段　8】
《箱蓋表》十字鈴
《箱蓋裏》古色可掬古音猶存　明治十年第四月　湖山老人愿題
（『松浦武四郎蒐集古物目録』）

＊アンモナイト

6・
『塩松紀行詩十二首図巻』紙本淡彩　記念館蔵
（塩釜・松島鳥観図）
題字「雨奇晴好」落款「乙亥六月　平安姨斎」
落款「北海老人松浦弘図」
賛「西風幾日此港留　客枕寒生松島秋　只喜壮遊酬夙志　不論奇勝在荒陬　潮□鞣鞨三千里　雲接蓬莱七十洲　譲与南山快心句　枯腸何用費冥捜
右三十余年前旧作也　丁丑小暑節録於緑陰深処　湖山叟長愿」
（塩松紀行詩十二首断片　大槻磐渓・大沼枕山ら）
落款「塩松紀行詩十二首　録似松浦竹四郎老先生　時明治八年平月立春節也
古奥　盤渓大槻崇拝」
（三浦泰之「時代をめぐる人びと」『松浦武四郎　時代と人びと』北海道出版企画センター　2004）

＊富岡鉄斎

この頃
大槻磐渓が渋団扇（3―5）に蘭図と落款か（『渋団扇帖』三）
大沼枕山が渋団扇（1―14）に漢詩と落款か（『渋団扇帖』一）

7・
養鸕徹定の小塔考

「北海松浦翁蔵小古塔四個
一曰　大和高市郡坂田村都塚所掘獲　伝云聖徳皇太子所造塼色浅頳
一曰　周防厚狭郡厚東村鳳隆寺後山所掘獲　為厚東判官盛俊所造塼色赤黧
一曰　南都興福寺金堂薬師如来胎内所蔵中有玉鉼収唐鑑真和上将来舎利二顆木
製古雅金彩剥落
一曰　百済寺旧物趺下有百字可以証焉　銅色蒼硬銷金湛漫
四個共高二寸五分　強製様粗同　蓋古昔創建仏宇必修地鎮法埵土塔或経石以祭
天地神祇是其遺物也　距今一千余載尚観古人祈福之盛績不亦奇乎　北海老人愛
古之志及瑣々微物亦可嘉尚耳因紀之以還
丁丑七月　　古経堂主人徹定　印」
（山田哲好「史料翻刻　松浦武四郎記念館所蔵の松浦武四郎関係書簡」《東一一二—七》『松浦武四郎研究序説』２０１１）

8・15　向山黄村が百万塔陀羅尼経収納箱【単独箱　16】蓋の裏書き
（内川隆志編『静嘉堂文庫蔵　松浦武四郎蒐集古物目録』平成25）

この頃　向山黄村が渋団扇（1—18）に漢詩と落款か
（『渋団扇帖』一）

秋　河鍋暁斎から華厳滝図
『瀑布図』一幅　記念館蔵
落款「明治十乙酉秋遊　日光山帰後匆々写以贈北海翁　惺々暁斎書」
（林昇太郎「武四郎涅槃図をめぐる人びと」『松浦武四郎　時代と人びと』北海道出版企画センター　２００４）

9・15　収集古銭の売却・新聞報道、（千二円）は千二百円
「○東京府士族の松浦弘と云へるハ　年来心掛けて和漢の古銭　欧米新古の貨幣

『渋団扇』3—5
蘭図（胡粉）
賛（胡粉）空谷佳人
落款（胡粉）愛古堂写
（朱書　仙台人　大槻磐渓）
『渋団扇』1—14
漢詩（胡粉）皇俗重三罰令　展紅
桃白酒満　筵春長期母子　倶全
楽児女　欣々祭紙人　雛祭
落款（胡粉）枕山叟
（朱書　大沼枕山　名厚）

【単独箱　16】
《箱蓋表》百万塔中所納無垢浄光経
陀羅尼
《箱蓋裏》此経狩谷掖翁所珍蔵後得
之柏木某之家　函上題籤則翁手書
明治十年八月十五日　松浦弘志
黄邨書
（『松浦武四郎蒐集古物目録』）

九十八　　黄邨　　（向山黄村）
旧幕向山栄五郎　箱館組頭より外
国奉行　其後任隼人正　若年寄
民部公子ニ扈従して仏国に到る
当時者隠居して遊　詩文をよくす
る事者貴地等の風ならさる故に
しらるまじく候得共　東京第一の
人物と云
（『雲津雁影』【百二十二】）

を貯へ居しが　先ごろ右の貨幣を大蔵省にてお買上げに成り（この価千二円）半分を大坂造幣局へ送られ　半分ハ宮内省へ差出されて御物に相成りしと云ふ」
（東京日日新聞　明治10・9・15）

晩秋

『四季山水図』　鈴木香峰　一幅　紙本着色　記念館蔵
落款「明治十丁丑　晩秋写　香峰　時年七十」
（三浦泰之「時代をめぐる人びと」『松浦武四郎　時代と人びと』北海道出版企画センター　２００４）

10・

『蝦夷人酒宴之図』表装　北海道人筆　一幅　記念館蔵
上図賛「已帰王化裏　蝦戎豈是戎　滔々流俗外　独存太古姿　有□熈」
下図賛「梅花散人　蝦夷升枝十首之一　風
　ト得満帆山背　喧三日好天気　上舶西東騾　苞中御神洋　□鰊山堆帰」
《箱表》「堀鎮台賛　蝦夷人之図」
《箱裏》「明治十丁巳十月下浣装之　多気志楼主人　印」
（『松浦武四郎関係歴史資料目録』同報告書２　三雲町教育委員会　平成16）

11・3

小野湖山が宇須女塑像収納箱【箱５　引出下段　24】に箱書
（内川隆志編『静嘉堂文庫蔵　松浦武四郎蒐集古物目録』平成25）

11・

鈴木香峰に撥雲余興一冊贈る
「扨、今度私共所持候古物を一冊ニ仕候、撥雲余興と題し申候、此比製本出来致し候、百部を私共懇意之方々江配贈仕候と存候間、則今日一部さし上候、可否者とうも小生之微意御笑止被成下候様御座候ハヽ、幸甚ニ候」
（香峰先生宛（明治10）11月5日付け松竹書簡　富士市立博物館蔵、秋葉　実「松浦武四郎往返書簡（43）」会誌59　２０１０、三浦泰之・山本　命「東海道吉原

『渋団扇』1―18
漢詩（胡粉）断雲凝石泉　流雪散
　花　影乱紋生碧　烟浮月綻霞嶺
落款（胡粉）黄邨
　（朱書　静岡　向山栄五郎）

【箱５　引出下段　24】
《箱蓋表》宇須女塑像
《箱蓋裏》丁丑天長節　湖山愿題籤

宿の脇本陣鈴木香峰と松浦武四郎」No.14『松浦武四郎研究序説』笹木義友・三浦泰之編（2011）

11・25　小野湖山が菩薩塑像収納箱に箱書
『妙楽菩薩塑像』一体　記念館蔵
蓋表「摩訶酒仏　妙楽菩薩塑像」
蓋裏「三浦乾也一代名工也　北海翁命造此像　又使暁斎画沙加綵　蓋可謂無双名品矣　余帰依此仏久矣　因題結妙楽歓喜之縁云　時明治十年十一月廿五日也　酒仏徒弟　湖山居士拝題」
（『松浦武四郎関係歴史資料目録』同報告書2　三雲町教育委員会　2004）

この頃　三浦乾也が渋団扇（2—42）に急須・茶碗図に落款か
（『渋団扇帖』二）

『渋団扇』2—42
急須・茶碗図（胡粉・絵具）
落款（胡粉）乾也
（朱書　三浦乾也）

12・26　郷里の甥松浦圭介らに撥雲余興の送付、書簡類受取証の催促
「先日彦右衛門便へ　諸家書状五十通
一封　先年書状遣し候時の伝書　亀の画千字文之字配
一封　撥雲余興　二部　一部　貴様　一部　川喜多
右通ニ封頼候、右二封共貴様落掌致し候事も　十一月中　廿二日は書ニ而承知致し候処、此方より申遣し候事の返書一切なし、川喜多請取と申ものも遣し不申候　昨夜書状　今日開封中ニ者必ス川喜多請処無之候、右大家ニ而多人勢ニ而者間違も有之候間、誰を以て届ヶ呉候哉、誰ニ相わたし候哉、一応此書状届次第貴様事川喜多え参り、右請取書取早々御遣し被成下候様致し度候、小生撥雲余興ニ苦心致し候事者、西京も東京も段々評判ニ成、新聞ニも三度計書候評判之本也、
又貴様ニ右様之本贈り候ニ是事も撥雲余興の礼と申事一切不申遣、如此叔父の

苦心致し候本を一言の礼も不申、是そ歯牙に不懸捨置候事、貴様事此本の著述の世間評判ニ成候程の品も貴様の目ニ者見え不申候哉、一応のはし書ニ而も右本の事申遣し可申事と存候

毎々三田の書画帖の事申遣候ニ付、三田様へ頼候と存候得共、三田様も貴様ニ者遣し候而も不訳との思召ニ而も有之候、□と□哉と存候、今日まて何の沙汰も無御座候

今日の手紙ニ　津士族守田ナル隠居の処ニ而、撥雲余興ヲ川北久太夫隠居話と申を道寿も聞候由との事有之候川喜多も撥雲余興の事目ニ見へ候間賞謝され候也、左候ハ、貴様より届ケ候ニ無相違候得共、請取書の貴様より参り不申候、実ニ投遣り也

又神戸□□□当年五月頼遣し候、半年余過候ニ遣し無之候間、燐家ニても外へ頼、十一月初旬出来断ニ成居候、依而彦右衛門へ呉々断遣し候也、其段書状ニもくれくれ認の断遣し候也、今日遣し候等申遣ハされ而も六日の菖蒲也、何に致スへき哉、此方ニ不入申、然し代金者ほしく思ハれ候間遣し候也

　未た届き不申

書状五十通遣し候得共一言の礼なし、且木戸の書状を軸を付候様等申され候、御勝手次第ニ被致候而よし、拙者心底、木戸も大久保も屏風の中へ張込み居者散乱者不致候得共軸ニ致し候、別ニ致し置候ハ、他日散乱する事疑なし、大切ニ思ハれ候ハ、是も屏風致ス方也、軸ニ致され候様の事ならは遣ハし不申也

此書状着次第川喜多へ届、請取書御遣し可被成下也」（中略）

「二白　撥雲余興の著述か訳らさる事なれ者、三田の書画帖も訳さる事故強而催促を致す事も不出来申候」

（松浦圭介宛（明治10）12月26日付け松浦武四郎書簡　記念館蔵、『三雲町史』三　資料編2　2000、秋葉　実「松浦武四郎往返書簡（43）」会誌59　2010）

一八七八年　明治11　61歳

2・11　小野湖山が鈴杏葉収納箱【箱3　引出下段　9】の箱書き

【箱3　引出下段　9】
《箱蓋表》乎字鈴　多気志盧蔵
《箱蓋裏》二千五百三十八年紀元節
湖山老人長愿題
（『松浦武四郎蒐集古物目録』）

（内川隆志編『静嘉堂文庫蔵　松浦武四郎蒐集古物目録』平成25、「和州八木村堀出乎字鈴」『撥雲余興』二　明治15）

3・3　田崎草雲に武四郎宛て知人書簡の一括譲与

「扨　其節私共懇意之もの書状呉候様被仰聞候得共　さし当精選も出来兼候　手当りまかせさし上候　其節藤田東湖の書被仰聞候得共状　是は小生浪人中うり喰ニ致し今は一通も無之　其比有余の短冊さし上候を　何卒手紙のかわりと被思召候　御ゆるし可被成下候　扨　見出し候順番付ニ而申上候」

（【百二十二】の一番から百弐十二まで人物紹介、年譜下欄所収）

「右之通百二十二通さし上候間、もし又重復も不図候間、重復者御さし除キ、百八通を御采摘なされ御用ひ被成候ハヽ、可宣と存候、大久保、木戸、島等者東京ニ而も甚人ニ無心、隣翁も是をある時来り奪去らんとしたるを不遣、先生か先約故さし上候、決而一通も外え者やらしと、ヲ、サヘヲ、サへ、ヲ、サヘヲキ玉ヘガシ」（中略）

「撥雲余興近日すり候間、出来次第さし上申候」

（草雲先生宛（明治11）3月3日付け松竹書簡　足利市立草雲美術館蔵、小野智一編集・発行『雲津雁影』改訂版【百二十二】　2011、三浦泰之「史料翻刻

松浦武四郎による人物紹介に関する史料」『松浦武四郎研究序説』 笹木義友・三浦泰之編 2011）

5・ 静岡、柏原学而宅で山中共古らと好古歓談

「松浦北海翁の考古談 昭和十一年五月松浦武四郎翁静岡へ米られ、柏原学而氏に一泊さる。此時予松浦翁の談話をきゝ覚へ居たるを記し置くこととす。

（中略）考古家の必読書は 桂林漫録 尚古図録二 梅園奇賞 好古日録 千歳のためし *吟林漫録 吟涛閣帖 等を見るべし」

（『共古日録』六 早稲田大学図書館蔵、成瀬千香「改名と号」『山中共古ノート』 一 青灯社 昭和49）

*吟涛は聆涛

6・ 山岡鉄舟が渋団扇（3—14）に漢詩と落款

（『渋団扇帖』三）

『渋団扇』3—14
漢詩（胡粉）青山飛瀑色白日走江声
落款（胡粉）明治十一年六月書 於全生庵鉄舟居士
（朱書 山岡鉄舟）

7・8 百万塔所納陀羅尼経の入手

「近頃友人佐々井翁、所収のものを余に示さる。余歓喜に堪えず、依て是を翁に乞ふ、翁また余が其志の切なるを憐んで授与せらる。余沐丰再拝、時なるかななるかな。手の舞足の踏ところもしらず。是翁が余に譲与ずるならず、仏神余に授与して以て永く末世に伝へしむるなるへし。もし六度陀羅尼なる物一百万基中にあらは何れの日か余感得せすんは有へからすと。明治十一年七月八殺日 松浦弘薫香拝誌」

（「百万塔所納陀羅尼」『撥雲余興』二 明治15）

8・9 小野湖山が鳥型柄頭収納箱【箱2 引出下段 5】の箱書き

（内川隆志編『静嘉堂文庫蔵 松浦武四郎蒐集古物目録』 平成25、「古銅太刀頭」『撥雲余興』二 明治15）

【箱2 引出下段 5】
《箱蓋表》古銅太刀頭
《箱蓋裏》紀元二千五百三十八年第八月初九日 湖山小野長愿観并題
（『松浦武四郎蒐集古物目録』）

8・15 東京大学伊藤圭介が書簡の巻子仕立て、この頃前後に武四郎と疎遠か

「藩竹画ノウラノ松浦等ノ書翰メクリ取リ、其外ヨセ巻物可仕立事」

（圭介文書研究会編『伊藤圭介日記』明治11　伊藤圭介日記第十七集　名古屋市東山植物園　2011）

8・

鈴木香峰に小野湖山の書を斡旋

「十九日御羽書只今達し、隣家[*]江相談仕候処、何哉迷惑之由ニは候得共、先々承知為仕候、依而は

潤筆〈半切五十枚也〉金五円　是は御封ニ被成候、水引

御かけ遣し被成候様仕度候

紙代は中々此中では申兼候間、唐紙ならは弐百五十疋　また扇面紙ならは三百疋計り御遣し被成候様仕度候、中々紙代共五円ニ而はむつかしく存候間、気の毒ニ而候、世間の様子しらさる者のやうニ存候間、五円と弐百五十疋計り御遣し被成候、右□□□次第如貴命九月十日ハ間ニ逢候様仕候也」

（鈴木香峰宛（明治11・8）月21日付け松浦武四郎葉書 No.15　富士市立博物館蔵、秋葉　実「松浦武四郎竹四郎往返書簡（43）」会誌59　2010、三浦泰之・山本　命「東海道吉原宿の脇本陣鈴木香峰と松浦武四郎」No.15『松浦武四郎研究序説』笹木義友・三浦泰之編　2011）

＊隣家　小野湖山

8・

鈴木香峰に小野湖山書の礼金額通知

「廿三日御認メ出し候金六円、慥ニ昨廿七夕六時頃ニ相達し申候

早々隣翁ニ而開封仕候

五円　一封　礼ニ遣ス／一円　紙代へ遣ス

紙は極上ならで、隣翁等一向気すゝみ不致候也、依而上物相撰らひ申候

唐紙ならは五十銭位／扇面ならは弐分二朱より三歩位

此紙一円計りのよしに弐百文計り来候也

半切五十枚／そり出し／全紙一枚
只今認メ上け申候、隣翁と灯火ニ封する也
是は世間相場でなし、先やすくても上州辺の雁ニ而頼来候節は
七両弐歩位也　十円位也
先生此間の書状ニ柳圃*は病気のよし被仰聞候、是はあまり安直故左様断候也
隣翁中々此位の数此位の数ニ而は、半月位ならで認メず、僕傍ニ居て手伝認メさせ候也
○僕当年六十一歳の祝ゐに、三十三処切のねんこね*半天を拵候也、右え入候間、
此小切へ目出度山水を御認メ願上候、但し四方縫代を御除キ願上候
小切一ツ、先生御めし物の切端を頂戴願上候也
此品相成候ハヽ、十日前ニとゝき候様、急々願上候也」
（香峰先生宛（明治11・8か）月28日付け松浦弘葉書、富士市立博物館蔵、秋葉実「松浦武四郎往返書簡（43）」No.16 会誌59 2010．三浦泰之・山本命「東海道吉原宿の脇本陣鈴木香峰と松浦武四郎」No.16『松浦武四郎研究序説』2011）

*柳圃　福島柳圃
*ねんこね　ねんねこ

秋分前五日　市川万庵が渋団扇（3―52）に鼎図などと落款
（『渋団扇帖』三）

『渋団扇』3―52
藤図（胡粉）
篆書（胡粉）馬角斎子木永用
落款（胡粉）明治十一季戊寅秋分前五日　卍庵三兼写　（朱書無）

9・28　鈴木香峰に還暦記念画を依頼
「然は、先達而は小切へ山水御見事、実ニ恐入候、半切も有難存候、扨、右ニ付、霜月十五日ニは少し小祝仕度候間、其時用度候間、松のある山水一枚何卒御揮毫ニ相成度、一枚は相成候ハヽ、竹と松の有る山水願上度候　此方へは、
明治戊寅中冬　為松浦北海翁六十初度写之　と願上度候
松斗の方へ者只先生御落款御認メ願上度、此段御聞済願上候

二枚はあまりとうよくニ候得共、一枚者讃なし、一枚之方え者わし津、隣翁ニ少し詩を入させ候間、松の方者御落款斗願上候、くれくれも此段奉願上候、出来仕候ハ、先先払ニ而御出し被成下候、相成候ハ、十月廿日前ニ願上候」

（香峰先生宛（明治11・9）月28日付け松浦弘書簡　富士市立博物館蔵、秋葉　実「松浦武四郎往返書簡（43）」会誌59　２０１０、三浦泰之・山本命「東海道吉原宿の脇本陣鈴木香峰と松浦武四郎」No.17『松浦武四郎研究序説』　２０１１）

10・　自宅の書画会

出品者　大養寺　永井磐谷　松田雪柯　樋口趨古　横山由清　木邨二梅
安藤竜淵　高畠藍泉　磯前雪窓　大石道節　内藤昌言　野村保世
鷲津毅堂　市河万菴

武四郎の新収集品　漢六鈴鑑・幅・花器など

（「諸賓携提目次」「戊寅新獲」『新獲小集』　松田雪柯跋　明治11刊、「六鈴鑑」『撥雲余興』二　明治15刊）

この頃　畑中西峨・横山由清が渋団扇（2―22）に富士山図と落款か

（『渋団扇帖』二）

元寄場奉行・書家安藤竜淵が渋団扇（3―1）に書と落款か

（『渋団扇帖』三）

11・29　埼玉、内山作信の柏木探古・松浦武四郎評

「柏木探古子義御尋、東京和泉橋ニ而辻屋（旧加州侯御用達、高名之金満家モ辻ト云）ト云者之三男ニテ、幼若ノ頃ヨリ極大細少之蛤蜊、石決明ノ殻ナド集ヲ楽ミ、総テ中庸ノ物ヲ不好、成長シテ徳川氏大工棟梁柏木氏（百俵ニ何人扶持カノ御家人ナリ）養子トナリ、維新以来官途ニ着、内務省博物館掛、又浅草御文庫掛兼勤、本名柏木正矩ト申人ニ御座候

当春　上州伊勢崎近傍大室村ニテ古陵ヲ発キ　種々之古器ヲ出シ内務省ヘ届ト

『渋団扇』2―22　署名年不明
富士山図（墨）
賛（胡粉）かきりなきためしにいひし武蔵野も　こゝふしのねのふもと也けり
落款（墨）西峨（胡粉）由清
（朱書　畑中西峨　横山由清讃）

『渋団扇』3―1
書（胡粉）漢方壺　日利千金
落款（胡粉）竜淵
（朱書　安藤伝造）

ナリ、右点検トシテ出張、帰途胄武香氏方へ一泊座談黒岩百穴ニ至ル、翌日一見ノ旨根岸ヨリ報知、倅温載出張、右場所案内致シ〔老拙ハ折悪敷不快打臥居、残念ナカラ出張セス〕帰省後該記ヲ新聞社ニ投セシニ御座候、方今　松浦武四郎〔素開拓使判官、当時非役ナリ〕を継タル本州第一之好古家ニ可有之〔鑑識トいへ、蓄蔵トいへ〕」

（小室宛（明治11）11月29日付け内山作信書簡、三浦泰之「〈古物〉収集家としての松浦武四郎に対する同時代評についての一史料　―埼玉県立文書館所蔵の小室家文書より―」№1　会誌61　2011）

冬日

小野湖山が木製武者像収納箱【箱5　引出下段　22】の箱書き

（内川隆志編『静嘉堂文庫蔵　松浦武四郎蒐集古物目録』平成25）

【箱5　引出下段　22】
《箱蓋表》探僊叟周山作　武者
《箱蓋裏》世事変遷人情日趨新耳
観一古物不能無感焉
明治戊寅冬日湖山老人題
（『松浦武四郎蒐集古物目録』）

四　西国探査開始、古写経・神宝類巡覧

一八七九年　明治12　62歳

1・1　小野湖山が六鈴鏡収納箱【箱2　引出上段左　1】に箱書き

（『静嘉堂文庫蔵　松浦武四郎蒐集古物目録』平成25、「六鈴鑑」『撥雲余興』二集　明治15、内川隆志・村松洋介「静嘉堂文庫所蔵　松浦武四郎旧蔵資料の人文学的研究」考古学資料館紀要28　国学院大学　平成24）

1・5　伊勢山田出身、東京麹町（千代田区平河町）の書家松田雪柯へ年始

「晴。午前、松浦北海老人来訪、新禧、且恵佳糕。出年酒」

（「松田雪柯東都日記」⑴　鈴木洋保翻刻　書論29　書論研究会　1993、福永昭「書家松田雪柯の東京日常（其の一）」三重の古文化100　三重郷土会　平成27）

1・18　松田雪柯に古印と古鏡を所望

「午後、訪松浦氏、邂后会津老人与懇望漢銅印二顆、属뾇古鏡一面、老人知余購墨帖、而借金十円」

（「松田雪柯東都日記」⑴　書論29）

武四郎の漢印収集

「各先輩各々手術異るれとも同に漢印を説かれしを耳に残りしより、何時か一顆を得まほしと心懸しか、去る比、勢人松田雪柯二顆を袖にし来り、わが漢印を慕ふ心の切なるを愛で恵られし」

（「漢軍仮司馬印、漢部曲督印、漢騎部曲督印」『撥雲余興』

【箱2　引出上段左　1】
《箱蓋表》漢六鈴鑑　多気志廬蔵
《箱蓋裏》古鏡製造多奇種六鈴付鋳是何用博古図中観未曽諸説牽強無一中六鈴有声和且清古人意豈在戯弄古色鬱蒼古気森秦平漢平空貴重舞鏡亦見漢武時舞人臨舞手執之六鈴鏡蓋舞人鏡伝到今日最堪奇誰其蔵之　北海翁聞我此説不敢疑相対珍賞思千古為作六鈴古鏡詩　六鈴鏡引為　北海松浦翁哂政
明治十二年一月一日湖山長愿稿

七十番　松田縫殿　（雪柯）
伊勢外宮の御師　号修斎　詩文書画共ニよく出来る也　修斎詩集若干著上板する也
（『雲津雁影』【百二十二】）

1・19
雪柯所蔵の書画拝見
「松浦老人来訪、示秋碧堂帖、又示池大雅所写渡宋天神像」
（「松田雪柯東都日記」(1)　書論29）

二集　明治15）

1・21
雪柯に旧暦元旦用の雑煮餅届ける
「晴。午前、松浦老人書来云、以明日旧暦元旦、恵贈雑煮餅一重」
（「松田雪柯東都日記」(1)　書論29）

1・
京都鏡匠、金森弥輔が大坂天満宮大神鏡製作、陽鋳銘、樺太南部・日本地図
「幹事　西京　冨岡百錬　同　秦蔵六　同　山田茂兵衛　東京　益田友雄
天満神のこゝろのかしこさを　この神鏡の光にもしれ
松浦武四郎阿倍弘／明治十二年一月吉旦／山城国住　金森弥輔作」
（『大坂天満宮奉納神鏡背面拓本』軸装　記念館蔵、高木崇世芝「武四郎奉納の五大鏡」会誌38・39　20周年記念特輯　2003）

2・2
雪柯に古銅印代支払い
「陰。午前、松浦老人来訪、為漢銅印謝、先恵拾円、又恵拾円、勧購古法帖」
（「松田雪柯東都日記」(1)　書論29　書論研究会　1993）

2・5
来訪の雪柯に松屋叢語貸出し
「黄昏、訪北海老人、老人供雑煮、借松屋叢語帰」「不在中、北海老人書来」
（「松田雪柯東都日記」(1)　書論29　書論研究会　1993）

3・7
東京芝新谷貞導寮に知恩院教正養鸕徹定の古経展覧
「午前晴。午後一時、同皆春兄訪徹定大和尚於芝新谷貞導寮。北海老人先在、日太史、樋㠏兄亦追至。見示古経録左。

唐蘇慶節写造大楼炭経一巻　西魏陶伍□菩薩処胎経二世等只第七一帖
菅公華厳経零本　最勝王経一巻　世称口紫切
心経紺紙金泥　嵯峨帝御筆一巻　身観経光明皇后一巻
心経弘法大師一巻　繍像繍書普門品三帖
仏説阿弥陀経挙全分厳真一巻　建仁七年三月廿六日西大寺旧蔵
供酒及蕎麦黄昏辞返。座上邂后伊勢津天然寺住職吉水幽䜮。隔十年相逢。話往事、総如夢。夜赴厳太史臨書筵。余酔未覚、不能臨書」
（「松田雪柯東都日記」⑵　書論30　書論研究会　1998）

3・15
西国旅立ちの集い
「訪北海老人開別筵、傾数杯、告別而還、皆春兄及数子来会」
（「松田雪柯東都日記」⑵　書論30　書論研究会　1998）
「我今ことし齢六十二なる明治己卯の十二年、妻五十二才と共に今度の行を思ひ立も（中略）三月十五日。児亀次郎は大病院えよく頼置、家を七平、米、喜代にまで火の元のことよく申諭し、一ひらの紙にかく戯れて
春霞立出しよりおもかげの　こゝろにうかぶみよしのゝ花
其道すがら我が好む処の古物もたる家々訪ひて、静岡なる柏原氏、豊橋駅の渡辺、稲垣氏等にても一夜話し明しぬ」
（『己卯記行』一の巻、福永　昭・唐津巳喜夫・佐藤貞夫翻刻編　記念館　平成27、巻末『尚古杜多』（第一冊）『同』（第二冊）　影印）

3・20
知多半島小鈴谷駅、醸造業盛田久左右衛門
「尾州知多郡なる小鈴ケ谷駅なる盛田氏は世に名立る勾玉もたるよし聞は、是えと心さし入る」

『己卯記行』　三巻三冊　記念館蔵
福永　昭・唐津巳喜夫・佐藤貞夫翻刻編集　記念館　平成27、『尚古杜多』第一冊・第二冊影印収録

3・21、22　雪柯の知人、盛田久左右衛門宅訪問
「午後小鈴谷駅に着す。主人久左右衛門殿には物かは、隠居南畝老人は頗る其辺の慈善者なるが、我等二人の遥かなる旅姿を憐れみ、解けて四方山の話しをしも聞もしせらるに、不思議なるは、名古屋なる大導寺家の家来水野三四郎老人の孫なるもの、此家に扶持せられ有しは奇遇と云べし」
3・22「また当家え伊勢の津伊賀屋政右衛門、号を酔古堂といへる骨董家来合せしが、是は尾州より濃州辺をよく得意として回る者なり。一々総ての談話また一興をそへたり。扨、見せらるゝ処の勾玉は多く碧琅玕にして頗る奇品多く、依て因に其物にても別に奇とするを二十六品爰にしるしぬ」（各種勾玉の挿絵）
この頃　盛田父子から銅鏃など
「古銅鏃二枚　尾州古鈴谷盛田氏所恵
烏府　爨室の味噌こし／香合　印度製塗金古仏具銅物
右二品尾州古鈴ヶ谷盛田南畝所恵」
『尚古杜多』（第二冊）馬角斎蔵　明治12刊）
3・25　半田駅、中野又左衛門宅の勾玉各種拝見
「是は丸勘印と云、醸造家にて東京にても新川、新橋等にて誰もしらぬ者なき大家也。宅地は上なる松山の渓間を切開き池水を前に構え、是に水樹を築き、其建築目を驚かせり。此主人は南畝翁の養子のよしにて世に名高き黄道周の書幅をも蔵せらるとかや。
扨、蔵せらる勾玉を所望せしが、是また奇品多し。（各種勾玉挿絵）
また当家の分家なる中野半六といへるも名だたる造酒家なるよしにて、是よりも次に図する処のものをもたらして見せられけり。是また角平にして頗る奇品

なりけり」（各種勾玉挿絵）

3・27 伊勢、津の知人
「夜に入、津なる東京亀やに到り、辻、岡の両人え使遣したりしかば、両人共に八時過に尋来り、しばし談話して分れたるも、なごりおしとおもはる」

3・28 旅先の帰郷、一志郡小野江本楽寺法要
「土井、野田半谷、平松、野田九十郎等を訪て、仏眼寺なる師の墓参して、ひる過ぎに小野江なる本楽寺え参詣するや、住僧我に向て昨夜旧宅にても法事の勤まりし由云に、二十八日は亡父の忌日なれども、それは旧暦なるべきにと思ひませば、今日は七日にて亡姉寿満子の五十回忌の辰に当りしぞ。実に不思議とぞ思はる。小鈴ヶ谷、半田にてかく急ぎしが故に、五十回の正当に香花を捧しと、其奇遇に袖をうるほしたり」

（『己卯記行』一の巻）

3・29 伊勢神宮祭儀改変に落胆
「諸国の大社、春日、住吉、多賀、熊野其外金毘羅、秋葉山等何れも諸国の参詣人、宮前にて修行するを、伊勢斗御師の宅にて修行せし事、実にたぐひなき目出度ことなりしかばや。宮中の神楽殿にて修行するやになりしは、遺憾甚し。また大麻、小麻も、如古式御師の宅にて鬻ぐは如何ぞや。余十余年前参詣せし時は、宿館の前の制札に胡服の者入る事を禁ずと有しが、硝子灯是またおかし」「何かれともなく古風は皆廃され、諸国の神社も同じさまに成しはと、それにつきても寛居翁の在世のことのは心にうかみ、涙おさえつゝ広小路なる有滝やに宿しぬ」

（内題『己卯記行』一の巻　尚古杜多とも云る也）

3・30 故翁・足代弘訓*追憶
「早天、外宮参詣。是も昔しの事多く廃れし様なりける。是より故翁の後を弔ふ

*安政三（一八五六）年没

に、見るかげもなく　聊か家居の残たるばかりなり。松田〔適翁〕、中西〔弘綱〕、
久志本〔常庸〕、福井〔丹隠〕、服部〔杜左衛門〕、一志〔栗園〕、林〔綜林〕、東、
児玉〔左太夫〕等を訪ひ、是より崇霊社と云に詣で、故翁の社地を回り帰る」

足代弘訓　死
いせ山田御師也
（『蝦夷屏風』右隻　五紙目）

（『己卯記行』一の巻）

この頃　伊勢山田諸氏の贈物

外宮調進御衣　　内宮雑作太刀　　外宮風宮額　道風書
　右三品外宮祠官某氏所恵
台　外宮子良舘八足大麻卓〔有年号〕　勢州山田福井丹隠翁所恵
火炉　外宮子良舘大鍋〔土師物忌所造〕
水注　同　ミよこ餅　同　滓盂　同　酒壺　同　扽子　同　蜘皿
　右四品外宮旧祠官中西某所恵*
炉扇　伊勢太神宮五本骨御田扇　　炉坐　同御正印台
　右二品勢州山田久志本某所恵*
副香合　内宮御正殿からの釘　勢州山田御巫清直所恵

（『尚古杜多』（第二冊）馬角斎蔵　明治12）

＊中西弘綱
＊久志本常庸

3・31　伊勢山田勢田町、八ッ塚の臼玉採取
「各々と今井田〔小田の橋西南角〕といへるに到る。此上を八ツ塚と云て、小山八つ、妙見町の後辺までにつ、き継たり。赤土、砂利山也。此処に臼石が出ると聞ば、探して三つを拾ひたり。是より沢目通り蓮台寺村に到る」

4・4〜9　在京（『己卯記行』一の巻）

4・6　京都の博覧会
「博覧会品評所にて古墨帖の展覧有るが故に、余も柳宗元の需公の碑を携ふ。此

碑は堂帖に出たれども、余が携る処は元頃にして頗る可誇もの也」

4・10 洛南の臼玉入手

「離宮八幡も大に古しへの様かわり、恵心院も雨漏、風吹入る様、云に云難し。案内を乞へば、子供抱ける婆出来りて開扉す。爰にも茶臼石出る由にて二つを求む。価一つ一銭なりと」〔中略〕「橋を過て左り平等院にいたる。参詣する度ごとにますます剥落まし、損欠すべけれども元来結構なる故に、実に可掬の古色を存する也」

（『己卯記行』一の巻）

この日 近況・新聞報道

「〇北海翁松浦武四郎氏は　県下一志郡小野江村の産にして奇偉の人なり　該氏多年蝦夷地方を跋渉し該地の風土を熟知せらるゝを以て明治維新の際　開拓判官に抜擢せられ　該使に尽力せられしは皆人の知る所なり　掛冠以来平常古器物を愛玩し　近年北野天満宮と上野東照宮へ神鏡を納められしが　此程坂地天満天神へも神鏡を納めんとて登坂せらるゝの途中　山田の両宮并香良洲神社へも参拝せられ同所松本某方にて一泊せられ　西京山本静逸*氏か古物会に出さんとて左の古宝物を見せられたる由

漢銭　琅玕曲玉　柳宗元雷公の碑」

（伊勢新聞　明治12・4・10）

*山本静逸は山中

4・11 木津駅骨董店で臼玉入手

「木津川を渡りて駅の半にて佇行したり。其傍に骨董店有。我が遠方の者と見て茶を出しけるに、傍の古物の中に一つの陶片有。是に臼石四つ珠擬付居たり。是は聖武陵御修補の時に出たる物なりとかや。此主人を藤田平兵衛と云、少しく風致有る人也」

（『己卯記行』一の巻）

「樹物欠付臼石五箇〔和州添上郡不退寺山堀出〕

城州木津駅求于前司某」　（『尚古杜多』（第二冊）馬角斎蔵　明治12刊）

神仏判然令から古寺荒廃

「興福寺東塔、東金堂を回り、食堂跡に到り見れば、洋風の二階作り有て東本願寺仮中教院と札を懸たり。興福寺は春日の社の社務所にて朝廷の宝祚万に歳を祈る歳済を修せずして、論議を以て立る法相宗なるに、今は他力本願、以後世菩提を説く中教院となるは如何なる事かと、道傍に菓子うる爺に聞ば、是は元奈良県にて中学校に立られしに、当所にては保存なり兼し故に東本願寺えかし渡しに成りしと。其より東大寺南大門にに到り見るに、余亥年に来りし頃より纔五年にして損じ所また多く、其頃は凡千円ならば修復も届くかと思の外、今度は中々不容易事ぞかし」（中略）

「扨、其頃我武蔵野に止宿して、早天手向八幡宮より二月堂等参詣して俊乗坊堂の傍に到るや、七十才斗の老人庭を掃、我が此方彼方逍遥するを呼、何かとなく物語りせられしが故に、扨、此大仏殿の床下の外回りより二月堂の縁の下等に多く古材の有るは何なる哉と聞しかば、老人の答えられしは男山八幡宮の多宝塔の材なり。今度の御政度、神仏混合を廃して禁ぜられしが故に、八幡宮の多宝塔を毀ちしを惜しむ物とて買、淀川橋え出し置しが、柴積船等一本二本づゝ木津川の渡し場まで不日にして来りしが、また奈良町の馬士等其材を荷物つけ行、そのかへるさごとに一本二本づゝ持来り、景清門の前までつと持来り呉しが、それを二月堂寺内に建んと県庁え伺ひしかば、此時節柄有ものも毀つべきと大に叱られたり。依て今こゝに積置すと答られしが故、扨おしき物なり」

（『己卯紀行』一の巻）

4・12　白毫寺の荒廃、後に田中庄兵衛から一畳敷用材提供

「早くより新薬師寺に参詣し、是より白毫寺に到る。是は無住になりし也。当寺には名高き一切経が有りし由なるに、今は本尊堂にもなし」

(『己卯記行』一の巻、「十五」『木片勧進』明治20)

十五　南都　田中庄兵衛
大和国添上郡高円山白毫寺
天文間建築之古材
脇床下小棚板に用ゆ
(『木片勧進』明治20刊)

4・13 法華寺塔跡の皇朝銭

「是より藪にそうて三丁斗回りて法華寺に到る。横笛堂も今は形斗残りぬ。門前の塔の跡を多くの黒鍬共畑に墾しゐたり。其処より三年前金銀の貨幣様のもの三枚斗と和銅銭、万年銭、神功銭五六百文出たり。今是柏木氏の蔵となる」

郡山から法隆寺へ

「唐招提寺、薬師寺を過て郡山の駅にいたる。亥年通行の時は未で城郭聊か残りたりしが、今は礎までも掘取、実に目も当られざる様也。溝堀も有しは埃塵にて半ば埋まり、士族の家は半傾ぬ。〔六七り〕小泉、此処も少しの城下なるが今は皆取除れたり。岡本寺、法輪寺、左り方には調子丸が家跡、黒の駒塚、舟塚等見物して午頃、法隆寺東門前にいたりて飯す。今日は太子会にて〔三日〕供養有とて群集す」

4・14 明日香、文武陵近辺の泥塔、高市郡明日香村の栗原塚穴古墳

「鬼の雪隠とて有。是古代の石棺なる事明らかなり。鬼のまな板、是は石棺の蓋にても有るかと思はる。倭姫命の窟、亀石等過て右の方文武陵、是を高松山の石墓といへりし也。近頃御修補の時小塔多く出たり。余も一つを得て蔵する也」

(『己卯記行』一の巻)

(猿石一二体の挿絵)

4・17 金峯山寺蔵王堂の変貌

「明治五年右蔵王堂を破却の沙汰有りしを、いろいろ嘆願とゝのひ、是を吉野山口の宮と改号し、蔵王権現并に脇士を取除くの件に及びて、此像を奥の方に納

め板張に隠し、前に白布を垂れて奉仕の修験をして復飾なさしめ、何院、何法印等を改め烏帽子ひたれに改めさせ、高徳書写の経巻も皆縄からげとして、須弥壇、修行壇も薪となり、六品、独鈷、五鈷、三鈷も古銅屋にうり払はれ、院々坊々の庭前には二布、襁褓の乾場ができ、実に開化の御代とはまた情なさと云はずんばべからずや」

（『己卯記行』二の巻）

4・20 和泉、大鳥神社の富岡鉄斎宅泊、

「一時過に大鳥社内富岡百錬の宅に着す」

（『己卯記行』巻の三）

この頃 富岡鉄斎から古経・泥塔贈られる

「阿毘達磨順正理論巻第五十〔中臣寺捺印〕

同（西京）富岡百錬所恵」

「小塔　一箇和州高市郡野口陵所出

富岡百錬所恵」

（『尚古杜多』（第二冊）馬角斎蔵　明治12刊）

（泥塔【箱5　引出上段　10】『静嘉堂文庫蔵　松浦武四郎蒐集古物目録』内川隆志編　平成25）

4・21 富岡鉄斎が渋団扇（1―3、4）に梅花図、漢詩と落款か

（『渋団扇帖』一）

「滞留。大鳥神社の宝物を乞て拝す。別に宝物もなし。只珍しきは大鳥神社五所流記帳と云もの有。凡七八百年前の書帳也。是に幅一寸三分、長一寸六分角の中に卍字の朱印を捺したり。是のみ也。尤此神社、元は三重の塔等有て、天台宗の院家地なりしが、御一新後堂塔総て破却になり、近頃神道に改まり、官幣大社となりて後、富岡百錬奉仕の後ますます盛大になりし也。依て神社付の宝物とては何も無よしに聞り。午後より百錬同道。市村なる税所県令を訪ふ。令頗る古物好にして、此宅と申もの一路居士の寓居の跡なりしと」

富岡鉄斎
西京の画工　儒者にし而　称猷助
当時堺県下大鳥大宮司となる
（『蝦夷屏風』右隻　二紙目）

【箱5　引出上段　10】
《箱蓋表》小塔　二基
《箱蓋裏　武四郎筆》
大和国　郡野口陵修補之時堀之
陵者文武帝之陵也　陵平田村ニ有
（『松浦武四郎蒐集古物目録』）

『渋団扇』1―3
梅花図（胡粉）
為書（胡粉）為　北海良友
落款（胡粉）鉄斎生
（朱書　西京　富岡鉄斎）

『渋団扇』1―4
漢詩（胡粉）昨夜羅浮　夢中見酔
狂親為整　花鈿
落款（胡粉）鉄斎　（朱書　同）

（税所氏蔵品異品の挿絵）
河内国石川郡大ヶ塚村堀出シ　河内国安宕部郡国分村／松岡山堀出シ
大和国斑鳩寺前田圃堀出ス　河内国志紀郡国分村堀出
河内国分村堀出
（『己卯記行』巻の三）

二十七番　富岡鉄史
西京富岡百錬能詩画　鉄斎と号し
此比泉州大鳥神社大宮司
（『雲津雁影』【百二十二】）

＊河内国分村堀出の内

この頃　堺県令、税所篤から銅製三輪玉贈られる
「古銅物形如三輪玉
　堺県令税所氏所恵」
（『尚古杜多』（第二冊）馬角斎蔵　明治12刊）

4・22　磯長山、叡福寺北古墳の横穴式石室内に入る
「最早戸長、区長、東京出張の諸陵懸りの小吏～等開扉の石扉を明て陵窟を過て三骨配置の処に到り見る。是三骨と云は、中は皇太子御母穴穂部間人皇后、向て右皇太子、左り太子の妃膳臣の女、何れも其石棺と云るもの崩れて重ね有。其棺台何れも大岩石にして、中高くして右是に次ぎ左りまたこれにつゝく。廟中に蝙蝠無数、秋風の木葉を飄が如く、窟中一面夜明星にして何もなし。大蝋燭五六挺を点して入りしが、西壁に何か文字有。何ともよめがたし。是恐らくは皇太子彫刻なし給ふ、大慈大悲本誓願の百四十文字なるや否。石棺と云は石にあらず。石灰作りの物也。たゝき土といへる類なり。是皆ばらばらに成たるを棺台の上に積重ねたり。何か有やと一同探せども、少々木片が少々有しのみ。是恐らくは崩づれたの棺と思はるに、我銅の鋲釘一寸二三分の物を拾たり」
（『己卯記行』巻の三、梅原末治「聖徳太子磯長の御廟」『日本考古学論攷』弘文堂書房　1940、小野一之「聖徳太子墓の展開と叡福寺の成立」日本史研究342　研究　1991）
「我等両人は通方寺、壺井の八幡宮に到る。是より山通り。千塚山を越て駒ヶ谷

村に到る。此処人家百斗。一すじの町有。是大和国へ越る道有。滝町越と云るよし。此辺三十四、四代より七、八代の御世の諸陵、旧跡多し。千塚山と云も全く此山には土饅頭多くして時に金銀細工もの、類、玉石の刻もの等を堀得ること有と」

（『己卯記行』巻の三）

この頃

西尾政次郎から河内国千塚出土の陶枕入手

「陶枕　河内国茨田郡或陵堀出ト云　坂府西尾氏所恵」

（『尚古杜多』（第二冊）馬角斎蔵　明治12刊）

後に市河万庵が収納箱【単独箱　11】に箱書

（内川隆志編『静嘉堂文庫蔵　松浦武四郎蒐集古物目録』平成25）

淡厓「河内国千塚ヨリ出テタル陶枕」、松浦氏所蔵陶枕之図

「松浦北海翁所蔵ノ陶枕ハ河内国錦部郡千塚ノ古墳ヨリ掘出セル者ナルヨシ　質ハ所謂行基焼ナリ　全体括（ク、リ）枕ノ形ナルカ　一端ハ切立ニシテ一端ハ円ミアリ　又中程ニ窪ミアルハ乃チ頭頚ヲ受クル所ナルヘシ　其窪ミノ処両端及ヒ底部等ニ許多ノ小孔ヲ穿テリ　之ヲ造ルトキニ火気ヲ透徹セシメシカ為サルヘシ」（東京人類学会雑誌3―22　雑録　明治20）

【単独箱　11】
《箱蓋表》河内国錦部郡千塚堀出
陶枕
《箱蓋裏》西尾五福翁見恵　万庵題
《箱側面　武四郎筆》
陶枕　多気志楼
（『松浦武四郎蒐集古物目録』）

4・23

堺県令、税所篤と大仏殿南大門修理問答

「税所県令　大鳥え早天訪ひ呉らる」（中略）

「令公曰、老人もし是を修補の志あらば、我等大仏の大勧進に具上して其修補を乞んと。余答曰く、是無大事也。我れもし大勧進にならば、何かまた武四郎欺売（やま）流をなさんと世人決て我を信ずる事有べからず。もし我が勧る人を大勧進に具上なし給は丶、我一番に千円を寄付せんと云。

令公曰く、其大勧進にすゝむる人は何人と。答曰く、浄土宗在東京伝通院住職福田行誠也」
（『己卯記行』巻の三）

4・26
大坂天満宮奉鏡の打合わせ
「知恩院中教院高津心行等来る。神鏡奉納に就いて教院より代僧相立よし申来るとの事、都合打合せの為なり」

4・27
摂津の箱木千年家、贈られた古竹を一畳敷用材に
「是よりまた沢まゝ衝原村に到る。此辺蓮華草、菜花の盛也。凡二十丁半斗、谷川に添て行。両山高くして樹木陰森。風景よし。村に到る。其人家何れも古風。また田并畑、東下村等より一等古風也。千家と聞に、皆誰しらぬ無よしにて直に箱木千年の家を教呉たり。茅家にして軒ふかし。大和天井にして家に十八九才の娘二人有て叮嚀に我等をもてなし、我等が遠来より行しを愛で、火妨の守りとて遠方の方に上候間、土産に持行とて其棟札の写しを二三枚と、去年県庁より博覧会え出すにとて役人衆がまゐられ、古竹二三本を持行れし、其端なりとて男竹と女竹二本を我に呉たり」
（『己卯記行』巻の三）

「巾筒　摂州丹生山田千歳屋の屋材／同所箱作千年所恵」
（『尚古杜多』（第二冊）明治12、「二十」『木片勧進』明治20）

二十　摂州　千年家
菟原郡丹生山田千年家は大同年間の建築なりと　我等明治十二年歴遊の節貰ひ帰りし也
津の国の丹生の山田の千年やけに千とせふる住居也けり
書棚椽の下　風入に用ふ
（『木片勧進』明治20刊）

4・30
大坂天満宮奉納鏡仕上がり
「留守中追々京都より鏡出来、台も漸く彫刻なりたる由にて、喜多茂の店え明日〔五月一日〕鎊り立るよし、注連有」
（『己卯記行』巻の三）

5・1
「神鏡奉納の節、知恩院大教正代理とし、大坂中教院より和泉国佐野上禅寺住職、少教正藪内得彦、中教院執事高津、下寺町心光寺住職柴山見全来る」
（『己卯記行』巻の三）

この頃　大坂天満宮納鏡扇面の作成か、題言に

「明治十二己卯年五月吉辰　奉納浪花天満神社宝前神鏡背面縮図

経三尺二寸余　重弐百十余斤」

（『浪花天満宮神社奉納神鏡背面縮図扇』　木版　記念館蔵）

5・3　大坂天満宮奉納鏡の到着

「午後一時より神鏡北村え着。今日より阿波座北村栄次郎に鎊る」

5・4　奉納行列の通行町筋届け

「鏡は車台（ダンジリ）を白木綿にてまき、青竹六本を敷、注連を引、此上に酒樽二つをのせ、それえ鏡を上に、前に御鏡餅をかざり、昆布をのして作る処なり。鈴を此に引、木綿にさげ、上に三人の者乗るは鏡師也。中仕十八人揃半天。先捲引角力頭取、陣波、黒岩両取締。後ろの方、在所の若者八人、此車台を扱ふに聊かさし支る事なく、甚よろし。跡、余等、益田、北村、外世話人、竹問屋、和鏡問屋、洋鏡問屋、銅問屋、かな物問屋、右五問屋。凡人数七八百人。造幣寮より凡二百人斗。其余宿等よりも代人相立、実に見事なりし也」

5・5　天満宮へ大神鏡搬入

「快晴。家内、旅中にて着替持行ざるを案じて、川喜田久太夫より袷、紋付、島もの袷二品、丸帯、腹合せ帯并に黒繻子帯、じばん、昨夜宿まで為持呉れたるよし。是は婆様のさし図なり。此婆様は先久太夫の妻にて築地の川喜田より嫁入たる也。八十一才にて如此まで気の付く事実に可感也」（中略）

「道筋三丁斗人数続く」

（『己卯記行』巻の三）

＊久太夫は石水

5・6　浪華博労町、岡本大講義宅の送別古物会

「岡本宅にて古物会を催て我に餞せらる。川口淳、田中楢治郎、西尾政次郎、高

杉舫州、池田快堂、奈良小山田、佐々木、堺県富岡鉄斎、川喜田久太夫、小原竹香、山中多助等なり。今日午前、昨日の礼に歩行す」

（鉄斎人「浪華岡本楼上評古小集之図」『己卯記行』巻の三、「出品目録」『尚古杜多』（第一冊）明治12刊）

『尚古杜多』（第一冊）明治12刊
出品目録　（岡本宅古物会）
諸彦掣提目録　（尚歌堂古物会）
掣提目次　（生庄楼古物会）

5・17　大坂天満宮納鏡・古物会の新聞報道

「○東京松浦武四郎氏ハ　元本国一志郡尾の江村の産なりしか　先頃坂府に遊歴中同所天満の天満宮へ神鏡を奉納しられし由　其次第を聞くに本月二日　同所阿波座の鉄問屋北村某方にて飾り立て　同しく四日ダンジリ車の四方を毛氈にて巻き右へ乗せ　鼬鼠堀の仲仕揃ひの半天にて同家を引出し　西横堀筋　心斎橋高麗橋　松屋町を引き天神橋を過て境内へ引入れたり　当日官員も七八十名又知恩院の代僧及び神官も十五六名直垂等美々敷くまき　鉄問屋よりも四百名余も出て凡二丁計は陸続とねり行きたる由　尤も奏楽も有り　餅も投たりとか其餅凡三石も搗かせたりとなん　幸ひ天気も快晴なれハ参詣人夥しく　広き境内も錐をたつるの地も無かりしよし也
○翌五日武四郎氏を送別の為　博労町の岡本大講義の宅にて古物品の会が有りましたが　坂府の古物家藤田氏　高松氏よりは璞古器数種　川口氏の銅鉾花月庵の勾玉　大和の小山田氏及び当初分部町の川喜田埴斎氏も坂府の出店に寄留中故　長柄の橋の古材を出されたる由　其余数百品も有りましたと　勿論松浦武四郎氏は更なり　川喜田氏も本国の人なればと態々坂府より報知」

（伊勢新聞　明治12・5・17）

＊埴斎は久太夫・石水

5・7　「午前川喜田え招かれ、午後阿波座に行、回礼す」

5・8　「平瀬え招かれ、鳶青磁丼、同筒形花生、同丼、形少々午めの青磁に中に鳶にて竜の形出たるを見る。畢て古切類を見せらる。凡七八百品。何れも名物切なり。
今日岡本、川喜田、西尾同道す」　（『己卯記行』巻の三）

5・9　大坂高麗橋の藤田伝三郎宅で美濃赤坂の発掘品拝見、親ヶ谷古墳出土

「高麗橋伝三郎え山中多七と同道。此家にて去年〔明治十一年なり〕美濃国赤坂なる山の上にて掘出す処の物を多く取入れしを見たり。古破鏡五六面、鍬石一、我が蔵するより厚し、石質は同じく長六寸四分、車輪石五寸六分。是また世間無比の物也。其外種々の神代古物、近年如此掘出せし処なり。また勾玉壺二つ、奇品の勾玉二つ。銅鏃数多し。此処斎甕等多く出たりと。また近頃取入になりしと、爵、青蓋鏡等を見せらる。当家の壮大実に三都第一と云べし。
扨　此美濃掘出しの古物、畑の所有は、県え届けなく、京指屋にて売払しが故に此事吟味になり、其買主を大坂より呼て調被成、一端は取上にもなる評判有りし処、或日警察局にて坂地道具やを呼出し右品は岐阜県より届なくて持出せし故、一統警察局えさし出せと申渡せしや、藤田伝十郎手代右品物持参して、委細略書して御座候えば、右品御改の上預り書を被下候様申出し処、警察にて預は遣しがたしと。其手代承知せず、此品盗品と申義にも無候間、是非被下候様申立る処え渡辺知事行かれて、此品何も預り候には及まじ金円等ならば火盗の難有どもつぐなふ事出来るとも、如此品は償ふことなりがたし。依て此方に何か品有るよし岐阜県え答て遣しければ決て預り書等出し、預り置等致す事無用とて此事内々たりとかや。藤田伝三郎壮なる時の勢なればなるべしと、市中一同の道具や共、藤田の答にて大にたすかりし也」　（『己卯記行』巻の三）

5・11～20　在京

5・14　西京嵐山の山中信天翁・静逸宅訪問

「西嵯峨。山中に到り明後日十六日古物会を東山尚歌堂にて催由を談し置」

この頃　山中静逸が渋団扇（1―39）に蟹図と落款か

（『渋団扇帖』一）

5・16　東山尚歌堂の古物会

「今日尚歌堂にて古物会を催す。山中静逸、畑、森川、鳩居、在梅堂、桂花堂、西村、擢庵、山田、神田、伊谷、田中、其外二十七八人来る。頗る盛会なり。是ひとへに我が面目也。婆とふは伊賀政、喜多茂倅に連られて丸山温泉より祇園町なる都踊を一見せしとぞ。会は夜に入、散ず」

（『己卯記行』巻の三、『尚古杜多』（第一冊）　明治12刊）

この日　京都諸氏の贈物か

大宝積経甲荘厳会第七之三〔神護寺捺印〕　西京畑柳平所恵
法華経全部一巻〔高三寸四分〕　西京能勢某所所恵
同（鎮）鶏鈕古印播之字　西京桂堂主人所恵
戚　一枚　西京雨森氏所恵　戈　一枚　西京在楳堂主人所恵
桐紋古材　江州坂本豊公御茶屋之物　西京西村兼文所恵
鎮　鏡　有菊桐御紋天下一木瀬浄阿弥作　浄阿弥者北野大神鏡々匠也　西京鏡匠金森弥輔所恵
香炉　□□紋爵　西京秦蔵六所恵
器局　河内国弘川寺似雲上人負　明恵上人の負を縮模する物　西京桂花堂所恵
煙盆　古枡〔容京升五合弱〕高山枡ト云　藤堂家二代高次公烙印　西京西村兼文所恵

（『尚古杜多』（第二冊）　明治12刊）

『渋団扇帖』1―39
蟹図（胡粉）
画賛（胡粉）無拘公子横行
（朱書　参河人　山中静逸号信天）

5・18　元彦根藩家老、京都在住岡本黄石宅訪問
「黄石翁の宅に到る。江馬、神山、伊勢、中村来会、同道、知恩院に到る。妻とふは黄石翁家内と奥山三人連にて是もまた茶会に到る」（『己卯記行』巻の三）

この頃　江馬天江が渋団扇（2—21）に漢詩と落款か（『渋団扇帖』二）

『渋団扇』2—21
漢詩（墨）楼窓近水夜　生光折茅枯　蘆両岸霜款　乃一声舟不見　寒煙籠月白　花々
落款（墨）天江欽
（朱書　西京　江馬天江）

5・19　京都、山本章夫を訪問、「松浦多気四郎来」（『読書室年表』山本家蔵）
木屋町生庄楼で送別古物会、幹事　西尾政次郎
「今日、喜多茂、木屋町池庄楼にて古物会をなして離杯をのむ。大坂より高松舫州、小原竹香来る。谷鉄臣、素紋の壺。岡本黄老人、素紋の尊。在梅堂の素紋の香炉。鳩居、尊。其外井谷、福井、竹角、梧庵、森田、伊勢等来る。余は王莽鏡を出す」（『己卯記行』巻の三）
武四郎の出品
「漢銅章　軍暇司馬　馬鹿斎蔵品／同　部曲督印　同／同　長宜子孫鑑　同」（『挈提目次』『尚古杜多』（第一冊）明治12刊）

この日　大坂諸氏から贈物か
安慈鎮和尚袈裟掛　坂府山中氏所恵
同（鎮）鶏鈕古印　経之字　坂府高松舫洲所恵
山城国高田神社田券六通　承元　天福　建暦　建保　寛喜　康永年間中之物　坂府小原竹香所恵
土馬　一躯　和州高市郡平田村堀出　坂府岡本大講義所恵
同　一躯　同添下郡超昇寺村堀出　同　浜谷某所恵
（『尚古杜多』（第二冊）馬角斎蔵　明治12刊、『撥雲余興』二集　明治15）

この頃　元彦根藩、文人の谷鉄臣が渋団扇（3—4）に漢詩と落款か（『渋団扇帖』二）

5・25　帰途の豊橋、渡辺小華宅で古物会、「滞留。百花園にて古物会相催す」

この日　渡辺小華から陶器類か

「菓盆　尾州知多郡瀬木村堀出器　同郡常滑陶工鯉江高自堀得所贈于

渡辺小華主人々々今転見恵」

「小磔　三河国渥美郡大津村神分坂堀出

右渡辺小華主人所恵」

（『尚古杜多』（第二冊）馬角斎蔵　明治12刊）

この頃　古印の入手

「鎮　鶏鈕古印　文字範豊私印之四字　豊橋駅獲于米善楼上」

（『尚古杜多』（第二冊）、「古銅印九顆」『撥雲余興』二集）

5・27　静岡の柏原学而宅に泊る

「午後三時静岡に着、柏原氏に到り、古物を見る。山中笑等に有竹老人来る。夜十時雨ふり出し、依て明日滞留をすゝめらる」

（『己卯記行』巻の三）

山中　笑の回顧から

「有竹老人の曲玉と松浦北海翁（本文

芝井有竹といふ人、清楽を好み殊に清笛が上手なりしと。此人青瑯玕の曲玉の二寸程はあるよきものを愛玩し居られて、此の曲玉は廿五両の価はあるも買ふ人なしと申居りしを松浦武四郎翁、何れかにてきかれ静岡へ参られし時、柏原学而翁の宅にて有竹も参り、談、曲玉に及び有竹を見られて松浦翁は同行されし細君にさゝやき、袖より太政官一円札を廿五枚たばねしを出されて、有竹さん私はこれで買ふからお渡しなさい、と申されしに有竹は平にあやまり、曲玉を返してもらひしことありたり」

『渋団扇』3—4

漢詩（墨）茶師罐汲　炉試露芽

清風起想　到玉川家

落款（胡粉）如意山人

（朱書　彦根藩　谷鉄心）

（山中　笑『共古日録』九　早稲田大学図書館蔵）

廿五天満宮鏡奉納計画

「故松浦翁の納められし廿五鏡の天満宮

故松浦武四郎北海翁が、北野天満宮を初めとして廿五ヶ所の天満宮へ、日本国全国を鋳出せし大鏡を献納されしことあり。古へ加藤清正が日本国を鋳出されし大鏡を北野天神へ奉納されしに倣ひ、北海道を加へ寄付者の名を鋳出せしものにてありし。廿五できあがりしか否か、予は知らず、左の如き順にて、菅公一代記による由。（廿五ヶ所の天満宮名称列記中略）

以上　故松浦翁より聞き手帳に記し置るを載す。明治十二年頃かと覚ゆ」

（『共古日録』五十　早稲田大学図書館蔵、成瀬千香「改名と号」『山中共古ノート』一　青灯社　昭和49）

この日　山中　笑から古印か

「同　鶏鈕古印満之字　静岡山中笑所恵」

（『尚古杜多』（第二冊）、「古銅印九顆」『撥雲余興』二集　明治15）

5・28　柏原学而らが古物会を予定

「夜中よりいよいよ止むなく降りたり。是にては必ず今日迎来るべしと、早々支度して雨をおして出立」（中略）

「其日、後の様子を聞しに柏原氏にては雨のふりやまざるが故に、我は滞留すべき事と七八名の好古物達を招きて、古物会の目論見にて午前大前やに迎を立られしかば、我は早雨をおかして出立せしと聞て、大に驚かされたるとぞ」

5・30　帰着、「快晴。午前十時に帰宅したるぞ、目出度かりしことどもなりけり」
（『己卯記行』巻の三）

5・31　松田雪柯に帰宅通知
「午時雨。松浦老人書来云、昨三十日午後二時帰宅。贈書松浦老人祝帰宅、且云一両日中可登堂」
（「松田雪柯東都日記」(3)　書論32　2001）

この月　京都東山、高台寺住職梧庵紹材が塼仏収納箱【箱5　引出上段　15】の箱書き
（内川隆志編『静嘉堂文庫蔵　松浦武四郎蒐集古物目録』平成25）

6・5　雪柯を訪問、「浪花天満神社宝前神鏡背面縮図」贈る
「晴。午前、松浦北海老人来、恵鏡影扇面及佳糕、委曲話西遊、供酒飯」（中略）
「帰宅、贈書北海老人、報紫之一本云々」
（「松田雪柯東都日記」(3)　鈴木洋保翻刻　書論32　書論研究会　2001）

6・　渡辺小華から白瓷系小皿【単独箱　22】、五月二五日の百花園古物会か
（『静嘉堂文庫蔵　松浦武四郎蒐集古物目録』　内川隆志編　平成25）

7・　大和、式下郡宮古村・広瀬郡箸尾村の泥塔【単独箱17】入手
「小塔　三箇　和州広瀬郡所出　和州古市井上氏所恵」
（『静嘉堂文庫蔵　松浦武四郎蒐集古物目録』）

8・9　小野湖山が鳥型柄頭収納箱【箱2　引出下段　5】の箱書き
（『尚古杜多』（第二冊）馬角斎蔵　明治12刊）
（『静嘉堂文庫蔵　松浦武四郎蒐集古物目録』平成25、「古銅太刀頭」『撥雲余興』二集　明治15）

8・25　日下部鳴鶴に撥雲余興進呈
「陰。午前八時、北海老人来訪、恵冰蜜、過日所属述筆法二枚刻成、撥雲余興托

【箱5　引出上段　15】
《箱蓋表》支那北京万仏山
如意輪大士塑像
《箱蓋裏》付属東京松浦多気志郎弘
老人　時明治十二年五月吉辰　可
翁禅師同門遠孫　梧庵識
（『松浦武四郎蒐集古物目録』）

【単独箱　22】
《箱蓋表》三河国渥美郡大津神分阪
上所堀出　小瓦器六箇
《箱蓋裏》明治十二年六月贈　松浦
先生　渡辺諧
《箱側面　武四郎筆》三河国掘出皿
松浦氏
（『松浦武四郎蒐集古物目録』）

【単独箱17】
《箱蓋表》小塔　二
《箱蓋裏　武四郎筆》
大　大和国式下郡宮古村堀出
小　大和国広瀬郡箸尾村藪中ヨリ
堀出之其数千余枚或云三十九
枚ト云　時明治十二年七月

余呈、日下部君、日下部適来、呈撥雲余興。老人以維新英雄集書画　乞揮毫于日下部君」　（「松田雪柯東都日記」⑷　堀久夫翻刻　書論33　2003）

8・　中井敬所が河内国常楽寺塼仏収納箱【単独箱　19】の箱書き
（『静嘉堂文庫蔵　松浦武四郎蒐集古物目録』）

9・20　雪柯宅訪問、『尚古杜多』持参
「微雨、黄昏大雨。午前、北海老人来訪、恵尚古杜多二巻。欲観鳴鶴仙史古写経、報之仙史、携讃岐切及古写経来見示」　（「松田雪柯東都日記」⑷　書論33）

9・25　日下部鳴鶴らの来訪、古写経を示す
「鳴鶴仙史来、会読後、約訪松浦老人。午前九時、仝鳴鶴仙史訪松浦老人、老人待久矣。観其所蔵古経巻十余巻、皆千年前経巻、古色可掬、又借観二梅老人所蔵古経二巻、一　天平十二年所写、前日一観之。一　天平宝字六年所写、山陽先生有跋。菘翁書題籤。今日亦観画、神品上々也」
（「松田雪柯東都日記」⑷　堀久夫翻刻　書論33　書論研究会　2003）

この頃　日下部鳴鶴が渋団扇（3—32）に漢詩と落款か　（『渋団扇帖』三）
鈴木香峰に近況通知
「小生も当六月帰府後、少シ頭痛ニ而相臥居候処、七月十日比より眼病ニ而大ニ難渋仕候、此比者余程宜敷候得共、何分全快と者不参申候、実ニ困却仕候事ニ御座候、静岡柏原様も大ニ古物ニ御憤敷ニ而時々御文通申上候事ニ御座候
私も亀次郎未た病院ニ居候、日々入用多出ニ而、実ニ困却仕候事ニ御座候得ハ、家内極々倹約ニ而暮し、養生為致申居候事ニ御座候
何卒当方等追々書画も開ヶ候得共、本物と申もの無之、柳圃等宜敷様ニ相成候、実ニ可笑事也、時々中井敬所と其事を中笑居候事ニ御座候、何分東京者書画者

《紫紙書付》
相伝往昔弓削道鏡発大願造土塔一
□万基分埋□大和　明治十二年七
月某日　於箸尾村大師堂□□□□
官地之境　偶得土塔三□九　此塔
即是也　聞□有　探古癖是以相贈
大和国箸尾村某　明治庚辰一月桜
□某得土塔十数於　□華匣上□上
文　塔形奇古可愛□　購数基奉贈
松浦先生并乞清鑑　柏原孝章再拝
（『松浦武四郎蒐集古物目録』）

【箱2　引出下段　5】
《箱蓋表》古銅太刀頭
《箱蓋裏》紀元二千五百三十九年第
八月初九日　湖山小野良愿観并題
（『松浦武四郎蒐集古物目録』）

【単独箱　19】
《箱蓋表》瓦仏　多気志楼蔵
《箱蓋裏》河内国常楽寺瓦仏　依皇
極天皇御願而壇下之人　被奉埋納
数万躯　此其一躯也
明治十二年八月　中井兼之拝題
（『松浦武四郎蒐集古物目録』）

『渋団扇』3—32
漢詩（胡粉）鼓琵声　何処春山高
士家枝□林　下□不独為　梅花
落款（胡粉）鳴雀仙史
（朱書　彦根藩　日下部東作）

実ニ地ニ不参申候
佐野与市残り物如何仕候哉、此間柏原様ニ而与市の遺物と中もの一見仕候、さしたる器無之候得共、一、二品おもしろきと存候物御座候、とうか柏原君ニ残し置度事と存候、もし柏原様ニ御逢も御座候ハヽ、左様御伝言可被成下候」
（香峰先生宛（明治12・9）月27日付け松浦書簡　富士市立博物館蔵、三浦泰之・山本命「東海道吉原宿の脇本陣鈴木香峰と松浦武四郎」No.18『松浦武四郎研究序説』笹木義友・三浦泰之編　2011）

10・17　雪柯に収集古経示す
「帰路、訪北海老人、示新獲神護景雲古経、光明后経巻、聖教序及弘安辛櫃等。神護景雲経巻大字、足知運筆用墨之法矣。仝老人訪木村嘉平、属刻述筆法叙跋。初逢老父、聞至今主人歴四代、不落家声、可謂天下名工矣」
（「松田雪柯東都日記」(5)　書論34　書論研究会　2005、『そめかみ』明治12、「髀婆沙経神護景雲二年写経」『撥雲余興』二集　明治15）

初冬　向山黄村が法隆寺百万塔収納箱【単独箱　16】の箱書き
（『静嘉堂文庫蔵　松浦武四郎蒐集古物目録』内山隆志編　平成25）

11・2　東京両国、元津藩主藤堂邸で古器物展覧
「午前十時後、馳車至藤堂君両国邸、初謁当主君、北海老人・三村竹山・富岡九峰・凌雲老人・楓川亭先在。塩原重弦、周旋、書堂燐列本邦古器類。茶室壁挂心越禅師観音像。楓川代煎茶器類、皆可見。飲畢至書室、壁挂王建章水墨山水・金便面幅、檀几上陳列筆研紙墨皆名品、君嘗得米庵旧蔵筆、及香雪旧蔵名家手簡、見示之。又見示辺頤公花卉帖、清人某・沈石田以下十名肖像帖。学浩山水寸珍帖、皆不勝欣賞。余悉不録之。蒙佳供。黄昏辞帰」

【単独箱　16】
《箱蓋表》百万塔四基　多気志楼蔵
《箱蓋裏》明治十二年初冬　向栄
（『松浦武四郎蒐集古物目録』）

栄　（向山黄村）
旧幕人　向山栄五郎と云　隼人正ニ到る　清水公子を連れてフランスに到る　帰りて在東京　号黄村
（『遺芬』四）

11・17　藤堂凌雲は渋団扇（2―37）に竹図と落款か

（「松田雪柯東都日記」(5)　書論34　書論研究会　2005）

（『渋団扇帖』二）

雪柯を通して巌谷一六に撥雲余興

「北海老人来訪、使余転呈撥雲余興一部於巌君。巌君来謝、錦山亦来。皆春亦来、鳴鶴仙史亦来訪、巌君・錦山・皆春出勤、仝北海老人・仙史挙杯。仙史説霞浦絶勝、余請老人画潮来景。老人興来一揮、仙史亦乗興神崎図」

（「松田雪柯東都日記」(5)　書論　書論研究会　2005）

向山源太夫　死ス
旧幕人　蝦夷地宗谷にて死ス
武四郎を旧幕御雇となせし人也
歌をよくす
隼人正　同養子也
（『蝦夷屏風』右隻　四紙目）

『渋団扇』2―37
竹図（緑絵具）
賛（胡粉）此君擬結歳　寒盟
落款（胡粉）凌雲老人
（朱書　藤堂凌雲）

11・17、18　「今朝、日下部氏来過、廃朝課。松浦北海氏より被贈撥雲余興一巻。北海氏、松田氏へ来住、即往謝之」

（『巌谷一六日記』十四　杉村邦彦・寺尾敏江翻刻編集　甲賀市史編纂叢書十二　甲賀市教育委員会　2017）

京都本圀寺方丈、山本亡羊二〇年忌・追恩本草会

会主　山本復一・竹村藤兵衛・山本章夫

（『読書室年表』　山本家蔵、山本復一編『遺馨録』上下二冊　読書室　明治17、国立国会図書館蔵）

11・18　森養竹を訪問、古本・珍本

「訪北海人老人、於老人宅喫午飯。仝訪鐫工木村氏属之、又同老人訪森養竹老人。〃〃示見在書目一巻、旧狩谷掖斎翁所蔵、天下之珍本云。又請看宋板本劉向説苑纂要等種〃。鑑別古本、都下以翁為第一云」

（「松田雪柯東都日記」(5)）

11・21　雪柯らと朽木家の古銭拝見

「晴。午後一時過、北海老人来訪。二時前、岩渓兄来、因同登朽木家邸、観古銭凡百枚。就中、齊大公貨・漢大布黄千絶品云」

（「松田雪柯東都日記」(5)）

12・7　木村二梅が古経会

「午後、仝巌・日二君赴木村氏、古経会、先訪松浦氏、〃示古鏡数面於巌・日二君、氏誘二君及余赴木村氏観古経数巻。先是藤堂主君訪松浦氏、邂后同観、座上逢諸、又至松浦氏、〃供酒□、佐藤氏亦来、同傾数杯、既酔、雇車而帰」

（「松田雪柯東都日記」(5)　書論34　書論研究会　2005）

出品者　岩谷一六　日下部鳴鶴　向山黄邨　永井磐谷　柏木探古
　市河万庵　鈴木定吉　大石道節　堀　皆春　森　養竹
　樋口趨古　広文堂　大養寺　木村二梅　松浦　弘

武四郎の出品

阿弥陀経一巻〔世尊寺行成卿筆〕／紺紙金泥法華経巻第一説相絵并跋文

華手経惣相品第十四〔光明子願経　天平十二年三月二日　捺東大寺方印〕

（『諸彦挈提目録』『そめかみ』　巌谷一六題辞　日下部鳴鶴跋　明治12）

木村二梅が渋団扇（1―28）に書と落款か

（『渋団扇帖』一）

『渋団扇』1―28
書（胡粉）江上清風
落款（胡粉）二梅老人
（朱書　木村市左衛門）

この日　修史館一等編修官、書家巌谷一六の来訪

「午後、同松田、日下部両氏、赴松浦北海翁、観木邨二梅氏古写経会。帰途、再過松浦氏、有晩餐之饗。於北海翁観其所蔵古物数十種、皆為妙品。長宜子孫鑑、尤珍奇」

（『巌谷一六日記』十四　杉村邦彦・寺尾敏江編　甲賀市史編纂叢書十二　甲賀市教育委員会　2017）

12・22　藤堂邸の会食に同席

「午後四時、駆車至藤堂公邸、主君以今日冬至会客、故総飲食、亦用其意、示明人尺牘、高鳳翰雲根小帖、黄石斎先生断碑硯等、会者録于左。」

松浦北海、福田鳴鵞、浜村蔵六、渡辺小崋、樋口趨古、中井敬所、前田了白、塩田重弦　周旋」

（「松田雪柯東都日記」(5)　書論34　２００５）

12・26　藤堂邸の能狂言観覧

「早天、松浦老人使来、恵餅一重。使云、請早来共赴藤堂公邸。木村氏来、示述筆法刻成油摺。午前、車馳、訪松浦氏、適箔屋町放火、烈風炎□漲天、共先訪小霞、小霞有事故謝。余与老人共至藤堂公邸、観能狂言番組。詳別記之。畢贈盛饌、列于席者、七十銘云。夜九時、辞返。着寓居」

（「松田雪柯東都日記」(5)　堀久夫翻刻　書論34　書論研究会　２００５）

巌谷一六の辞退、「今日、従藤堂老公被招、以有事故辞之」

（『巌谷一六日記』十四　杉村邦彦・寺尾敏江編　甲賀市史編纂叢書十二）

12・28　東京麹町、精華吟館の墨帖会

「午前、真田葵園君来訪、喫午飯、同葵園君赴精華吟館墨帖会。会者録于左。巌谷迂堂、日下部鳴雀、丁野遠影、松浦北海、木村二梅、市河万菴、真田葵園、樋口趨古、岩渓裳川、宍戸碩堂、木村嘉平、上中軒、矢土錦山、吉田日子、堀対緑、塩田戦松、衛鋳生。各所携墨本録別冊」

（「松田雪柯東都日記」(5)　書論34　書論研究会　２００５）

武四郎の出品　智永楷書千文　独立禅師跋

（「精華吟館古法帖展観目録」『松のけふり』　題辞　木村二梅、武四郎跋　明治13　記念館蔵）

巌谷一六（迂堂）の参観、「午後、赴墨帖会于米花堂、頗為盛会、入夜而帰」

（『巌谷一六日記』十四　杉村邦彦・寺尾敏江編　甲賀市史編纂叢書十二）

この年　入手する古印

「鎮　鶏鈕古印文字範豊私印之四字　豊橋駅獲于米善楼上
同　鶏鈕古印播之字　西京桂花堂主人所恵
同　鶏鈕古印経之字　坂府高松舫洲所恵
同　鶏鈕古印満之字　静岡山中笑所恵」
（『尚古杜多』（第二冊）馬角斎蔵　明治12刊、『撥雲余興』二集　明治15）

一八八〇年　明治13　63歳

1・7　藤堂邸の新年会
「晴。午時、訪松浦老人、仝訪小華兄寓居。仝二子訪藤堂公邸、公所以被開人日筵也。会者十余人、人々携東京名物一品。余呈覧謁平川天神七絶、諸君各携奇品」
（「松田雪柯東都日記」(6)　堀久夫翻刻　書論35　書論研究会　2006）

1・31　午後、松田雪柯宅で古経数巻拝見
「松浦老人来訪、日下部来、誘引、示古経巻数巻。黄昏、松浦老人帰」
（「松田雪柯東都日記」(6)　書論35　書論研究会　2006）

2・6　雪柯に松烟染紙を贈る
「陰。夜四度失火。午前、松浦老人来、恵松烟染紙十冊、又使転致巌・日二君」
（「松田雪柯東都日記」(6)　書論35　書論研究会　2006）

2・13　東京、呉服橋の柳亭で古経と古筆展覧、会主　京都の西村兼文・雨森墨宝
「午前九時、仝日下部君乗人力車、赴呉服橋外柳亭、観古経巻及古筆展観。会主則西京西村兼文・雨森墨宝也。松浦老人・塩田君等亦来、法古老人亦来」
（「松田雪柯東都日記」(6)　堀久夫翻刻　書論35　書論研究会　2006）

春分　巌谷一六が大和国布留・美濃国赤坂出土管玉収納箱【箱1　引出下段　10】の書

3・23　雪柯に房州海老贈る、巌谷一六・日下部鳴鶴の題籤は箱書きか
（『静嘉堂文庫蔵　松浦武四郎蒐集古物目録』内川隆志編　平成25）
「午前松浦老人来訪、恵房州海老。老人所属巌・日二君題籤落成。日下部君来」
（「松田雪柯東都日記」⑹　杉村邦彦翻刻　書論36　書論研究会　２００８）

この日　巌谷一六が三環鈴収納箱【箱3　引出下段　6】の箱書き
（『静嘉堂文庫蔵　松浦武四郎蒐集古物目録』平成25、内川隆志・村松洋介「静嘉堂文庫所蔵　松浦武四郎旧蔵資料の人文学的研究」考古学資料館紀要28　国学院大学　平成24）

この頃　巌谷一六が渋団扇（3―35）に竹図と落款か　（『渋団扇帖』三）

4・　送別の漢詩、鷲津宣光・小野湖山・勝海舟ら（伊勢新聞　明治13・4・30）

この頃　勝海舟が渋団扇（1―32）に漢詩と落款か　（『渋団扇帖』一）

4・12　東海道、大峯奥駈け・和歌山に旅立ち
（『庚辰紀行』一　佐藤貞夫翻刻編　記念館　平成28、巻末　刊本『庚辰游記』影印収録）

4・15　駿河有度郡小鹿村の古墳群と出土品
「此辺御一新此方追々山え茶畑を開きしが、此処に石堂（イシンドウ）〔是則石窟にして、石堂と云ふ処、山野に数百有〕多く有を追々毀破みるに石棺有。其中に古剣、矢の根、陶器類其外数種の古甲冑、馬具類の欠損物有、中にも俵形の斎甕は噴薬有、千蓋波にて、堅質の物也」
（『庚辰紀行』一、「駿州有度郡吉田村イシンド堀出鉄轡」『撥雲余興』二　明治15）

4・17　沓部村足立氏宅に泊、古画と佐野郡岡津村の古墳出土品拝見
「掛川より古銭一箱来り、袋井よりは古画、源平合戦の金屏風一双来りしが、頗

【箱1　引出下段　10】
《箱蓋表》大和国布留堀出　長管
美濃国赤坂堀出　大管
《箱蓋裏》明治庚辰春分後二日
北海老人大雅属題　一六
居士修
（『松浦武四郎蒐集古物目録』）

【箱3　引出下段　6】
《箱蓋表》品字鈴
《箱蓋裏》明治十三年庚辰春三月
廿三日　為北海翁雅属
巌谷修題
（『松浦武四郎蒐集古物目録』）

『渋団扇』3―35
竹図（朱）
賛（墨）鳴嶰谷之鳳化　葛陂之竜
落款（墨）古梅居士造
（朱書　江之水口藩　岩谷修
一六）

『渋団扇』1―32
漢詩（胡粉）学士閑耳　半日老僧
閑耳半日
落款　海舟逸民　（朱書　勝安房）

『庚辰紀行』全五冊
佐藤貞夫翻刻編　記念館　平成28
刊本『庚辰游記』影印収録

るおもしろし。又朝餉等仕舞しかば、佐野郡岡津村掘出しとて漢日銅鏡、素焼の丼、異製の鈴、素焼の壺、臼石、異形の石を持し来りしか、是の内鈴は銅鈴なるが頗るおもしろかりし也」

（『庚辰紀行』一）

＊奥の原古墳か

この頃　見聞した出土品

「草薙山堀出上古塗金武器　数品　駿州小鹿　山村氏蔵
天王日月鑑〔井内氏　伝来〕　静岡　栢原氏蔵
石劔〔長一尺一寸　五分〕　同　安間氏蔵
同国佐野郡岡津掘出異制鈴　遠州沓部　足立氏蔵
同　安間村出大壺古銭一万二千文収　天竜　金原氏蔵」

（「雲烟過眼」『庚辰游記』明治13刊）

4・19

豊橋、稲垣宅で各地の出土品拝見

「大さ二寸五分の車輪石、九寸五分有る石剣を見せらる。其外尾州知多郡名和村にて掘出せしと云壺并に勾玉、管玉等を見せらる。
また此五六日前に三州八名郡須瀬村の上に石窟多く有るよしなるなり。是より出たる古陶器を見せらるに、是は余程上古の物なりし也。此穴を火塚と云とぞ。
むかし火の降りし時に入りし穴なりと。
また三州岡崎伝馬町裏の稲荷社の傍に墓二ヶ所有と。此一ヶ所に石塔有るよしなるが、此処より勾玉、管玉を近来掘出すと。三つ四つを見たるが、皆玉造石の上等なり」

（『庚辰紀行』一）

4・21

名古屋、博覧会の寺社出品物所見

「是より真福寺蔵書拝見の事を申込み都合に成る。先博覧会中目につきしものは、大坂天王寺の宝物とて此方へ回し被成しもの、実に棒腹の品斗也。中におもしろきと云は、古銅仏三躰と楽面は実に感じたり。旌旗の類如何にも面白からず。熱田宮出品は佐理卿の経巻に宣房卿奥書日本紀写本十五巻、国信太刀、備前国国成太刀、神束刀、標語鎖太刀、白祭面なり。また余り聞ざる寺なるが、中島郡妙興寺村妙興寺出品には種々おもしろき品有たり所」　（『庚辰紀行』一）

4・22　名古屋大津、真福寺蔵書拝観

「早天。紙屋半兵衛を尋。此処にて古筆年鑑を見る。中に讃岐切五行有。代金五百疋にて求之。午頃紙半え日下部君着の由、同人申来るに付、会長え話し、事務所にて逢。同道にて真福寺え到る。三輪、恒川外三人同道す。扨、是まで真福寺にて橘逸勢の経巻有と云に、思ひきや、是は漢書食貨志にして、紙は黄麻紙、処々に如図印有。是式部省の御印也。又巻中欠落有。其外異体挙て数えがたし。是唐人の書たる事、疑ふべくあらず」　（古文書の目録）

（『庚辰紀行』一、「讃岐切」『撥雲余興』　明治10）

4・26　津、「茶屋町岩村県令を訪ふ。岡、辻、酔古堂、野田、北堀端の野田半谷、土井幾之進、堀田、芝原を訪ふ。留守宅也。松本宗一、松浦卯三郎来る。川喜田四郎兵衛へ到り、川喜田の隠居を尋る」　（『庚辰紀行』一）

八十五　岩村右近　（定高）
佐賀藩　開拓権判官となる　当時
三重県令となる
（『雲津雁影』【百二十二】）

4・27　津、古川の長良左衛門の収集古銭類拝見

「開元二当銭、天福官銭、乾亨通宝、天道三当、泰如、金銀桐紋銭。また古銅豆。是は伝世にて頗るおもしろく覚ゆ。海屋先生の文有。また許友君の五枚物二幅を見る。外にまた許友君の墨本一冊を見る」

この日　旅行途中、一志郡小野江村に帰郷

「午後、出立、本楽寺、墓参して本家久兵衛にて泊る」

4・29　「両宮参詣。宇治神宮教院により経巻を見る」

4・30 伊勢山田、松木美彦宅訪問

「三十七代連綿たる家、今度の御一新にして三十八代にて形斗の小家に住居。日も当られざる様也。此家に豊宮崎文庫の物少々残れるを見る」

山田吹上の東楼で小集

「是より吹上なる東楼と云にて小集を相催すに、福井丹隠　八十、松田適翁　八十、林棕林　六十七、服部林湖　六十七、中西弘綱　六十　久志本、小生、六十三才　〆五百四才とか覚ゆ。もし是に佩芳老人存命ならば、当地の高年会とも云べしと笑。夕方まで五六人来らる」

（『庚辰紀行』一）

この頃 伊勢山田、林棕林が渋団扇（3―24）に草花図と署名か

（『渋団扇帖』三）

春日 神宮教院、中西弘綱から外宮境内、臼玉【箱1　引出下段　12】

（『静嘉堂文庫蔵　松浦武四郎蒐集古物目録』平成25、小玉「松浦武四郎収集の銅鈴・臼玉・瓦経」三重の古文化100　三重郷土会　平成27）

4・30 伊勢新聞社松本宗一訪問・新聞報道

「〇北海翁松浦武四郎氏は県下一志郡小野江村の人なり　少ふして志を立て山川を跋渉して見聞せる所多し　而して往年北海道開拓の事に尽力ありしハ世人の既に知る所なり　その後勇退月に嘯き流に嗽き唯風流に心を委ね東台(うえの)東照宮　西京北野天神　大阪天満等へ神鏡を奉納する杯皆為さゝる所をなして楽とす　殊に古器物を好めるよし　此度も杖履瓢然吉野大峯を経て熊野に遊はんとし　途次社員松本氏を矢野村に訪はれし由にて其の節　曽て送別の詩一二を示されたれは左に掲ぐ

北海道人

将経吉野大峯釈迦岳之熊野留別都下諸友人

『渋団扇』3―24
草花図（胡粉）
落款（胡粉）綜林
（朱書　伊勢人　在山田　林刑部）

【箱1　引出下段　12】
《書付表　武四郎筆》外宮御敷地之内　山神社境内所得　臼石七枚
中西弘綱被恵　明治十三春日
（『松浦武四郎蒐集古物目録』）

一筑一笠□粮。前鬼随従後鬼迎。沐両櫛風習成性。何論十日破榛荊。
鷲津宣光草
庚辰四月北海松浦翁将経吉野大峯赴熊野賦此以壮其行
即梯即縋上崔嵬天半排雲鳥道開国軸峰頭時一咳化為下界百千雷
湖山野長愿題
北海松浦翁将遊大峯余與翁同買地卜隣誼如一家千里之別不可無詩
然毅堂詩文成奇絶驚人反覆吟誦不能復出一語恧然閣筆翁幸□之
この他には勝海舟先生等の送別の詩歌あれとも畧しぬ」
（伊勢新聞　明治13・4・30）

4・30
埼玉の豪農内山作信が工村小室に『撥雲余興』推奨
「近時　好古器物之書ニ而者　撥雲余興宜敷由ニ付、一帖取入置候、御蔵書中若無御座候ハ、御申越次第摺上可申、御慰ニ御覧可被成候」
（小室先生宛（明治13）4月30日付け内山信書簡、三浦泰之「〈古物〉収集家としての松浦武四郎に対する同時代評についての一史料　―埼玉県立文書館所蔵の小室家文書より―」No.2　会誌61　2011）

5・1
熊野街道・伊勢本街道を西に向う
「出立。服部、中西、送り呉る。〔二十丁〕宮川上の渡し、是を柳のわたしと云。是上も下も宮川は無銭渡しなりしが、今度は五厘つゝをとる。川端〔茶屋はたご屋多し〕畑道少々行く」
（『庚辰紀行』一）

5・
市河万庵が中西弘綱贈の菩提山瓦経片収納箱【単独箱　20】に箱書き
（内川隆志編『静嘉堂文庫蔵　松浦武四郎蒐集古物目録』平成25、小玉「松浦武四郎収集の銅鈴・臼玉・瓦経」三重の古文化100　平成27）

【単独箱　20】《箱蓋表》瓦経
《箱蓋裏》勢州度会郡菩提山神宮寺
境内堀出　庚辰五月中西弘綱所恵
万庵兼書
（『松浦武四郎蒐集古物目録』）

5・6　吉野、大峯奥駈けの支度
「早天より少し雨。隠居宅にて喜蔵院、善導、喜右衛門、外二人人扶等相会し、山中持物総て手配に懸り、夜に到て相成る。今日明後八日、御戸開き参詣の道者吉野山に上る事、凡三千人といへる。是迄は四月八日御戸開きの処、新暦に成るにより五月八日と相定るよし。
荷物支度、一人前米三升五合、わらんじ十足、味噌、塩、梅干、てん火味噌、伽羅昆布、豆煮、味噌漬、たんぜん一枚づゝ、ケット二枚、斧、細引縄、山刀、法螺大小二口。其外用意相整候也。夕方晴」

5・7〜12　大峯奥駈け一行六人（『庚辰紀行』一）

5・7
「晴たれども蒙靄ふかし。さながら雨の如し。出立。余が杖少々長しとて、隠居是を五尺五寸に切てわたせり。また昨夕我が桧笠よろしからず。端を編みたるにせよと頻りに探し呉しが、後思ひ当る事有たり。実に其事になれし人ならでしれがたくぞ覚ゆ」
（『庚辰紀行』一）

5・8　山上の荒廃に悲嘆
「小篠。左り大岩有。正面護摩堂〔五間〕、四面板葺也。戸障じはこわれしを其まゝ立腐にしたり。本尊も何もなし。前に大岩にて作りし柴灯、右本山塔婆、左当山の塔婆、共に長二間斗。素木のまゝに文字を彫たり。其前に十二先達の坊、また少し離れて三十六先達の坊、皆潰れ木材にまで腐れ、如何に大政御維新の縁なりとも、此山奥までかく旧き事とては御廃しになりしはと涙にくれける也。西上人は小篠の露のそぼつに袖をうるをされしに、我は此有さまにほとんど涙をこぼしたりける也」
（『庚辰紀行』二）

5・12　成瀬村〔人家一軒〕

5・14　吉野郡玉井川村、廃仏棄釈による地蔵道標の撤去

「十町斗下りて熊野街道に出。此処にて橋有。是古代の本道にて、近年県より修復有し由にて、実に左右の岩を切さけ、可驚道になしたり。喜右衛門、善導、合力共に爰にて暇を遣し、余は行李を肩にして是より独行するに、両岸の山水、実に奇絶窮り無が故に、聊か徒然と思はざる也」（『庚辰紀行』三）

「総て此辺分れ道に標石なく、旅人の難渋はかり難ければ、紀州路には有りて、堺県下に到れば標石なきかと問しかば、十津川五十一ヶ村には今一本もなし。奈良県の時仏御廃しにて、家々の仏も位牌も村々の寺も毀ちて仕舞とて厳敷御沙汰の時に道分の標等には多く地蔵、かんおん等に刻有りし故に偕取捨し也と。依て我等の家先祖の位牌まで奈良の御役人が御越し成て打こわし、又焼捨しなりと語りしが、実ニ悲しむべき事なりしと」（『庚辰紀行』三）

5・16　熊野本宮の文書類拝観

「扨、巽御門を入て右の方社務所有。是え到る。音無宮司、早宝物を西の方の礼殿に出して有たり。正面には、中の四社。并て東の四社。并て八百万神の社。中の宮の西に若宮、一の宮、神楽殿、二三の宮と七種並びたり」（中略）

「夜また音無宮司、記録類を一櫃持らせ来りしが何れも明和後の物なり。然し抄写様の物等有しを少しを写し置しが、往昔御幸の事は平城、清和、宇多、花山皇王、白河上皇、堀川、鳥羽法皇、後白河、後鳥羽、土御門、亀山上皇、就中後白河法皇は三十四度、治承年間には小松内府重盛、元暦のはじめは維盛、其余公武の崇敬浅からず」（『庚辰紀行』四）

この頃　音無新太郎が渋団扇（3—30）に和歌と落款か（『渋団扇帖』三）

5・17　熊野新宮の飯田勉次郎手配済み、後に一畳敷用材到着

「川岸三丁斗過て町に入、馬町なる油屋に宿す。〔凡三時少々前也〕是より中川三蔭を尋る。座に井上斎といへる人有。是は江戸下谷橋本桑淳宅にて逢し人也。是より熊野政村に到る。飯田勉次郎を尋る。留守の事しれども総て此地の事、当人より手配致し呉たりけれは、家内に面会す」

（『庚辰紀行』四、「八十四」『木片勧進』 明治20）

『渋団扇』3—30
和歌（墨）なつかしきものにもあるからめのはな ことしも春はおくれさりけり
落款（墨）□忠
（朱書 熊野本宮之人 宮司 音無新太郎）

5・18

牟婁郡和気村熊野川、御船島神事の廃絶に嘆息

「また左りの岸に御船島。十津川郷士五十人、長柄当所城主より鉄砲五十挺を供奉し御輿、御舟に乗り奉り此島を三度回り神幣有りし処なりしが、明治四年より此事絶たりと。実に可惜事ならずや」

（『庚辰紀行』四）

八十四 紀州新宮 飯田耕海
同所に在る処の弁慶楠の古板
里俗弁慶此楠の股より生れしと云る
あられぬことなれと伝ふるまゝ記す
（『木片勧進』 明治20）

熊野新宮速玉神社の文書類拝見、後に楠畝女から一畳敷用材

「中川、井上同道にて祠官楠叟宅に到る。南門を入て左り拝殿、右神楽殿、并て社家詰所。向て右東門、御供御。左り西門、護摩堂跡、一ノ宮、二ノ宮、三ノ宮、四ノ宮。次に摂社八座。禅師宮、聖主宮、児の宮、子守宮、十万宮、一万宮、勧請宮、飛行宮、米持宮、御船庫〔是は神事の時島回りの船を入〕、宝庫、等々。前に鉄大釜有。此釜は本宮の方より古く思はる。先ッ書類を拝見するに（古文書函など）」（『庚辰紀行』四、「十八」『木片勧進』 明治20）

十八 紀州新宮祠官 楠畝女
熊野新宮社誠證殿
明治十四年烟上之燼材 檜
但シ紀侯南竜院殿係建築物也
神棚化粧柱らんま無目（ムメ）に用ゆ （『木片勧進』 明治20）

5・21

埼玉、好古家内山作信が医者で同好の小室元長に『馬角斎茶余』紹介

「○先便申上候撥雲余興御覧可被成との御状故、右之外写し置候もの一冊并馬角斎茶ノ記壱冊指上候、緩々御覧可被成候」

（小室元長先生閣下宛（明治13）5月21日付け内山作信書簡 埼玉県立文書館蔵、三浦泰之「〈古物〉収集家としての松浦武四郎に対する同時代評についての一史料 —埼玉県立文書館所蔵の小室家文書より—」No.3 会誌61 2011）

5・26　若山、津田香巌蔵の文書類拝見（『庚辰紀行』五）

5・27　和歌山、元白子代官志賀八十右衛門から銅鈴、【箱3　上段左17】

「二十七日〔旧暦四月十九日〕早天より志賀八十右衛門を尋る。是は天保度勢州寺代官を勤められし人なるが、泊村にて三重采女の墓と云伝〔一説に武尊の何か所縁の人とも云〕の有し人の石棺を掘出し、本藩に届けをなせし時、八十右衛門え一つ賜り、一つは一位様に奉り、一つは賢光院様と云に奉りしを、それを水野土佐守に被下成りしが我が蔵となりし也。此一つを我倉田を以て所望せしに中々譲らざりしが、其後また谷村を以て乞ひしに其時もまた県吏の威をもてなすとか云て譲らざりしに、今度は我尋しを愛でて、

はし鷲の尾ふさの鈴の手放れを今日は雲井の空にあをがん

と一枚のたんさくに認め、われに其鈴を贈り呉れしぞ実にかたじけなし」

（『庚辰紀行』五、「伊勢国三重郡泊村掘出鈴　其二」『撥雲余興』二集　明治15、小玉「三重郡泊村・田の山古墳出土の銅鈴」三重の古文化93　三重郷土会　平成20、内川隆志・村松洋介「静嘉堂文庫所蔵　松浦武四郎旧蔵資料の人文学的研究」考古学資料館紀要28　国学院大学　平成24、内川編『静嘉堂文庫蔵　松浦武四郎蒐集古物目録』平成25）

【箱3　上段左　17】
《箱蓋表》勢州三重郡泊邨農民
掘地獲之　古鈴
《箱蓋裏》明治庚辰之冬　般堂題
（『松浦武四郎蒐集古物目録』）

この日　横井鉄叟から古銅印

「是より吉田村と云に横井鉄叟とて篆刻に名手の有を訪ふに、漢騎部曲督の古銅印を見せられしが、此叟は清人の印は甚愛玩せらるれども、如此銅印等さしての物とも好まざるよし故、其印是を乞しかば是も快く恵まれたり」

（『庚辰紀行』五）

漢印への関心

「屈指殆ど五十年〔天保四癸巳余十六歳〕始て大江戸に出て山口仁三郎〔益田遇所〕君に伴はれて勤斎翁、林谷老人、三世蔵六、の家を訪ひし時、何れも漢の銅章こそ慕ひもとづく処なれと語られしが、其比わが伊勢の国にも小畑栗斎とて芙蓉門にて世に名高き人あり、それも同説にて其後五七年を過、余崎陽に到り、源弥水とて彼地に三世程この業とる家に尋しが、是も又漢印を慕ふよし語られ」（中略）

「また去年の夏、紀の熊野路を過りて若山に到り、横井鉄叟兄を訪ひし比、われ其道にハ疎けれとも譚この五先輩に及ひしよりして、我が漢印を慕ふの切なるを感して、はからさりき、後の一顆を恵られしかは取あへす併せて板にのすることとしかり」

（「漢軍仮司馬印、漢部曲督印、漢部部曲督印」『撥雲余興』二集　明治15）

この日　倉田秋香から紀州名草郡大同寺の泥塔

「夜十時頃帰宅しての話しに、志賀氏中々右の礼を受とらず、其内半分返さしてとてやふやふ受くる。横井氏も我元より此品は百五十疋にて求めし品故とて、五円を貰ふことなりがたしと辞しが故、倉田氏、さて志賀氏の例有ればとて二円五十銭を置て逃帰つたとぞ。それに付ても我も一品返さんとて倉田氏は般若寺のマカリマチ枡と南叡山大同寺の祈仏二面を恵まれしも奇と云べし」

（『庚辰紀行』五、江藤正澄「土製の小塔」考古1―6　考古学会　明治33）

後日、松田雪柯が泥塔収納箱【箱5　引出上段　11】に箱書き

（内川隆志編『静嘉堂文庫蔵　松浦武四郎蒐集古物目録』平成25）

【箱5　引出上段　11】
《箱蓋表》小塔
《箱蓋裏》紀州名草郡南叡山大同寺
堀出此謂ヒネリ仏　倉田秋香恵贈
明治十三年庚辰五月　多気志楼珍
蔵　松元修書
（『松浦武四郎蒐集古物目録』）

6・2　大坂、天王寺宝物拝観

「西尾政次郎同道、天王寺野堂町田中猶次郎え鳥尾得庵先生を誘引して尋る。是より天王寺宝物拝見の事を申込、十二時より来る様にて三人天王寺に到る。是和歌山津田ぬし書状にて云入し也。其夥敷事に驚く。然れども其感心すべきもの甚希也」（書画・古経類の目録）

「腹痛を以て謝し帰らんとするに鳥尾氏も直に辞し帰られ、同道にて直に鳥尾氏を訪ふて唐人の法華を拝見す。又其筆意、実に目を驚かす。また其説相画の梵ににざり。是元姫路の川井隼之助の蔵本なりしが、五年巳前喜多茂八十円に買求めて百円に得庵居士に売る也。実に天下の至宝、支那たりとも如此有るを不聞なり。夜に入て分れ帰る」（『唐辰紀行』五）

6・3　大阪の骨董商

「阿波座の西の方少々の中儀といへる骨董舗有るを訪ふ。是吉野山喜蔵院の叔父なりと。此家にて種々おもしろき物を見しが、骨董店といへども中々うらず。其中別ておもしろきは法然上人より俊乗坊に贈る百八の念仏、貞純、経基、義家三将の像等実に目を驚かす品也。午後小原竹香を訪ふ」（『唐辰紀行』五）

6・4　大坂道修町、池田氏宅の送別小集、茗主　池田、補助　田中・西尾

「好古一同、今日は道修町池田氏にて送別の一小集をせんとて正午より来らる。亭中静逸にして緑樹陰々、其幽遂云へきなし」

出品者　鳥尾得庵、岡本、池田、田中、高松、西尾、鉄川、和州丹波市　山中、藤岡、小原竹香

武四郎の出品　六鈴鏡

（『庚辰紀行』五、「浪華池田氏席上小集目録」『庚辰游記』　明治13刊、「六鈴鑑」『撥

雲余興』二集　明治15）

6・8　京都善導寺の小集、会主　雨森某（善司）・西村某

「八日〔旧暦五月一日〕。二条善導寺にて尚古会を催す」（出品の目録）

「等昨年の会よりまた一増の出品、別て拝観人も数多御座候。薄暮、尚又明十四年を期して分袖」

出品者　東寺、栂尾高山寺、嵯峨山中、伊谷、水茎、山田、畑、吉田俊蔵、
梧庵上人、森川、小林、宮原、野口、小原、中村、津田、関口、
田中、山本、三角、神田、在楳堂、鳩居堂、雨森、西村、善導寺

橘諸兄卿像　水茎氏

武四郎の出品　管相公讃岐切六行一幅　東京松浦弘／青琅玕異製玉　二品

（『庚辰紀行』五、「西京善導精舎小集会目録」『庚辰游記』明治13刊、「讃岐切」『撥雲余興』　明治10）

6・9　善導寺小集会出品の橘諸兄卿像を西村に斡旋依頼

「薄暮西村氏に到る。昨日見る処の諸兄公の像を典物たりしが、今日流却の由を聞故、此周旋を頼て暇を告、もし談調ふ時は夜何更に及ぶとも贈り給えとて帰り、夜までども不来して寝る」

（『庚辰紀行』五）

6・10　京都駅で橘諸兄像の入手

「開明、ステーションに到る。危発車の刻に至り、一人の婦人其像を抱て来り、余に出すが故に、直に七円五十銭を渡し乗車」

（『庚辰紀行』五、惺々暁斎画「橘諸兄卿之像」『撥雲余興』二）

6・17　東京帰着、雪柯にも通知

「蒸気車にて十時五分に新橋着。十一時帰宅」

（『庚辰紀行』五）

「松浦翁書来、報帰宅、且吊過日近火」

（「松田雪柯東都日記」⑻　書論37　書論研究会　２０１１）

6・23　雪柯来訪、旅の話と入手古写経示す

「午後、将訪松浦老人出門、逢三浦次郎、約明日来訪。於竹橋辺達明王院。松浦老人在宅、聴西遊奇事、示其所得淳化所写古経」　（「松田雪柯東都日記」・）

6・26　雪柯を訪問、小鏡贈られる

「晴。早天、松浦老人来訪。恵小鏡、報知日下部氏、直来相語」

（「松田雪柯東都日記」⑻　書論37　書論研究会　２０１１）

6・30　東京、古物商畠山如心斎の松浦武四郎評

「○抑東京中、仮ニ古物家ト称スル翫弄物品家目今百名ニも近カルベク候処、独其名皇国一般ニ轟ク者同氏ニ限レリ、其故ハ何ゾヤ珍品奇物ヲ非凡ニ多ク取集、随而屡上木ヲ意トシ、加ルニ北野天満宮、東叡山中し東照宮ノ如キヘ献鏡等ノ名聞ヲ旨トシ、且昔年北地開拓ノ功ヲ唱ヘ、人ニ対スル毎ニ己が貯蔵ノ多数且珍奇世上ニ冠タルノ由縁ヲ懇ニ解明スヲ常トシテ、人ヲシテ先驚カシメザル事無キニ依テ也、

但、同氏ノ珍奇ヲ多数際限モナク取集ルヤ、全ク己尚古ノ為ニモ非ス、又真ニ古物ヲ観ルヲ楽トスルニモ非ス、又世ノ有益ヲ計ルニモ非ス、又目利ノ為ニ知ラズ知ラズ物ニ溺ル、ニモ非ス〔元来目ハ余リ利カス、故ニ物ニ衆評ヲ得テ而後ニ非レハ用捨モ決セザル人也〕唯内ニハ利是計リ、外ニハ名聞是計ノミ、故ニ其集得ル処ノ物々賊ニ類スルノ所行ニ渉リ、夫等ノ臭声年ヲ逐甚敷ニ至リ、卑生等ノ同好ハ内心席ヲ同フスルモ快シトセザルガ如シ、同氏ニ限ラズ慨シテ是ヲ云バ、昔年ヨリ普通古物家ハ盗賊ノ余派ナルノミ」

（小室老先生宛（明治13）6月30日付け畠山如心斎書簡　埼玉県立文書館蔵、三浦泰之「〈古物〉収集家としての松浦武四郎に対する同時代評についての一史料—埼玉県立文書館所蔵の小室家文書より—」No.4　会誌61　2011）

7・9　雪柯らが弔問
「松浦老人子息亀次郎書来。午後馳車訪松浦老人弔問。邂逅市川万庵、大槻修二及諸君」（「松田雪柯東都日記」(9)　書論38　書論研究会　2011）

この頃　岡本黄石が鉄鏡収納箱【箱3　引出上段　4】の箱書きか
（内川隆志編『静嘉堂文庫蔵　松浦武四郎蒐集古物目録』平成25、「九獅鎖鉄鏡」『撥雲余興』二　明治15）

【箱3　引出上段　4】
《箱蓋表》九獅銕鏡　多気志楼蔵
《箱蓋裏》自去王家形影沈一枚神者
顕于今青衣不至長明浄照徹何人皎
白心　題鉄鏡為　北海松浦翁
黄石髯叟迪
（『松浦武四郎蒐集古物目録』）

7・15　雪柯が亀次郎初七日墓参、日下部宛の小本画図依頼*
「午前、馳車訪松浦老人。（中略）老人在宅、家内以今日当初七日墓参。備粗菓霊前。老人手温酒被勧、共傾数杯
贈書増井秋香。　訪日下部君、達松浦老人所托小本画図」

*庚辰游記

7・16　日下部鳴鶴・巖谷一六に依頼の書・画類できる
「日下部君来示松浦老人肖像使余転致。巖君来、松浦老人所属新獲二字落成、使余転致」

7・17　「贈書松浦老人、報巖・日二君及余題辞題詩落成」

7・18　「晴。早天、松浦老人来訪。恵乾魚一筐。与過日見属巌・日二君及余題辞題詩」

8・2　「松浦氏令愛持老人書来、促題籤、即書与之」

8・6　雪柯から亀次郎位牌書
「松浦老人令愛来、属書亡児位牌。　贈書増井秋香。　日下部君来訪。　書位牌付郵便、贈松浦老人」

8・11　「松浦老人書来、当亡児五七日、恵堕円饅頭一重」

8・16　雪柯に新刊の庚辰遊記
「晴。午前、松浦老人来訪、恵庚辰遊記」

8・18　清国駐日公使館勤務、書家楊守敬を訪問
「今日同松浦老人訪楊惺吾先生。楊氏明日有訪松浦氏約、同日下部君来臨云」

*楊惺吾は楊守敬

8・19　楊守敬と面談
「鳴鶴仙史来訪、談於松浦氏宅与楊守敬筆談云々」
（「松田雪柯東都日記」(9)　杉村邦彦翻刻　書論38　書論研究会　2012）

この頃　楊守敬から古碑拓本か
『真興王定界碑拓本』一幅　紙本墨拓　記念館蔵
題簽「真興王定界碑　万菴兼題簽」
落款「此真興王定界碑在朝鮮咸興持贈　松浦先生　守敬記」
（三浦泰之「時代をめぐる人びと」『松浦武四郎　時代と人びと』北海道開拓記念館編　北海道出版企画センター　2004）

9・12　雪柯宅で狩谷棭斎旧蔵古写経拝見
「晴。午前、松浦老人来訪、示天平二年黄君満呂所写経巻、旧棭斎先生蔵」
（「松田雪柯東都日記」(10)　後藤芳川翻刻　書論39　書論研究会　2013）

【箱5　引出下段　20】
《箱蓋表》八万塔周防国棚井村堀出
《箱蓋裏》光緒庚辰九月　荊州楊守敬題
（『松浦武四郎蒐集古物目録』）

9・　楊守敬が八万塔収納箱【箱5　引出下段　20】の箱書き
（内川隆志編『静嘉堂文庫蔵　松浦武四郎蒐集古物目録』平成25、「周防国厚狭郡棚井村堀出塔」『撥雲余興』明治10）

【箱1】
《箱蓋表》奇彩千秋　馬角霊光万古
《箱蓋裏》明治庚辰仲冬　為北海翁之属　海舟散人　湖山酔翁長愿
（『松浦武四郎蒐集古物目録』）

11・　勝海舟・小野湖山が玉類収納大箱【箱1】の箱書き
（『静嘉堂文庫蔵　松浦武四郎蒐集古物目録』）

12・4　雪柯から田崎草雲書画展の目録か
「訪北海老人、呈草雲書画筵展観」（「松田雪柯東都日記」⑿　書論41）

12・22　雪柯を訪問、日下部鳴鶴の古銅印見る
「晴。北海老人来訪、達家翁書与過日所属印譜。日下部君亦来訪、君携頃所得古銅印数顆示老人。君従宅報来賓、先還。与老人挙杯談芸」

12・23　巌谷一六・楊守敬が古銅器類収納大箱【箱2】の箱書き
（『静嘉堂文庫蔵　松浦武四郎蒐集古物目録』）
楊守敬が古鏡収納箱【箱2　上段の引出と思われる側面板】の箱書き
（『静嘉堂文庫蔵　松浦武四郎蒐集古物目録』　平成25、「新莽長宜子孫鑑」『撥雲余興』　明治10）

12・26　雪柯を訪問、「北海先生令愛二人来、恵餅及野菜類数種、属銅□戚題籤」

12・28　雪柯の来訪
「訪北海老人、贈菓子一筐・紫海苔一包。主人供善哉、喫数椀。令閨従昨日離褥、頗周旋、賀之而帰」
（「松田雪柯東都日記」⑿　書論41　2015）

この日　雪柯が玉類・金環・銀環収納箱【箱1　引出上段1〜6】の箱書き
（『静嘉堂文庫蔵　松浦武四郎蒐集古物目録』）

12・　雪柯が青銅製斧収納箱【箱2　引出上段右　6】の箱書き
（『静嘉堂文庫蔵　松浦武四郎蒐集古物目録』）

この年　京都、加茂神社の土師器皿【単独箱23】入手
（『静嘉堂文庫蔵　松浦武四郎蒐集古物目録』）

【箱2】
《箱盍表》土崋利蝕　天地含章
朱翠鮮新
《箱蓋裏》明治庚辰長至後三日為
北海翁雅属　古梅巌谷修題
光緒六年冬日河凍為　北海翁題
楊守敬
（『松浦武四郎蒐集古物目録』）

【箱2　上段引出側面板と推定】
《片面》長　宜　子　孫
《片面》光緒　庚辰　長至　後三
日為　北海　題　守敬
（『松浦武四郎蒐集古物目録』）

【箱1　引出上段1〜6】
《引出側面①》神世　瓊
《引出側面②》明治十三年庚辰十二
月二十八日為　北海老先生題
松元修如鶴氏
（『松浦武四郎蒐集古物目録』）

【箱2　引出上段右　6】
《引出側面①》銅章　戚
《引出側面②》明治十三季庚辰十二
月題　松元修如鶴氏

（『松浦武四郎蒐集古物目録』）

【単独箱23】《箱蓋表》加茂社
あふひ皿　一枚／ひらか　一枚
《箱蓋裏　武四郎筆》旗幡
此うつはゝ山城の国畑枝村にて焼きしと云り　禁中の土器もすへて此村にて作りしものと聞り　今は此皿絶たり　此皿は享保の比まて神祭に用ゐしものなるを　鷹様御内の小林氏よりおくられたるなり
明治十三年　松浦蔵
（『松浦武四郎蒐集古物目録』）

五　古墳記録・天満宮納鏡

一八八一年　明治14　64歳

1・4　松田雪柯へ年始、「北海老人来、祝新禧」
（「松田雪柯東都日記」⑿　後藤芳川翻刻　書論41　書論研究会　2015）

1・7　鈴木香峰に西国行予定の通知
「扨、小生も当春また西遊を思立居候、三月初旬ニ出立仕候間、其頃必ず貴家へ廻り可申と心得居候間、一泊御ゆるし可被成下候、おくま様如何被為在候哉、是また宜敷願上候也、柏原氏も不絶古物ヲ集〆被成候由ニ而、時々便り被下候得ハ、、何分一々御受不仕候、失敬仕候事ニ御座候、自然御逢も被為在ハ、、宜敷願上候
小華先生、不絶盛成事ニ而御座候、どうかあまり盛ニ成候ハ、、兎角風致薄れル物ニ御座候、先生の御論如何、則、今日も御来訪被下候か、当時東京ニ而至而評判宜敷、書物はいつも堆相成居候、中々他の画家之及候処ニ無御座候」
（香峰先生宛（明治14）1月7日付け松浦武四郎書簡　富士市立博物館蔵、三浦泰之・山本　命「東海道吉原宿の脇本陣鈴木香峰と松浦武四郎」No.19『松浦武四郎研究序説』　笹木義友・三浦編　2011、秋葉　実「松浦武四郎往返書簡(44)」会誌60　2011）

1・10　雪柯と新年酒、「晴。午前、訪北海老人、同傾年酒」　（「松田雪柯東都日記」⑿）

1・23　雪柯から書法書購入

「午前、松浦老人携令愛来訪、請供購楷法溯源一部代価、老人許諾之」

1・26　雪柯に搗餅贈る、「北海老人令愛来訪、恵昨日所搗餅一重」

1・31　雪柯を訪問、「松浦北海老人来訪、過日所属金子携来、与証書借之」

2・16　病床の雪柯を訪問、「朝雪、午後雨、臥褥。松浦老人来訪」

（『松田雪柯東都日記』⑿　書論41　書論研究会　２０１５）

この日　日下部鳴鶴が古銅器類収納箱【箱3】に箱書き、後日、永井盤谷、楊守敬も

（内川隆志編『静嘉堂文庫蔵　松浦武四郎蒐集古物目録』平成25）

2・27　東京八丁堀、鴎雨荘の古鏡会

催主　松浦北海　渡辺小華　稲垣天真、幹事　畏三堂

出品者　市河万菴　大槻修二　小松　彰　野村保吉　栢原学而　池田章政

堀　皆春　水野忠幹　麹池省三　永井盤谷　蜷川式胤　福田鳴鵞

佐野白圭　畠山如心　岡本黄石　中井敬所　大養寺　佐々井半十郎

シーボルト　楊惺吾

武四郎の出品　鞶帯鑑　六鈴鏡　貢鉄九獅鑑　新莽善銅鑑

稲垣天真の出品　尚方鑑　四神鑑　麟鳳六乳鏡

（『古鏡小集』）

この頃　蜷川式胤が一畳敷用材調達か

（「第二」『木片勧進』明治20）

鷲津毅堂が渋団扇（1—46）に漢詩と署名か

（『渋団扇帖』一）

3・4　病床の雪柯を訪問、「朝陰、後雪。松浦老人来、臥蓐」

（『松田雪柯東都日記』⑿　書論41　書論研究会　２０１５）

3・18　東海道駿河吉原駅、鈴木香峰に来訪予定通知

「二月廿七日、小華、天真、小生と三人ニ而古鏡会を八丁堀ニて開キ候処、柏原鏡図録□□等ニ成候、定而同人も悦と被存候、小生、本月三〇日三一日両日之

【箱3】

《大箱蓋表》日東至宝　皇和宝銅
　千古観光」

《大箱蓋裏》明治辛巳春二月十六日
北海老人嘱題　東作　辛巳秋八月
下澣　盤谷樵者永井喜暉題
光緒辛巳　観北海翁所蔵日本古銅
器数十事　当為東瀛好古之最
荊南楊守敬記之
（『松浦武四郎蒐集古物目録』）

『古鏡小集』一冊　明治14年刊
題辞　楊守敬・小野湖山・鷲津毅
堂、関根斎堂跋、稲垣氏蔵板

第二　東京　蜷川式胤
南都興福寺書院板
　北小窓の左右のわくに用ゆ
（『木片勧進』明治20刊）

『渋団扇』1—46
漢詩（胡粉）飢衰頻仍兵乱余苦心
　今日覚如何記壓　風雪満□底呵
　筆　灯前批簿書　□別似諸僚佐
落款（胡粉）鷲津宣光
（朱書　尾張　鷲津九蔵）

内ニ者出立、貴家へ四月一日二日両日之内ニ参申候、其頃者先生御在宿ニ候哉如何御様子御伺申上候、在宿ならは一寸端紙一枚頂戴願上候」

（鈴木香峰宛（明治14）3月18日付け松浦武葉書　富士市立博物館蔵、三浦泰之・山本　命「東海道吉原宿の脇本陣鈴木香峰と松浦武四郎」No.20　『松浦武四郎研究序説』　笹木義友・三浦編　2011、秋葉　実「松浦武四郎往返書簡（44）」会誌60　2011）

3・20　雪柯を訪問、「松浦老人来訪。贈書上真節氏、謝昨日所贈高府君帖」

3・27　旅立ちの挨拶、旅行中の五月二四日に雪柯は伊勢山田へ帰国
「晴。午前、松浦老人来訪、三十一日発程、六月末帰宅、因告別云。供小酒肴。余亦四月下旬、将帰国。老人旅行中、去此地不堪遺憾。老人云、余帰国非遠告其所、□于家翁而留云」　（「松田雪柯東都日記」(12)　書論41　2015）

3・31　近畿・四国の各天神社・吉野金峯山紀行に出立
（『辛巳紀行』号煙霞金剛、松浦孫太解読、佐藤貞夫・武四郎を読む会翻刻編　記念館　平成24、巻末　挿絵収録）

4・1　「夜、吉原駅なる鈴木香峰老人を訪ふ」

4・2　「今日は香峰と共に娘を連て静岡に到ると同道す。夜、静岡柏原氏に泊る」

4・3　「滞留。山中笑、中島清氏、有竹老人等も来る。終日飲す。主人当年の得物なりとて示されし中数品」　（『辛巳紀行』号煙霞金剛）

4・10　岐阜松屋町、横山周造所蔵鏡拝見
「清明鑑〔七寸三分五厘〕（略）　仙人不老鑑〔七寸四分〕（略）
尚方鏡〔径六寸七分　裏滅金　明治七年二月癸酉二月二十四日大野郡野村後藤郵二扣地掘出ト云〕（銘文等略）

『辛巳紀行』　四巻三冊　外題なし
内題　辛巳紀行　号煙霞金剛
辛巳紀行　二の巻
辛巳紀行　巻の三、巻の四
松浦孫太解読・武四郎を読む会・
佐藤貞夫翻刻編　記念館　平成24

五鈴（鏡）

牟儀郡下有地村掘出、此下有地村は大神宮の御厨なるよし。此余の種々の物掘出せし由に聞けり。外いろいろあれどもしるすにいとまなし」（中略）

「扨、亡父君鈴翁の話しを聞くに、元来古鏡好なりしが、十七八年前六鈴鏡を得て自ら鈴翁と号せられしと。依て其鈴鏡は如何なる物と思ふに、色沢黒漆の如く鈴小さく云々と云に、其代より箱を聞に、我が得たる品に無相違、其袋たるや名古屋に出て、尾州侯の御袋物師のしにせにて友湖に作らせ、気に適せざると四度縫たると云り。

明治六年、伊勢山田の博覧会えかし遣し、鈴一つをもがれ候を怒て、山田の博覧会懸りの人に売り払ひしと、其博覧会懸りの役人尾崎某にうり、尾崎西京に持行、青峨堂に貸入す。一つの鈴は蔵六補ひしとかや。実に今日は我が所出を聞て大に愉快に覚へたり」

（『辛巳紀行』号煙霞金剛、内川隆志『静嘉堂文庫の松浦武四郎コレクション』講演会資料　記念館　平成26）

伊勢山田博覧会
明治7・3・1〜5・31
横山鈴翁出品に「六鈴鑑」など、明治六年博覧会に出品なし
（度会県「博覧会出品目」『明治期府県博覧会出品目録』）

4・12　大垣赤坂駅、親ヶ谷古墳発掘の伝聞

「近年此山より種々の物を掘出すが故に其土地も一見致さまほしと思ふが故なり。九折十数曲上れば東には加納より岐阜各々務野一面に見え、左には谷汲山まで一目、右名古屋より知多郡審に見ゆ。其風景に驚けり。満山奇岩怪石一つとして凡なるなく、其土地を聞に山中岡陵数多有と。十一年三月七八ヶ所を掘たりといへり。然れども何れ道具やが早く買行し故、此町には無よしに語りぬ。其品多分は一非昨年大坂にて見たる品なり。また鈴石・百足石等を出す」

（『辛巳紀行』号煙霞金剛、『己卯記行』巻の三　明治12・5・9）

この日　昼飯、小谷口古墳の石製模造品拝見

「昼飯村。爰に善光寺如来等等身の本尊と云有。左りの方には甲塚と云有。是何人の甲を埋めしものか、此辺梨の木多し。近来此村の字小谷口と云に一つの土饅頭の有りしを掘りしかば　（刀子形石製模造品四点の挿絵）

如此もの数十本出たりと。何れも青石にして堅からず。余も一本得たり」

4・13　近江、石光山石山寺の古経類拝見

「日下君よりの書状を出せしや心よく受がひ、其より本堂に案内。源氏の間の裏にて兼て聞及びし仙人の箱と云ものを持来り、自侭に見る様申されたり」

（『辛巳紀行』号煙霞金剛）

（古経類の目録）

4・14　郷里の駒田倍吉に岐阜以降の旅程通知

「九日岐阜江二時頃ニ着、大ニ都合宜敷夫々を訪尋、皆叮嚀ニ致し呉候、可惜貴兄を岐阜まで同道致さゝりしをや、足まめ大ニよろし

十日谷汲観音堂ニ而同行人も二名出来、馳走ニ相成候、十一日稲葉神社并ニ寺院之宝物を見ニ歩行也。十二日出立米原より乗船、十三日朝大津え着、其より石山寺宝物拝見、皆々都合よろしく今朝出立、岩間寺より上のたゐこ参詣、只今西京着致し候、十四日午後四時」

（駒田倍吉宛（明治14）4月14日付け松浦武四葉書　記念館蔵、『三雲町史』三資料編2　2000、秋葉　実「松浦武四郎往返書簡（44）」会誌60　2011）

4・15　京都市上京区、菅元院参詣

（挿絵　烏丸出水上ル　第一番菅元院天満宮）

「早天より建仁寺梧庵、知恩院鵜飼教正を訪ひ、筑前博多の善導寺への書状を貰ひ、山田茂衛、樋口善導、筆工藤野氏、富小路二条上る蔵六、堺町二条上る宮原続、烏丸丸太町なる菅元院に参詣す。畢て畑〔室町出水〕」

深草、善福寺の古物類拝見

「先住は頗る古物癖なりとて其集め置かれしもの、また近山陵御修補の節掘り出せし物等をたくわえられし故、梧庵上人より手紙で見に行しが、さしたる物もなかりし也。可愛物は長年大宝百文　沙利の乾元七十文斗、延喜七文、銅鏃十五、漢鍾の破れ四面分有しなり。外に斎瓷類は多けれどもさして是も可愛はなかりし。また如此玉器　（玉造石・瑪瑙勾玉の挿絵）　此外古銅印四十一顆有。内に軍□司馬印一顆見るべきに足れり。外に中山王府印、模物と思はる」

4・17　京都市中京区、第二番錦天神

「清水竹林院、山中に尋ね、錦天神」　（挿絵　第二番錦天神境内之図）

吉野金峯山蔵王堂奉納鏡の鋳造

「今日神鏡を吹立たり。よく出来たと申事なり」　（『辛巳紀行』号煙霞金剛）

鏡背の陽鋳銘・吉野熊野霊場俯観図

「鏡匠　西京金森弥輔

幹事　大坂　北村栄太郎　同　小西善道　西京　山田茂兵衛

吉野　宮城晋一　同　古沢竜賢　前鬼　五鬼熊義真

幹事長　旧竹林院三十七世古沢竜教

奉納　明治十三年辰五月大峯々中駆被行者　東京　松浦武四郎阿部弘」

（『金峯山神社奉納神鏡背面拓本』軸装　記念館蔵、高木崇代芝「武四郎奉納の五大鏡」会誌38・39　20周年記念特輯　２００３）

4・18　京都市下京区、第三番菅大臣天満宮　（挿絵　第三番菅天神　境内図）

「菅天神宮参詣す」　（『辛巳紀行』号煙霞金剛）

4・20　京都市南区、第四番吉祥院天満宮、後に一畳敷用材調達賛同

「吉祥院天満宮〔是第四番なり〕。此久世川にそうて下り、石鳥居有〔とうろ二本立〕。細道を入りて境内に到るに藪中に大杉有、正面天満宮の杜なれども今大破に及びて吉祥天堂に安置す」

（挿絵　第四番吉祥院天神）

（『辛巳紀行』号煙霞金剛、「七十六」『木片勧進』明治20）

七十六　同（西京）〔吉祥院村天満宮祠官〕石塚清造
同村は菅公御住居の地にして古跡多く五十御賀筵も此地にして御催し有りしと其時白衣の老人沙金五十目を奉りしと也　社内に十万八千神の社と云物あり其板也
南庇の上のしたミに用ゆ
（『木片勧進』明治20刊）

4・21

山崎、腰懸石の天満宮移転跡

「九時、山崎ステーションにておりしと見るに、則こゝが離宮八幡宮の境内なり。此境内気車道になりて本社も少々下の処え移させ給ひ、行成卿の額と云ふものもなく、天神の社を尋るに誰もしる人なかりしが、傍に茶うる婆有りて、それは此上に在りしが、気車道の普請に取払はれ給ひしが、其社殿も何れえか持去れりと。可憐ものつたゐなき事ならずや」

長岡京市、第五番長岡天満宮

「長岡天満宮〔第五番なり〕。開田村に有。池の回り楓、桜をうへて風景よろし、花は満開なり。池水溶々として小舟をうかべり。此山を鞆岡と云よしなり。社家有。是より石垣を上る。左右桜、石巌（キリシマ）多く満山もゆるが如し。社殿のふしん、中々美々敷も今は雨漏、風あらぶる如くとて見ゆ。神殿の額は霊元帝の宸翰なり」

（挿絵　第五番長岡天満宮）

（『辛巳紀行』二の巻）

4・23

京都の博物館拝観

「雨森同道にて博物館に到る。望の物を乞ふやうに申さる故、今日は天満宮の物何かれとなく拝見致し度申付けるに、それはとても有先と云て見せらる

（古経と画像類の目録、仁和寺・広隆寺・聖護院・曼珠院・円福寺・観音寺・嵯峨清和院・東寺法菩提院・四条道場金蓮院・楊柳山十禅寺・大雪院・勝巌院・妙覚寺・水火天神・嵯峨大覚寺・観喜光院・南禅寺・東禅院）

此外にも木像有るよしなれども、目疲労してければ、昼飯を発新楼に於てし、是より木屋町に到る」

4・24　藤井寺市道明寺、第八番土師里天満宮　（挿絵　第八番河内国道明寺境内之図）
「早天畑え行、同道、山陽先生の五十回の展覧に出行」（中略）「二時頃天満に着しぬ、小西善導来る、諸方よりの書状被見す」

4・25　大坂博労町、山口吉郎兵衛別荘の古物展覧会
「博労町八百屋筋なる山口吉郎兵衛の別荘にて、今日西尾、岡本、鉄川、田中の四人、古物展覧会を催さるゝが故に是に到る。其陳列実に見事なり。別ても妻鹿氏の七弦琴、鉄川氏の白付尊等よろし。また夜中に煎茶一席有。是は田中氏より出す。本宅の方々の数寄やら茶席有」

4・26　大阪市北区、第十番天満天神　（挿絵　白紙）
「天満宮に参詣。昨年奉納の神鏡も清はたりて有ける。爰に近頃講中より奉納有りし天満宮一代記といへる五巻の軸有。拝見せよと申呉れけれども何れ帰りの頃と辞しぬ。本社は中央大自在天神にして、東拝殿、手力雄尊、法性坊尊念、西猿田彦命、蛭児尊なりと」

大阪市北区、第十一番大坂曽根崎露天満宮　（挿絵　白紙）
「露天神〔十一番〕。世に曽根崎天神と云。菅神菅公。例祭九月二十日。むかし菅公筑紫え謫遷の時福島に船泊りましまし大融寺に参詣あらんとて、船頭茂太郎なる者案内として歩行され給ひしが、此あたり露いとふかければ、

露と散る涙に袖は朽にけり都のことを思ひいづれば

是より露の天神の号有」

大阪市福島区、第十二番福島天満宮　（挿絵　十二番福島天神）

4・27

「また是より西にさして二十丁斗も行て福島にいたる。此処に上中下と三ヶ所に、十二番天満宮の社有。其三つの内、中の宮大さうして是旧社と思はる」
大阪、博労町の古物会
「薩摩堀宮崎氏より阿波座北村徳次郎へ回りて、博労町古物会に到る。雨いたくふり出したり」
尼崎市、第十三番長洲天満宮
「尼ヶ崎の入口より左りに入。田道少々行て、長洲村に到る。此処長洲浜とて、月の名所なりと。また土手に松を多く植たり。村に入りて、長洲天満宮〔十三番〕。菅神筑紫へさすらへの時こゝえ福島を出て、また御船をよせさせられし処なりと」
「扨　須磨に着して、人家の間標柱をたより一丁斗の田道を過て、綱敷天満宮〔十三番〕。海辺松原の中に有」　（挿絵　十三番須磨綱敷天神）
明石市、第十四番休天神
「十四番休天神の祠、宮居美々敷けれども余程大破に及べし、余三十年前参詣せし頃は普請後なりしかば頗る立ぱなりしが、かゝる霊社も今度の開明の世には致し方なきものぞ」　（挿絵　十四番大倉谷休天神社）
遺憾な播磨生石子村、石の宝殿の風致悪化
「上に石の宝殿回るに、三十年前とは大にかわり、近辺の山は石工多く入、切石を出す。是神戸に到るなりと。又宮はますます流行神の如く幟を立て、種々手入をするより風趣大に失しなへり。恰も西京清水を公園地致して古色を損し、嵐山の二軒茶屋、山中翁が到り住し給ひて趣を損ぜしが如し」　（挿絵　十五番播州曽根天神）
高砂市、十五番播州曽根天神

5・1

「是より泊りをすゝめられしをいなみて十八丁にして曽根の方に到る。此処皆田道なり。並松有て曽根の天神。正面菅公の霊、左天穂日命。例祭九月十四日」（挿絵　十八番備後御調郡尾道御袖天満宮）

尾道市、十八番御袖天満宮

「当初寺院の多きこと海内無双といへり。町の右山の手に、御袖天満宮。石檀数級を上りて有」（『辛巳紀行』二の巻）

5・3

厳島社、禰宜村田良穂の案内（挿絵　第十九番厳島天満宮の図）

「午後村田氏外に祠掌三人同道にて、宝庫にいたり、第一番に高倉院の御扇一本」（以下、宝物類の目録）「夜に入る迄拝見し、其余文庫の方に経巻沢山有るよしなるが、晩景なる故に残し置ぬ。また一抱を見る。可驚奥書のものあり。依て是には箱を寄付し置ぬ」（『辛巳紀行』巻の三）

5・6

博多の三好　蒿・江藤正澄に初対面

「簀子町なる江藤正澄を訪ふ処、甚忽卒いそがしき由にて早々出かけ、通り町三好山華を訪ふ。此人古銭家にて夕方まで話し帰る」（中略）

「午後より江藤正澄を訪ふ。

正澄我が郷を問ふ。東京を以て答ふ。何を好むや問ふ。無好事を以て答え、聊か遊暦と古物を愛する由云。正云　東京の古物家に懇意の者有るやと問。聊有と答ふ。横山由清を知るやと問。しるを以て答。柏木賢一郎を知るや問ふ。しると答ふ。蜷川はと問ふ。しると答。樋口其外神田等を問ふ。しると答。松浦武四郎はと問ふ。我松浦武四郎なりと答ふ。正、大に驚き、座を改め言を慎みて、奥二階の座に入れて殊の外地走す。其より先何はとも角東京の時事を話し、古物数品を見て帰る」

5・9

太宰府市、太宰府宮拝観

5・12 「早天より参社す。社務所より祠掌鍵を受取来りて宝物を出す。宮司西高辻〔是鳥井にて延寿王院なる者なり〕小宮司小鳥井信成」

5・14 宮司岳村（宮地嶽古墳）
「左りの方に不動の窟と云もの有。見るに大なる石窟なり。其山々陵に相違なし。上は一枚石。如此石窟は大和、河内にも見ることなし」

5・15 香川、琴平町
「金毘羅社参詣。其繁昌実に昔しに倍せり。ひとへに神威のいちしるき事感ぜり。下りて午飯をなす」

5・18 高松市、第十六番北向天満宮 （挿絵 十六番讃州高松帝釈院天満宮）
「高松城下に到る。磨や町なる柏原建益を訪ふ。是静岡なる柏原氏の兄なり。強て泊れと勧められしかばときて上る。月代等致しけるに家内一切挨拶に出ず。依て我車を雇て香西なる釣場の天神え参詣。其よりもどりて片原町。北向天満宮〔十六番〕に到る」 （『辛巳紀行』巻の三）

高槻市、第二十四番上宮天満宮（挿絵 廿四番上宮天神）
「上田辺村にして左りは広知寺、霊松寺等いへる寺有。是もいと大寺のやうに見ゆれどもまたの時と石階を上り、村の上に到りて車塚といへる者有。また装束塚ともいへる有て、上りて右の方野見宿禰の祠有。正面、上宮天満宮〔第二十四番〕。宮殿美々敷また立物多し。樹木陰森として神寂たる宮なり。此地の生土神にして、例祭四月九日」 （『辛巳紀行』巻の四）

5・19 京都寺町、大雲寺菅原道真肖像の拝観不可
「大雲寺の天満宮に参詣し、開扉を乞しかばゆるさず。強て望ならば府庁え願にて開扉せんとのことなりしが、実はこの御影は博物館に取上られ有るが故かく

断りしなり。則我博物館にて捜したるが故さして乞もせざりしが、かゝる御影を博物館えとり上置とはもつたゐなき事ならずや」

5・21　京都市上京区、北野天満宮

「北野大宮司田中氏を訪て、信実筆天満宮北野縁記を拝す。行光天神縁記をまた拝す。其外北野深草上梓の事等談ぜらる」

5・23　吉野郡吉野町の蔵王堂奉納神鏡

「午後、北村より宮崎氏に到る。今日鏡上陸のよし」

この頃か　蔵王堂奉納鏡拓本扇面、題言に

「明治十四辛巳年五月吉辰　奉納大峯山役行者尊　宝前神鏡背面縮図

経三尺二寸余　重弐百十余斤」

（『大峯山役行者尊宝前神鏡背面縮図扇面』軸装　記念館蔵）

5・24　「午後北村氏に到り神鏡をかざり、明後日大坂山上講にて二十六日送ると云相談とゝのふ。夜に入帰る

山上講大先達　天満組今橋東詰　もちや治良吉殿

同　長柄　長沢音右衛門殿

同　今橋五丁目　川西組　長宗伊三郎殿

同　阿波堀裏町　同　若立山　中川澄三郎殿

同　南阿治川四丁目　同　新元庄七殿

右の連中世話致し呉候事

宮崎、北村は二十六日に我等も同様致し候様勧むれども、何分二十五日道明寺に参、是非参詣の目論見有ば、明後出立と約束のみして帰る」

5・25　藤井寺市、第八番土師里天満宮

「藤井寺は右に見て行なり。一里にして、〔第八番〕土師里今道明寺村と云に、道明尼寺天満宮。御自作現存の神影を祭る。一夜にして御製作、世に荒木の天神と称す。後に覚授尼公補作すと云伝」（中略）「四時頃に蔵王堂に来るや、売花翁も大に我を待受、五六輩の人皆さゝえ揃らへ迎に出、爰にて一樽をたをして五時前竹林院に着したり」

5・26 吉野蔵王堂奉納鏡、吉野へ向う、「今日神鏡大坂出立のよし申来る」

5・27 「神鏡、今日喜蔵院隠居　早天より迎に到る。市中世話人ども、下市村まで到るよし」

5・28 蔵王堂神鏡奉納行列

「市中若者共凡二百三四十人、太鼓台を持て下市に到る。竹林院、喜蔵院と迎に到る。十一時頃竹林院に着。昼飯仕舞て是よりつり出し、午後第二時蔵王堂、東南院、南の坊、喜蔵院其外一同出仕候て祝詞相済、三時退散。今日市中大にぎわひ、大坂山上講先達五人并に中仕中へ酒肴遣し暇を遣す。同人等儀夕方より下山、下市にて泊るよし」

5・29 帰路、初瀬街道東行き

「竹林院〔小沢〕喜蔵院〔宮城〕并に世話人中千本まで送り来る。小西善導荷物を持て同道。〔一里〕上市、竜門〔三里〕三ッ茶屋、此処よりまた十八丁。坂を上り峠にて昼飯して分る。〔従是五十丁〕宇陀町、千軒の市町なり」「名張町。小竹屋彦兵衛に泊る。此処藤堂宮内大輔城下なりしが、今は宮内大輔と云も津に引越し、士族少々残りたれども、土地山中を持てるが故、中々繁華の町なり」

（『辛巳紀行』巻の四）

この頃 太宰府天満宮奉納鏡、大坂まで搬出

「奉納の御鏡も去年にはや磨あげとなり、大坂阿波座まで下しとなりし」
（『壬午遊記』巻の一　巻頭　明治15）

鏡背　陽鋳銘・西国天満宮二五社地図
「奉拝聖跡二十五社　明治十四歳次辛巳五月吉辰
東京　松浦武四郎阿倍弘　奉納
幹事　西京　山田茂兵衛　同　北村徳次郎　大坂　宮崎儀兵衛
筑前　江藤正嶺　同　栗原弥平
あふきミれハいよいよたかし　二十五天満宮の威稜在所
鏡匠　西京金森弥輔作」
（『大宰府天満宮奉納神鏡背面拓本』記念館蔵）

夏日　山内香渓が渋団扇（三―38）に漢詩と落款
（『渋団扇帖』三）

『渋団扇』3―38
漢詩（胡粉）琅玕不盈久　翠影自
亭々　高節何曾改　四時一様青
落款（胡粉）壬午夏日　香渓
（朱書　山内香渓）

6・5　東京帰宅、「夜帰着す。一同驚たり」
（『辛巳紀行』巻の四）

6・6　広島宮島、厳島神社村田良穂から一畳敷用材提供通知
「過日者寛々拝眉大慶仕候、已来弥御安泰被為在御帰館候哉、委詳伺度存候、扨、御依頼之額昨日出来直ニ掲サセ候、椽者ケヤキ相応之物有之、下テ見しよりもまた一際よろしく皆々感心仕候、右代価も惣〆七円五拾銭とりあへすはらひ置、尤、此節多次郎他行中故、帰次第精算致サセ、追而請書等御送り申へく候
一　鳥井の古材、此節ヒカセ候間、早々御おくり可申候
一　本社へ菅公御参詣被為在候事ニ候、此頃他にも申者有之、まことに奇妙之事ニ御坐候、廿番聖跡御定之事ハ島民一同大歓いたし候、先者要用計、謹言」
（武四郎宛（明治14）6月6日付け村田良穂書簡、山田哲好「史料翻刻　松浦武四郎記念館所蔵の松浦武四郎関係書簡」《東二六四―二三》『松浦武四郎研究序説』笹木義友・三浦泰之編　2011）

郷里の駒田倍吉に帰京通知
「五月廿八日吉野山神鏡奉納相済、廿九日出立致し名張、三十日関、三十一日鳴海、六月一日新居、二日島田、三日柏原、四日箱根、昨五日帰宅致し候間　其段通知致し候也」
（駒田倍吉宛（明治14・6）月6日付け松浦武四郎葉書　大西春海蔵、『三雲町史』三　資料編2　2000、秋葉　実「松浦武四郎往復書簡（44）」会誌60　2011）

6・17

郷里の駒田倍吉に西国巡覧帰路通知
「然者　小生事前申上候通り、筑前之方都合大ニ宜敷、県令大書両人共万事大宰府之方へ書状参り、其以宝物も不残拝見、宮島も宝蔵相開キ不残拝見、其より讃岐金毘羅も宿禰ニ懇意之者有、是より之世話ニ而宝物拝見、滝宮神社も拝見、五月十五日大坂へ帰り、廿五日吉野へ上り、神鏡者此度大坂三郷山上講中見送り、廿六日阿波座より三丁計も人員つゝき候よし、道頓堀等通る節ニ者余程のさはきのよし、幟五十八本出候と申候事、天王寺東コホレ口と申より箱ニ納、車ニ而立売堀中仕、山上講先達十六人ニ而参候処、宿々村々の山上講の札かけ居候茶店より、不残送り迎、六田宿まで吉野山中より迎之者、三百人計参り、廿七日竹林院へ納、其より車ニ而子供等に引せ、蔵王堂ニ奉納、今日之祭典実ニにきハひ、近辺より見せ物うり物等多く来り、目出度奉納仕候
廿九日出立、名張泊り、三十日関泊り、三十一日鳴海泊り、また輪違やニ而松居与七ニ出会仕候、六月一日午頃豊橋へ着、午後五時まで関屋町にて遊ひ、其より車を飛し新居ニ到る　二日島田泊り、三日午前十時柏原ニ而泊り、一同無異ニ御座候、四日山中　五日夕方帰宅仕候」

6・25

（駒田倍吉宛（明治14）6月17日付け松浦弘書簡　記念館蔵、『三雲町史』三　資料編2　2000、秋葉　実「松浦武四郎往返書簡（44）」会誌60　2011）

京都の金森弥輔から、一畳敷用古材問合わせ

「然ハ宮嶋社務所より御社の古木ヲ差送り候様申参り当方江着次第、直ニ御地江、さし出シ申候哉、此段御尋申上候、定メ而両三日ニハ当地参り申候哉、察し居候間、御報知申上候、御返事待上候、頓首」

（松浦武四郎宛（明治14）6月25日付け金森弥輔葉書、三浦泰之「松浦武四郎記念館所蔵　絵葉書帖（木片勧進関係絵葉書帖）について⑵」No.9　会誌65　2012）

6・29

鈴木香峰宛に西国巡覧帰宅通知

「小生御別れ申上候後、名古やより美濃国岐阜谷汲かんのん江行、其より石山寺、西京、大坂、安芸宮島、筑前大宰府、帰り金比羅江参詣、大坂よりまた大神鏡をつらセ吉野へ上り奉納仕候、本月五日帰宅、とうか貴宅へと存候処、少シ急ク用向出来、御不沙汰仕候也、何れ明春また大宰府へ大神鏡奉納ニ参候間、其節参上、一泊御世話願上候也、廿九日午前八時

神鏡扇面さし上度候得共、幸便を相待申候也、早々」　　（蔵王堂奉納鏡）

（鈴木香峰宛（明治14・6）月29日付け松浦武四郎葉書　富士市立博物館蔵、三浦泰之・山本　命「東海道吉原宿の脇本陣鈴木香峰と松浦武四郎」No.21『松浦武四郎研究序説』笹木義友・三浦編　2011）

6・30

厳島神社禰宜、村田良穂から京都金森弥輔宛て一畳敷用材発送準備

「過日者御はかき被下恭、先々長途、之無御恙御帰京之由、目出たく奉存候、扨、御依頼之本社御殿之古木、漸く板〔長三尺、厚六部〕位のもの二枚頂戴致候間、

先生へ御譲申上候、早速西京金森迄送り候様ニと厳島宿屋大根や芳左衛門へ申付ヶ置候、また金森へも右之趣申遣し置候間、左様御承知可被下候」

（松浦武四郎宛（明治14）6月30日付け村田良穂葉書、二浦泰之「松浦武四郎記念館所蔵　絵葉書帖（木片勧進関係絵葉書帖）について⑵」No.28　会誌65　2012、「第四・五」『木片勧進』明治20）

第四　芸州厳島祠官　村田良穂
海中大鳥居根楠
　平相国清盛公所立物在宝庫也
　書棚の戸に用ひ残木烟盆に作る
市件姫いつくし祭る厳しま立る鳥居
の高さにそしる　＊市件は市杵

第五　厳島本殿御壁代二枚　松
巾九寸八分　長五尺
南窓下ノ脚絆（ハ、キ）板に用ゆ
（『木片勧進』明治20刊）

8・長門の山県篤蔵から埃及古神塑像【箱5　引出上段　14】

《箱蓋表》「埃及古神塑像」

《箱蓋裏》「明治十四年八月奉贈／北海松浦老詞宗／辱交適処山県篤蔵／印」

《文書①》「中教正島地黙雷師ハ余ノ親友ナリ　往年泰西ニ航シ埃及羅馬　印度等ノ古都旧址ヲ捜リ　帰朝ノ日塑像一基ヲ以テ余ニ贈レリ　云フ是埃及土人ヨリ得ル所ニシテ彼土中ヨリ堀出ス古神像ナリト受テ之ヲ観ルニ　一塊ノ泥塑ニシテ潰欠スル所アリト雖トモ面目姿容古色見ル可シ　其何神ニシテ何人ノ造リシヤ　果シテ知ル可ラスト雖トモ決シテ近代ノ物ニ非ス　因テ拱璧ニ比シ愛玩措カス

明治十一年広島県新ニ博物ノ館ヲ設ク　顧ルニ余独リ之ヲ匣底ニ秘センヨリハ館中ニ列シ汎ク世人ノ眼ニ触レシメ温故ノ資ニ充ツルニ若カスト　即チ之ヲ寄付セリ　後故アリ館ヲ閉ルニ際シ再ヒ余ノ手ニ返レリ

多気志楼主人松浦先生ハ好古博識ノ士ニシテ　平素愛蔵スル所ノ宝器珍什数百品ニ下ラス　就中其萃ヲ抜キ図記梓ニ上シ同癖ノ人ニ頒テリ　因テ今此塑像ヲ贈寄シ永ク先生ノ所有ニ充ントス　幸ニ他日編輯セラル、所ノ観古図記中ニ入リ世ニ公ニスルコトヲ得ハ独リ余ノ素懐ヲ暢ルノミナラス島地教正師ニ在テモ其喜如何ソヤ謹テ其来歴ト所感ヲ併セ記ス

明治十四年八月下澣　長門　適処山県篤蔵　印」
《文書②》「因ニ云成島柳北モ亦埃及古神像ヲ珍蔵セル由　花月新誌第十三号ニ載セリ　同物ナルヤ否　御承知ノ為メ副申候也／篤蔵」
（「箱書・文書の翻刻文」『静嘉堂文庫蔵　松浦武四郎蒐集古物目録』）

12・2　東城から香箱【箱5　引出下段　19】の入手
（内川隆志編『静嘉堂文庫蔵　松浦武四郎蒐集古物目録』平成25）

一八八二年　明治15　65歳

1・　日下部鳴鶴・三田葆光が鏡収納箱【箱2　引出下段　9】に箱書き、鏡は三田の訪仏土産
（内川隆志編『静嘉堂文庫蔵　松浦武四郎蒐集古物目録』平成25）

この頃　三田葆光が渋団扇（2—35）に落款か
（『渋団扇帖』二）

2・5　郷里の駒田倍吉に道中用烟艸入れ入手依頼
「内務省等より雇入を頼れ候得共、断居候事ニ御座候」（中略）
「小生事三月二日出立、当年者　九州辺まで参り候間、少し早く出立仕候
○稲木合羽のさけ（煙草入れの挿絵）
烟艸入れ、火用心と未た認メ無之分五つ程御世話ニ預り度、是も火用心を此方ニ而認メ貫、道中用ニ仕候間、必す願上度御聞済可成被下候」
（駒田倍吉宛（明治15・2）月5日付け松浦弘書簡　記念館蔵、『三雲町史』三　資料編2　2000、秋葉　実「松浦武四郎往返書簡（46）」会誌62　2011）

2・6　駒田に煙草入れ入手の再依頼、飯野郡稲木村産の擬革紙製
「一　稲木の火用心合羽烟草入五つ／但し火用心書ざるを願度候
御もとめ願上候、是を此度旅中用ニ仕候間、くれくれも願上候也」

【箱5　引出下段　19】
《箱蓋表》御懸子香箱〔貝ノ玉〕
《箱蓋裏　武四郎筆》松浦氏蔵
《箱底の墨書　武四郎筆》
明治十四年十二月二日従東城氏
求之　松浦氏蔵
（『松浦武四郎蒐集古物目録』）

【箱2　引出下段　9】
《箱蓋表》羅馬古銅鏡
《箱蓋裏》明治十五年第一月
北海老人嘱題匣　鳴鶴日下東作
明治十一年（西暦千八百七十六年）
余在巴里会里昂近傍人鑿地得古銅
銭数百　銅鏡数枚　此其一地係羅
馬之該撒故墟云　三田佑謹識　印
（『松浦武四郎蒐集古物目録』）

『渋団扇』2—35
旭日鶴図（絵具）
賛（緑絵具）あまつ日のかけをか
しらにいたゝきて　雲ゐ□高く
田豆あそふなり
落款　武一筆（墨）
葆光（緑絵具）
（朱書　喜田武一画　三田葆光賛）

（駒田倍吉宛（明治15・2）月6日付け松竹書簡　記念館蔵、秋葉　実「松浦武四郎往返書簡（46）」会誌62　2011）

2・19　山岡鉄舟が神仏像類収納大箱【箱5】に箱書き

（内川隆志編『静嘉堂文庫蔵　松浦武四郎蒐集古物目録』平成25）

3・　太宰府天満宮奉鏡扇面の作成、題言に

「明治十五壬午年三月吉辰　奉納太宰府天満宮神前神鏡背面縮図

経三尺二寸余　重弐百十余斤」

（『大宰府天満宮神前鏡背面縮図扇』木版　記念館蔵）

春　鈴鹿石薬師出身、国文学者佐々木弘綱親子の来訪、面談

「　　松　浦　武　四　郎

十一歳で上京した昭和十五年の春、父に伴はれて神田五軒町に松浦弘（武四郎）翁を訪うた。翁は伊勢一志郡の人、ごく若い時足代先生の門に入られたとのことで、父は幕末に翁を知り、翁の有名な蝦夷日記の一冊に歌を題してもをる。折から病臥中であつたが枕もとにとほされ、父と昔話をされた後、「東京へくる途中、どんな歌をよんだか、これに」と半紙を出されたので四五首かくと、それを見てをられたが、「わしも歌は好きぢや」といふて、女中に北野天満宮のあの鏡の図を持つてこいといふて示され、この北海道と樺太の図に、「いく年か思ひ深めし北の海みちびくまでになし得つるかな」と書いてほらせ、天満宮に奉納した。

「わしは十六の時に伊勢を出て日本国中をまはり、北海度をあまねく探検し、いばらの中や、雪の上にも寝たりして、一生を北海道にささげたといふてよい。人間は一つの事に捧げるべきものだ。お前は、一生を歌にささげるつも

【箱5】

《大箱蓋表》明治十五年二月十九日

大雄小窟　鉄舟居士書

（『松浦武四郎蒐集古物目録』）

りで勉強せぬといかぬぞ。今日の詞をよくおぼえておけ」といはれた。又、部屋の隅にかけてある画の掛物を指ざされて、「あれはおれの涅槃の図ぢや。樹の下にわしが寝てをる。あのお公家さんは岩倉公ぢや、かはいがつた犬も猫もをるのぢや」といはれた。

追記　後年、夏と秋と二回北海道に赴き、翁の足跡の地をふんで、翁を偲んだことであった」

（佐々木信綱「人々のおもかげ」『明治大正昭和の人々』　新樹社　昭和36）

3・26　東海道、近江・播磨・出雲・石見・太宰府・佐賀紀行に出立

（『壬午遊記』　松浦孫太解読・佐藤貞夫翻刻編　記念館　平成23）

『壬午遊記』三巻三冊　外題なし
内題　壬午遊記　巻の一
　　壬午小記　巻の二
　　壬午日記　巻の三
松浦孫太解読・佐藤貞夫翻刻編集
記念館　平成23、刊本『壬午游記』
影印収録

3・27　三島駅、三島明神参詣

「三島明神え参詣、宮司秋山光瀞不在に付て矢田部に引合。政子御前の手箱、北条義明奉納兵庫鎖の太刀二振を拝見す。此矢田部氏は当社の禰宜にして、国弊社に相改りて後禰宜となりて宮内より教院より差図にて遣はさるなり。此手箱の結構実に目を驚かす斗」

（『壬午遊記』巻の一）

3・30　遠江、見付駅から村外れの兜塚古墳遠望

「古田源六を訪ひ、同道して近道に上る。七八丁にして右の方小山を見る。小松立生たり。是定て墓陵なるへしと云」（中略）

「また村の西に丸山。甲山等云有。何れも墓陵と思はる。是を二つ山と云。愛宕の社を立る。また此村に古鏡一面有て、皇子御夫婦を鋳付たり。是を三軒にて年番に御守をなす」

（『壬午遊記』巻の一、『静岡県史』一　昭和5）

4・2　岐阜県、養老滝付近の変貌

「養老滝　従古人之言来流老人之変若云水曽名負滝之瀬（むかしより　ひとのい

ひけるおひひとの　わかゆてふみつそ　なにおふたきのせ）の名も今は大にさまかはり、今は娼妓芸妓等の住家となりしぞ変革と云べし」

4・3　滋賀県庁の諸事手配

「扨、然るに滋賀県令籠手田氏、当所え小学校の試験に出張せられしが故に、此処にて山本復一よりの書状を茂助を以て届け貰ひしに、其答に、書中の趣委細承知致し候、早々此趣を県庁庶務斎藤なる者え申遣し、諸事手配為致候間、為念斎藤氏え一通持参被致候様にとて、出張手付石川三等属某より一通の書状を差遣はさる」

（『壬午遊記』巻の一）

4・6　野洲の銅鐸群出土の伝聞、大岩山銅鐸

「また昨年野洲郡にて掘出せしと云宝鐸十五有。其巨大なるもの四尺五六寸、小なるもの壱尺三四寸より六七寸、銅色何れも同じ。往古より一つ二つづゝは掘出せども、一時に十五箇をも掘出せしと云ふを聞ず。社寺局より社寺書上目録を借用。昼飯を賜ふ。県庁甚叮嚀也。午後一時より唐院に到る」（以下古写経類目録）

（『壬午遊記』巻の一、佐原　真『銅鐸の考古学』　東京大学出版会　２００２）

4・7　坂本滋賀院・来迎寺、古文書・仏具・古写経拝観（古経等目録）

「未明より出車。七時前坂本に到り、滋賀院に到る。是は叡山の本堂にして、両三年前、赤松教正営繕のよし。明徳院中山玄範、行光坊清見淑営に逢ふ。惣て叮嚀の取扱也」（中略）

「余、滋賀寺より案内有て至る。凡二十丁斗也。此辺古来より田畠より堀出もの有よしなるが、如何にも古瓦片多き処也。来迎寺。檀那は百弐十軒斗の由、寺は余程古く見ゆ」（古経等目録）

『壬午遊記』巻の一）

「　同（江州）滋賀　松禅院　蔵
開山大師将来目録　鄭審則跋書
同　比叡辻　来迎寺　蔵
十界図　巨勢金岡筆　十二幅」
（刊本『壬午游記』明治15）

4・8　山科毘沙門堂の古文書・古写経拝観
「住職今出川教正、至極叮嚀に取扱呉らる。当山は御一新後は余程衰廃もせし由なるが当教正の周旋により当院余程復古したり。仏殿の荘厳結構きわまりなし」
（『壬午遊記』巻の一）

「　山城　山科　毘沙門堂蔵
金字紺紙金光明最勝王経序品〔嵯峨天皇宸翰〕」
（刊本『壬午游記』明治15）

4・9　京都の知友を訪問、後に田中尚房から一畳敷用材
「北野神社田中尚房を問ひ、嵯峨山中へ行く。雨森鍵徳、扇や、金森等に到る。喜多茂に宿す」（中略）「夕方大坂に着して倅一雄が宅にいたる」
（『壬午遊記』巻の一、「八十三」『木片勧進』明治20）

八十三　西京　北野神社宮司
田中尚房
北野天満宮古材一本
書棚　天井　廻り縁并土椽　庇
の挿二本に用ゆ
（『木片勧進』　明治20刊）

「　西京　智恩院　蔵
碧琅玕玉帯装具　二枚　」
（刊本『壬午游記』明治15）

4・16　播磨、芦屋打出村の阿保山親王寺、阿保親王塚古墳
「此辺に親王の旧跡多きよし、寺の親王塚より掘獲しとて、
石質木目水晶入　角石帯二枚　半月形二枚　長一枚
水銀色八華鑑　青緑四神鑑　宝鐸
右の石帯を見参るやう知恩院より頼まれしかば、是を見る。此古墳は寺より三

丁斗西に有。側に小塚六つ有」

「石帯装具五枚〔同村阿倍親王陵所出　其他銅劔古鏡数品〕」

摂州　打出　親王寺　蔵

（刊本『壬午游記』　明治15）

付近の古墳群、八十塚古墳群か

「此辺り天満実に多きなり。また此村より少々西に八十塚と云て、山中に小さき塚八十有と云処有。八十は如何。とにかく岩平と云に多く有りしが、是親王の家臣か、また何等の墓陵か知れかたし」

（『壬午遊記』巻の一、村川行弘「親王塚・親王寺所蔵異物の再検討」考古学雑誌65－3　1973）

4・17

姫路城下、永田伴正庭の石棺

「永田による。池中一つの石棺を安ず。長七尺斗、幅三尺五六寸、高弐尺三四寸、是は当城内に有りしと。此城　元は称名寺と云古刹なりしに、豊公こぼちて築城有りしと。其節巨骨多く出たるよし。また刀劒矢の根等も多かりしが、それは何時頃の物なりしかしられざりしと。其処より掘出せし物のよし。近頃まで市中に有しを貰てこゝに持込しと。余に呉んと云はれしが、運漕の不容易よりして余も辞したり」

（『壬午遊記』巻の一）

「石棺〔長六尺巾三尺深二寸五寸　豊公当城建築之時堀獲処也〕」

播州　姫路　永田伴正蔵

（刊本『壬午游記』　明治15）

本邦石棺所在地名表

「仝（姫路市）東二階町永田伴正邸内〔元姫路城内麦之門の横も

みうらの前にあり」　石棺身　仝（和田千吉一報）」
（和田千吉「石棺考（続）」考古1―3　論説考證　考古学会
明治33）

4・19 津山城下の天神信仰

「津山侯の城も半ば潰れ、藩士町も多く畑になりたり。今日は宵節句なる由にて、市中雛店多し。其雛と云に天神形とて、天満宮の座像を多くひさぐ也。是駿州辺の雛と同じ事也。是に就ても天満宮のとうとく世に崇まれ玉ふこと知らる」

（『壬午遊記』巻の一）

4・25 出雲大社の什器・文書類拝見、後に千家から一畳敷用材

「早天祢宜泉卓蔵より使来。依て病をおして参詣す。社務所にて伊能知奴之社なる琅玕の勾玉を拝。是文化度八雲山崩れ、それより鉄劔等と共に出たる物なりと云り。また下に図する如き瓶を見る。甚奇なり。（什器類の挿絵）

扨、此机は則飯器に用ゆるよし。大さ下に如記。椀と云もの、大さ摺はち程有。至て麁ぬり、外黒内赤なり。切目のすじ有。是を以て大社の祢宜なるべし。此瓶至て奇と云は古備前焼と思はる。色沢飴色にして扁壷の形なり。扁壷もと韓地の物なり。然るに慶応四年八月備前国児島郡郡村高山の半腹、洪雨の節崩れて出たるを当社え奉りしなり」（中略）

綸旨、大社古図　巨勢金岡之筆ト云大幅〔長六尺巾九尺〕など拝見

「左千家大鳥居。今日は中門に入、階下に到り拝して千家に到る。尊紀に逢ふ」

（『壬午小記』巻の二）

「　出雲　杵築　千家　御蔵

大社古図　巨勢金岡筆　」

（刊本『壬午游記』明治15）

4・26 石見、大森駅の銀山町
「村つゝき銀山町。此処より左り広島道有て、在中広きよし。小川に添て上る。左右高山にして銀山の古間歩有。また石の五百羅漢の寺も有。右には銀山役員の廃邸斗也。昔しの盛なることを思知らる」
（『壬午小記』巻の二）

「　雪舟手造林泉
　　石見　益田　万福寺蔵
　雪舟等楊木像
　　同　乙吉　大智庵蔵　」
（刊本『壬午游記』明治15）

4・28 益田駅の雪舟寺
「雪舟入寂の寺にして大喜庵といへる禅寺有。是を訪ふ。本堂の上に少しの山有。其処に土饅頭有る上に一つの石塔を立てたり。また下に雪舟の硯水、其外いろいろ名所有れども、寺には一人の老婆斗にして、聞にも甚よすがなく空しく田保道を弐十丁下りて高津川に到る」
（『壬午小記』巻の二）

5・1 萩城下、吉田松陰墓参
「招魂場に到りけるに、松陰の墓の辺りに国司、久坂、高杉其外しれる人の墓多し。此土地なるや赤土山にして杉の巨木多く、城下より城山の方を眼下に眺め、風景いわんかたなし。民治は松陰の兄にして兵学家のよし。家には塾生弐三十人、また古風なる教授をなし居られたり。
　松陰先生墓　己未十月二十七日　享年三十歳
拝し畢て帰り、其より浜サキの住吉社え参拝して浜通り城山に到る」

5・5 防府市松崎町、第二十一番松崎天満宮
「旅籠や等皆社務所のさし宿と聞て断はりしが故、今夕は社務所に宿すべしとの

事故荷を爰に頼み置て、天満宮に参詣しぬ。是を松崎神社とす。聖跡第二十一番なる由なり。境内ひろく山中松奇にして頗る風景よろし。当山も社地のみ公園地なりしと」（中略）

「鰯の塩焼にて飯を出したりけるが、此時の風味は実に忘れさりける也。夕方車を雇て宮市御手洗氏に帰り宿す」

5・7 博多上陸、江藤正澄の同行

「博多前なるのこの島の内に入、博多町いわし町末松支店へ上陸す。簀子町江藤に到る。擔を駢べ三好嵩を訪ふ。夏九年母と云にて飲す。四時頃より江藤同道、末松に到りて、明日宰府行の人足を頼。鏡等其者相渡し支度す」

（『壬午小記』巻の二）

5・8 太宰府天満宮奉納鏡の搬送

「神鏡は荷車にて博多よりすぐに送り、我は江藤正澄同道にて直に出立」

水城の鬼瓦　（挿絵）

「下水城村に到る。此処則水城の古跡にして塘の残り今に有。皆茶畑になる。今に時々木材を掘出すと。〔道より左に〕上水城村。花田房吉と云を訪ふ。此家旧庄屋職を勤たるが、今は無役なると。家立頗る古く見えたり。爰に次に図する如き大さの鬼瓦有。是何にて有りしか。其質は何分千弐百年の物と思はれされしが、其古跡より掘出たるは相違なき事そ。いろいろ休みて話しを聞しに、此辺りより時々瓦を掘出すは皆如此にして都府楼の瓦よりは甚あしゝと。今二塊を近辺の家より持来りし故、見るに一つは錬瓦の如きものにて屋根瓦と見えず。是を求ん事を乞えどもゆるさず。依て主人によくよく頼、茶代五十銭を置て出去りしが、後廿日斗を過て江藤氏に持出て我に送り呉とて送りし故、其挨拶に少々金円を遣して貰ひ置、永く我蔵品とせんと欲す。其硯池は考ふに何か柱のあたりし処と思はるもの有りしも奇縁と云べし」

「　同（筑前）〔水城村〕花田房吉　蔵
水城関門鬼瓦〔高二尺二寸横巾　二尺〕」　（刊本『壬午游記』明治15）

この日　吉継拝山に再会

「また吉継拝山と云、当所の士族にして十四年前中西耕石の塾に在りける時逢し画工、十年斗前大風雨の際大怪我をして右の手を一本折たるが、今左りの手にて今画くに聊か右の手の時も同じく、其後支那行等し、頗る義気有る人物なるが、是も問来り飲す」（『壬午日記』巻の三）

吉継拝山が渋団扇（3—18）に漢詩と落款か（『渋団扇帖』三）

拝山から一畳敷用材の提供（「十一・十二」『木片勧進』明治20）

「火箸　肥後熊本城瓦釘　筑前大宰府吉継拝山被恵」（「新獲小煎」刊本『壬午游記』明治15）

中西耕石に竹石図と落款の渋団扇（1—45）あり、年不明（『渋団扇帖』一）

5・9　太宰府天満宮大神鏡の奉納

「微雨。午前八時に晴。十時出門。宰府町若者中にて荷ひ奉納す。祭主　浦橋信淳。十二台神饌、三管、二鼓、叮嚀の事に有なり。後社務所にて飲酒を賜ふ。至て叮嚀なり。菓子は梅形のやきもち也。畢て一時に帰着。江藤是より帰宅。余人力を雇ふて出立」（『壬午日記』巻の三）

「東京府松浦武四郎并江藤正澄同行ニテ大神鏡奉納ニ付祭典執行」
（太宰府天満宮社務日誌　明治十五年五月九日、高木崇世芝「武四郎奉納の五大鏡」会誌38・39　20周年記念特輯　2003）

＊硯池は瓦磚

『渋団扇』1—45
竹石図（絵具）
賛（墨）虚心友石
落款（墨）耕石写
（朱書　西京　中西耕石）

『渋団扇』3—18
漢詩（墨）二三余里馬渓間　全豹未窺看一斑　樹影峰察先会意　南宮北苑両家山
落款（墨）海西拝山
（朱書　筑前宰府人　吉嗣拝山）

十一　筑前三笠郡宰府　吉継拝山
肥前国松浦郡名古屋古城跡広沢寺庭中利休竹
十二
肥後国熊本城瓦釘　加藤肥州係建築物也
利休竹ハ火吹竹　瓦釘は火箸に用ゆ
（『木片勧進』）

5・10　府中駅一条村の岩戸山古墳　（石人・石馬・石盾・埴輪類の挿絵）

「此山惣て小石の欠、陶器の欠等多し。其欠に鼠色と赤色と二品有る也。また臼石有。此うす石は極々麁作にして大きし。是を酒やに戻りて臼石の拾たるが有らば所望せしが、始めは無よし答しに茶代等を与へて出立せんとせし時、二粒を呉ける故其価とて五銭を遣したれば、いま少々待れよとて十七八粒を近辺より集め呉ていわく、是は決して人に語り給ふな、もし此やうなる品此辺より出ること県庁に知れなば　ひろえひろえと云はるゝ故に、此事はかたくかくし有事なりと云ふしも正直心より出しこと也」

（『壬午日記』巻の三）

5・11　佐賀神崎駅の近郊、島義勇・江藤新平墓参

「瓢箪小路なる重松元右衛門を訪ふ。是島義勇の弟なり。案内を乞て墓参せん事を頼めども、何か留守のよし申して何か不思議なる取扱を致す。依てせん方なく立出、本行寺を訪ふて江藤新平の墓所を拝す。此墓所は日々参詣人も多きよしにて香花多く立たり」

（『壬午日記』、杉谷　昭「島義勇」日本歴史253　1969）

5・12　福岡、三好嵩から小碗の餞別、「三好より唐津焼猪口を餞せらる」

（『壬午日記』巻の三）

この頃　「碗　筑前高取窯　　茶壷　同　　青薬蓋同国御笠郡以水城古材作之

右二品筑前福岡三好嵩被恵」

（刊本『壬午游記』　明治15）

5・13　福岡、図譜・器物の購入、江藤正澄から餞別の古経

「今日丹鶴図譜を四十五銭にて求む。また梅の青貝入の盆を八銭にて求む。惣しまた当所物価の不相応なること是にて知る也。江藤氏え小刀一枚を礼す。江藤臼石十個、色定一切経一巻を餞す」

（『壬午日記』巻の三）

『壬午游記』一冊　明治15刊

題辞　遺芳千歳　明治十五季四月

廿五日　為北海道人　松翁

太宰府安楽寺古図

壬午小記（古物・書画類目録）

新獲小煎（入手品目録）

跋　明治十五年七月末つかた

北海道人誌

「筑前宗像神社色定法師一筆一切経〔大方広仏華厳経　第四十二巻〕
右筑前福岡江藤正澄被恵」（刊本『壬午游記』明治15）

5・21　尾道の西国寺

「寺は尾道港を目の下に見て風景いわん方なし。真言宗の寺にして峨々たる石壁に立派なる景いと唐画の山水にもまされり。紫紙金泥金光明最勝経　十巻

かきのこす金の光の明らかにふでのはこびぞ最勝たり　隆正

実に海内無比のものなり。近年是を散失せしめんが為に、本寺中にて保護する規則を定めたりと。其余天平十二年五月一日、光明子願経　紺紙金泥大般若経一巻を蔵せらる。今日、豆腐汁、延豆飯を振舞はる。橋本氏より度々使来る」（『壬午日記』巻の三）

5・26～28　在京（『壬午日記』巻の三）

「　備後　尾道　西国寺　蔵

金光明最勝王経十巻〔紫紙金字　菅相公神筆〕」（刊本『壬午游記』）

5・29　近江大津で古鏡の購入

「三時の汽車にて出、四時、大津三井寺下竹定に泊り、河田景福、斎藤真男を訪ふ。当春斎藤氏にて一同し頼置し二面の鏡代金七円にて売るとの事にて代金を払ひ置けり。此唐鏡の方はさしての物ならねども、和銅の方は祇園社の鏡にして知恩院に二面、また祇園にも此を一面蔵する家あり。図らずも今日一面を得たる事不思議と云べし」（『壬午日記』巻の三）

永井盤谷・益田香遠が祇園社感神院宝帳鏡収納箱【単独箱　30】の箱書き
（内川隆志編『静嘉堂文庫蔵　松浦武四郎蒐集古物目録』平成25）

【単独箱　30】
《箱蓋表》祇園社　感神院宝帳鏡
松浦氏弆蔵
《箱蓋裏》
人車記云　嘉応元年八月十七日
感神院宝帳懸鏡廿四面一時落有御
卜奉幣廿二社　盤谷永井喜暉録
壬午秋日観于馬角
斎中　香遠僊史厚
（『松浦武四郎蒐集古物目録』）

夏日

旧会津藩士、書家山内香渓が渋団扇（3―38）に漢詩と署名（『渋団扇帖』三）

6・4　駿河の出土品拝見
「柚木村小林喜作へよる。去年九月掘出の物を見る。其内別て珍しと存せしは玉造石の矢の根也。その余種々の石細工有」
（挿絵注、「駿州有度郡曲金村字八ツ山ニテ　明治十四年九月下旬所堀得漢鏡　九面　鉄鏃若干　其外石遺物多し」

6・5　帰宅、「築地精養軒并に風月堂によりて五時半頃帰着す」（『壬午日記』巻の三）

10・　杉城四郎が渋団扇（3―34）に書と落款　（『渋団扇帖』三）

この頃　市河万庵・永井磐谷が勾玉等収納箱【箱1　引出下段　16】の箱書き
（内川隆志編『静嘉堂文庫蔵　松浦武四郎蒐集古物目録』平成25）

11・　『福田上人托鉢図』紙本淡彩　記念館蔵
落款「多気志楼の主　北海道人」
賛　「春霞けさのとかにもたち出てつ　はつねほとこせ門乃鴬　七十七翁」
自賛「明治維新の際分□の□出たりしを福田教正深くなけき、今度増上寺再築の□よせて修行の法規を定て官に願ハれしかは、其法規の正しきと、教正の人親切なるを感してその御ゆるしの沙汰有しかは、我□□□□□なし玉ハ、と、今年西遊の時、途中にてもとめ持帰りし錫杖を奉らんとするの時、風月堂の主人その柄をそえ□□せんと乞ハるゝに、色も合なはと二人ものしてけるを、教正携えられし様自ら絵して家の子等の後の話しくさしにもと絵して教正に見せしに、教正また一首をそへてたまハられし、そのしこハれころは、明治十五年の十一月中比也」
（三浦泰之「時代をめぐる人びと」『松浦武四郎　時代と人びと』北海道開拓記念館編　北海道出版企画センター　2004）

『渋団扇』3―38
漢詩（胡粉）琅玕不盈久　翠影自
亭々　高節何曾改　四時一様青
落款（胡粉）壬午夏日　香渓
（筆者　山内香渓）

『渋団扇』3―34
書（墨）月出　心清
落款（墨）明治十五年十月　穴門
峯人竜城
（筆者　山口人杉聴雨弟　城四郎）

【箱1　引出下段　16】
《箱蓋表》勾玉　二顆
環槌　二顆　多気志楼蔵
《箱蓋裏》丙子秋日万菴兼題函
《箱側面①》勾玉　環槌
《箱側面②》鐫刻品　壬午十月盤谷
（『松浦武四郎蒐集古物目録』）

11・29　斎藤真男が泥塔収納箱【単独箱　18】に箱書き

（内川隆志編『静嘉堂文庫蔵　松浦武四郎蒐集古物目録』平成25）

【単独箱　18】
《箱蓋表》小塔　二
《箱蓋裏》近江国栗太郡石居村字
有原寺ト云フ耕地ヨリ堀出スト
コロノ二千有余ノ一ナリ
但旧此処ニ有原寺ト云フ寺アリ
シカ　天平勝宝ノ頃　兵燹ニ罹
リ再建スルコト能ハサルカ故ニ
土中ニ埋メシト云フ
明治十五年十一月廿有九日
斎藤真男識
（『松浦武四郎蒐集古物目録』）

12・11　元東京大学教授モースの来訪

「かなり有名な古物蒐集家松浦武四郎を訪問したところが、非常に親切にむかえてくれた。彼は最近、古物に関する二巻の、全紙二つ折の本を出版し、それには彼の蒐集中の貴重な品物の素晴しい絵が入っている。私は大学の副総理服部氏の紹介状を持って行った。召使いが箱をいくつか持ち出すと、松浦氏は大きな束になっている鍵で、それ等の箱をあけた。鍵には一つ一つ、象牙の札がついている。彼が箱をあけている最中、下女が物立台を三個持って来て、それを床の間に置いた。彼はそこで長い糸を通した玉――それは主としてコンマ形の石である曲玉、その他の石英、碧玉、及び他の鉱物でつくったもの――を取り出し、それを物立台にかけた。（台に掛けた勾玉の挿図）それ等の多くは非常に古く、大部分日本のもので、そしてすべて模糊たる歴史的過去時代に属する。これ等は皆埋葬場や洞窟から発掘されたので、中には土器の壺の中で発見されたものもある。曲玉は、南方琉球諸島から北日本にまで散布している。松浦氏は、曲玉が蝦夷や支那で発見されたことは聞いたことが無いが、支那では別種の石製の玉が発見される。彼はこれ等の品物の、日本一の蒐集を持っているので、小ジーボルトの『日本の古物』に出ている材料は、すべて松浦武四郎の蒐集から絵をかいたものである。彼はまだ曳出に沢山の玉を持っている。私はその若干を写生した」（勾玉挿絵）

（E・Sモース『日本その日その日』3　石川欣一訳　平凡社平凡文庫　1971、関　秀志「松浦武四郎とモース」会誌10　2011、福永　昭「松

浦武四郎と交流のあった外国人―「渋団扇帖」・「自筆稿本」より―」三重の古文化98　三重郷土会　平成25）

この日　モースが渋団扇（3―33）に署名　（『渋団扇帖』三）

冬至　小野湖山が石製品収納品大箱【箱4】に箱書き　（内川隆志編『静嘉堂文庫蔵　松浦武四郎蒐集古物目録』平成25）

『渋団扇』3―33
巻貝図（墨）
署名（墨）エドワード　S　モース（東京　12）11、82
（朱書　亜国人　モース）

【箱4】《大箱蓋表》寵仙
《大箱蓋裏》明治壬午冬至後一日
湖山老人長愿題
（『松浦武四郎蒐集古物目録』）

一八八三年　明治16　66歳

1・6　鈴木香峰に頼朝仏入手の斡旋依頼
「先生当年者七十六才と存候、私も六十六才ニ成申候、三月十二日出立、小田原泊り、十三日原泊り、十四日貴家ニ而一泊、十五日静岡泊りと参候間、其節者御近付之好事家引合願上候也
○先生御婿様の里辺ニ者頼朝仏時々御座候由、一躰手ニ入不申候哉、御周旋を奉乞候、此事市川万庵去秋伊豆へ参り二本程手ニ入来候との話故、とうか先生御周旋を願候也、六日午後三時」
（鈴木香峰宛（明治16）1月6日付け松浦武四郎葉書　富士市立博物館蔵、三浦泰之・山本　命「東海道吉原宿の脇本陣鈴木香峰と松浦武四郎」No.23『松浦武四郎研究序説』笹木義友・三浦泰之編　2011、秋葉　実「松浦武四郎往返書簡（46）」会誌62　2011）

1・13　「先生御婿様の里とやら申事、伊豆国大仁村杉村氏とやらに、万春院ニ有之頼朝仏十躰斗も御所持のよし。是者一躰手ニ入不申候哉、もし手ニ入候ハヽ、御周旋を願上候也。已上」
（宛名・差出人なし（明治16・1か）月13日付け書簡　富士市立博物館蔵、三浦

泰之・山本　命「東海道吉原宿の脇本陣鈴木香峰と松浦武四郎」No.26『松浦武四郎研究序説』笹木義友・三浦泰之編　2011、秋葉　実「松浦武四郎往返書簡（46）」会誌62　2011）

2・2　柏原学而が鈴木香峰へ武四郎来訪の連絡

「松浦翁も三月三日、四日頃該地発途の旨申越候、其節ハ御同伴被下度候、皆様ニ茂宜敷御伝事被下度、荊妻よりも同意申出候、頓首」

（鈴木香峰宛（明治16か）2月2日付け柏原学而葉書　富士市立博物館蔵、三浦泰之・山本　命「東海道吉原宿の脇本陣鈴木香峰と松浦武四郎」No.41『松浦武四郎研究序説』笹木義友・三浦泰之編　2011、秋葉　実「松浦武四郎往返書簡（46）」会誌62　2011）

3・13　東海道、関西・九州紀行に出立

「明治十六年。ことしは西郷隆盛の七周忌にも当りけるが程に一度其墓に詣し、未だに歩行残せし肥後の国の五家山中、日向なる那須より米良にかゝり宮崎の方に出、高岡より都の城に到りなば、恐らく筑紫地の地形をも尽し、帰るさ鹿児島より人吉に入りて、是を船して下り八代に到」

（「癸未日記巻の一」『癸未溟誌』、松浦孫太解読・佐藤貞夫・武四郎を読む会翻刻編　記念館　平成25）

3・15　鈴木香峰から頼朝坊仏

「吉原駅に到り香峰老人宅に到りて宿す。当所病院に中島と云る人有。是佐賀藩医にして洋行して今爰に到る。老人頼朝坊仏一体を恵まる」

3・16　静岡の小集、出土品類の展示

「午後二時頃静岡に着す。柏原氏に宿す。夜佐野虎吉、山中、芝井氏等来り会し、

『癸未溟誌』一冊
外題　癸未溟志
内題　癸未溟誌　四巻三冊
松浦孫太解読、佐藤貞夫・武四郎を読む会翻刻編　記念館　平成25
刊本『癸未溟誌』首巻・刊本『癸未溟志』影印収録

刊本『癸未溟誌』首巻
題辞　彼岸海開　普陀□　三洲題
三月十六日於静岡栢原氏小集目次
三月廿五日大津駅小泉氏別荘小集目録、新獲目次
奥付　明治十六年八月三十日届
同　九月刻成

3・17

明日同家庭中の小亭にて陳列の事を謀る」

小集に人出、催主　柏原学而

「本日は来客も多く朝より暮まで引も知らず、追々在中の病客掘出物を持より呉けり。帰るさ必ず焼津なる松村氏を訪はんことを約す」

（「癸未日記巻の一」『癸未涙誌』）

刊本『癸未涙志』内題　癸未涙誌
題辞　羣山万叡　惺吾為北海翁題
跋　右春水頼先生詩録以代題詞
癸未中元前一日鳴鶴日下東作

出土品の展示

焼津　松郇宗吾蔵　金環数箇　同村堀出
江尻　望月治三郎蔵　有度郡大谷村堀出灰色玉百余顆　勾玉一連加青琅玕
一顆　金環十数品　各草薙山堀出
清水　中泉昇平蔵　勾玉一連　加青琅玕二顆　臼石一連
静岡　山中笑蔵　斎瓶異品大小十数口　各草薙山堀出
大谷　石原治兵衛蔵　塗金太刀甲冑金物　併金環　勾玉　管玉類
〔共　同村堀出　石棺中所在〕
催主　柏原氏蔵　勾玉一連　加青琅玕一箇
斎瓶二十八品　駿遠二州各所堀出
宝鐸〔明治十四年　遠州細江堀出〕

（「三月十六日於静岡柏原氏小集目次」『癸未涙誌』首巻　明治16刊）

3・19

豊橋、山田太古収集品拝見

「ひる頃、豊橋宿札木なる山田太古を訪ふに、近頃集められし古物類を見せらる。夜赤坂駅なる駿河屋に止宿。稲野氏、夜来りて話す」

3・24

大津、円満院の書画、目録に一一点

「午後〔是日土曜〕斎藤氏と円満院に到る。少教正柳田暹昇を訪ひける。寺門座主大教正山科祐玉も来らる。殿堂実に古たりといへども結構を極めし普請なり」

（「癸未日記巻の一」『癸未溟誌』）


3・25 小泉義彦別荘の小集、催主　斎藤真男
「雨なれども兼て諸方に約束もなし置けるが故に　早くより小泉氏の別荘に到りしかば、早斎藤氏は小暗きより来り給ひしと、竜岡、西坊等も今日の支度をぞなしける。先今日の着到をしるし置けるに」

（出品物の目録・一部挿絵）

「終日の大雨なるに滋賀、比叡辻、石山、西京より雨を侵して各々蔵品を携来り呉られしぞ　うれしけれ。我其待合所に、頼朝坊一躰を正面に懸け前に香花供物灯を点し、阿弥陀経紺紙金字の一巻を置たり、夕方少々小降になる。尚来陽を期して分る」

（「癸未日記巻の一」『癸未溟誌』）

出品者　寺門尾蔵寺　三井寺大教正山科祐玉　法明院桜井少教正
円満院住柳田少教正　竜泉院住樫原慶耀　錦織村竜岡資成　西京岩田善八
山門松禅院　松禅院住佐々木昭俊　西京吉田黒　村田柳崖　雨森善四郎
大津多羅尾新吾　西坊□胤　小泉義彦　比叡辻来迎寺　石山石山寺
知恩院寺中服部少教正　知恩院鵜飼大教正　斎藤真男
（「三月廿五日大津駅小泉氏別荘小集目録」『癸未溟誌』首巻　明治16刊）

3・30 摂津呉田村の吉田家訪問、当主は不在
「其余聆涛主人が物せられし古物帳を兼て亀之助君に頼置しか故に直に取出して見せらしが、其中に文華帖と云うもの、高島千岳の序有、古瓦譜、伊藤善語序有、惣て古物に渡るもの君の手にならざるなし、文晁翁、集古十種編輯の時、此家に来りて近国あつむる処のもの皆当家主人の示しにかゝりしと」
（「癸未日記巻の一」『癸未溟誌』、小玉「聆涛閣集古帖の編成と古鏡、瓦　経」三

（重県史研究30　平成27）
4・4
太宰府、浦橋・宮古路から銅小仏像贈られる
「社殿に到るや、浦橋、宮古路の両人、我が声を聞や出来り、一寸にもみたぬ古銅の仏の座像何といへる仏かは知らざりしが、去年此社地え滝を落さんと、上の山より其路の法三十余丁切墾き来て爰に落せしが、其往昔は社の花園にて有りし地あたりにて此像を掘得しかば、余に贈らんと社家一同に許して、好き便りもがなと待もうけしが、今年も参詣なしと給ふと聞て、未だ贈らずと秘め置しが、此社地よりかくの如き仏像を掘得しとて其噂高くなり」
（「癸未日記巻の一」『癸未溟誌』）
「古銅小仏像〔長一寸　重一匁八分〕一躯
明治十五年大宰府花園寺旧地所堀獲物也」
（「新獲目次」『癸未溟誌』首巻　明治16刊）

4・7
吉継拝山訪問、一畳敷用材の答礼か、
「拝山画伯を訪ふ、凡一時頃なり」
（「癸未日記巻の一」『癸未溟誌』）
熊本、北岡山の古墳群（北岡横穴群）
「富岡氏え到るに、十時頃県庁え来り、勧業課長なる指山延貞に万事引合候様との義にて、県庁に到り指山の出仕を待。総て五家に関係の書類并に地図等と日向国那須桑弓野役場より来りし書状、図面等を受取に原町戸長役場と二所えの添書を貰ふ」（中略）
「次に北岡町なる煎餅や北岡庄八といへる者、此頃同所北岡山にて穴居あと様の処を見出し、いろいろの物掘獲しと聞ば、尋ね行て見るに、金環三十一、翡翠勾玉一つ、太刀、壺鐙、甲冑具、矢の根はさまさまの形有。（鉄鏃類挿絵）

また陶器類もいろいろ有。
其北岡山といへるは祇園社の総名のよし。穴居を見に行に、何れも南向、高さ凡一丈位、青岩土にして此山中に凡七八つも有りしが、近頃まで篠笹生しげりしが故知る者なかりしに、近頃茶畑に開墾するとて発見せしなり。此地熊本の西南に在るに北岡の名有るは何なる故にやと尋しに、往昔の国府は今の二本木の辺りなりしと〔此町府の西南也〕。此二本木、今は女郎屋町となれるなり」

（「癸未日記巻の一」『癸未溟誌』）

出土品の入手・収納【単独箱 13】

《箱蓋表》「肥後熊本北岡堀出　土器　矢の根　松浦氏蔵」

《箱蓋裏　武四郎筆》

「肥後熊本城の南北岡山祇園は開創より千五十年ニ今年当るとかや　其山続きの南面に数所の穴居跡と覚しき処有りしか　其地の所有主茶園にせんとて此比墾しかは　また新に一ツ大なる穴居地を発見したるに　其中凡畳六ツ計りをも数へき奥に一段高き地有
其上に土器数十　矢の根数百　壺鐙様のもの　大刀／数本　金環三十一　其内三ツは無色なるもの也　また琅玕の勾玉一枚有りしか　此玉は我に贈られしかは　金七円を所有主北岡庄八へ遣し候に庄八厚くよろこひて　後の譚にもとて此二品を贈らるに旅装の重かれ候ともいとはて持帰りかくなし置ける也
此地域城南に有て山岡といへるはと怪問ふに熊本の府は　今の二本木のあたりに昔し有しか故　此名有りしと云り
明治十八年四月七日是を贈らるまゝしるす　弘　印」

《箱側面　武四郎筆か》「肥後熊本堀出　松浦氏」

（内川隆志編「箱書・文書の翻刻文」『静嘉堂文庫蔵　松浦武四郎蒐集古物目録』平成25、内川隆志・村松洋介「静嘉堂文庫所蔵　松浦武四郎旧蔵資料の人文学的研究」考古学資料館紀要28　国学院大学　平成24）

入手の出土品

「肥後国北岡山堀出碧琅玕勾玉一夥　併鉄鏃三品　素焼陶器一口」

（「新獲目次」『癸未溟誌』首巻　明治12刊）

4・11　宮崎五箇庄、上椎葉の鏡と江夏干城、後に江夏から一畳敷用材提供

「上椎葉村〔人家五戸〕に到る。村中に厳島神社々頭美々しく、宮山緑樹陰森として神寂たり。傍に天満宮の社有。此神実も神御鏡なりしを明治五年江夏干城持去りしが、近頃またもどり来りと云り」

（『癸未溟誌』巻の三、「第十」『木片勧進』明治20）

第十　薩州　江夏干城
大隅国桑原郡大河平（オ、コヒラ）
竹囲一尺八寸
南廂屋根瓦にかへ用ゆ
（『木片勧進』明治20刊）

4・16　宮崎神社

「また鳥居前に戦死塚といへる物有。是西郷方の戦死塚なりと。国幣社の鳥居前に西郷方の墓の有もまた妙也。此宮崎も十六軒程焼れし由なるが、それにても一切西郷方をあしきと思ふものは無りし也」

（『癸未溟誌』巻の三）

4・17　剣塚稲荷大明神

「其辺り小山の六尺、八尺より一丈、二丈のもの多し。実に数ふるにあまり有る也。是を四十八墓と云り。祠官宮永真琴を訪ふて、此神宝たる勾玉を拝す。琅玕の外皮也。また鏡等有。是は古くより家に伝へしと云へり。また此辺りの陵より陶器類を掘りすこと夥しと」

4・21　鹿児島、城山の西郷隆盛墓参

「是より上町なる浄光寺山西郷先輩の墓に到る。其下に石工六軒。何れも職人

七八人づヽにて細工到し居。また線香をうる家、梻、榊をうる家、団子、あまざけの腰かけ茶や様もの十余軒、各々営業をなす也。石階二百級斗三段に上りて、上に拝殿、事務所には役人らしきもの六七人も詰、また傍に榊、うる家、茶店も有。断髪の婦人、幾流となく終始参詣人有るよし也。正面には先輩の墓、左右に桐野、篠原、本多等の墓美々敷、追々小さく成、末に及びても苗字もなく何兵衛、何吉、何八等の雑兵の墓並ぶこと実にかぞへがたし。其地形、桜島を前に見て山川の津、海門が岳まで市中は眼下に見え、当所第一の風景なり。爰に到りて一詩を賦して霊前に奉る。

　到処英雄酣戦場　日豊肥筑路程長　墓前来哭是何物　江戸狂夫武四郎

嗚呼今日万民旧幕の世の中の弊を脱て大君の御世に鼓腹する事、是此人なくば如何でかと、涕泣万行」

（『癸未溟誌』巻の三）

4・23　西南戦争戦死者供養

「横川宿。川有。此傍にはたごや二軒有。士族は百斗も有と。然れども在中に散在す。此あたり何れの宿にても村にても戦死墓と云もの村はしに在て赤もめん、また白木綿等の幟を立て祭る。其墓に病人等有ると祈願すると利益あるよしなり。出て左りの方に電信線は行也」

（『癸未溟誌』巻の四）

4・26　熊本八代、赤坂村で元東京大学教授モース発掘の貝塚・古墳を見る

「街道に赤土に貝殻まざりし土を多く持出しある故、是何故そと尋しに、此村は赤坂村といへり。其処にて西洋人小さき山を掘割りて石棺を出したるが、其石棺の回りに此貝殻と素焼きの陶器の欠類ありしが、皆此陶器等は東京に持行たりと云。則是モールスの事なり。不斗今日此処に当りしも不思議ならずや。是より海岸不知村見ゆ」

（『癸未溟誌』巻の四）

モースの調査、大野貝塚・石棺（発掘は明治12・5・26）

「最初に私に大野村の貝塚の話をしてくれた地質学者ライマン教授は、貝塚付近に奇妙な石の棺のあることも話した。我々は容易にそれを発見したが、巨大な石槨であった。蓋の末端はこわれ、また下向きになっていたが、埋葬に関する迷信が原因して、村民達に我々がそれをひっくり返すことを助力させるのは困難であった。然し我々の人力車夫は一向おかまい無しで、石の周囲を掘り、棹（さお）を槓杆（テコ）にして、我々はそれをひっくり返した。図585はその外見をざっと写生したもので、内側に小間（パネル）に刻んである。この古さは千年、あるいは千二百年であると信じられる」　（図　石棺の挿絵）

（モース「南方の旅」『日本その日その日』3　石川欣一訳　東洋文庫　平凡社　1971、磯野直秀「九州と関西への旅」『モースその日その日　ある御雇教師と近代日本』　有隣社　昭和62）

5・1　福岡から自宅へ電報、家内の急病

「夕五時頃に福岡なる江藤氏に着してけるや、家内の申さる、扨、東京より只今電信にて御家内大病に付、早々帰られ候との事也と聞より大に驚。依て只今頃何処にいますやしれざる故に鹿児島県令、熊本県令の両方へ此趣を電報かけんと電信局え打に行しと。依ては早くさし留よと、我が乗り来りし車にのせて使の者を呼もどしに遣はせしや、未だ打ざりし処なりとて帰り来りしは幸なり。其より東京の方へ今鹿児島より帰りし趣にて直に帰るとの報を打」（中略）

「東京発　バヾサマタイビヨウハヤクヲカイリ
　返　報　カゴシマヨリイマカイルスグニイクナリ」　（『癸未溟誌』巻の四）

5・13　東京、帰宅
「五時帰宅。雨ますます降る。宅には山下弥助夫婦、中野松平、隣翁等来り詰る。市川、雁仙等も来り呉、おとくは三日に着せしと。一雄は七日に着せし由。然るに庭中草生ひ其様目も当られず。夜一雄、政、花看病する也」

5・17　「いよいよ最期の間に逢まじと迄思ひて帰りしに、今日かく養生のかなひし事不思議と云もあまり有ぬべく思はる」　（『癸未溟誌』巻の四）

5・20　鈴木香峰に撥雲余興の発送準備
「狩場切手有難、何分宜敷奉願上候、撥雲余興、是また委細承知仕候、運送賃は御心配ニ不及候、二通りさし上置候間、一通は先生御元ニ御預り置、また画人有之候ハヽ、御遣し可被成下候、一両日中ニ対し、陸運へ出し申候也」
（鈴木香峰宛（明治16・5か）月20日付け松浦武四書簡　富士市立博物館蔵、三浦泰之・山本　命「東海道吉原宿の脇本陣鈴木香峰と松浦武四郎」No.28　笹木義友・三浦泰之編『松浦武四郎研究序説』2011、秋葉　実「松浦武四郎往返書簡（46）」会誌62　2011）

5・25　鈴木香峰に撥雲余興の発送
「撥雲余興前後遣し候様早々脚便ニさし出候、不日相達候と被存候、今般二通りさし上候間、佐野寅吉もほしき等申居候間、是へ御廻し被下候、宜敷候」
「撥雲余興郵送代之儀被仰越候得共、元来此本は欲徳之為ニ拵候ものニ無御座候ハヽ、此本見て被呉候御人えは実者無代価ニ而も進上致度心得ニ御座候間、決而郵送代等の御心配被下間敷存候」

（鈴木香峰宛（明治16・5）月25日付け松浦武四書簡　富士市立博物館蔵、三浦泰之・山本　命「東海道吉原宿の脇本陣鈴木香峰と松浦武四郎」No.29『松浦武四郎研究序説』２０１１、秋葉　実「松浦武四郎往返書簡（46）」会誌62　２０１１）

6・7　奈良吉野山、喜蔵院住職宮城晋一から一畳敷用材発送予定

「本月二日御投函之芳墨、本日着拝見仕候処、御無事ニ而九州御巡覧ノ処、筑前福岡御滞在中御家内大病之由電報ニ付、直接御帰京之趣、憮々御心痛奉遠察候、御病気ハ如何ニ御さ候哉、其後追々御快気ナル哉、早々御快復ヲ奉祈候

偖、予而御願申上置候画帖用書画七枚御周旋被成下、早速御逓送千万難有御礼申上候、兼而御咄之吉水古板近日大坂へ向ヶ差出可申候、其節吉水額面之請書モ差上可申候

尚、一六、鳴鶴、海舟三先生之書何分ニも御周旋ニ預り度、偏ニ奉伏願候」

（松浦武四郎宛（明治16）6月7日付け宮城晋一書簡、山田哲好「史料翻刻松浦武四郎記念館所蔵の松浦武四郎関係書簡」《東二六四―一五》『松浦武四郎研究序説』２０１１）

7・9　宮城晋一から一畳敷用材到着確認と、海舟・巌谷・日下部書の斡旋催促

「陳者兼テ御約定申上候吉水神社古板四枚、去月中旬大坂天満御賢息様方迄逓送仕置候間、最早着京可仕候条、左様思召可被下候、且吉水神社へ御奉納被下候額面請書別紙差上候、之ニテ不都合ニ御座候得ハ何時ニテモ認替差上候間、御差図希上候、先般御芳墨被下候節ハ御令室御病気之趣、最早御快気ト奉存候、如何ニ御坐候哉、御伺申上候

将又予而御願申上候海舟公、及巌谷、日下部ノ三先生御書、何卒御周旋被下候

三六　大和吉野山旧喜蔵院
　　　　　　　　　　宮城晋一
同所子守神社玉垣欄間　秀頼公造営
の物也
　中仕切鴨居上の欄間に用ゆ
ミよしの丶子守の宮に年経ぬるその
古木をそ我は恵けり

様、偏ニ奉希上候、御礼ハ迂生ノ身ニ叶候事ニ而可仕候間、宜敷願上候」
（松浦武四郎宛（明治16）7月9日付け宮城晋一書簡、山田哲好「史料翻刻松浦武四郎記念館所蔵の松浦武四郎関係書簡」《東二六四―一六》『松浦武四郎研究序説』２０１１、「三六・三七・三八」『木片勧進』明治20）

三七
同所蹴抜塔の升形但し明治初年廃仏の時に毀てり
神供台に用ゆ
飛弾たくミたくみ作りし高とのを蹴抜て　いにし人そゆゝしき

三八
同所旧吉水院上段前地板　是後醍醐天皇行在所南朝五十年間の御物御垢付板とも可申上もの也
一畳廻り額縁板に用ゆ
ミよしのゝ行の宮居の古木そと聞て昔しを猶忍ふかな
（『木片勧進』明治20刊）

7・26　宮城晋一から一畳敷用材受取り再確認
「陳ハ先般吉水古板大坂迄逓送仕置候間、定テ着、御入掌被成下候御事ト奉存候、其後吉水へ御奉納被下候額請書差上候、是又御入手被下候事ト奉存候」
（松浦武四郎宛（明治16）7月26日付け宮城晋一葉書　記念館蔵、三浦泰之「松浦武四郎記念館所蔵　絵葉書帖（木片勧進関係絵葉書帖）について(2)」No.15　会誌65　２０１２）

9・9　小野湖山が記念館蔵銅鏃の収納箱に箱書
箱蓋表「摘東坡詩中語為北海翁清古器縦横　辛己歳九月九日　湖山野長愿題□□」
（『松浦武四郎関係歴史資料目録』同報告書2　三雲町教育委員会　２００４）

11・7　山城嵯峨、山中静逸から菅大臣天満宮鏡奉納委任
「過日御丁寧ニ御答書被下忝拝読仕候、其節被仰下候鏡奉納之義ハ拝承仕候へ共、右鋳立奉納手続ハ　尊家ニ而可然御取斗仰下候ハヽ、忝奉存候、いつれ来春御西遊之時ト奉存候、右御請迄如此御坐候」
（松浦武四郎宛（明治16）11月7日付け山中静逸葉書　記念館蔵、三浦泰之「松浦武四郎記念館所蔵　絵葉書帖（木片勧進関係絵葉書帖）について(4)」No.43　会誌67　２０１３）

11・12　熊野新宮、音無新太郎が癸未溟志受取り、一畳敷用材発送
「偖、過日者癸未溟志弐冊遠々御恵投被為下難有頂戴、緩々拝見仕候処、彼地之

風境直チニ目撃ヲ得ルガ如ク、且所々御旅会之御名物等拝承、大ニ奉感激候、乍毎事御高庇ニ寄知識ヲ相申候」（中略）

「一　兼而御申越候新宮神社焼残リ木材之事、先達直ニ申遣し置候所、焼残り候古例ニ寄不残焼棄候へ共、尚取調べ可差出旨報知有之候故、（中略）漸取調ニ相成、則扉板之内別紙寸法ノものもらひ受、直ニ荷造致シ、船問屋松善十郎方へ持行、早々積込之方及依頼セ候処、別船有之次第積入方取計可申旨」

（松浦老先生宛（明治16）11月12日付け音無新太郎書簡、山田哲好「史料翻刻松浦武四郎記念館所蔵の松浦武四郎関係書簡」《東二六四―一二二》『松浦武四郎研究序説』２０１１、「第三」『木片勧進』明治20）

第三　紀州　熊野本宮々司
　音無新太郎
本宮誠證殿扉一枚〔巾三尺二寸　長六尺余〕係豊太閤建築之物
　割三枚天井并書棚四番板に用ゆ
宮司　明治十六年帰県後　病によつて死去
音無の君忍ひつゝ見る月は　影七こしにすむ心地せり
（『木片勧進』明治20刊）

一八八四年　明治17　67歳

3・17　山本榕室先生二十年追恩会（沈三郎・錫夫、一八〇九―一六四）

「於西京章夫宅開追恩会　畑柳平　河南教　百々三郎　松村余之助　刀弥格造　片岡成知　山本寅之助来会」

（読書室年表）

3・28　東海道、京都・高野山・大坂・播磨・但馬・若狭に旅立

「なすことも何も糸瓜もなき身ゆへ、今年も〔十七年〕ふらりまた立出る〔三月二十八日旧三月二日〕」

（『甲申日記』巻の一、松浦孫太解読・佐藤貞夫翻刻編　記念館　平成26）

『甲申日記』三巻二冊
松浦孫太解読・佐藤貞夫翻刻編
記念館　平成26、刊本『甲申小記』
尚古杜多第六号　影印収録

3・31　駿河の頼朝坊仏、武四郎涅槃図にあり

「大仁より田中村と云を尋て〔一里半〕蔵春院をもとめしに今は纔の小堂なり。こゝに頼朝坊仏と云る千体仏有りしが、是を去春香峰老人より一体貰ひしが、また万庵主人も一体を余に贈り呉しが故、其因縁を審にせまほしと竹村氏に問

ひしに、是もくわしくせざりしがとて、次の一葉をしめさるゝ故に写し置ぬ
蔵春院板仏記　泊栢舎文集抜粋（頼朝坊仏の挿絵）
伊豆誌巻十二墳墓之部／同巻十仏刹之部」

後日　市河万庵が頼朝坊仏収納箱【箱5　引出上段　1】に箱書
（内川隆志編『静嘉堂文庫蔵　松浦武四郎蒐集古物目録』平成25）

4・2　静岡紺屋町、柏原学而宅の茶席
「静岡柏原氏に着。今日は昨秋獲られし菅公の紫裂を祭らるゝよしにて其もうけ有たり。また別に茶席を開て抹茶を出さる。是にまた其趣向を尽」
（設えに、勢・駿・信・遠州各所の出土品一四点）

4・6　大津駅、山科・柳田に撥雲余興二集贈る
「正法寺に詣で、寺門山科教正、円満院なる柳田少教正え撥雲余興を贈る」

4・7　石山寺什物拝観、この頃に住職菅原円照から一畳敷用材提供か
「石山寺へ到る。源氏の間より去年拝見せざりし経巻等不残拝し畢る」
（『甲申日記』巻の一、「廿二・廿三」『木片勧進』明治20）

4・8　京都法明院の襖絵拝観
「樫原慶耀を訪ひ、午後法明院を訪ひ、応挙襖四間山水、探幽ふすま四間、大雅ふすま四間を見る」

4・10　知恩院の書画拝観
「早天より知恩院に到る。元祖上人御自筆の選択集并に上人の御絵巻物を拝す」

4・11　京都嵯峨、山中静逸（信天翁）に菅大神納鏡依頼、一畳敷用材提供あり
「微雨を犯して北野天満宮へ参詣し、其より妙心寺殿堂拝見、嵯峨に至りて山中氏を訪ふて午飯を喫し、先生へ菅大神へ奉納鏡之事を頼」

【箱5　引出上段　1】
《箱蓋表》頼朝坊仏　二躯
《箱蓋裏》松浦氏蔵　万菴兼　印
（『松浦武四郎蒐集古物目録』）

廿二　近江国石山寺住職
菅原円照
石山寺本堂内陣曼陀羅掛　建久年中古柱にて天明四甲辰年修理取替之記を添て宝庫ニ蔵也と
北窓下敷居に用ゆ

廿三
同寺天文之頃浴室湯船の古材杉
長七尺巾七寸
用東口戸袋妻板
石山の寺の湯船の古板と聞てゆかりの色香しのはる
（『木片勧進』明治20刊）

4・13　応挙九十遠忌展覧拝見

「微雨、岩田翠竹と丸山正阿弥に応挙画伯の九十遠忌の展覧有を見る。其陳列は別に展覧録が有ば略し、其評もまた展覧録にしるせば爰に略しぬ」

（『甲申日記』巻の一、「第六」『木片勧進』明治20）

4・14　富田林駅

「是南河内第一の都会の地なり。往昔は富田芝とて広き野なりしが、天正の頃公命によつて市店を開く。商人多く、特に水宜しきが故に造酒家多し。其近在葡萄の名産、浪華、西京に出ると。また是を以て葡萄酒をも作るよしなり」

大見村宿の高野山参詣者

「一人前一枚つゝ布団にして敷物も無故、我等引回しを敷て、夜飯は干大根にジヤガタラ芋、氷豆腐、大こん漬。困りしは作今の懸茶屋故に、雪隠の無に皆上の山に行、大便を行ふ故、其きたなさ筆に演がたし。一睡して耳をそば立るに、五十人斗の客皆目をさましける様にし、表の方には南無大師遍照金剛の声引もきらず、往来有」

（『甲申日記』巻の一）

4・15　高野詣り（旧暦二〇日）

「凡何時ならんと云に、未だ二十日午前二時位と。人も我も南無大師遍照金剛とて坂道をのぼる。路傍の家々は皆茶、煙草の火等出して有。こゝらは早九折と思ひし、それもいつしか過て、紀伊見村に到る」

橋本駅の参詣者

「此処家毎に提灯を出し、神事祭礼様の如く、其賑はしき事目覚る斗。河原に出て夜の明を待てけるが、渡し船は五六艘にて止み間なく通けるに処々にて篝火をたき小舟多く岸に着たるは、皆加牟呂まで下る船をすゝむるなり。一里の処

第六　西京嵯峨　山中信天翁
城州嵐山下渡月橋々桁松材
柱ろ一に用ゆ
（『木片勧進』明治20刊）

三銭づヽにて乗り下り行こと弾指の間に橋本〔北岸〕、東家〔南岸〕」

4・16 高野山

「壇上の北に出て、本中谷院なる明王院に到る。未だ十時二十分なりと。当時は高岡教正の寺にて有る故、大に余が登山をよろこび呉られ、一睡をして飯して竜光院え到り宝物を拝する」（古経・什物類の目録）

「右の数点、客殿より仏殿に陳列するといへども、場所狭き故に微細に拝する能はず。是より勧学院にて陳列なる故また是を拝す」

（什物・仏書・院宣・宸翰・古経・古刀類の目録）

4・17 山上

「十六日〔旧二十一日に当る〕当山えは諸方より寺方も多く来られしが、今日は午前六時奥院揃にて九時に済しける故、早く起て奥院に到り待に、凡八時頃に漸々揃て出かけ十一時頃法会相済て帰院」

奥之院に納髪

「今朝はとく起立て奥院に参詣し、未だ人も少なかりき間に髻を切り、骨堂にもと思えども、今度は御歴代御亡髪、御爪、御歯等を埋めまゐらせし御墓にもうで、人なき片陰にて懐紙に、高野大師の一千五十遠忌の詣で髻を切りて

霜をなす髪を嵐に払はせて　おちばにそへて納む岩室

と認め此包を其苔わけ其中に納め、八時頃に帰るに早朝朦朧も明たりければ先導を雇ふて、壇上を過て杉むらに入、道六七丁乾の方に上る」

（『甲申日記』巻の一）

4・18 和泉、施福寺参詣

「西国四番の札所、巻尾山仙薬院施福寺の前に出たり。已前は真言宗、近年寛文

の頃より天台宗となりたり」（中略）「当山三年斗前十二月に焼失すること、諸堂二十七宇なりと。漸々本堂のみ再建になりたり」

（『甲申日記』巻の二）

4・19　施福寺宝物拝見、この頃に一畳敷用材提供か

「本堂に到るや一山の僧徒、早出頭して宝物を辛櫃のまゝ持出たり」

（上表・院宣・宣旨・証文・証書・経巻等の目録）

十四　和泉槙尾山施福寺　寺務所
同　泉南郡槙尾寺明治十五年焼失の燼材　登山の時乞之
書棚下　上下の敷居に用ゆ

（『木片勧進』明治20刊）

（『甲申日記』巻の二、「十四」『木片勧進』明治20）

4・20　大阪住の養子、一雄親子と面談

「今日は日曜なりとて、一雄両人子供を連れて朝早くより来り、桜の宮に到る。昨今満開のよし、河原の架茶屋、櫛の歯をひく如し」

正国山金剛院国分寺

「扨、当寺また荒廃し、仏像、経巻、法具等も散乱し、庫裏、仏殿雨もりけるを一昨年善道坊来住してより信徒追々増し、百畳余の畳も床より新にかへ、我等より先に嫁とくも参り居り大に馳走になりたり」

4・23　須磨、第十四番綱敷天満宮神鏡奉納、願主東京風月堂清白

「神戸にて上り、直にまた人車にて西須磨に到り、十四番なる綱敷天神の御社に参詣して御鏡納めんとすれども、宮守といふ者も無故に其辺りにて聞ば、その家こそ総代なると教ける」（中略）「また鏡の請取と云ものに二十五家総代といへる判を捺して我に与えぬも、いと趣しやうのことにてぞ有たり」

明石、第十五番休天満宮納鏡、願主は東京松浦武四郎

「十五番休石天満宮え参詣しぬ。此社の事は皆人の知る所、巳年の記にもしるせし如し。祠官を尋ればば河野氏とて少々外に出たり。爰にて奉納鏡の事を頼、請取書を取て五時前と思ふ頃より出立」

4・24
播磨高砂、第十六番播陽曽根天満宮参詣、この頃に一畳敷用材提供か
「曽根天神社に参詣して祠官曽根稲彦を訪ひ、宮に到りて御酒等上、御宝物拝見」
(『甲申日記巻の二』、「八十一」『木片勧進』 明治20)

八十一　播州　曽根神社祠官
曽根稲彦
曽根天神々宮寺門扉欅一枚　寛文比
建築材　(『木片勧進』明治20刊)

この日
姫路、第十七番腰懸石天満宮納鏡、願主尾陽中泉昇平
「腰懸石天満宮社有。是は村中の社よりは小なれども、実は村中の社は当社の御旅所なりしが、今は却て大村にして社殿壮麗になりしものなりと。納鏡事等くわしく談し、第十七番と定め置ぬ」

4・26
但馬、竹田駅の竹田城跡
「駅の西に虎城山とて、上り十丁斗の山有、赤松左兵衛広秀の城跡なるが、慶長五年十月二十八日、豊公に攻めとられしと。案内を頼みて上りしが、道筋の分明にして石階、石畳厳然として聊か損せず。此城山、山口駅より見えしが、如何にも不思議の山城なり。諸国に古城跡多しといへども、如此櫓跡、石階等のこりしはなし。頂上よりは八木川をへだてゝ、出石の方まで一目せらる。下りて真言宗法樹寺といへる菩提所に参詣し、宝物を拝せんと乞ひしに、住寺は不在にして拝する事を不得」

4・29
丹後、天橋山智恩寺
「門前の茶屋に休ひ、昼飯して当寺都司寮え宝物拝見の事を願出しが、住職は不在の由を以て断らる。其あらまし、宝物録を拝借して茶店の縁端にて写し置きしもの左の如し」
(書画・什物・綸旨・制札・古文書・書画類の目録)　(『甲申日記』巻の二)

5・4
若狭、松原村の武田耕雲斎墓参
「此村の道の右の方に武田耕雲斎の墓有。其高七八尺、五間四面斗石積にして石

5・11　の玉垣。左右に田丸稲之衛門、山岡喜八郎、藤田小四郎、其余三百七八十人の墓なり。一本の石に三四十名づゝを記す。是皆篭手田滋賀県令のなし給ふ処なり。余も懐古の情にたえずして、
　あわれなり犬ざむらひの手にはてゝ大内山の春にもあはれぬ
と自吟して鼻紙にしたゝめ、線香一抱を手向て出立」（『甲申日記』巻の三）

5・14　京都、東福寺の書画拝観
「一雄、隆雄午前八時頃に大阪より来る。同道して東福寺に到る。受付所え金一円を納め、切符を受取て参詣す。第一席に懸る処は、（書画類多数の目録）此外代々帝室の勅書、将軍家の教書、和漢の高僧、知識の墨跡類多し」

5・18　帰途、豊橋の山田太古に尼崎の十三番長洲天満宮納鏡依頼
「十四日。岡ザキにて昼飯し夜豊橋にとまる。太古に逢て二十五霊跡の奉納鏡の事話をして承諾し呉たりしかば、十三番長洲の天満宮にと頼置ぬ」

東京帰着
「五時前と思ふ頃に芝新橋なるステーションより上りけるや、旦那、車、爺さん車よ、馬車よ、人力とすゝむるに、神田五軒町なる十五番とて西通りなる中程よといはゞ、車夫取もあえずソレテは柳の有る辺りかと云」（『甲申日記』巻の三）

6・25　紀行中の収集書画類・伎楽面・古銅印の目録
（「六月廿五日新穫開笈」　刊本『甲申小記』）

7・28　熊本県井寺村、末松孫三郎宛に略歴送る
「其後安政三辰年より、小生幕府御雇に成蝦夷地に参り、兼て好む事にて自らより相願ひ、山川地理取調中、并ニ別懇相持、十分山中まで跋渉、カラ

刊本『甲申小記』尚古杜多第六号
一冊　東京　馬角斎蔵版
六月廿五日新穫開笈（収集目録）

フトに渡り候。ヲロッコ、タライカ、スメレンクロ人等の住居地まで参り、三十九、四十、四十一才と三年に十分奔走、四十二才に帰府、直に右図面并著書弐百余冊書上、辞職仕候。

其後閑散に過候処、明治元年徴士に相成候。直に箱館府判事、其後開拓使さし□□より、開拓判官に任ぜられ候へども、何分上は彼地ニ闇きまゝ、申候事少しも不被行、辞表四度程さし出し、辞職被仰付候、其砌従五位に候　終身十五口の恩賜有、正五位にて引込候而、早々位記返納またまた元の浪人と成、岩倉家の世話ニ成候。同家長や住居仕居候処、小生五十六才の時、只一人女子有候計りに而過し、其女子儀十歳ニ而失、其より最早世に望なしと存候。只々「神田五軒町十五番地」を相求候て矮屋補修、婆と暮し居候。

一人水戸藩より貰候倅有之候得共、是も大阪に住居、彫物師にて造幣寮に奉職、一向音信不通にて不被在候得ば、時々不足にて何か無心を申候計に而、我等の世話等致し候者に無之、重々心細き事に御座候。

然るに、五十九才の頃より多病に成、六十、六十一歳の時に危く黄泉の鬼と可相成と存候に候を、六十二才ふと考候には、我元来天下を抜渉、山川を巡り櫛風麗雨にて成長候に、今日安逸に過候よりの事と、三月中旬婆と同道し、東海道より大和・紀州・畿内より播州・四国辺まで、百日余旅行仕候。

大に丈夫に成、其より六十三才に独身にて大和国吉野山より大峯に巡り、山の峯通り七日の間露宿にて紀州熊野に越、六十四才には山陰道伯耆・印旛・長門・石見より、九州筑後・肥前、此年は吉田松陰の墓参、江藤・島等に墓参致し、六十六才　昨年は西郷の墓参仕度、曾国・五家より日州・那須・米良、宮崎よりさる川山中を越、鹿児島に到り、帰途球磨に付、八代川を下って熊本に

出、帰国仕候。本年六十七才、当夏高野山に上り、髪を切り
　高野大師千五十遠忌にもふで、髻をきりて
　　霜をなす髪を嵐に払はせて　おちばにそへて残す岩室
と一片の紙に認め、包みて奥院に納め、其より大阪・伯州・但馬・丹後・若狭・
越前より近江国に出で而、再び西京東福寺、兆典司の四百五十遠忌に参詣し、
但馬銀山にて南八郎の墓に参詣、越の敦賀にては武田耕雲斎の墓参等致し来り
候事、重々心を残す事なし」
（末松孫三郎宛（明治17）7月28日付け松浦武四書簡　山口県立図書館蔵、秋葉
実「松浦武四郎往返書簡（46）」会誌62　2011）

8・31　師範学校佐々木弘綱を来訪
「三一日。松をう丶、松浦竹四郎来訊、相沢来、小楠公額、真淵賛をかふ」
（『弘綱年譜』六、高倉一紀・竜泉寺由佳編『佐々木弘綱年譜〈中〉』神道資料叢
刊七　皇學館大学神道研究所　平成19）

9・　市河万庵が滋賀県滋賀里村寺跡出土、瓦器瓶収納箱【単独箱　14】の箱書
（内川隆志編『静嘉堂文庫蔵　松浦武四郎蒐集古物目録』平成25）

【単独箱　14】
《箱蓋表》近江国滋賀旧土堀出磁瓶
《箱蓋裏》　　　　　　　万菴書
《箱側面　武四郎筆》
近江国滋賀郡滋賀里村旧見世村字
園山則志賀山寺旧址字弥勒寺堀出
明治十七年秋九月
（『松浦武四郎蒐集古物目録』）

この頃　『遺馨録』上下二冊　山本復一編　読書室、国立国会図書館蔵
　巻頭　山本亡羊照像
　本文　山本亡羊二〇年追遠会陳列品目録
　遺馨録の出版
「先年前先人廿年祭ヲ期シ一会仕、其砌目録ヲ製候処、段々趣
向も変り上木延引漸ク前冬ニ至リ落成仕候」
（江馬活堂宛（明治18）11月17日付け山本章夫書簡・61　江馬文

秋

書研究会編『江馬家来簡集』思文閣出版（1984）

山本亡羊追憶と肖像画評

「（前欠）思ことといはでは腹ふくるゝわざなりとは昔しの人もいへりけり。こゝに山本ぬしの亡祖父亡羊大人の二十年の追遠に物せられしとて一冊の書を見せられければ、取もあへず播きて其絵姿を見るに、惜しむらくは大人は今少し頂高く面て細くおわし。さてつねに軽ろしく笑給うことなくいかにも堂々たるさまにおはしき。

其長男錫夫ぬし　二月余りも伊賀路より大和の吉野紀伊の熊野大台か原かけ嶮しき山々を廻りて数多くのくすり草とり、これはこゝこれは彼所にてとりえたりと取出して見せしに、数日の辛き旅路恙なく帰り玉ふ様もなく、これは伊勢の国なる経ヶ峰にて採りたりとて養老草といへるものゝ葉のなみなみより異りたるを見せられしをりにぞ始て笑をぞふくみ玉ひける。

さていへらく、われ久しく彼の山の地質を思考し有りしに今ゆくりなく此草をえたる悦ばしさよ、とていはれし。かく其家の学の道に厚かりければ、文政の中つころ幕府より召有りしに、今我召にあづかり大江戸に下りなば家の子ら此近き国々の深山幽谷をとしごろ尋ねめぐり其山質をあきらめしかひもなしといなみゐひけり。

世の中の並々の物学び人とは大にことなり、かく賢き心ばせをば天地の神も愛で玉ひしか錫・秀・章・正・善の五人の子どもみな家の風を吹き伝へておのおの一つの家ををさめられしは、其山本の家遠からぬ堀川の先生五蔵とやらんにもおとりざりしと。

思ふまゝを言はで忍ばれぬおのれ、是もかくまで大人の相貌たしかに見覚えたる因にとて此はしにしるすになむ。明治十七年秋中つころ　松浦武四郎」

（山本亡羊『百品考』　難波恒雄・遠藤正治編　科学書院　昭和58、巻頭に画像と武四郎評転載、「亡羊榕室両先生逸事行状一則」『山本読書室史料仮目録』統合電子版　書籍・古文書類３１２０　松田　清　２０１４、小玉「山本読書室と松浦武四郎」ふびと69　三重大学歴史研究会　２０１８）

12・22　河鍋暁斎の念書

「貴殿事天満宮二十五拝江各々私の揮毫仕候額面御奉納之由ニ而被仰付有難存候然処もし出来不申候ハ丶　町絵師共え被仰付私名前を書入被成候由　左様有之候共一切申分仕間敷候也　依而者是右額面小形二円　中形三円　太宰府北野両社の大額者二十五円ッ丶被下約ニ而　昨年より認来候涅槃像も落成後者　兆典主羅漢　元信寿老并ニ信実　歌仙師伊屛風等被下候由　実ニ難有仕合ニ奉存候依而者月に両度ッ丶必ス参上　額者小二枚　中一枚相認〆申候処実正也　もし違約候節者私名前ニ而如何様凡絵師に被仰付奉納相成候も申分仕ましく候　涅槃像出来不仕候節者　兆殿主元信返納仕候　為後證さし入置一札　如件」

（松浦武四郎宛て明治17年12月22日付け河鍋暁斎書簡　河鍋暁斎記念美術館蔵、安藤紫綬「口絵に就いて」書斎三　書斎社　大正15、林昇太郎「武四郎涅槃図をめぐる人びと」『松浦武四郎　時代と人びと』　北海道開拓記念館編　北海道出版企画センター　２００４）

六　天満宮廿五社、大台ケ原、書斎一畳敷用材

一八八五年　明治18　68歳

1・1　人力車で河鍋暁斎宅へ「松浦先生参ル」

1・22　暁斎が武四郎涅槃図作成中

2・9　暁斎が「松浦先生のねはんの図」に美人画書入れ

2・22　暁斎が「松浦先生より」涅槃図「画料廿円請取」の図

（『暁斎絵日記』乾　河鍋暁斎記念美術館蔵、藤田　昇「松浦武四郎と暁斎の交流（その二）」河鍋暁斎研究誌　暁斎65　平成12）

4・　旅行携帯洋傘の寄書き

「旅心地着ければ例の蝙蝠傘仕立、先第一に知恩院教正に　筆よと頼に快よく、色即是空の四字を〔七十二歳〕、隣翁に一切有為法如夢幻泡影〔七十二歳〕、岡本黄石翁如露亦如電応作是観〔七十五歳〕、福田教正は三界無安猶如火宅〔八十歳〕、別て落款おもしろく書体もよく出来たり。三田花朝尼は八十九歳にて有けるが、中々老筆とは見えざるなるが、白雲の棚引山に尋来て風だにしらぬ花をみるかな。友人玉忠なる者、是も七十二歳なる宝珠を一ッ画たるも趣工、竹逸画伯は散紅蓮〔七十二歳〕、凌雲老人供養翠蓮、〔七十七歳〕、尊雲老人七十一歳なるが蓮蜂を画きたり」『乙酉紀行』巻頭

＊隣翁は小野湖山

4・14　東海道、京都・大台ケ原山探索へ出立

（『乙酉紀行』、松浦孫太解読・佐藤貞夫翻刻編『松浦武四郎大台紀行集』記念館

4・16

平成15、『丙戌前記・丁亥前記』翻刻収録）

静岡江尻駅、峯本院に久能山神仏分離の不動明王

「当山に役行者長二尺八寸の自作の像并に立像の不動明王に脇士。不動明王は長六尺　是等皆行基菩薩の作なるよし。是もと久能山に有しを今般神仏混合の制禁の沙汰出しより、当寺に納まると。薄暮、望月氏に到りて宿す」

（『乙酉紀行』一　一名大台紀行、『松浦武四郎大台紀行集』記念館　平成15）

『乙酉紀行』一冊
内題　乙酉紀行　一名大台紀行
　　　乙酉紀行　一名登大台掌記
『松浦武四郎大台紀行集』
乙酉紀行・丙戌前記・丁亥前記
松浦孫太解読・佐藤貞夫翻刻編集
記念館　平成15

4・23

近江、三井寺境内天神社に鍋塚設置

「廿二日、着大津、翌三日、訪斎藤氏、天神山に到る、鍋塚築成、是斎藤氏の厚意をしる。

鍋□於冡々築於勝地者何哉　松浦武四郎君自不忘旧也　君夙好漫遊足跡遍及四陲遂越海極蝦夷之境而　著蝦夷三航日誌三十六巻　蝦夷沿海図二十余員蝦夷者北海道十一州之地也（後略）

明治十六年七月　湖山居士小野長愿撰　鳴鶴仙史日下部東作書　釈行誠題額

下田喜成刻」

（刊本『乙酉掌記』明治18、『鍋塚碑拓本』明治17　軸装　記念館蔵）

「訪斎藤氏。天神山に到る。鍋塚を見るに頗る台石もよく積たり。前なる茶店村田氏に憩ふ。主人は柳厓の倅なり。本堂え参詣し山科教正、樫原慶耀を訪。風気甚不宜故に宿に帰り寝たり」

（『乙酉紀行』一　一名大台紀行、『松浦武四郎大台紀行集』記念館　平成15）

4・24

京都、畑柳平が大台山行きに懸念

「黄檗開山隠元禅師の縁忌に詣し、宝物を拝観す。午後金森氏に弛担、西村・梧庵両氏を訪ひ、畑氏に到り大台行の事を談ず。主翁諌て曰、大台山ハ人跡未通、

土地蛇蝎多しと聞。老後用なき事と。余答て曰く、翁の厚意忝といへども此行難止し。山中毒蛇悪竜に逢ハゞ是を山麓に斎（イツキ）祭らんと答。翁微笑す」

（刊本『乙酉掌記』　明治18）

刊本『乙酉掌記』　一冊
　題辞　尋奇探秘　乙酉仲夏南岳題
六月廿五日新獲開笈
　奥付　明治十八年十月三日届
　　　同　　　十月刻成
編集兼　東京神田五軒町十五番地
　　　士族　松浦弘蔵板

4・28　京都南区、第四番吉祥院天満宮納鏡、願主望月治三郎

「車を雇ふて吉祥院村に到る。天満宮祠掌石原精造に出会、神鏡を奉納するを殊の外悦ばる。是より向町に到り汽車にて高槻に到り」（中略）

高槻天神町の第二十四番摂陽上宮土師里天満宮納鏡、願主東京正五位郷純造

「上宮土師神社。社家北山市太郎を尋。是元者僧にて春松院と云しなり。主人は村の学校教師を致し居候よしにて不在」（中略）「鏡奉納して門の傍なる能見宿弥の社より車塚に下りて、十二時の汽車を待ちて乗り下る」

（『乙酉紀行』一　一名大台紀行、『天満宮二十五霊場神鏡背面拓本』巻子・軸装　明治18　記念館蔵）

三十七番　　郷純造
　美濃国の人也　当時大蔵大丞なり
　（『雲津雁影』【百二十二】）

4・29　風邪引き

「雨。今日より一雄宅にて風邪にて五月一日迄臥す。午後藤沢・西尾両氏を訪大台行の事を話。翁も又此行は不容易とて諫む」

（刊本『乙酉掌記』　明治18）

4・30　『聖跡二十五霊場順拝双六』頒布

「道明寺南坊城殿　佐田神官え双六三部ヅ、送る。少し快し。夕方藤沢南岳翁を訪ふ。翁我が大台行を諫め大滝村戸倉治三郎へ添書を呉らる。戸倉治三郎は先々生々生東厓翁の門人なりと聞り」

（『乙酉紀行』一　一名大台紀行）

この頃　大坂、藤沢南岳が渋団扇（3―42）に漢詩と落款か

（『渋団扇帖』三）

『渋団扇』3―42　藤沢南岳
漢詩（墨）一零又一開嬌艶　清而
　潤二十四番　余春風長有信
落款（墨）七香小史
　（朱書　大坂人　藤沢南岳）

5・3　兵庫尼崎、第十三番長洲天満宮納鏡（願主）豊橋山田太古

「長洲村に到る。神主を問ふに隣村のよし、呼に到る。次に戸長を呼来る。尼崎

まで菓子を買に至る。神官来る。神鏡を渡す。宝殿に納む」

「此二十五拝神鏡奉納に行しに、其神主また村方にて悦ぶも有、何か面倒そう、御初穂も、も少しもがなとの風も有。実に人心はあさましきものにこそ有。是には追々議論も有れどもまたさし響く方もあればしるさず」

「垂水村より千坪に上り、山中一巡して大蔵谷河野俊蔵宅に到る。此家は当所住されしより四百余年に成、一端は休石大神、人丸明神、稲爪明神の神主をせしと」

（『乙酉紀行』一　一名大台紀行、『天満宮二十五霊場神鏡背面拓本』軸装　明治18　記念館蔵）

5・4

大阪北区、第十一番曽根崎露天満宮納鏡、願主東京市河三兼
「曽根天満宮に到る。祠官曽根稲彦を訪ふ。隣に郡役所有。下田氏在勤なるが、今日は留守のよしにて不逢。また大塩の中村豊太も伊保崎の村立小学校に居らるゝ由聞けば、使を遣スに用有とて不来。
先達てより神鏡を送り置しが故に、早々来る哉思の外不来は不思議の事。思当り有りしなり。納めし神鏡は中泉昇平の奉納にて有りしが、昇平死去。今まで中泉の宅にさし置、直々当社に遣したるは神意にかなはざりしや思はるなり」
姫路大塩町の第十七番播陽暈山腰懸石天満宮納鏡、願主尾陽中泉昇平
「腰掛石。天満宮に到る。是を十七番と定め、当春中泉庄平より御鏡奉納させしなり」
（「乙酉紀行」一　一名大台紀行、『天満宮二十五霊場神鏡背面拓本』　軸装　明治18　記念館蔵）
姫路の永田伴正宅に泊
「夜に入、永田氏に着して泊る。聞に川井漢年翁の後室も今年二月に物故しられ

しが、其孫なる人より漢年翁所持たりし十三絃の古琴一面をめぐまる。実に希代の珍器なり」
（『乙酉紀行』一　一名大台紀行）

5・8
藤井寺市、第八番土師里天満宮納鏡、願主東京迎春堂中桐太平、石標設置了承
「過て小山駅道明駅へ到る。当社えは昨夏第八番の神鏡を倅より願主中桐太平なる者が納むるを持来りし時も、祠官南坊城氏厚く取扱はれたりと聞ば、立よりて石標の事を語りしが、よく受かひ呉られ、午飯等出されける故に、一時頃まで話して暇告て出立」
（『乙酉紀行』一　一名大台紀行、『天満宮二十五霊場　神鏡背面拓本』軸装　明治18　記念館蔵）

市街地の困窮
「八日。過小泉到郡山。毎街（まちごと）ニ窮民へ粥炊出所と云る札を懸、殆ど荒年の趣なり、又市中に地逃（ちにげ）乞食様のもの多く見ゆ、薬師寺、招提寺に詣す、正午南都三条秋田やに着し、諸方参詣、二月堂開扉もさむし、市中売家、貸家の札を張家多し」
（刊本『乙酉掌記』明治18）

5・9
奈良薬師寺近辺の荒廃
「薬師寺に到るや、門前の八幡宮等あれに荒れて目も付られず。金堂に到りて床几店に休らひて居りしかば、一人の老僧来りて色々の話しに、若し何哉古材等は無やと尋しかば、古材と云ては無れども、此五重の塔の上に千体仏の土像が昔しありしが、今は皆汚そんし其のまゝ俵に納めて有との話しに、其を見るに全く仏体の真なれば是を一体乞もとめ、十銭札一枚を納めて去る」
（『乙酉紀行』一　一名大台紀行）

5・
新薬師寺千躰仏【箱5　引出上段　6】の入手

【箱5　引出上段　6】
《箱蓋表》千躰仏　二躯
《箱蓋裏　武四郎筆》
南都新薬師寺蔵　明治十八年五月
得之　松浦武四郎
（『松浦武四郎蒐集古物目録』）

（内川隆志編『静嘉堂文庫蔵　松浦武四郎蒐集古物目録』平成25）

5・10　桜井市、第六番与喜天満宮納鏡、願主東京松浦武四郎

「初瀬町に到る。丸山氏三郎を訪ひ、与喜山天満宮奉納鏡を渡して参詣す。雨また降る。石標の事を話して分れ、我は豊山の開扉に参詣してよしのやにとまる」

（『乙酉紀行』一　一名大台紀行、『天満宮二十五霊場神鏡背面拓本』）

5・11　奈良吉野山、第七番大威徳天満宮、納鏡東京松浦武四郎、二五霊場設定効果

「五時頃蔵王堂に到る。売花翁も大に悦びし、役所よりは宮木氏、先我方にとのすゝめに出立や、威徳天神も新築になりて朱の鳥居瑞垣見上、ひとへに神威も著しくぞ覚ゆ。是も全く我が二十五霊場の思立により、かく一同にて取斗らはれしなりと。薄暮城氏に到りて宿る」

この頃　平井売花が一畳敷用材提供か

（「五十一・五十二」『木片勧進』明治20）

5・13　安禅寺の開帳

「是より登り五丁、飯高山安禅寺。此処御維新前は奥院四方正面堂。本堂には一大の蔵王権現、役行者遺像等有りしが、一端取払にて多宝塔までも取こぼちに成。実に涙こぼるゝ斗の事なりしが、今年は大和国名山十一ヶ所の開扉に付て開帳」

（『乙酉紀行』一　一名大台紀行）

5・17　大台ヶ原登山初日

「天気快晴と見えければ、米、塩、噌、梅干、鉞、法螺貝、細引、ケツト等支度調ひ、亀市、弥市、善導の三人を曳て、八坂神社より街道を上り、三四丁にして西川を独木を倒して是を渡り、向方の岸に上る。是より雑樹の間聊か道形をたよりて上る」

（『乙酉紀行』二　一名大台学記）

5・17〜21　山上各所の巡覧

五十一　和州　吉野山　平井売花
同所鷲尾山世尊寺　檜　須弥檀蹴込
板二枚
　神棚天井并脇床中棚に用ゆ

五十二
同　西行谷苔水庵西行上人板絵一枚
筆者狩野山雪永納也　抑当庵建立者
高野山西南院前官賢雄法子　安禅寺
宝塔院阿闍梨勢興并吉野山公永同忍
可　万治二乙亥年六月日辰　後不年
而　元禄元季十月廿五日大風にて吹
倒さる　今の物は再三建立の物也
此板絵我か小室の本尊とするに付て
戯に
せまくともよしや問来る人もなし
我にことたる住居なりけり

（『木片勧進』明治20刊）

伯母嶺、大台辻、教導師、山葵谷、大和谷、西の滝、中の滝、東の滝、蟻の木峠、日本が鼻、三途の川落、日の出が岳、土倉岳、正木兀、巴が淵、片腹鯛池、ほうそ兀、牛石、大蛇倉、白崩谷、二股谷、アラ、ギ通り、抹香坂、川原小屋、八丁坂

5・21 下山、吉野郡木津の宿

「くと思ふ頃に忠、善と村の者一人松明もて迎に出来り、此家に細道を上り行て泊る。是水谷重兵衛といへる者にて、忠兵衛はよく知る者なりと。重兵衛夫婦我等に向ひ、如此山中御きせ申物なし。薪を衾として寝玉えと。爰にて先安堵して寝たり。一睡して鶏鳴を告しかば、主人起て飯を炊き呉、松火もてそれぞれ恩賞を遣ス。

忠　日当金五十銭〔五日分〕　二円五十銭　賞一円　＊竹本忠兵衛

亀　日当金二十五銭〔六日分〕　一円五十銭　賞一円　＊井場亀市

弥一　同じ

宿に金一円遣したるに中々不受。依て如何にも致しがたく夫婦として遣ス。粉本駅まで荷を持送り来る」

（『乙酉紀行』二　一名大台掌記）

5・22 熊野街道東行、紀州・伊勢境の荷坂峠北上

5・25 帰途の帰郷

「十二時頃に小野江村松浦禹三郎に着。産神に参詣して真学寺、本楽寺より墓所に参詣し、池田万吉を訪ふ」

「小野江村なる同苗禹三が家ニ着。池田万吉来る。万吉父七郎、禹三父久兵共ニ八十三才にて本年物故する奇なり。此辺も売家、貸家多し」

（刊本『乙酉掌記』明治18）

5・26　「早天、津立町伊勢新聞松本宗一を訪ふ。不在。午時四日市に到る。二時の蒸気にて四時宮駅に至る」
（『乙酉紀行』二　一名大台学記）

この日　大台ヶ原山の不動堂・石標等建設地選定・新聞報道
「○松浦武四郎氏　同氏の事に付てハ嘗て本紙に掲載せしことも尠からざりしが　本月十七日より和州大台ヶ原山に登山し　不動堂及び石標等の建築地を見立てられ　夫より紀州　　香の本　奥木津村へ下られし由にて　来る二十七八日頃には当地近傍へも来らるゝよし」
（伊勢新聞　明治18・5・26）

5・30　京都東福寺、一畳敷用古材の見立て
「扨、兼而被仰候東福寺焼木之義、梧庵様より同寺へ御書面ヲ以参り、拝見、実見仕候処、何分大財ニ而サシ渡シ四尺余も有之、長サ三間位の物計、尤杉ニ而極々宜敷、薩摩杉と相見へ候、其内ニ長サ壱間半位、尺ニ尺弐、三寸位之物有之、是ヲ申請ルコトニ致候得共、前顕ノ丸ヲ半分シテ長サ壱間半ニ切申候哉、右ノ角財ニ仕候哉、御帰宅次第ノ御答書ニ預リ度候、尤丸之分ハ木ハよろしく候、乍併何れも上々財木ニ御座候、何分大財ニ付木挽ちんも沢山掛リ申候、存実下拙思意ト違候、御入用ノ寸尺ニ当地ニ而引落し候ハヾ舟ちんも違ト察し居候、是も鳥渡御さしづ下され度、此段奉願上候」
（松浦御老人宛（明治18）5月30日付け金森弥輔書簡、山田哲好「史料翻刻　松浦武四郎記念館所蔵の松浦武四郎関係書簡」《東二六四―四》『松浦武四郎研究序説』笹木義友・三浦泰之編　２０１１）

＊梧庵は梧庵紹材

5・31　東京の自宅に帰着、「庭中の掃除よくとゝのひたり」
（『乙酉紀行』二）

6・　『大台山頂眺望図』軸装　記念館蔵、大台山系・熊野灘・志摩半島鳥瞰図
落款「勢和紀三州之界　大台山頂眺望之図　明治十八年六月帰家匆々製之

自賛「優婆塞もひしりもいまた分いらぬ　深山の奥に我は来にけり」
北海道人弘」

6・7　大和の古沢竜敬から一畳敷用材提供了承
「本月一日付ヲ以テ大台原ヨリ紀州熊野を経て五月三十一日御安泰ニテ御帰京之趣御通信被降、先以テ愚慮ヲ安シ候、如貴命小西善道氏ヨリ略該地模様承り候、次ニ喜右衛門男ヘ御伝声古材木之義承知仕候、其砌山口氏ヘ御契約之石摺板後便云々　此又該氏ヘ申可通候、先ハ貴答迄」
（松浦武四良宛（明治18）6月7日付け古沢竜敬葉書、三浦泰之「松浦武四郎記念館所蔵　絵葉書帖（木片勧進関係絵葉書帖）について⑵」No.26　松浦竹四郎研究会会誌65　2012）

この日　駿河江尻駅、望月治三郎から清見関古木伽羅枕片木の由来
「陳者清関古木伽羅枕片木出所被仰聞承知仕候、右清見関古木者当清見寺住職より譲受、同人箱書も小子ニ有之、右端切者先年白川楽翁公所望ニ付差上候残木之由ニ御座候、身延山伽羅枕片木者小子旧友之僧ニ而延山ニ而も余程巾被聞候者、則同人書面者先頃相添奉差上候」
（松浦宛（明治18）6月7日付け望月治三郎書簡、山田哲好「史料翻刻　松浦武四郎記念館所蔵の松浦武四郎関係書簡」《東二六四―三　》『松浦武四郎研究序説』笹木義友・三浦泰之編　2011）

6・11　明石、休天満宮神主河野俊蔵から一畳敷用材問合せ、天満宮標石準備
「扨　先般偶御来臨被下候処　何ノ風情モ無之残念ノ至り奉存候　其節御土産御恵投難有奉謝候　却説老翁客月三十一日御無事ニ而御帰郷ノ趣端書被下　尚又淡州伊藤聴秋所在御申越被下多謝々々　全ク老翁ノ御影ヲ以テ聴秋所在直ニ相

分申越　是レモ愚父ト同門人ニ付　一書ヲ差遣し度所存ニ御座候
将又　右之趣早速御礼状可差上之処　折悪小生客用廿五日より頂度郡内出張中
ク本日帰郷仕候処　如前条御端書拝読候事ニ而　翁之延引御海容被下度候
就テハ建石台早速奔走取調居候へ共　是ト申石モ頓と目当ラサル而巳ナラス
老翁モ御承知之通小生家内病気之処　于今同様ニテ困却ヲ極メ居候　依之工事
竣工ヲ奏セス実ニ申訳無御座候得共　決シテ打捨置候義ニテハ無之　前顕不悪
御了承相成度
然レトモ乍延引目下相当ノ台石モ見当リ工事ノ都合ニ取掛り居候ニ付　竣工
ノ上ハ早速可申上候　又々明石城内公園地モ御来臨之節ハ　甚タ見苦敷候得共
先日ヨリ市中人物集会ニテ目下掃除等モ行届キ追々茶店ヲ設クルコトニ相成候
○御依頼相成候柿本神社〔人丸山ノ事〕板取調候処額板有之別紙図面之通ニ付
是ニテモ宜敷候ハヽ、大阪造幣局御奉職相成候御子息様え宛相送リ可申哉相伺候
○予テ老翁蝦夷行御談ニ相成候処　先日愚父并倅政太郎去地へ一遊候処　不斗
翁ノ御認相成候蝦夷踊画及同所詩拝見候処実ニ驚入　小生右之談承リ至極妙ト
存候間　甚申上兼候へ共小幅ニ致度候ニ付　右詩画何卒一二枚御認被下度呉々
モ申上候」

（松浦御老翁宛（明治18）6月11日付け河野俊蔵書簡　松浦武四郎記念館蔵、ヘンリー・スミス『泰山荘―松浦武四郎の一畳敷の世界―』資料編【Ⅲ】翻字成城大学宮崎修多　国際基督教大学博物館湯浅八郎記念館　1993）

6・14　伊勢山田、東吉貞から一畳敷用材の船便送状、松浦武四郎記念館蔵

「　送　状　　三十銭（朱書）

筵包　壱本也　東　吉貞　出

神材木入　　［送賃料済

明治十八年六月十四日　□□□□］（印）

右之通積入申候間着之節御改御請取可被下候以上

［いせ河崎廻船問屋／辻村藤兵衛］（印）

東京神田五軒町／松浦武四郎殿行］

（ヘンリー・スミス『泰山荘—松浦武四郎の一畳敷の世界—』資料編【Ⅶ】国際基督教大学博物館湯浅八郎記念館　1993、「廿一」『木片勧進』）

廿一　伊勢山田　東　吉貞
外宮東宝殿桁［長一丈六尺五寸檜］
文化度御建築材也
其まゝにして母屋桁に用ゆ
かけまくも豊受の宮の宮入に
ミやの古木を貰ふうれしさ
（『木片勧進』明治20刊）

6・18 東吉貞から一畳敷用材提供

「扨、古材取調候処、最早年限相隔候事故適当之材品も無之、漸一材ヲ見出し候ニ付、御間ニ合候ハヽ、至極ト存、本月十四日河崎町辻村藤平より東京南新堀二丁目丸一屋伊平取扱之筈ニ而差送申候、御落手被下度、尤、右材者皇太神宮嘉永度遷宮之古材ニ而、明治度破却之後御塔殿宝殿ニ相用有之候品ニ御座候、絵符板ハ今般木曽より伐採候新材ニ御座候、古材之儀ハ公然売買候物ニ無之候間、小生へ貰受相送候儀ニ付、御心持次第祈祷所へ御献備相成度〔一円より多からす、三十銭より尠カラス〕、外ニ海運費及河崎迄草費、荷作とも五拾銭御回被下度、書余万々者後鳴、頓首」

（松浦武四郎宛（明治18）6月18日付け東吉貞書簡、山田哲好「史料翻刻　松浦武四郎記念館所蔵の松浦武四郎関係書簡」《東二六四—一一》『松浦武四郎研究序説』笹木義友・三浦泰之編　2011）

6・25 新収集品の目録、渡唐・梅花・松梅・詠梅・文字等天神書画類など一五点

「余興」に神号懸板　（「六月廿五日新獲開笈」『乙酉学記』明治18刊）

7・10 播磨明石、休石天満宮神主河野俊蔵から一畳敷用額板発送準備

「乍併大阪府下ハ大水損ニ而実ニ困却ヲ窮メ居候事、時々新聞紙ヲ誦読位ニ而実地地目モ当レヌ次第、実ニ可憐事ニ御座候
過般申上候額板荷造り仕、大阪御子息様へ相送ルヘキノ処、彼ノ供水ニ而于今送り兼候間、右始末相済候次第、早々相送申候」
（松浦武四郎宛　明治18年7月10日消印の河野俊蔵葉書　記念館蔵、三浦泰之「松浦武四郎記念館所蔵　絵葉書帖（木片勧進関係絵葉書帖）について⑵」№24　会誌65　2012、「五十八」『木石勧進』明治20）

五十八　播摩　大蔵谷　河野俊蔵
同州明石人丸神社額面欅
（『木片勧進』明治20刊）

7・15　京都鏡匠、金森弥輔が東福寺の一畳敷用古材発送準備

「扨、過日より東福寺財木之義ニ付、度々大喜庵へ参り、又々昨日参り候処、小屋ニ入有之候分ヲ一覧可致様被申、是ハ其内上等ヲ其寺ノ仮ノ客殿へ遣ひ候分ニ而過日申上候よりハ上等唐木計ト申事ニ候処、拝見仕候処、薩摩杉ノ様ニ相見へ、杉糸柾ニ御座候、柱ニ同寺ニ而引落不申候而ハ大木故行届不申候、依而四寸五分角位ニ而壱間半ニ取、壱本申請候事ニ仕候間、両三日之内下宅へ取寄可申候、乍併川筋減水ニ相成候得ハ高瀬積込可申候、気車ニ而ハ高直ト察し居候、積込之節御安内申上候」
（松浦御老翁宛（明治18）7月15日付け金森弥輔書簡、山田哲好「史料翻刻松浦武四郎記念館所蔵の松浦武四郎関係書簡」《東二六四―五》『松浦武四郎研究序説』笹木義友・三浦泰之編　2011）

7・21　金森弥助から一畳敷用材船便送り状、松浦武四郎記念館蔵

「　　送り状　　東京迄［運賃済］（印）
　　京柳五／金森弥助　出
一　財　木　　壱本
［京都柳馬場六角上ル

気船積ちん済
　　　　　　井　　　汽船物貨取扱所
　　　　　　　　　　井小杉回漕店」(印)
十八年／七月廿一日　東京神田区五軒町拾五番地／松浦武四郎殿内」
(ヘンリー・スミス『泰山荘―松浦武四郎の一畳敷の世界―』資料編【Ⅶ】国際基督教大学博物館湯浅八郎記念館　1993、『木石勧進』「七十七」か　明治20)

7・22
金森弥助から一畳敷用材送付の問合わせ
「只今東福寺より引取申候財木ハ長サ弐間斗、七寸斗、五寸斗角ものニ而壱方焼ノ侭ニ御座候、何分長老さまハ余財ヲ下拙方へ貰候哉疑被居候ト察し居申候間、迚も下拙共チカラニ而ハ不及、併、当地ニ而ハ手ニ入事六ツヶ敷候品ニ付、思召ニ不叶候哉存居候得とも、右品引取申候木ノ生合処ハ杉トモ檜トモ何ノ木ト申事不分、糸柾ニ而極上等也
柱ハ差渡し四尺余、長サ五間も有之大財也、依而壱本ハ貰事六ツヶ敷御座候、前顕財木何れへ出し申候哉、御さしヅ被下度候、若又延引相成候而ハ大ニ困り入申候、荷作ハ本日致し申候間、早々御返事可被下候、御たのミ申上候」
(松浦武四郎宛(明治18)7月22日付け金森弥助葉書、三浦泰之「松浦武四郎記念館所蔵　絵葉書帖(木片勧進関係絵葉書帖)について(2)」No.18　会誌65　2012、「五十七」『木片勧進』　明治20)

七十七　西京　　　金森弥助
聚楽御殿門扉一枚〔黒部杉長九尺五寸　巾一尺一寸〕
　二つに切て床板に用ゆ
(『木片勧進』　明治20刊)

8・2
養子の大阪造幣局松浦一雄に一畳敷用材転送照会
「何れ館舎の方へ可行と存候、如何、此間端書ニ屏風者如何致候哉、何の返事無之、否可申遣、明石より人丸様額者未た参り不申候哉、是また御尋申遣し候、参り候ハヽ、吉野より届居候西行の絵の板并らんま等一まとめに致して、早々小

杉店ニ可遣候也」

（松浦一雄宛（明治18・8）月22日付け父葉書、三浦泰之「松浦武四郎記念館所蔵　絵葉書帖（木片勧進関係絵葉書帖）について⑶」No.30　会誌66　2013）

8・11　松浦一雄に一畳敷用材到着分の転送催促

「先達而より段々尋遣し候吉野より来候さつま氏よりとゝき候西行法師絵板、黒竹らんま彫物有候分、明石より人丸様の古額、右者如何致し候哉、此端紙とゝき次第、早々返書可遣候事、返書至急也、九日午後一時

また明石よりは未た人丸の額来り不申候哉、是また至急返書可遣、何故当五月初メニとゝき候板、未た遣し不申候哉、尋也」

（松浦一雄宛（明治18・8）月11日付け松浦武四葉書、記念館蔵、三浦泰之「松浦武四郎記念館所蔵　絵葉書帖（木片勧進関係絵葉書帖）について⑶」No.31　会誌66　2013）

8・16　金森弥輔から一畳敷用材配慮

「然ハ材木之義、仰被越候通り、難風之由ヲ承り、下拙も心痛いたし居候処、安着相成候由、大悦奉存候、右材木ハ丸ニ而貰請度心組ニ而長老様ニ願候得ども、茶の間柱壱本ト元聞居候処、大木ニ不及と被申、様々ニ過日ノ丈ケ貫候、段々承り候処、外方より宜敷分ヲ貫ニ参り、不人情ノ者も有之、追々厳敷申居候様子、併、最早事スギテノコト故、○印ノスルコトハ跡トノマツリニ御座候、御尊公様御上京御拝顔上ハ、又々如何トモ相成候」

＊東福寺長老

（松浦武四郎宛（明治18）8月16日付け金森弥助葉書、三浦泰之「松浦武四郎記念館所蔵　絵葉書帖（木片勧進関係絵葉書帖）について⑵」No.17　会誌65　2012）

9・2　宮城晋一が旧竹林院住古沢竜敬に一畳敷用材提供依頼

「延元陵鳥居古材之義、過日払下ヶ許可ニ相成候ニ付、近々ニ大坂へ逓送可仕候、古沢氏申被居候、何分同家も過日来病人続ニ而　延引被致居候様奉存候、右御答申上度迄、余ハ出府拝顔万々可申上候、早々謹言」

（北海御老人閣下宛（明治18）9月2日付け宮城晋一書簡、山田哲好「史料翻刻　松浦武四郎記念館所蔵の松浦武四郎関係書簡」《東二六四―一七》『松浦武四郎研究序説』2011、「三九」『木片勧進』明治20）

9・27　外務省記録局から外交志稿贈られる

「先年来外交志稿編纂、用度度々書籍致借覧候処、今般印刷出来候ニ付一部及び寄贈候也」

（松浦弘宛て明治18年9月27日付け外務省記録局書状、吉田武三「雑纂」『増補松浦武四郎』同伝刊行会　昭和41）

10・6　武蔵、秩父霊場巡拝に出立

「武の秩父の地多霊跡名勝、人皆知、就中三峯山以為其最。余是に詣せんと欲する事、年有。本年は亡児小いし十三回忌なる故に十月四日是を修し、五日に支度し、六日、午前五時三十分、上野汽車場より乗車」

（『乙酉後記』松村瞭子翻刻・佐藤貞夫編『明治期稿本集』記念館　平成29収録）

この日　姫路、永田伴正から一畳敷用古材発送通知

「扨、先達而御出姫之際御申置相成候写山之古材、漸此程手ニ入候間、何之御用ニも相立間敷トハ存候へ共、三、五日前出帆之当地陸舟へ相托シ、差出候間、御落手可被下候也」

（松浦武四郎宛（明治18）10月6日付け永田文華堂葉書、三浦泰之「松浦武四郎

三九　同（大和）旧竹林院住
　　　古沢竜敬
同　後醍醐天皇陵〔今呼塔尾陵在如意輪寺〕鳥居古材
イ四　い三　に二　ほ二　柱四
本并廊下天井廻り　廻り縁南竹
庇道具廻り
（『木片勧進』明治20刊）

『乙酉後記』刊本　＊福田行誡
題辞　歩々皆霊場　三縁老衲行誡
奥付　明治十八年十一月十五日届
　　　同　　　十二月刻成
編集兼　東京神田五軒町十五番地
士族　松浦弘蔵板

記念館所蔵　絵葉書帖（木片勧進関係絵葉書帖）について⑵」No.12　会誌65
２０１２、「十七」『木片勧進』　明治20）

十七　播州姫路　永田伴正
同国書写山円教寺宝塔組物升形　永
延年間之物
庇柱〔に一〕の下受石の代に用ゆ
（『木片勧進』　明治20刊）

10・7　秩父、三十三番延命山長安寺の千体仏入手【箱5　引出上段　7】
（内川隆志編『静嘉堂文庫蔵　松浦武四郎蒐集古物目録』　平成25）

【箱5　引出上段　7】
《仏像背面墨書　武四郎筆》
秩父般若窟第三十三番札所　千躰
仏也　明治十八年十月七日受之
（『松浦武四郎蒐集古物目録』）

10・12　秩父巡拝から東京帰着
「旅装を開きたるに、三十四枚の納札一枚残りたるが、何も納め残りしは無とよく考みれば、昨日第一番に到り、二番にて聞し一番の弁天を拝せましと思ひしまゝそれに気とられて、札をも納めで残し来りしには黙して頭を掻たりけり」
（『乙酉後記』、『明治期稿本集』　記念館　平成29収録）

10・24　大台原山の探索・新聞報道
「〇松浦武四郎翁　翁今年年齢七十有余に及ぶと雖も身体壮健にして気勢益々勇なり　曾て開拓権大丞たりて仕を致されてより　茲に十数年自（みづか）ら奇を尋ね秘を探り　以てその楽となし草鞋を穿つて行李を肩にし人の知る能はさる処を跋蹤し意気自如たり　此頃大和国大台原山の人跡通せさるの地にして役小角　釈空海も錫を入れさりし程の絶域なれば今に至るも　之を審にするものなきを憾とし　本年四月十四日東京を発せられ単身此の難行を試みられしに翁の行危険なるを諫むる者多かりしも翁敢て意とせず　導士一人を引連れ大台山に至り東西の瀑布を眺めてガツヒリ谷　牛鬼瀬谷　清水谷　根倉谷の諸嶮を踏み国見岳に上り遂に尽く其勝を探られ歌あり
「優婆塞もひじりもいまた分入らぬ　深山の奥に我は来にけり」
トなん　夫より五月廿五日故郷一志郡小野江村に立寄れ弊社の松本をも訪はれしかど折ふし不在なりしかば相面するを得さりしが　此頃松翁より乙酉掌記と

題し翁の大台山の記行を松本へ贈られしが　翁の勇敢にして少年輩堪へ能はさるの豪傑なる事は今更ら申迄もなけれとも実に感するにも余りありぬ」
（伊勢新聞　明治18・10・24）

10・26　静岡県江尻駅、望月治三郎が小本類受領・一畳敷用材発送通知

「陳書本月九日御廻船ニ相成候荷物、昨廿五日着、早速開封仕候処、数品無相違正奉請取候、掛物三幅、内壱幅者奉頂戴、外弐幅者正預り置候、持坏壱個殊ニ珍器奉頂戴、右両様を以来春之吉兆品定と深忝長申伝置候、猶、大宰府弐十四景御本壱冊、乙丙掌記後篇共三冊、双六五枚、華遊鉄炮壱台右数品乍前度頂戴而已仕、何共御厚情之段難尽筆紙、只々一同ニ無言葉感着仕居候、此段乍憚御賢察ニ預り度候、右荷物廻船被下候者承知仕候得共、本年中ニ者如何と存、尤、当方より貴地へ廻船致し候而も凡十日間者相掛リ候間、来春之事と存居候処、不計昨廿五日着相成、殊ニ都合宜敷」（中略）

「一　清見寺へ御遣し被成候壱封并小本六冊／一　出島竹斎へ御遣し候小冊五冊

一　峰本院へ御遣し之小本弐冊／右早刻相届候間、其内巨細奉申上候

一　和同鋳形是非御譲願度候間、先方江御咄し被下度、無類之品故、何程ニても宜敷候間、急々御求之程奉願上候、甚乍御手数代価之義も御遠慮被仰聞度、呉々も無類之品ニ付、先方之申処ニ而宜敷候間、至急ニ御咄し候様奉願上候、前度我侭而已申上候段、不悪御有恕可被成下度候

一　先頃廻船いたし候臨済寺勅命門扉壱本之送り状有之候間差上候」

別紙「天正十年東照宮奉勅命　所再建当山勅使門古木若干　任御依頼御送付申上候也」（明治18年11月日付け大岩臨済寺から望月治三郎宛て）

別紙「有渡郡八幡村／八幡社古材端　　養和年間頃と里俗申居候」

（松浦様宛（明治18）10月26日付け望月治三郎書簡、山田哲好「史料翻刻　松浦武四郎記念館所蔵の松浦武四郎関係書簡」《東二六四―一九》『松浦武四郎研究序説』　笹木義友・三浦泰之編　２０１１）

この日　暁斎弟子とよ（暁翠）、武四郎涅槃図書入れ中の図

（『暁斎絵日記』坤　河鍋暁斎記念美術館蔵）

10・30　京都、畑　柳平から天満宮石標設置準備、大台山探索に驚嘆

「○吉祥院・錦天神共拙子罷越、神主江面会頼置候、石着候ハ、早々為知筈ニ御坐候、尤、石工も相約居申候

大台ノ御記御越被下、右ハ是迄誰も得参不申候場所逐一御書取ニ而驚入候、弘法も小角も後生可畏と可被申候、来年ハ琉球、台湾辺ニ而も御探索と被存候、

貴書中宮原ハ先月没し、百々ハ一昨年没し候、草場病気之処、追々宜敷赴ニ候」

（松浦武四郎宛（明治18）10月30日付け畑　柳平葉書、三浦泰之「松浦武四郎記念館所蔵絵葉書帖（木片勧進関係絵葉書帖）について⑷」No.47　会誌67　２０１３）

＊大台ノ御記は『乙酉掌記』

11・9　近江、石山寺円照から一畳敷用古材の出所証明

「石山寺本堂内陣大軸掛物用、建久年中修覆之後、天明四年辰年修繕取替之旨有之、不用木之内ニ御座候」

（宛先不明明治18年11月9日付け石山寺円照書状、山田哲好「史料翻刻　松浦武四郎記念館所蔵の松浦武四郎関係書簡」《東二六四―二五》『松浦武四郎研究序説』　２０１１、「廿二・廿三」『木片勧進』　明治20）

廿二　近江国　石山寺住職
菅原円照
石山寺本堂内陣曼陀羅掛　建久年中古材にて天明四甲辰年修理取替之記を添て宝庫に蔵也と
北窓下敷居に用ゆ

廿三
同寺天文之頃　浴室湯船の古材　杉長七尺巾七寸
用東ロ戸袋妻板
石山の寺の湯船の古板と聞て　ゆかりの色香しのはる
（『木片勧進』　明治20刊）

11・13　近江三井寺、樫原慶耀の一畳敷用材用意

「斎藤正男氏へ御托之玉章、正ニ拝見、縷々御厚情奉万謝候、先以御壮栄大慶不

過之候、迂生も先々無事、御放神可被降候、春来大台御開闢之他行小冊并ニ発蘊余興初篇等御投恵実ニ難有奉拝受候
扨、正法寺天満宮へ御献碑之事、并ニ廿五拝之第二番へ御加へ可被下旨、山科存正始山内一同無異議大賛成喜居候条、此段申上候、碑石御逓送被下候へ者、早々建設可仕候
一　古材之事、夫是頼置候処、何れも承知之旨ニ候へ共、未タ一向相纏不申、等閑之至汗顔罷在候、此程又々催促致置候へ者、不日相纏り可申、依テ今便之間ニハ合兼候間、大阪一雄様方へ差出し可申存候
石山寺之分　　一両本参り有之候
竹生嶋之分　　用ニ立へキモノハ無之存候へ共、相送候トノ返事承リ有之未着
山門根本中堂之分／及横川中堂之分　周旋頼有之、承知与ノコトニテ不着
宇治平等院之分、山々見分置候へ共、是亦未着ニ候
片田浮御堂之分ハ何も無之与ノコトナリ
右様之事ニ候間、夫々纏リ次第差上可申候へ共、不悪御了承可被下候
一　斎藤氏ニモ御地へ御転任相成、山内一同相をしミ居申候、折角種々御厄介相成候事ニ付、今更名残もをしく百事都合も悪しく御遠察御同憐可被下候、尚明年より当地御立越之節ハ弊坊御宅同様之心得ニテ当地へ御着有之度存候」
（松浦弘宛（明治18）11月13日付け樫原慶耀書簡、山田哲好「史料翻刻　松浦武四郎記念館所蔵の松浦武四郎関係書簡」《東二六四—二七》『松浦武四郎研究序説』笹木義友・三浦泰之編　２０１１）

11・26　三島神社宮司秋山光条から一畳敷用材準備中

「然者在京中ハ年毎蒙御至情御愛蔵之珍品拝覧千万奉篤謝候　廿一日夜帰着　尓来新嘗祭其他社用ニテ忙々相過申候　さて御噂之旧材左之通ニ候間　御用料之御差合次第何レヲモ逓送可致候間　被為越度候　愚考ニハ天井ニ一枚板ニテご用いかゝ歟とも存候　米山　柳下　木村　福住　夫々伝言仕候　何れも御礼申上候　福住正兄へ明年御一儀の節　箱根杉樹根ヨリ発見之瓶御一見相願候様話合申候　是ハ加茂真淵翁之小瓶記有之文集収載候品ニ御座候」

（松浦老台宛（明治18）11月26日付け秋山光条書簡　松浦武四郎記念館蔵、ヘンリー・スミス『泰山荘―松浦武四郎の一畳敷の世界―』資料編【Ⅱ】国際基督教大学博物館湯浅八郎記念館　1993、「五十三・五十四・五十五」『木片勧進』明治20）

12・1

静岡三島、米山弥四郎から一畳敷用材発送

「扨、過日者秋山氏より古銭御願申上候処、早速御購求被下難有奉存候、御蔭ニ而直段も余程廉ニ而田舎相筵とハ大違ひニ御座候、且、本年者大台山御回山被遊候趣、右御旅記御投与被成下、毎々難有奉存候、行基空海といへとも大台山者見捨られ、然ルニ本年御回山とハ実ニ恐縮之至、尚、来春拝眉、山中之様子寛々奉伺候

○兼而貴覧ニ入候韮山古板其侭被遣候様被仰聞候得共、御切取リ之上又々往復も御手数相掛リ候ニ付、板巾弐寸弐、三分より七、八分迄、長サ五尺余リニ付不残差上申度候得共、亡祖父丹精之品ニ付、今般二ツ切ニいたし、凡弐尺、五、六寸逓送可仕候

○秋山氏より申上候御社古材何か見計ヒ、成丈ヶ宜敷材差上申度候

○宿内世古直道ヨリ先生之御英名ヲ慕ひ古木一、二種心当たリ有之候ニ付、是

五十三　伊豆　秋山光条
同　三島神社三重塔扉　長七尺八寸
巾三尺　常憲公御造営の由　明治元
廃仏の時　神官波多野氏家ニ其一枚
を蔵められしを此度贈り呉らる
くち残る三島のもりのふるきをはた
つねて世々のあとやしるらむ　光条
二ツに切南窓の扉其外処々に用ゆ

五十四
同　君沢郡江梨村死期内大瀬崎神社
白栢（ビヤクシン）枯木
小窓の鴨居に用ゆ

五十五　同　三島　柳下氏
駿河国駿東郡仁杉村一本杉　伝云此
木時々光を放して天正年間弾正上人
伐て弥陀の像を刻ミし余材也　上人
尾張あまへの里に生て幼名弥釈丸と
云　九歳にて出家　濃州塚尾の観音
に参籠　和州大台山に登り経を書
箱根塔峰に一庵を立　洛北古知谷阿
弥陀寺を立
余去年大台山に登り上人の写経塚に
詣し一碑を立たる時戯れに　おろち
すむといふ深山の石の上に法の蓮の
種まきし人

（『木片勧進』明治20刊）

又逓送為致候積リ、其他成丈ケ一マトメニシテ秋山君ト相謀リ、御送致可申候、右如斯ニ候、且、遊生所蔵之西行法師像者先生之御蔭ニ而追々大評判ニ相成、実ニ難有次第ニ御座候、依而者若自然伊豆駿河辺之者先生へ相伺、右西行之相場何程位之価ト相伺候共、大キく被仰聞、本金十枚トカ十五枚トカ、小生か家誉ニ相成候様奉願候、コレモ山師之様ニ御賢察も御座候ヘ共、他ニ無類之品ニ付、素人ニハ相庭無キ物ト奉存候、既ニ田舎回リ之商売人ト雖モ五十円か百円か更ニ相不分、宜敷御含奉希候、右申上度いつれ来春又々御定宿被仰付度奉存候、僕義も様子ニ寄レハ来春出京仕度、其節ハ御蔵品拝観御評被下度奉希候」

（松浦老先生宛（明治18）12月1日付け米山弥四郎書簡、山田哲好「史料翻刻　松浦武四郎記念館所蔵の松浦武四郎関係書簡」《東二六四—七》『松浦武四郎研究序説』 2011、「七十八」『木片勧進』 明治20）

七十八　豆州三島　米山弥四郎
同州韮山江川氏天井板　これハ成美
祖父弥兵衛文化年間三島駅問屋職勤
中　紀州家より其古材を乞給ゐたし
を拵ハれし賞に聊か貰ハれし也と
同家建築は文化十四丑年迄七百五十
一年になると也
神棚の欄間に代え用ゆ
（『木片勧進』 明治20刊）

12・3　秋山光条からの一畳敷用材に波多野重平名儀の追記要請

「此程他行中へ御端書到来、拝見仕候処、過日御約束之愚詠御落て被下、且トビラ伝来ニ付波多野重平ト申者ノ名前御加へ被下度儀相願御聞取被下候御事と辱奉存候、さて又、書状不足税相成候由、草卒之段平ニ御免可被下候、能々家内へも可申付候、いつれ罰金ハさし上、御詫可申上候へ共、不取敢御受迄」

（松浦武四郎宛（明治18）12月3日　秋山光条葉書、三浦泰之「松浦武四郎記念館所蔵　絵葉書帖（木片勧進関係絵葉書帖）について⑵」No.24　会誌65　2012）

＊木片勧進に追記見あたらず

12・　久能山東照宮祠官出島竹斎から一畳敷用材提供申入れ

「松浦うしは何くれと古きをしぬひ給ふ事　友人柏原学而氏よりきゝ伝え　吾もおなしく古偲心のふかければ　いかで御対面も給らむやと年頃おもひしか　未

其節を得さるに　此度大人か家造につきて　くにぐにより古き木の端を集へるに　おなし吾駿河の国中江尻駅なる望月ぬしか求に応して　吾久能山のふるき建物の木のはしばしおくり参らすとて　其よし如是なむ

久能山東照宮祠官　七十翁出島竹斎（花押）

明治十八年極月

稲荷神社　是ハ駿河国古風土記曰玖乃稲荷神ナリ　凡千百年ニ及ブ
尤此ノ材ハ徳川家再々建ノ物ナリ

大山咋神社　是ハ東照宮鎮座ノ時近江国山王ノ社ヲ移シ祭ル処ナリ
元和四年ノ勧請ナリ　此木ハ元和四年ノ時ノモノナリ

五重塔　是ハ徳川三代将軍家光公ノ建立ナリ　元和九歳ノ木材ナリ
別当徳音院　是ハ同家光公ノ命ニ仍テ正保四年ニ建立スル
処ナリ　是モ其時ノ木ナリ」

（明治18年12月付け（松浦武四郎宛）出島竹斎書簡　松浦武四郎記念館蔵、ヘンリー・スミス『泰山荘　―松浦武四郎の一畳敷の世界―』資料編【I】国際基督教大学博物館湯浅八郎記念館　1993、「四十八・四十九・五十、五十九」『木片勧進』　明治20）

四十八　駿州　久能山祠官
出島竹斎
久能大山咋神社椽板檜　係神社御造
営の御物也　南窓扉受わくに用ゆ

四十九
同　五十塔椽板　欅
書棚中棚板に用ゆ

五十
同　稲荷社朱塗柱　右二件ハ台徳公
御造営の物／い一　柱に用ゆ
東照君ましし世のゆたけさは　久能
の宮ゐの古木にてしる

五十九　駿州　有度郡小鹿村
常木清七
同　久能山徳音院葵紋合天井板
（『木片勧進』　明治20刊）

12・6　望月治三郎の一畳敷用材提供予定

「陳者兼而申上置候古材、只今廻船仕、別紙之通ニ御座候間、着之砌御請取可被成下候、就而者弊宅大工棟梁者有渡郡小鹿村ニ有之候ニ付、右大工を引連処々江参り相尋候処、同村出島竹斎と申者、久能山祠官ニ而、兼而先生之高名を存居、一ト度先生江拝顔得度と申、旁人力呉、尤、小子も知る人故、来春御出之節者同人江御引合被下候、右竹斎義事ニ質直ニ而慥成者ニ御座候

且、清見関之古材同寺ニも聊ニ而方丈居間之横ニ小柱壱本有之而已ニ而、外ニ者無之候間、無余義右小柱を板ニ為引貫請候積リニ方丈と約定致置候間、延日ニ相成可申候得共、必奉差上候、左様思召被成下候、右之次第ニ付延々之義者御承知可被成下度候」

（松浦先生宛（明治18）12月6日付け望月治三郎書簡、山田哲好「史料翻刻松浦武四郎記念館所蔵の松浦武四郎関係書簡」《東二六四—二一》『松浦武四郎研究序説』２０１１）

この日　望月治三郎の一畳敷用材発送通知

「　記

一　玖能稲荷神社柱　壱本　久能　一　大山咋神社布巻古材　壱丁／同

一　五重塔板　壱枚　同　一　別当徳音院天井葵紋付板　壱枚

〆右出島ヨリ之書付ニ有之候

一　久能寺古材四ツ（挿絵）

右之通積送り申上候也」

（松浦宛（明治18）12月6日付け望月治三郎書簡《東二六四—二〇》『松浦武四郎研究序説』笹木義友・三浦泰之編　２０１１）

12・26　駿河江尻駅、望月治三郎から一畳敷用材送付、和同開珎鋳型入手斡旋依頼

「一　清見寺へ御遣し被成候壱封并小本六冊

一　出島竹斎へ御遣し候小冊五冊　一　峰本院へ御遣し之小本弐冊

右早刻相届候間、其内巨細奉申上候

一　和同鋳型、是非御譲願度候間、先方江御咄被下度、無類の品故、何程にても宜敷候間、急に御求之程奉願上候、甚乍御手数代価のところも無御遠慮被仰付

度、呉々も無類の品に付、先方之申処にて宜敷候間、至急に御咄之よう奉願上
候、毎度、我侭而已申上候段、不悪御有恕被成下度候
一　先頃廻船いたし候臨済寺勅命門扉壱枚、門柱壱本之送り状有之候間差上候
先者右取急申上候間、巨細得重便万々可申述、書余種々申上度候得共、何れ近
日御報奉申上度、如此ニ御座候」

（別紙）
天正十年東照宮奉勅命所再建当山勅使門古木若干任御依頼御送付申上候也
　明治十八年十一月日　　大岩／臨済寺　印
　　望月治三郎様

（別紙）
有渡郡八幡村　八幡社古材端　養和年間頃と里俗申居候」

（松浦武四郎宛（明治18）12月26日付け望月治三郎書簡、「四十・四十一・四十二・四十三・四十五・四十六、八十」『木片勧進』明治20、横山健堂「（一三九）明治初年までの和同鋳型」『複刻　貨幣』第16巻　古銭文学　東洋貨幣協会　昭和61）

この年

『天満宮二十五霊場神鏡背面拓本』巻子　松浦武四郎記念館蔵
巻頭　墨梅図　惟徳惟馨／歳在乙酉仲春月吉日／日下東作題／印　印
巻末　林逋□寒態何赴／合清風与拙田方致／唯香／菅相公
　　　七十二翁湖山愿／印　印
　墨梅図　惺々暁斎書　印
『天満宮二十五霊場神鏡背面拓本』軸装　松浦武四郎記念館蔵
頭　墨梅図　*湖山七十二歳筆

四十　駿州江尻駅　望月治三郎
同国有度郡八幡村八幡宮こふし鼻
養和年間物
　南窓扉受　持おくりに用ゆ
四十一
不知所在　日蓮上人七色桜の枯木
　脇床下小棚の足に用ゆ
四十二
同国同郡村松村補陀落山久能寺高欄
男柱　伝曰聖一国師再興之物ト云
　床の間釣柱に用ゆ
四十三
同寺　虎の彫物のそんし檜　是欄間
なりし物か
　書棚下東南の壁留并イ一の柱
　持送りに用ゆ
四十五
同寺　細平物〔檜二本〕
　い一　い二間壁留　ろ一　ろ二
　壁留　廊下通口ぬめ框二本
四十六
同州静機山臨済寺勅使門　神祖御建
築扉并地廻り二本共に欅長七尺二寸
　扉板　東軒天井板　地廻り其外
　敷居中東二ヶ所　扉骨　い四
　イ四の間壁留　は二　に二
　はゝき押入鴨居其外諸所に用ゆ
八十　駿州江尻　望月治三郎
同　庵原郡立花村堀出杉　長六尺五
寸八寸角／障子の大骨に用ゆ
（『木片勧進』明治20刊）

＊小野湖山

尾　墨梅図　明治十八年一月一日　河鍋暁斎
（『松浦武四郎関係歴史資料目録』同調査報告書2　三雲町教育委員会２００４、加美山史子「松浦武四郎の天満宮二十五霊社奉納と河鍋暁斎」暁斎72　河鍋暁斎記念美術館　平成13）

一八八六年　明治19　69歳

1・2　静岡伊豆、三島神社秋山光条から出雲大社の一畳敷用材発送通知
「扉着安心仕候、出雲宮司ニモ能々懇談致置候処、去廿三日檜板（旧心御柱）壱枚一尺八寸、巾一尺通運ニ而発荷致候旨通知有之候間、御承知可被成下候」
（松浦武四郎宛（明治19）1月2日消印　秋山光条葉書、三浦泰之「松浦武四郎記念館所蔵　絵葉書帖（木片勧進関係絵葉書帖）について⑵」No.25　会誌65　２０１２、「三五」『木片勧進』明治20）

三五　出雲　千家
大社本殿床板　檜　但し此板寛文御造営の御物にかゝる
神棚板に用ゆ
岩が根にかたくきつさの大社　けに天か下ならひなき宮
（『木片勧進』明治20刊）

1・5　元文部省音楽取調掛、依田学海が『乙酉掌記』の読後記
「午後、杉浦梅潭を訪ふて（中略）松浦武四郎が去年乙酉のとし四月の末に東京を発し、吉野の奥なる大台原に至りし事をしるせし日記を示さる。此人今年七十有余にして、大台山は絶嶮幽僻、役小角・行基等も至らざる地なり。山中に露宿すること三日余に及ぶ。

文、佳ならざれども詳にして且尽せり。漢文をもて飾りたるものに比すれば、実を得るに近かるべし。この山に西中原といふ大滝あり。無双の奇景なるよしをしるす。又この山中、ほうそ兀といふ所に牛石といふものあり」

（頭欄）「此書多く兀の字をしるしたり。何とよむにや。松浦にあはゞとふべし」

（学海日録研究会編『学海日録』六　明治17～19　岩波書店　１９９２、「大台

山三滝の図」刊本『乙酉掌記』明治18）

1・9　近江三井寺、樫原慶耀から一畳敷用材調達分発送と不能分

「扨、古材之件実ニ無申訳延引、其実夫々へ頼遣し何れも承知ニテ有之なから、尓今回付無之候而、多分一日々々ト相待居候、然シテ本日迄一向相集り不申、余り延引無申訳候間、先一両片相集り居候分、本日左之通ニ大坂　一雄様方へ差出置候間、左様御承知可被下候、尤、頓ト思ハ敷品ニ無之、如何共存候へ共、畢竟申訳迄ニ差出候、尚外夫々着次第又々差出可申候〔古材へ一、二ノ書ヲ付ケ置候〕

第壱　宇治平等院鳳凰堂ノ分　昨年修繕之際切取置候分レノコト

第二　当山三尾神社元拝所ノ縁板　暦応年中ノ造ニ係ルモノナリ

第三　山門西塔釈迦堂ノ分　第四　石山寺元浴室用ノ板

右之通乍不都合御回送候、皆々板様ノ物ニテ、御注文ノ柱類ニナルヘキモノ無之、此段ハ訳テ御断申上置候

本年御遊歴ハ何れノ御方面ニ可相成候哉、尚当地方へ御立越之節ハ必ス弊坊ヲ宿ニ御積りニ御定置被下度候、亭へ御出ハ御無用、為念申上置候」

（松浦武四郎宛明治19年1月9日付け竜泉院慶耀書簡、山田哲好「史料翻刻松浦武四郎記念館所蔵の松浦武四郎関係書簡」《東二六四―一二》『松浦武四郎研究序説』2011、「廿四～廿九」『木片勧進』明治20）

1・20　東京、福田敬業から一畳敷用材提供の申出

「是レハ鎌倉鶴ヶ岡静ヶ御前舞台古彫にて、先年譲り受ケ置候処、此度公居御造営之趣ニ付、献上いたし度、何レ歟御用ヒ可相成哉と差上候、頓首」

（松浦公御造営掛り宛（明治19）1月20日付け福敬業書簡、山田哲好「史料翻刻

廿四　同（近江）三井寺竜泉院
樫原慶曜
叡山横川釈迦堂扉框（カマト）檜
長八尺　南窓竹庇の桁に用ゆ
廿五
城州宇治平等院壁代　檜　明治十八
年修覆之時切取
床脇地袋板に用ゆ　処々彩色の
剥離せし処見ゆ
廿六
三井寺三尾明神拝殿椽板　係暦応年
間造替之材也
廿七
同　日御子神社正面虹梁　檜　大永
前建築　床おとし垣に用ゆ
廿八
同　新羅明神柱　杉　長六尺　天文
年間造替之材
南窓敷居　鴨居に用ゆ
廿九
同　護法堂枕肱　杉　長四尺　同季
間造替之材
廊下窓敷居　鴨居に用ゆ
この古木長等の山にミないます　神
の宮ゐと聞そうれしき
（『木片勧進』明治20刊）

松浦武四郎記念館所蔵の松浦武四郎関係書簡」《東二六四―三〇》『松浦武四郎研究序説』　２０１１）

1・21　大坂、松浦一雄に一畳敷用材受取り通知

「近江丸積込古材四品只今相達候、毎々世話恭候、当方諸官署の改革大蔵省ニ而人数半分ニも相成候也、造幣局者如何ニ成候哉、府庁の方者省致し候也」

（松浦一雄宛（明治19・1）月21日付け武四葉書、三浦泰之「松浦武四郎記念館所蔵絵葉書帖（木片勧進関係絵葉書帖）について⑶」No.33　会誌66　２０１３）

1・　駿河興津、浄見蓉嶺から一畳敷用材送り状

授与証

一　清見関古木〔竪九寸　横五寸五分〕

右　　　　駿州　清見寺住職

明治十九年一月日　　　浄見蓉嶺　印

松浦武四郎殿　幕下

（松浦武四郎宛て授与証、山田哲好「史料翻刻　松浦武四郎記念館所蔵の松浦武四郎関係書簡」《東二六四―三二》『松浦武四郎研究序説』　笹木義友・三浦泰之編　２０１１、「三十」『木片勧進』　明治20）

三十　　駿州　興津清見寺
浄見蓉嶺
興津駅清見関跡堀出古関門材　不知木性
書棚第四枚目のうけ木に用ゆ
清見潟戸させし関の跡もなし　朽木と名のミ今は残りて（『木片勧進』）

1・24　浄見蓉嶺の返礼

拝領証

一　中峰禅師賛　破衣観音尊像　　一　馮子振賛　中峰禅師像

一　御掌記*〔従壬午至乙酉合計六巻〕

右難有拝戴、数回拝見了畢之上、永々珍蔵可仕候、右御兼拝謝

如此御坐候、歓申

*壬午掌記など

十九年一月廿四日　　　　　　清見寺住職　浄見蓉嶺

松浦老公様　玉床下

（松浦老公宛て明治19年1月24日付け浄見蓉嶺書状、山田哲好「史料翻刻　松浦武四郎記念館所蔵の松浦武四郎関係書簡」《東二六四―三三》『松浦武四郎研究序説』笹木義友・三浦泰之編　2011）

1・25　福田敬業から一畳敷用材提供

「源頼朝卿鎌倉府ヲ開キ、鶴岡八幡ノ社殿ヲ再建ス、其旧社回禄ニ罹リ悉ク烏有ニ帰シ、現社ハ徳川氏ノ建立ニ係リ、特リ神楽殿ノミハ頼朝在世静御前演舞台ノ存スルモノナリ、維新ノ際付属ノ廊廡ヲ除却スルニ当リテ、宮司宮崎氏古彫ノ可愛数種ヲ存置ス、余曽テ同氏ヲ訪ヒ、談偶其ノ来由ニ及フ、遂ニ一刻牡丹両種ヲ割愛シテ贈ラル、余秘玩スル久シ、頃日聞クニ、北海松浦先生古木古彫数品ヲ鳩集シテ　維摩居士ニ擬シ方丈室ヲ営築スト、因テ贈之、博耽古奇癖之一助セントス　明治十九年一月念五　辱知　鳴鵞福敬業」

（宛名なし、明治19年1月25日付け鳴鵞福敬業書簡、山田哲好「史料翻刻　松浦武四郎記念館所蔵の松浦武四郎関係書簡」《東二六四―二八》『松浦武四郎研究序説』2011、「三四」『木片勧進』明治20）

三四　東京　　福田敬業
相州鎌倉鶴岡八幡宮舞台象鼻の彫物
　竹庇の腕木に用ゆ
よしの山入にし人をしたひつゝ立まふ鶴か岡の古木そ　（『木片勧進』）

1・27　太宰府神主、浦橋信淳から一畳敷用材発送

「扨　本年ハ古希之賀宴御開之由ニテ各国之古材ヲ集メ家屋御新築之御存立御趣向実ニ羨敷奉存候　付而ハ当社よりモ一本之材相送候様御申越委細了承仕候
御書面ニ五百年已前ト有之候得とも　確ト五百年前之品トハ不相分　当社御内陣ニ古来相用タル古材一片　朽タル侭内陣ニ相残り居候　是ハ御用ニモ相立間敷候得とも　只往古之姿御愛翫スルニハ宜敷半ト存シ　御指揮之如ク郡利方迄

相送置申候　無程着可致　万一右之材ニテ御用ニ不相立節ハ　又々御申越相成度存候ハ、　再応取調御送付可上候」

（別紙）「　記

一　太宰府学堂瓦釘　藤巻具ニ同所分　貴下へ御うち次可被成様存申候也

外ニ瓦追而差出可候也

（松浦武四宛　明治19年1月27日付け浦橋信淳書簡　松浦武四郎記念館蔵、ヘンリー・スミス『泰山荘―松浦武四郎の一畳敷の世界―』資料編【Ⅴ】国際基督教大学博物館湯浅八郎記念館　1993、「六十八」『木片勧進』明治20）

六十八　　筑前　太宰府神社
西高辻宮司
天満宮の神庫に納め有し古材　楠凡五百年の物と何於の用材なりしやはしれされとも　其艶目にて其年数しらる　床脇地袋の妻板ぬ目
（『木片勧進』　明治20刊）

1・30　東海道磐田見付、柴田敬斎から一畳敷用材提供の意向

「本月廿八日付之御投書拝読、愈御安然、三月下旬予め御出立日限御宣之処拝承、屈指奉待上候、過般戸田氏之話ニて或る八幡宮之拝殿古物なるを、建換となりたる節、其格子戸二、三尺之物あり、元和以前之物約束致置たれば、一応御覧之上、進上之積り、此宮ニ天平年間之作、獅子之頭之宝物あり、御出之節貴覧を納めせんとす」

（松浦武四郎宛（明治19）1月30日付け敬斎葉書、三浦泰之「松浦武四郎記念館所蔵　絵葉書帖（木片勧進関係絵葉書帖）について(1)」No.4　会誌64　2012、「六十五」『木片勧進』　明治20）

2・5　宮崎、大和田伝蔵が松浦一雄まで一畳敷用材発送

「今般御書院御建築ニ付諸国之古宮寺之古材御集め被成度　日向よりも何歟御周旋可申上旨御細書拝誦　如御命大島へ譲り諸所手を着ヶ候へとも　為差ものも無之　同人之尽力ニ而鵜戸神宮宝殿古扉板を得候ニ付　御指示之通大坂造幣局松浦一雄殿方まで相送り申候　尤日向記もよく御承知之事ニ候得共

別紙ハ為御参考*大島相認候ニ付差上候」

「　日向国南那珂郡宮浦村

鵜戸神宮宝殿古扉板壱枚　但　文録三年伊東義祐造営ナリ」

「□□村辺カ　粟光一平ノ作カ」

＊鵜戸神宮用箋、異筆

＊大島正武

六十　日向　宮崎郡宮崎　大島正武
江平町　大和田伝造同
南那加郡宮浦鵜殿神社宝殿古扉板
塗金　但文禄三年伊東義祐　係造営
〔宮司保証書添〕物也
神殿正面羽目板に用ゆ
日向人心してけり動きなり鵜殿（ウト）の窟の宮の古木は
（『木片勧進』　明治20刊）

（松浦先生宛明治19年2月5日付け大和田伝蔵書簡　松浦武四郎記念館蔵、ヘンリー・スミス『泰山荘　―松浦武四郎の一畳敷の世界―』資料編【Ⅳ】国際基督教大学博物館湯浅八郎記念館　1993、「六十」『木片勧進』明治20）

2・6　大和田伝蔵が一畳敷用材の松浦一雄宛発送

「前略過日被仰候松浦老人委託品ハ今般鵜戸奉幣使序ヲ以大島より頼遣候処　不図同宮御宝殿古扉板〔凡ソ壱尺五寸方位〕壱枚を得　是ハ彼ノ伊東三位入道之造営ニして金箔も古ひ居随分面白く　是ナレハ御気ニ叶ひ可申と奉存候　兼而老人より指示ノ如ク大坂造幣局松浦一雄宛ニテ昨日風帆船便ヲ以差立　猶形行ハ老人えも通知仕候」

（宛名不明　明治19年2月6日付け大和田伝蔵書簡　松浦武四郎記念館蔵、ヘンリー・スミス『泰山荘―松浦武四郎の一畳敷の世界―』資料編【Ⅳ】国際基督教大学博物館湯浅八郎記念館　1993）

2・9　松浦一雄に一畳敷用材取扱い留意

「兼而申遣し候日向国大和田伝蔵出板着致し候、毎々世話ニ成候段忝候也、鷲津俊三郎事如何、最早宮島より帰り候と存候、早々帰府致し候様伝言頼候也

諸国より来り候材木の荷物、不残散乱せさる様大切ニ致し置候様頼候也、右者諸国の事故あとあと江残し置度候

我等事本月廿五日出立候間、此後外より来候分者貴様方へ預り置呉候、書状類

は開封せすニあつかり置可申候」

（松浦一雄宛（明治19・2）月9日付け武四葉書、三浦泰之「松浦武四郎記念館所蔵絵葉書帖（木片勧進関係絵葉書帖）について(3)」No.34　会誌66　2013、「六十」『木片勧進』　明治20）

2・10　『人類学会報告』　創刊　編輯出版人　神田孝平

「本会ノ目的ハ人類ノ解剖、生理、発育、遺伝、変遷、開化等ヲ研究シテ人類ニ関スル自然ノ理ヲ明ニスルニ在リ」

（人類学会略則）

2・13　周防、御手洗等から二五社順拝標石設置、一畳敷用古材の照会

「陳者年来御発起ノ弐拾五社順拝番標御建設ノ御宿志相調候段、誠ニ奉感佩候、就テハ令公御帰県ノ際御送付ノ義奉畏入候、建設位地ノ義ハ御望ノ場所如何様トモ差操仕可申上候間、何卒御気付被下候

尚、先生古稀ノ御重齢ニ付弊社材木云々ノ御義奉承知候、折角ノ御事故種々見合候得共、過ル寛政年間建築ノ社殿ニ付、嘗テ修繕仕タル義モ無之、仍テ古材ト申程ノ物有合不申候故、神殿東側ニ於テ押戸カマチ木ニ当ル、則チ長サ壱間、厚サ弐寸、幅三寸五歩角位ノ檜木有之、是分ヲ取除候テ差送リ可申哉ト愚考仕候、且ツハ宝暦頃五重塔建築ノ企有之、既ニ用材多分相集リ、過半就成ノ処、終ニ其侭ニ打過候分左ノ如キ用材

用材ケヤキ　（挿絵注）長サ五尺　厚サ三寸　幅壱尺五寸位　竜ノ密刷

或ハ獅子ニ牡丹

右御用ニ相叶候ハヽ、是亦送リ方可仕候、其他梅古木モ有之候得共、是ハ門冠木共ニナラハ随分面白哉モ難斗、何モ無御用捨被仰聞度奉懇願候」

（松浦先生宛て明治19年2月13日付け御手洗等書簡、山田哲好「史料翻刻　松浦武四郎記念館所蔵の松浦武四郎関係書簡」《東二六四―一〇》『松浦武四郎研究序説』2011、「六十二・六十三」『木片勧進』明治20）

六十二　周防　宮市松崎神社
御手洗　等
同社神殿古材
土椽ひさし下壁受平柱に用ゆ
六十三
同社古三重塔彫物　係毛利家建築
（『木片勧進』明治20刊）

2・15　福岡区長、郡利から一畳敷用材運賃支払い方法

「古材ノ儀、宰府よりハ到来いたし居候得共、他所へ相頼居候分取集メ、一同可指出存シ、送り方延引いたし居申候、併シ再度御照会ニ依り、大坂御同姓へ向ヶ送ル所ニ取計居候、運賃ハ先払ノ所ニいたし居候間、大坂表より御計算被下候、東京へ托越ス人モ有之候ハ、、貴宅へ届方相願申候ハ、運賃モ手安ク可相成存候得共、不任心候」

（松浦武四郎宛（明治19）2月15日付け郡利葉書、三浦泰之「松浦武四郎記念館所蔵絵葉書帖（木片勧進関係絵葉書帖）について(4)」No.41　会誌67　2013）

2・28　愛知豊橋、山田太古から一畳敷用材確保予定の返事

「陳ハ二月三日御差出之御状拝見、来年之御賀筵ニ古材ニ而新座敷御造作之由、面白キ事此事ニ御座候、三月御通行之節迄ニいろいろと聞合セ置、御泊り之節ハ御噺し可申候、雲谷山普門寺の鐘堂の構子モ宜敷、小松原山東観音寺モ何か可有之ナレトモ、何れも手ニ入れ候ニ不都合、矢矧橋の事ハ問合セ置可申候、○尾張野間の義朝の寺ハ極古キ由、是ハ其国の人へ御相談可然候」

（松浦武四郎宛（明治19）2月18日付け山田太古葉書、三浦泰之「松浦武四郎記念館所蔵　絵葉書帖（木片勧進関係絵葉書帖）について(1)」No.7　会誌64　2012）

2・　道中用具、火の用心袋入手、擬革紙製

「明治十九年二月□　火の用心　北海道老人□□」

春日

（『松浦武四郎関係歴史資料目録』同報告書2　三雲町教育委員会　2004）

山梨出身実業家、渡辺　信が渋団扇（3―43）に漢詩と落款　（『渋団扇帖』三）

3・4　松浦一雄に筑前と周防からの一畳敷用材到着問合わせ

「扨、鷲津俊三郎様事、貴様方被為在候由ニ外より申来候か、従貴様者筑前并ニ周防宮市等より材木来り不申候哉如何、筑前よりは賃先払と致し来候かもしれす、取かへ可置申候由、旬中の様子早々可申遣候事」

（松浦一雄宛（明治19・3）月4日付け松浦武四葉書、三浦泰之「松浦武四郎記念館所蔵絵葉書帖（木片勧進関係絵葉書帖）について(3)」No.35　会誌66　2013）

3・29　山口、近藤清石から一畳敷古材発送

「蒙命候長門古材者トウカ　住吉及忌宮逆松之古材有之、手ニ入候ハヽ、早速大坂へ向ヶ届出候也」

（松浦弘宛（明治19）3月29日付け近藤清石葉書、三浦泰之「松浦武四郎記念館所蔵　絵葉書帖（木片勧進関係絵葉書帖）について(2)」No.13　会誌65　2012、「三十一・三二・三三」『木片勧進』　明治20）

3・　河鍋暁斎『武四郎涅槃図』軸装　記念館蔵、落款「明治丙戌春日　暁斎洞郁図」

《箱蓋表》「北海道人樹下午睡図　暁斎洞郁筆」

《箱蓋裏》「陸放翁句云一身自是一唐虞禅家所説即身即仏蓋亦此意嗚呼北海道人樹下夢中之楽可想耳　湖山七十三叟小野愿拈香三拝題」

元軸木　「北海翁松下午睡　河鍋暁斎従明治四巳年稿之九年戌三月落成晁平装之　于時七月五日　翁記之」

（『松浦武四郎関係歴史資料目録』同報告書2　2004）

『渋団扇』3―43
漢詩（胡粉）老屋三四間半　被白
　雲住想見　羽衣人遮莫采　芝去
為書（胡粉）為馬角斎老兄
落款（胡粉）丙戌春日書　于客次
　　青洲
（朱書　甲州市河人　渡辺　信）

三十一　防州　山口　近藤清石
周防国佐波郡氷上山古塗板
　家材に用ひす　聊か火はちの寄
　セ木に入る
三二
長門国豊浦郡豊浦〔鎮坐県記〕式内
忌宮逆松　是功皇后御手植の松と云
忌宮古跡は神名帳に出
　中仕切胴板のぬめに用ゆ　是忌
　宮宝庫に有し也
植おきし松の栄もことハりや　高麗
しらきまてなて給ふ手に
三三
同州同郡楠野村鎮坐一ノ宮住吉荒魂
神社神殿扉材　杉　これ応安三年大
内弘世の造営と云る　（『木片勧進』）

4・　旅行携帯用の骸骨図縫付洋傘　松浦武四郎記念館蔵

「(頭骨図) 惺々暁斎　印

迷故三界城　丙戌四月一日　黄石七十六翁　悟故十方空　遠影得夫

(骸骨図)

本来無東西　七十三翁愿　何処有南北　北海翁属　鳴鶴日下部」

(『松浦武四郎関係歴史資料目録』同報告書2　2004)

4・9　東海道、京都・大台ヶ原山へ旅立

(稿本『丙戌前記』一、松浦孫太解読・佐藤貞夫編集『松浦武四郎大台紀行集』記念館　平成15、『乙酉紀行・丁亥前記』翻刻収録)

4・11　飛弾古川駅、佐藤泰卿から一畳敷用材発送通知

「扨、先日西京よりの御はかき正ニ着拝見仕候処、五月下旬ニは彼小座敷建築ニ御着手之趣、嘸々御楽しミ之程御うらやましく奉存候、兼テ申上置金森座敷の古材事、滞京中倅方へも申遣し置候事、ニテ、愚老帰途ニ取果相尋候所、右座敷ハスツポリ建替しニハ無之、いつれもケヅリ直し候事ニテ、縁板ハ四間計リ取かへ、其余古材用ニ可立もの無之、たき木ニいたし候よし、漸一本六尺ヨのもの座敷ノ畳のよせニして有之、是なりともと被申候故、良材ニも無之候得共、此一本ト彼千年杉の板弐枚と別紙之通ニ送リ出し申候、着之上御査収可被下候、金森座敷の縁板ハ長三尺計リ巾一尺位之ものニハ　是ハ沢山有之候得共、日影向ノ座敷故余リ目もうかず、二百余年ノ古色も見えず、それニ縁板の事故如何ト存、差ひかへ申候、此分若御間ニ合候ハヽ、何枚ニテももらひ受差上可申候間、此段御含被下、若御入用ニ候ハヽ、至急御申聞可被下候」(中略)

「

記

飛驒国高山高隆山素元寺
一　金森座敷古材　壱個〔長六尺壱寸　巾三寸七分　厚壱寸七分半〕
金森長金ハ従四位下侍従兵部卿、法印入道して素元ト号、慶長十三年丙申八月殂ス、年八十四、此人開基ナリ、
右筵包ニテ四月廿八日通運会社へ出ス
一　美濃国郡上郡長滝寺千年杉皮付板二個〔長凡一尺六七寸　巾凡一尺三四寸
長凡三尺ヨ　巾凡一尺ヨ〕
長滝寺ハ開山伝教大師なり、養老年中此山ニ長滝寺を被建候節、大師手つから植られし杉五本之内、四本ハ次々枯、此一本のミ残り居、千年杉と称したり、然ルを明治十四年風の為にたふる、右を板にして大坂へ出し候といへり、同十五年余か友後藤全秀なるもの彼地へ所要ありて罷越、其板の小片数を購ひ来りしなり
右筵包ニテ三〇日同会社へ出ス」
（松浦老宛（明治19）4月11日付け佐藤泰卿書簡、山田哲好「史料翻刻　松浦武四郎記念館所蔵の松浦武四郎関係書簡」《東二六四―一》『松浦武四郎研究序説』笹木義友・三浦泰之編　2011、「六十六・六十七」『木片勧進』　明治20）
＊封筒裏に五月丨一日夜認十二日投函

4・16　愛知熱田、大森仙左衛門から一畳敷用材提供
「熱田神社に参詣す。主人今度我が諸国の古材を集めて小斎を作るを聞て、知多郡大高村火上姉子神社の古材もて炉の蓋を作り、用ひられしを我に贈らる」
（『丙戌前記』一、「六十一」『木片勧進』　明治20）

4・18　京都、吉祥院天満宮の石標

六十六　飛弾　古川駅　佐藤泰卿
同　高山高隆山素元寺廃金森座敷の柱也　金森長近ハ従四位下侍従兵部卿法印入道して素元と云　慶長十三年丙申八月殂ス　年八十四才
に三　柱に用ゆ

六十七
濃州郡上長滝寺伝教大師手植先年杉板〔巾二尺　長三尺〕二枚　当山の開基にて養老二年植給ひしと　五本の杉天正の比四本枯残り　一本明治十四年大風の為に吹倒されしを泰卿求め置れしなり
廊下南の方　脚絆に用ゆ
（『木片勧進』　明治20刊）

六十一　尾張　熱田　大森仙左衛門
尾州知多郡大高村式内火上姉子〔ホノウエアネコ〕神社古扉板
神棚両扉板に用ゆ
（『木片勧進』　明治20刊）

「金森弥助宅に着し、すぐに吉祥院村なる吉祥院天満宮に詣し、祠官清蔵に石標の事を話して帰る。西村敬蔵を訪ふに、古き焼物の網の鎮石を二ツ恵まれたり。この鎮石は但馬国養父郡下網場村字畑の陂（タワ）、和名美神社の堤外より八鹿村字一部合路谷に到る網道と云ふ古路の路傍より堀得たる処の古物也」

4・19　京都、東福寺から一畳敷用材提供

「金森弥助と東福寺に到り、栗棘庵に至、当住同道洞隠長老を訪ふ、長老は当派の管長なり、祠堂金十円を四ヶ年に奉納せんことを約して帰る」（中略）「去冬仏殿焼失の時の燼材一本を我に贈るとて物置に秘めし有りと云は、すぐに是を貰ひ弥助に托して帰る」

（『丙戌前記』一、「五十七」『木片勧進』　明治20）

高台寺宝物拝観、畑柳坪宅泊

「帰途詣高台寺、宝物展観を拝す、多くは豊公の遺品なり、聞頃日梧庵長老当山ニ再住すると、依て親く観ることを得たり、夜泊畑氏、柳坪翁本年八十、矍鑠可羨なり」

（刊本『丙戌前記』一名巡大台日記　明治19）

4・20　京都高台寺、梧庵紹材に一畳敷用材要望、後に受取り

「廿日。訪友人数輩、再到高台寺乞燼材」

（刊本『丙戌前記』　明治19、「第七・八」『木片勧進』　明治20）

京都、第三番菅大臣天満宮奉納鏡の盗難

「菅大臣、錦天神等へ参詣せしが、菅大臣去々年山中翁か納めし神鏡盗とられしとかや鄙も都も賊の多きこと知らる」

（稿本『丙戌前記』一）

4・22　高槻の第八番上宮土師里天満宮・守口の第九番佐太天満宮石標

「直に汽車にて摂州上の宮天満宮に詣し、北山清太郎を訪、石標の事を談じて、

五十七　西京　東福寺
東山東福寺仏殿燼材〔檜長一丈　六尺七寸〕当寺ハ九条関白道家公の建立を寛元二年開山聖一国師に贈ハりし也　其材惣て高麗木也　明治十五年焼失の余材也
い二　ろ四　柱并天井廻り　鴨居　床天井廻り　廻り縁に用ゆ
鴨緑（アイナシ）江の流れて遠くきにけらし　こハ高麗人のきりし木ときく
（『木片勧進』　明治20刊）

第七　西京　東山高台寺住職
梧庵長老
東山建仁寺開山〔千光国師〕同丸柱
赤松
書棚上の鴨居無目（ヌメ）に用ゆ

第八
同　高台寺昨十八年焼失の燼材　檜
慶長年間豊太閤政所御造立にて開山〔三江和尚〕堂天井に政所御車上屋を用ひ　達磨の厨子ハ御車　唐門は豊公の船楼　襖の絵土佐光信　狩野永徳　弘意了渓のふで　結構云へからさりしか　両度の火災に罹りしか恨也
土椽軒桁に用ゆ　当山水乏しく燼材至て稀なり
寺の名の高き台のかたもなし　礎はかりのこる萩原
（『木片勧進』）

高槻に出、長田徳次郎を訪、是弟直次郎を問ふに近年何処到りしや便なしと。〔五十丁〕三島江にて渡しを南え渡り、〔五十丁〕佐田天満宮に詣し、祠官三森越十郎に石標の件を頼て、〔五十丁〕守口駅に到る」　（『丙戌前記』一）

佐太天満宮納鏡　（願主）東京暁斎、奉納時期不明

（加美山史子「松浦武四郎の天満宮二十五霊社奉納と河鍋暁斎」暁斎72　河鍋暁斎記念美術館　平成13）

4・23　大坂府知事宛「大台江小堂建設之義御聞置願書」提出

「雨中、中の島なる小島正心を訪ふ。正心は山口原県令の従弟にして、此度大台の一件をよく世話致し呉る人なれば、我が存意書を此人を以て、知事にさし出貰ふ。正心宅は知事のうら隣にして、朝夕宅へ出る由なれば、楯野侯よりも万事同人に託せよとの言有りしが故なり」

（『丙戌前記』一、明治19年4月20日付け大坂府知事宛「大台江小堂建設之義為御聞置願書」写　一枚　記念館蔵）

4・24　神田孝平「古銅剣の記」人類学会報告3　記事

柏原学而「静岡県清水山にて古物を得たる事」同報告3　雑録、

この頃の入会に江藤世澄・山中　笑

4・25　兵庫西須磨、貴答作左衛門と第十四番須磨縄敷天満宮の石標場所相談

「神戸柳原に上りて、西須磨貴答作左衛門方えより、天満宮に参詣。雨少々降る。石標も見事立しが、作左の話しに、此石標を建しより時々旅人が見て天満宮に参詣する方多く相成たりと云に、余按ずらくは北隣の雪隠かし場所を替てよろしければ、其入用と地所は我等買求め遣はさん故、爰に松を一本うえ柵を結回し、小高き土饅頭を作りて其上に立ん事を作左に謀るに、是は隣家に直々談ぜ

刊本『丙戌前記』一冊
題辞　神明威護　歴覧山河
　沙門勝道碑中之語
　湖山七十三叟長愿
明治十九年八月二日届
同　九月廿日刻成
編集兼出版人　東京神田五軒町
　十五番地松浦弘蔵版

ば、むつかしからん、村寄の節にても相談致し見んと諾しぬ」
（『丙戌前記』一、『松浦武四郎大台紀行集』記念館　平成15）

5・2　大阪、生田福太郎が撥雲余興受取り

記

一　撥雲余興　壱冊　右御仁恵被成下正ニ拝受候也

明治十九季第五月二日　浪華百済野上之宮神社祠掌　生田福太郎　印

松浦武四郎様

（受領証　松浦武四郎記念館蔵、ヘンリー・スミス『泰山荘　―松浦武四郎の一畳敷の世界―』資料編【Ⅶ】　1993）

この日　大台ヶ原登山準備

「くじ取にて二人を雇ひ、鍋、米、味噌の用意して鶏頃より出立せんと、一同に談じける。其日当の事を聞にさして何程と云もの、山家の質朴また及ぶべからざる処有けり」
（『丙戌前記』二、『松浦武四郎大台紀行集』記念館　平成15）

5・3　奈良県吉野郡、祖母谷村出立

「夜半頃より人足共来りて、炉に火をたき支度してけり。まだやうやう鶏鳴になる朝餉して出立」（中略）「牛石に到る。こゝらあたりと堂宇建築の場所等積りを付、三時また少々粥を煮て喰し、薄暮開拓場にもどりて泊りける」
（『丙戌前記』二、『松浦武四郎大台紀行集』記念館　平成15）

この日　大阪、田中楢次郎から一畳敷用材提供

「過日者久々御来臨被下何之風情も無之御免被下候　其節ハ御珍らしき品を頂難有御礼申上候　其後一雄様御高来被下　撥雲余興御恵与被下　是又厚く御礼申上候

一　南都大安寺土檀壱個　法隆寺竹箪笥棚板三枚　播磨国須摩の簾　右進呈仕
度丸紀組を以て差出し申候　御笑納被成下候ハヽ本望之至りニ候向　簾ハあら
あら数品ニ候得共　御壁下地に成とも御用ひ被下候ハヽ大悦仕候
一　今度者開山御出立　就ては時候不順ニ而山雪も有之候哉と　乍影御案事申
居候」（追伸に）
「播磨国須摩のすたれ　壁下地になりとも御用ひ被下候ハヽ可為本望候也」
（松浦宛て明治19年5月3日付け田中楢次郎書簡　松浦武四郎記念館蔵、ヘンリー・スミス『泰山荘　―松浦武四郎の一畳敷の世界―』資料編【Ⅵ】1993、「九十一、八十五、六十九」『木石勧進』明治20）

5・5　吉野郡、小橡から
「河合村〔人家三十〕に至り戸長役場に至。戸長奥田守亮。余が宅に来り泊せよと強て余を曳て東岸に至る。此処村の名ニ逢西川、小橡両川の落合也」

5・6　「おりおり雨ふる。今朝亀市に来んと約せしが故十時過まで待。牛石ニ小堂建築の金円等奥田氏に托しぬ。奥田氏案内の為に射場重平と云達者の男を送らし。十一時比より出立」
（刊本『丙戌前記』一名巡大台日記　明治19）

5・8　奥熊野、北牟婁郡舟津村泊（北牟婁郡紀北町）
「井上藤兵衛方にて泊り、明日大杉越の事を談ずるに此者も越たる事有ども、誰かよく案内の者をと年々粘黐取に到りし人を両人ほど探し呉たり」（中略）
「夜、梅干、味噌、米、塩等の用意して明朝早く出立せんとて寝たり」
（『丙戌前記』二、『松浦武四郎大台紀行集』記念館　平成15）

5・9　多気郡、大杉谷の奥定宮
「従是桑の木谷を上に越ば、炭焼小屋有によるや、昨夜頃まで人住しと思ふに人

九十一　同（大坂）玉造上ノ宮
生田福太郎
田中楢次郎
大和国添上郡大安寺村廃大安寺五重塔土壇　同寺始ハ名熊凝（クマコリ）精舎　後移百済河辺百済寺ト云　移高市郡大官大寺と改め　又移此地　沙門道慈西明寺の形を模て天平元年大安寺と改む　其旧跡今村の内に一つの茅舎となるのミ　塔跡は村東て瓦やの土取場に成る也　近比此両人其地を探得て堀出されしもの也
東ロ沓脱石にかへ用ゆ　其二人の厚意を感して
老の坂安く越よと足し路に　南の寺の礎給ひけり

八十五　大坂　天王寺綿屋町
田中楢次郎
大和国法隆寺蔵班竹　茶棚の板三枚　右は文政の比祖父鶴翁同寺宝物の保存に助力　若干の浄貲喜捨せられし功を賞して　修覆卒て其古板を賜ハり家に伝へられしを　今度余に恵まれしなり
書棚一　二　三の棚板に用ゆ

六十九　摂州　西須磨
貴答作左ヱ門
須磨簾二枚往古より両村の民家に懸る　是寿永の比官女其辺りを逍遥せらる故　其目隠の為ニ用し古例也と
東ロ敷居下蹴込に大和ぬりとして用ゆ
月もれと間とほにあめる須磨簾　給ふは海士の心有てか（『木片勧進』）

5・10

なし。依て是より南岸を五六丁上るや　奥定宮」
「中奥宮。鳥居有て神寂たる杜なり。是木花咲姫命を祭ると。諸人乳なきもの、此宮に立願せば利益有と云て参詣人多し。少し下りて、ち丶の谷。川幅一余間、急流なり。源は入波村の上なる三ノ甲辺より来ると」（中略）
「奥大杉村〔人家十八〕何れも山の低き処、また見上る斗の処等に有。皆畑作、山働をなしなり。田は少しもなし。此処に山本大作と云て山の事に委敷人有。家有。尋るに不在との事にて、また十町余下り、久豆村と云に至らんと立出る道の傍に門立有。浅井八重之助と云。其様、神主らしき様に見ゆ。宿を乞ふ」
（『丙戌前記』二、『松浦武四郎大台紀行集』記念館　平成15）

丹波修治の大杉見聞

「○伊勢大杉　三重県下朝明郡川北村丹波修治氏か筆記なりとて会員田中芳男氏より寄贈ありしに依り此に記載す

伊勢国多気郡大杉村大杉之記

多気郡大杉村ノ大杉ハ三重県下抜群ノ巨樹ニシテ所謂神代大屋津媛尊ノ木種ヲ天下ニ分布シ給ヒシ頃　発生セシト云フモ敢テ虚ニ非ス　実ニ幾星霜ヲ経タル神木トモ知ル可ラサル也　而シテ其大サ及ヒ高サノ如キ昔ヨリ量リ識ルモノ無ク　該村ノ山間ニ□鬱トシテ聳立シ　四囲玉垣ヲ結ヒ回ラシ　此後ニ小社アリテ大杉ノ宮ト尊崇ス　此レ邑名ノ因テ起ル所ナリ
村民此樹ヲおすきさまト称シ　仮リニモオホスギ杯放言スル者ナシ　該村ノ吉凶禍福皆此ノ神木ニ依頼スル事　実ニ人ノ生存ニ奉仕スルカ如ク敬心セリ（中略）

明治十三年四月十二日該村ニ到リ見聞スル侭ヲ記ス　丹波修治」
（大日本山林会報34　雑録　明治17、小玉『奥伊勢宮川村の本草』
宮川村・同教育委員会　1997収録）

5・11　大杉大明神の大杉

「其大さ三十囲といへる此杉、半より上は枯て葉もなし、中程より下葉あり、前に鳥居有て大杉大明神と崇む」（中略）
「是より滝屋村分の標有。山の半腹を上ることしばしにて、大熊谷〔急流〕橋有、此源のうしろは蓮村に当るよしなり。是より新道に懸る。皆大岸壁に切開きたるなり。右眼下数千丈の断壁なり。琵琶掛と云。過て水谷。此処も相応の川なり。急流にして橋有。是よりまたかゝすり坂、是恐らくはかゝとすり坂なるが、此嶮路一里の間桟道にて一人立道なりしが今は大によくなりとなり。然れども、下覗せば眩めり。下りてやち谷〔小沢〕急流、きらゝ谷〔小沢〕」

5・12　多気郡下三瀬（大台町）、伊勢山田まで宮川を荷物船に便乗

「村中より川端へ五丁斗下りて休らひしが、八時過鵜飼船二艘、櫂音させて下り来るに便を乞て下る。両岸さして眺望もなく荷物船故、荷物の間に座する事故、実徒然なり。舟夫共はいそがしき故こゝそこも聞こともなり難く、何の風情もなく三時過宮川上のわたしの北岸に着たり。船賃十銭遣したるに船頭大に悦びたり。すぐに〔此里程舟陸共に十一里と云り〕外宮前有滝やに着したり。東、松田、服部等を尋けるが、兼て申遣し置しが故明日三時出口延佳神主、足代弘訓神主の両霊社の遷宮式執行の支度調ひ有りしが故に、其手配を服部に委託して帰る」
（『丙戌前記』二、『松浦武四郎大台紀行集』記念館　平成15）

5・13　伊勢山田、豊宮崎文庫で出口延佳・足代弘訓両霊社遷宮式

「早起して両宮へ参詣し、松木朝彦大人を訪ひ、東氏にて昼飯し、棕林同道、松田に到り、長谷川等伯の天満宮の像を譲受る。久保倉の後室を訪て、豊宮崎御文庫に至りしが、文庫藉中、中西、千賀、岡村等も来り惣勢三十余人。神風講社よりは中西右京、其玲人、舞姫等是また三十余人。式畢て神風講社の方に弁当、酒肴、大々遣し、一同酔を尽して暮に帰る。今日風荒く甚困りたり」

（『丙戌前記』二）

出口延佳大人祝詞・足代大人祝詞

新聞報道

「○出口足代両社　山田豊宮崎文庫の祖々たる出口延佳翁の社は　去る明治九年暴徒の際　一朝烏有に属せし後　未だ再興の挙なかりしが　松浦武四郎氏の深く之を嘆ぜられ　並びに茲に足代弘訓翁両社を今回建築し　即ち一昨日神遷宮の式を執行せられたり　当日は三管三鼓　土拍子等十二人の舞姫　文庫より練出し新祠へ奉幣し　実に荘厳なる由にして且つ参詣の庶人夥しく　一時ハ山をなしたりとぞ」

（伊勢新聞　明治19・5・16）

この日　大台ヶ原山の不動堂建築計画・新聞報道

「○松浦武四郎氏　同氏は曾て大和国大台山の勝景を探られ　山嶺へ一の不動堂を建築せられんとするの事は　曾て其頃の紙上に掲載なしたりけるが　此頃中再び東京を発して大台山に登られ　愈々不動堂建築に着手せられたるの趣き弊社へ文通ありたりけるが　同氏が此挙たるや敢て単に不動堂を建築せらるゝにあらずして　若し不動堂成就の上は必らずや諸方の人々群集し来り　その霊地を拝せんと欲するなれば　必らずやその土地の繁栄を来すなるべきならんとの意に出たるなりと　同氏が曩（さき）に率先して北海道の開拓事業をして頓み

に成功を挙げられたるの功は　特に史上に明かなるの人なれば　左もあるべき事ならん　尚ほ同氏は本日か明日は来津せらるゝ筈なれば　定めて奇説を聞くならん」

（伊勢新聞　明治19・5・13）

5・15　三重県令石井邦猷と面談

「十五日。早起。訪石井県令乞謁令匆々逢たり。雑譚数刻に及に、我が大台山の件等兼て聞居と」（武四郎風姿の挿絵）

「金巾の股引、脚半、弊衣にて一ッの頭陀袋を首にし、竹□、檜笠の風俗を見て、棒腹して入られたり」

（『丙戌前記』二、『松浦武四郎大台紀行集』記念館　平成15）

元静岡の牧師、考古・民俗家山中笑の回想

「松浦翁の旅行衣と器具

松浦老は一年に一度は旅行されしが、衣類は一切持たず、至る所にて知人の家に宿り居りて、新調さるゝも木綿衣服のみ。古きは置き誰れかにやり呉れと申され、田舎老父の旅行の如く、股引わらじ、天笠木綿の柿色の洋傘を杖とし、菅笠かぶりて、手提の皮かばんの内には、最も珍奇なる青瑯かん、曲玉と、漢鏡珍敷一品ものを入れられて、諸方にて見せられ、然して地方地方の有志、考古家を集め、古物の小集をなされしことなり。翁の持たるゝ旅行具の傘には、長三洲、一六、鳴鶴、暁斎其他、知名の書画文人の交書あり。皮かばんも同様なりし。此等は今、松浦氏の遺族伝へ居るかと思ふ」

（『共古日録』五十　早稲田大学図書館蔵、成瀬千香「改名と号」

『山中共古ノート』一　青灯社　昭和49収録）

5・16　大台ヶ原山帰途の帰郷・新聞報道

「○松浦武四郎氏　予て記載したる如く同氏は一昨日来津直に弊社の松本を訪はれしが昨朝は松本と同道にて石井県令を訪はれ　南北牟婁郡及び大杉谷の実□を談話されたり詳くは追々次号に掲載すべし」　（伊勢新聞　明治19・5・16）

この日　岡崎伝馬町、三橋酔石が豊橋の山田太古へ一畳敷用材入手困難の連絡

「さて松浦老君不日御入来之由申越被下、然ル処矢作橋杭之義者大ナルモノニテ得ニ六ヶ敷モノニ御座候間、老君御入来之節御相談之上与存候、野生モ此頃西遊ニ而漸クさて日帰宅始仕候、先者不取敢御返答申上候」

（山田太古宛（明治19）5月16日付け三橋酔石葉書、三浦泰之「松浦武四郎記念館所蔵　絵葉書帖（木片勧進関係絵葉書帖）について⑵」No.27　会誌65　2012）

5・18　大台ヶ原山開拓計画・新聞報道

「○松浦武四郎氏　は屡（しばし）は我紙上にも掲載せし如く　近来紀勢和の三国に跨れる大台原山開墾の事に熱心し　一昨年来嶮岳荊棘の間を跋渉し此度又同地に登陟し　帰途弊社の松本をも訪はれしに　時しも例の粗服を着し腿引脚半にて浅黄金巾の継々に縫合せたる者なれバ　一見するときは多年行脚の法師殿も斯やと思ふ打扮（いでたち）なれども　去迚髪を蓄へ七十歳以上の文人が寄合書を為したる蝙蝠（かはほり）笠の見付甚だ古びたるを携へ　火用心と記したる稲木名産の大烟草（たばこ）入を腰にし　利休下駄を穿ち所持品を入れたる一個の頭陀袋を背負ながら尋ねられし事なれバ　弊社の受付が偖（さて）も見苦しき古稀の翁こそ入来りつれと姓名を問ひ来意を尋ねける　予（かね）

て松本と交情浅からざる武四郎氏にて松本も久々にて面晤したるに

同氏の物語には今般は大坂府下大和国吉野郡より大台原山に道路を開鑿する為建野大阪府知事　玉置吉野郡長等に謀りしに　両氏も段々の尽力にて例の不動堂を姥ヶ峯峠　巴ヶ淵　正木兀、二ヶ所に建立せんとの事に決し姥ヶ峯、正木兀の両所は已に自費を以て工事に着手し　経ヶ峯まで自費にて小路を通せられしが　今壱ヶ所の不動堂を三国の境界なる東大台の近傍即ち紀州牟婁郡船津の上川原小屋二股谷の辺に建設致したき精神なれば右の場所は三重県下に属するを以て　本県令に聞置を願たければ其運（はこび）に取計ひ呉との談にて殊に石井本県令は此度南北牟婁郡を巡視し　頓（やが）て八鬼山　馬越　二坂等に開鑿の土功を起し　旬日ならずして稍其成功を告ぐるが如き非常の土木を奨励して　公共の利益を興さしめられたるは実に余の感服する所にして　従来官吏の出張に商人の交通に悉く海路を取りて嶮坂峻路を避け　傍ら偸児（とうじ）の侵襲を予防せし風ありしも　爾今以後は人馬交通意の如く百貨の運輸織が如きに至るべしと

想像すれば此上は牟婁郡の大□及び奥大杉等に道路を開き　不毛の地を開拓し鬱蒼たる森林より良材を□出（きりいだ）して県下の産物を増殖するは眼下の急務にして県令も亦鋭意せらるゝ所なるべしと　種々談話の末本県令か結城神社に献地の挙ありしを称賛せられしが松本は同氏の依托に拠り　直に県令の私宅に就きて右の事由を述べしに　県令も篤志の老人なれは一応面会すべしとの事故　武四郎氏に右の赴を通ぜしに同氏は明晩尾州鳴海に知己の会合の約あれば　失敬ながら旅装の侭伺候せんとて翌朝松本と同道にて県令を訪はれたるが同氏の企望を賛せられたり　夫より同氏は直に帰国の途に上られたるが

同氏は旧幕府の頃初めて蝦夷に渡航し　水戸老侯　宇和島侯等の庇蔭を受け維新後開拓判官に任ぜられ現今致仕して老を養はるゝ由なるが　同氏の話に拠れば曾て古銭幾干（そこばく）を宮内省に献納し金額の下賜なりたる者あれば之を今回の経費に充て　国恩の万分に報ぜらるゝ赴きなり

因に云ふ右の不動堂は同地開墾の為め旅舎に充らるゝ都合にて　自然尋常の小屋を建設するときは工夫等が不潔なる所行を為て　旅泊の為に設けたる者も遂に不潔を来すの恐あれば　土地の人民か信仰する不動尊を安置せば是等の害を防べしとの思想より出し由にて　本県令も其用意の密なるを称し幾宇にても不動堂を建立すべしと云れし由」

（伊勢新聞　明治19・5・18）

5・20　静岡県蒲原駅、五十嵐重兵衛から一畳敷用材贈られ、八月に受取り

「早とく起出て蒲原駅五十嵐重兵衛を訪ふ。書画数幅を見せる。中に逐翁の観音の像有。筆意頗る雪舟に似たり。

当家の楼は大小材不残神代杉を以て作る。頗る見事なり。是富士の麓なる下稲木村にて、十七年十一月掘出たるを主人一本を求めて割り置、一楼を建築してけると。余柱一本と三尺幅もの丶四尺斗（厚サ二寸程ありしなり）貰ひわかる」

5・22　東京、神田五軒町の自宅に帰着、「家に帰る。于時午後四時。

我宿にまつはるばかりになりにけり　隣りの柳枝しげりつゝ」

（『丙戌前記』二、『松浦武四郎大台紀行集』　記念館　平成15）

5・24　東海道三島宿、三島神社宮司秋山光条から帰京安堵

「二十五拝御志願御なほし、出口・足代両神主祠宇ノ途御取建之上、二十二日無恙御帰宅之由御報送被下拝承、千万奉賀候、尚、沿道御珍話多々可有御座候、不取敢御歓迄」

（松浦武四郎宛（明治19・5月）24日付け秋山光条葉書、三浦泰之「松浦武四郎記念館所蔵　絵葉書帖（木片勧進関係絵葉書帖）について⑵」No.29　会誌65　2012）

5・27　伊勢山田外宮前、服部林右衛門から一畳敷用材発送困難

「陳ハ本日端書至来、無事御帰館相成、目出度奉存候

一　御預り申上置候品、勢海丸へ積送り、同様古材同船与存候共、至急ニ運ビがたく、後船勢海丸へ積入申候間、定メテ此節ハ着半与存候、文庫席中へも保存件相談到シ罷在候間、何れ後便ニ可述候也」

（松浦武四郎宛　明治19年5月27日付け服部林右衛門葉書、三浦泰之「松浦武四郎記念館所蔵　絵葉書帖（木片勧進関係絵葉書帖）について⑵」No.21会誌65　2012）

6・2　三島宿問屋、米山弥四郎から世古直道の一畳敷用材提供の申出

「去月廿七、八日頃弊家へ御一泊之積り、兼而先般倅より御約定申上置候ニ付、其頃頻りニ御待相楽しミ居候処、昨日秋山氏より承知、去月廿二日御帰京之趣、誠ニ残念至極

且当所世古六太夫より熱海土中より堀出し之楠至而古木ニ付先生へ呈し度趣ニ而、已ニ先月中当所御泊り迄ニ見本取寄せ置候処、不料御帰り之趣ニ而是以失望致し候、依而者右古楠御遣ヒ候義も候ハヽ、同人より差送り可申、且兼而申上候　当方韮山之古板も寸尺相分り時代逓送可之候間、御序之節被仰聞度奉存候」

（松浦武四郎宛（明治19）6月2日付け米山弥四郎葉書、三浦泰之「松浦武四郎記念館所蔵　絵葉書帖について⑴」No.3　会誌64　2012、「七十二」『木片勧進』明治20）

七十二　豆州　三島　世古直道

同　熱海和田村より明治十二年堀出

楠根株〔長四尺余　幅三尺余〕

以奇岩怪石形象　書棚下の礎にかへ用ゆ　半化石也

巌かと見まかふ楠の大木をは　苔むすまてと賜ハりにけり

（『木片勧進』　明治20刊）

6・13　京都、鋳匠金森弥輔から一畳敷用材遅延の申し出

「扨、前便ニ申上候通、石束氏組内未タ交通差留ニ付、通音仕候処品物一切出し不申、乍併最早明キ可申ニ付、早く通便致し可申トコト、実ニ石束氏も他出セス、大困り被居候、木材大徳寺ニ有之候ハヾ宜敷候得とも、同人宅へ引取有之、実ニ困り、定メ而御待兼トぞんし候得共、右様之次第故、乍御不承御待奉願上候、右埒明次第、北野分、高台寺之分、大徳寺之分、外ニ古板とも情々そんし不申様ニ荷作致しさし出し可申候也」

（松浦武四郎宛（明治19）6月13日付け金森弥輔葉書、三浦泰之「松浦武四郎記念館所蔵　絵葉書帖（木片勧進関係絵葉書帖）について(2)」No.16　会誌65　2012）

6・19　金森弥輔から大徳寺などの一畳敷用古材発送

「十五日出御書拝見仕候、然ル処六日ニ近江丸汽船積ニ小杉江出し置候、此船ハ廿日出帆ト申事ニ御座候間、左様御承引可被下候、三筆ニシテ出し置候、
大徳寺床板ト先達御預り申上候小板三枚合壱筆
高台寺之割ものト北野分ト合壱筆／先達而御預り薩摩杉古板壱筆
尚々大徳寺之分ハ教正ノ文ヲ裏ニ書有之小板トモ壱枚ニ相成候御改メ御請取候」

（松浦武四郎宛（明治19）6月19日付け金森弥輔葉書、三浦泰之「松浦武四郎記念館所蔵　絵葉書帖（木片勧進関係絵葉書帖）について(2)」No.19　会誌65　2012、「七十四」『木片勧進』明治20）

七十四　西京　大徳寺住職
曹渓牧宗
紫山の五老松は開山大灯国師御手植といへとも　はや開基の比大木なりし故是を愛し　此名を冠らしめ玉ひしと　追々枯朽て寛文比迄一株残りしか　其枯たるを伐て或塔頭（タッテウ）の床板と作り置れしと　是を賜る也
い三　ろ三　柱の間胴板に用ひ
細きハ欄間の薄かもゐに用ゆ
千とせふといふ松たにも朽る世に屋作りす老のおろかさ　（『木片勧進』）

6・21　愛知豊橋、山田太古から一畳敷用材発送予定

「十八日御差出し之郵便拝閲、早速に華陽氏へ参り候処不在、三度迄参り候へ共、ヤハリ不在ニ而、其翌日、本人拙宅へ来り候間、少しく馳走致し相頼候処、如

此障子一本残り候由ニ付、明日受取可申約定と相成候也、米阿弥ハ伊勢へ参り、未タ帰り不申、幸ヒ二川五平居合セ候ニ付、先達而之通りの手次きにて、二川より舞坂蒸気へ送り候間、左様御承知可被下候」

（松浦武四郎宛（明治19）6月21日付け山田太古葉書、三浦泰之「松浦武四郎記念館所蔵　絵葉書帖（木片勧進関係絵葉書帖）について⑴」No. 8　会誌64　2012、「七十」『木片勧進』　明治20）

七十　　参河　豊橋　　長尾華陽
　　　　同　二川駅　　鈴木五平
豊橋旧城内吉田神社障子二枚は建築何年比哉知れされとも　神輿庫に古くより有しを贈られたり
　書棚下中段棚に用ひ　親骨天井目板　神棚羽目に用ゆ
（『木片勧進』　明治20刊）

6・29　大坂造幣局、松浦一雄に一畳敷用材転送の督促

「普請ニ懸り候ニ付、山口県近藤清石殿より参り居候古木、早々通運なり小船へなり、早々さし出し被呉候様頼也」

（松浦一雄宛（明治19・6か）月29日付け父葉書、三浦泰之「松浦武四郎記念館所蔵　絵葉書帖（木片勧進関係絵葉書帖）について⑶」No. 37　会誌66　2013）

7・1　大和吉野山、竹林院住職古沢竜敬に金峯山寺大神鏡の奉納場所確認

「蔵王堂内ニ安置可仕義ハ貴殿之御満足云云承り候上ハ当方ニも安堵仕候、最先ハ神前へ御奉納事故、仏堂ニ改正相成候時ハ貴君之尊意如何御坐候哉迄御伺ひ申上候事ニ御坐候、依テ自今蔵王尊御宝前之荘厳ニ相備ヘ置可申候、乍然少々据置之場所へ相替り可申候間、此段予テ御承知被下候」

（松浦武四郎宛（明治19）7月1日付け古沢竜敬葉書、三浦泰之「松浦武四郎記念館所蔵　絵葉書帖（木片勧進関係絵葉書帖）について⑷」No. 42　会誌67　2013）

7・6　秋山光条が一畳敷用材発送

「然者過日御所望之大瀬神社旧材一片割愛進呈仕候　乃本日チンズミ馬車便ニ託発荷候間着　御受取可被下候

但米山柳下荷物ト一所ニ荷造致させ申候　木膚ハスレザル様注意可致候旨申
付候へとも　猶能々御改可被下候
右材之出所ハ少々参考ノ為相記申候
伊豆国君沢郡江梨（エナシ）村大瀬（オホセ）ノ崎ト云処アリ」（以下略）
（松浦老台宛（明治19）7月6日付け秋山光条書簡　松浦武四郎記念館蔵、ヘンリー・スミス『泰山荘―松浦武四郎の一畳敷の世界―』１９９３、「五十四」『木片勧進』明治20）

五十四　（秋山光条）
同（伊豆）君沢郡江梨村式内大瀬崎神社城白栢（ビャクシン）枯木
北小窓の鴨居に用ゆ
（『木片勧進』明治20刊）

7・12　駿州蒲原駅、五十嵐重兵衛から一畳敷用材発送
「過般申上置候神代杉板一箇、本日出荷仕候間、御承諸有之度、御報申上候也」
（松浦武四郎宛（明治19）7月12日付け五十嵐重兵衛葉書、三浦泰之「松浦武四郎記念館所蔵　絵葉書帖（木片勧進関係絵葉書帖）について⑴」No.6　会誌64　２０１２、「七十三」『木片勧進』明治20）

七十三　駿州　蒲原駅
五十嵐重平
同　富士郡下稲子村明治十七年地中丈余下堀出の杉材　四寸角七尺二寸幅四尺　長三尺物　所謂神代杉也
ろ二　柱に用ひ　巾物四枚に挽て廊下天井に用ゆ
（『木片勧進』明治20刊）

この頃　山中　笑が東京人類学会へ駿河国出土陶器・石器類寄贈
（東京人類学会報告6　記事　明治19）

8・1　書斎一畳敷の世間評
「一畳敷ふしん、先今日比壁をつける位の事、中々内そうさくニ懸り候、然し前代未聞の事と世間ニ而評判有よし、八月一日午前六時」
（松浦一雄宛（明治19）8月1日付け父葉書、三浦泰之「松浦武四郎記念館所蔵絵葉書帖（木片勧進関係絵葉書帖）について⑶」No.38　会誌66　２０１３）

8・18　東海道見附宿、柴田敬斎から火事見舞い、一畳敷用材の提供
「本月十六日付之御回答拝読、過日火災之節ハ借家十二戸御失ひ候トノ御事、御気之毒也と御見舞申上候、八幡宮之主官昔より今日迄勤使罷在候、件名ハ大場

重光と申、本年七十一年、国学ニ通シ、又和歌ヲ能クス、住居ハ見付駅字植松也、世々コ、ニ住ス」

六十五　遠江　見付駅　柴田敬斎
同州中泉駅境松八幡宮喜連格子　祠官大場重光より敬斎老人贈られしを
その名にめてゝ賜ハりけり
床の間天井板に用ゆ
（『木片勧進』 明治20刊）

（松浦武四郎宛（明治19） 8月18日付け柴田敬斎葉書、三浦泰之「松浦武四郎記念館所蔵　絵葉書帖（木片勧進関係絵葉書帖）について⑴」No. 5　会誌64　2012、「六十五」『木片勧進』 明治20）

この日　福岡、三好嵩から古銭代金と一畳敷用材発送予定

「扨、兼而御進メヨリ古泉不残黒田家江差上ヶ報金与相成、御進メニ而相払恭奉存候、且、其余之分御世話之末、六月之末御当地ニ差出置候得共、未た返事無之、定而代料之儀取調中ニ而可有之、右ニ付貴君江御必馬嶋氏より御相談可有之候間、其節重畳宜敷御執成之程、偏ニ御世話奉希上候、右重畳偏ニ御執成之程希上候

且、兼而差出可申之太宰府瓦并釘不得幸便、未延引仕居申候、何れ通運ナリ共御送可申上存居申候、左様御承知可被成下候、且又、大台山之記、永野和平江為見申候処、殊外悦ニ而都合三度程繰返し拝見仕候由、右山之儀承知不仕、此節拝見ニ而大ニ相慰ミ候由、誠ニ如見キ御書様ニ而面白キ儀有之候由咄御坐候、此段鳥渡申上候也」

（松浦武四郎宛（明治19） 8月18日付け三好嵩葉書、三浦泰之「松浦武四郎記念館所蔵　絵葉書帖（木片勧進関係絵葉書帖）について⑵」No. 10　会誌65　2012）

8・21　大坂の骨董商、西尾播吉から一畳敷用机提供の申出

「○呉竹机御頼入之分御仰被聞拝承仕候、これ者当春御出阪之際ニ申上候通り御思召ニも相叶候義候ハヽ、献上仕度心底ニ御座候間、御用之御都合ニ而何時ニ而

も御仰被聞度、早速相送り申候間、御遠慮無之、御申越奉待候」
（松浦武四郎宛（明治19）８月21日付け西尾播吉葉書、三浦泰之「松浦武四郎記念館所蔵　絵葉書帖（木片勧進関係絵葉書帖）について⑵」№14　会誌65　２０１２、「九十」『木片勧進』　明治20）

この頃　東京　市河万菴、大坂　十二古物楼主人、東京　稲垣真郎・須原鉄坊から一畳敷用額などの提供か
（「第一、八十六～八十九」『木片勧進』　明治20）

9・7　松浦一雄に書斎一畳敷完成通知
「一畳敷も出来、大工、左官も手を引候、然し残り木にて是より火はち、たはこ盆の様なもの拵させやうと存候、大坂者悪疫大ニ減し候由、東京者大流行、然し未た五軒町ニ者三人ならてなし、東京の広さしるへし」
（松浦一雄宛（明治19・9）月7日付け武四葉書、三浦泰之「松浦武四郎記念館所蔵　絵葉書帖（木片勧進関係絵葉書帖）について⑶」№39　会誌65　２０１３）

9・29　「一畳敷も出来上りニ成候、近日、小皿の紙包出し候間、夫々取分可頼候也、筑前より〔江藤〕小紙包〔古材竹〕参り候ハ、早々小杉へ出し呉られ候様頼候也
廿九日、コレラは如何、様子可申遣候」
（松浦一雄宛（明治19・9）月29日付け武四葉書、三浦泰之「松浦武四郎記念館所蔵　絵葉書帖（木片勧進関係絵葉書帖）について⑶」№40　会誌65　２０１３）

10・6　大和国奈良小西町、白井雅義から刊本丙戌前記の礼状
「陳ハ貴老今般御彫刻相成候丙戌前誌珍冊壱部　御恵贈被成下、御厚情之段難有奉拝謝候、右ハ実地御歴覧之記事別而感情不浅永ク所蔵可仕候、先者右御礼迄」
（松浦武四郎宛（明治19）10月6日付け白井雅義葉書、三浦泰之「松浦武四郎記念館所蔵絵葉書帖（木片勧進関係絵葉書帖）について⑷」№46　会誌67

九十　大坂　西尾播吉
時代机一脚　これ五福翁の愛玩せられしを今度我が此度の新築を賀して贈り呉ける
いつの世の誰がよりそひし文机そ世に稀なりと我に贈ふハ
（『木片勧進』　明治20刊）

第一　東京　市河万菴
摂陽四天王寺元和兵火の際　西門の燼材　鐫弘法大師筆釈迦如来転法輪所当極楽土東門中心の転法輪三字是河米菴先生所臨書在款背
廊下入口の額に用ゆ　贈られし時うれしさの余
上ッ世の鳥の跡をも今見るは　荒はか寺のあれはなりけり
（『木片勧進』　明治20刊）

八十六　大坂　十二古物楼主人
元和板天満宮神影　一幅
八十七　西京　畑　柳坪
慵軒藤村翁七十寿詩一幅　辛盤対処侍喬松　々樹梅花鬢雪濃　期得古来稀世客　東風烈坐共歓悰
八十八　東京　稲垣真郎
撰集抄〔東悦板下　嵯峨本と云〕一部に一ひらの短冊を添て贈らる
夜もすからしき立声を聞あかせ　昔しかたりの窓のともし火　真
八十九　東京　須原鉄坊
山家集一部おくり呉けれハ　思ふこと有て
世の塵に染にし衣ぬぎ捨て　西行道の跡たとれとか　（『木片勧進』

（2013）

10・7〜16　伊香保・善光寺・戸隠・妙義山紀行　（刊本『丙戌後記』明治19）

『丙戌後記』一名信毛十日記　一冊
題辞　□膏粘木□　為　松浦先生
録禅月集之句　同庚戝子慈
々園貞歛
奥付　明治十九年十一月二十日届
同　十二月　刻成
編集兼出版人　東京神田五軒町
十五番地　士族　松浦弘蔵版

10・10　上州草津温泉旅籠屋、一井善三郎に高野長英の毒水ノ碑再建依頼

「山の半腹を十七八丁にして毒水川橋有。此処に高野長英毒水との碑を立置て人に呑事を禁じられしが、明治十五年八月六日白根焼の時、此谷筋抜て碑何処にか散失したると聞。然に此水敢て毒にはあらざれども、硫化水疎にして呑時ハ腹痛か吐瀉を催す故、呑を禁ぜられしもの也と。本年此辺り吐瀉の者有るを必ず悪疫と診されて、一夜の宿のかし人もなかりしと。実ニ可憐事なれば余是を再建して呑べからざることを旅人にしらさまほしと、馬夫に書状認メ一井氏に謀る。其水敢て毒ならざれば、改て高野長英先生説、此川水のむべからずと刻すべしと。金は従東京贈よし審に言遣し置」

（刊本『丙戌後記』一名信毛十日記　明治19、『明治期稿本集』巻末　刊本『乙酉後記・丙戌後記・丁亥後記』記念館　平成29影印収録）

猩々暁斎の丙戌後記挿絵

「再建人　東京　松浦武四郎　世話人　草津　一井善三郎
高野長英先生説　　この川水のむべからず　万菴□」

（刊本『丙戌後記』口絵、藤田　昇「松浦武四郎と暁斎の交流（その二）」暁斎65
河鍋暁斎記念美術館　平成12）

10・25　大台が原山、不動堂完成の伝聞

「亀市ニ承候処牛石不動堂も至極見事ニ出来仕候間、実ニ有難奉存候、何れ明年五月十日迄ニ参上仕候、御礼申上候、匆々謹言」

（奥田守亮宛（明治19）10月25日付け松浦武四郎書簡　植村　尚氏所蔵、『三雲町史』

10・28　甲斐、渡辺　信から一畳敷用土鈴提供
「金桜神社往古ヨリ土鈴ヲ参詣人ニ与フ、依テ先般御送［　］当春出府之節約束ノ古材于今穿鑿出来不申、遺憾不少、万不遠出府可具陳候也」
（松浦武四郎老宛（明治19）10月28日付け渡辺　信葉書、三浦泰之「松浦武四郎記念館所蔵　絵葉書帖（木片勧進関係絵葉書帖）について(2)」No.20　会誌65　2012、「八十二」『木片勧進』明治20）

八十二　甲州　市川　渡辺　信
同　巨摩郡御岳山金桜神社祭礼の時出す土鈴
懸神前なり
甲斐かねの御岳の宮のはに　鈴を給ふも我に千代をふれとか
（『木片勧進』明治20刊）

11・4　草津温泉、一井善三郎から毒水の碑設置費受取り通知
「陳者当地毒水之碑石代金為替三円五拾銭也手形及市川万菴先生之御書正ニ受取申候、就而ハ迅速石工ニ相談、至急出来候様注文仕候、出来次第石摺御逓信可仕候、先ハ御回答迄、余者有後便、早々不悉」
（松浦武四郎宛（明治19）11月4日付け一井善三郎葉書、三浦泰之「松浦武四郎記念館所蔵　絵葉書帖（木片勧進関係絵葉書帖）について（終）」No.52　会誌69　2014）

11・18　依田学海の錦旗事件回顧
「杉浦梅潭、余が荊婦と出でしあとに来りて、松浦武四郎が先師藤森翁より贈られたる書牘を示さる。この書の事は世古格太郎がものせし唱義見聞録によりて見ゆ。この書の浄書は余が歳二十のとき、師に代りて写せしものなり。大意、勅書を朝廷より出されて、外夷途絶の事を仰出されんには関東に於て異議あるまじき也といふにあり。松浦はかねて公卿のうち堤某を知るゆえに、これに托して勅書を請奉らんとするよしなりき。松浦ならびなき疾足にて、六日のうちに京都に至るべしとてゆきしといふ。是皆、見聞録にのする所也。

此は当時艸稿をもやきすてられて、今は家にも存せず、門人もまた写し伝ふものなし。この書を艸せられしより六年の星霜を経て、水戸の鵜飼吉左衛門、三条殿に乞申し給はれり。雨、夜に入りてなほやなず。凮もまた加はれり」
（学海日録研究会編『学海日録』七　岩波書店　1990）

11・ 柏木貨一郎が東京人類学会に入会
（「新入会員宿所姓名録」東京人類学会報告9　明治19）

この年 旧彦根藩、書家・漢詩人岡本黄石が渋団扇（3―44）に漢詩と落款
（『渋団扇帖』三）

『渋団扇』3―44
漢詩（墨）覚尽人間事　一身似再生春風健　神骨永養顗箕情
落款　七十六翁黄石
（朱書　彦根藩　岡本黄石）

一八八七年　明治20　70歳

1・7 愛知豊橋、文人・篆刻家山田太吉から建築用材
「陳ハ納豆御送り申上度候処、鈴木五平への御状に松弐本御望之由ニ付、近日切取り次第船にて御送り申上度、左様御承知可被下候、御家屋の間ニ合候ハヽ、大慶ニ奉存候」
（松浦武四郎宛（明治20）1月7日消印山田太吉葉書、「三浦泰之「松浦武四郎記念館所蔵絵葉書帖（木片勧進関係絵葉書帖）について（終）」No.51　会誌65　2012）

1・11 東京平河、岡本黄石から一畳敷歌の持参予定
「明後十三日歟十五日両日之内拝芝可仕候、十四日ハ先約御座候、一畳敷之詩も漸ク出来候間、拝芝之節持参可仕候」
（松浦武四郎宛（明治20）1月11日付け岡本黄石葉書、三浦泰之「松浦武四郎記念館所蔵絵葉書帖（木片勧進関係絵葉書帖）について(1)」No.1　会誌65

2012、黄石八十八翁岡本迪「一畳敷歌」『木片勧進』　明治20）

1・20　元開拓中判官、杉浦　誠も一畳敷歌作成

「黄翁ノ作名妙、諸老之唱和を得、拙作大ニ光彩を添大慶、黄詩者暫時拝借、此段御承引被下度候、○佑田江貸タル御蔵書も同氏ノ文を付シ、手前迄戻リ来レリ、序ナク御預リ申居候、其内返上可致候也」

（松浦武四郎宛（明治20）1月20日付杉浦誠葉書、三浦泰之「松浦武四郎記念館所蔵絵葉書帖について⑵」№2　会誌65　2012、梅潭杉浦誠「一畳敷歌」『木片勧進』巻頭　明治20）

＊佑田は依田学海

2・　『木片勧進』一冊、一畳敷用材配置の側面・平面図

題字　榾片放光　明治十九季初冬之日　大徳牧宗書

一畳敷歌　明治二十年一月　梅潭杉浦誠識　万菴河三兼書

一畳敷歌　賀　湖山耄翁小野愿　時年七十四

一畳敷歌　丁亥一月　黄石七十七翁岡本廸

いにしへもまれなる君かいさをこそ齢の外のよはひなるらめ　老比丘八十二

壁書　明治十九年十二月三十一日夜灯火のもとにしるして　草の舎のあるし弘

奥付　明治二十年二月二日届　同　二月刻成

編集兼　東京神田五軒町十五番地　士族松浦弘蔵版

再版　南葵文庫　明治41・10・10刊、題言　横山健堂

跋　明治戊申仲秋葵陰外史　付　多気志楼主人事跡年譜　松浦孫太稿

柏木貨一郎「古代玉ノ価直」東京人類学会報告2―12　雑録

2・　望月治三郎、東京人類学会入会（「新入会員宿所姓名録」同）、会員数一九五人

3・22　東海道、京都・四国・筑前紀行に出立
（稿本『丁亥前記』三登大台記、松浦孫太解読・佐藤貞夫翻刻編『松浦武四郎大台紀行集』記念館　平成15、『乙酉紀行・丙戌前記』収録）

3・24　東海道吉原駅、鈴木香峰墓参
「吉原駅鈴木により、香峰老人墓参して蒲原駅五十嵐氏を訪ひ、保吉来る」

4・3　大阪守口市、第九番佐太天満宮の石標建立
「佐田天満宮。是も街道端に石標立たり。三森越十郎祠掌の由。慇懃に本社に案内し、祝詞畢て飯酒を饗されたり」

4・9　香川綾南町、第十八番滝宮天満宮の石標
「滝宮駅に到り、入口右の方天満宮、是聖跡二十五拝第十八番の札とす。前に柏原学而君の納めし石標有」

4・13　防府市松崎町、第廿一番松崎天満宮の石標、古墳出土品拝見、天神山古墳か
「松崎天満宮の祠官御手洗等を訪ふ。此処に奉納する石標の下に立て美々敷有る。また昨年九月、当山中にて一ツの古陵を掘得たるに、是大石を畳上たり。其下に渡金の竜雀頭、銅銭の鏃、直剣の折れ、勾玉、管玉等多く、また素焼の祭器類出たるを見せられたり。千堀出物惣て千二三百年前の物なり」

4・18　福岡、「午後、三好嵩君、郡の隠居八十氏の婆を訪ふ。夜に入、郡利殿来る」

4・19　「三好嵩君をまた訪ふ。嵩、愛泉家にして、余古くより知る処なり。同道して、博多に到り、帯屋治兵衛を訪ふて、近来本県より掘出す処の物を見る。中に珠光青磁有。是恐くは水青磁と云ものか。または何か麁なる模様のある物有。次に磯野七平を訪ふ。当家に天保年間聖福寺の裏より掘出ス処の金製の轡、並に耳輪、金牌様のものを見せらる。是唐宋間の物にして日本物にあらず。此地

『丁亥前記』二巻二冊
内題　丁亥前記三登大台記、丁亥前記巻の下
『松浦武四郎大台紀行集』松浦孫太解読・佐藤貞夫翻刻編集　記念館　平成15

の掘出、惣て支那物にして、他の掘出と異なり中に香炉有。頗る異品なり。是より十里松なり。

崇福寺の博覧場に到りて残品を見る。宗像郡宝遵寺銅鉾の型、金の曲玉、川波氏所蔵の聖一国師の書の饅頭の看板は頗る奇と云べし。我ほしと思ひしは久留米藩士近藤氏の大石良雄が書る渡宋の天神。土地柄故左も有べく思は、志賀神社の半鐘は三韓物なり。蒙古の兜は尤なり。宋元明清の書画は多けれども、それらの物は我に疎き物なれば知らず」

4・20

「暁発。江藤、我を送りて大石町なる石巻判事〔清隆〕を訪はふ。金指輪、金環、曲玉、銅鏃を見せらる。此また耳環は一種の当所掘出品の奇品なり。決て他に類品なし」

（稿本『丁亥前記』一　三登大台記、『松浦武四郎大台紀行集』平成15）

4・21

若宮八幡宮境内、日の岡古墳・月の岡古墳拝観

「境内に日の岡〔東方〕、月の岡〔西方〕二ッの陵有。何神を祭るか知らず。文化二年二月、月の岡の陵、雨にて崩れ、中より石棺顕れ出たり。其長九尺二寸、幅四尺、高四尺八寸各々一枚石なり。開き見るに勾玉、管玉、鏡、劔、矢の根、甲冑、金物等は何れも塗金。其の四面には鉄の甲冑、剣〔すぐ形也〕、矢の根うづ高く積重りたり。領主に伺、右の類は神主安本幸雄家に預り、右の岡の上、石棺の外面、宮を立て是を祭る。此宝物見んことを乞ふて拝し、昼飯して出立」

産神八幡宮境内、重定古墳・楠目古墳拝観察

「此前に重定〔東〕楠目と字二ッに別れ隔つ事三十軒斗各一小阜なり。雑樹少々生たり。各岩窟有。何れも正西に向ふなり。窟中、大石を畳み三区の室をなせ

り。其一は大石を以て天井を架し、二重の室を造り、築造甚堅牢。前に人家有て案内を頼、松明を以て入るに火を焼し跡有。是此辺の悪漢共博奕を来りてするよしに談る。古くより此窟は次に図する如きもの書て有ると云伝ふ。探し見るに左様なるものなし、土人の言に、遠方より来り給ふ御客は、いつにても如此神代の頃の文字有とて問はせしが、さる者は決して無事なり。是恐らくは往昔何ものか徒に如此ものを書置しを、一丈神代の文字と云を万犬是として、奇を説き来る人達も　此窟にいらずして審に見たり面に吹聴するもの丶様に思はる。決て是はなきことなり」

「字楠目の窟。是は入口少々広く、奥行は少し近く思はるが、奥の一間は東の窟より大きし。何れも是等の窟何れも高貴の御方の墓陵にして、うしろの八幡宮は其等を祭りしものと思はる」

吉広村の古墳

「吉広村に蝙蝠穴と云有。入口、三ツの石を積て口とし、其処土沙に埋れて入り難きを人夫を雇ひ、其土沙をかき分け見れば其中二間四方斗有て暗黒なり。天井は一枚石、実に神工鬼作のものと見ゆ。

また村の東に鬼穴。是田の中に有。其外二三ヶ所を見る。此辺は二三日滞留せば、数十の墓窟を見出すをや」

（稿本『丁亥前記』一　三登大台記、「重定村窟、楠目村窟」刊本『丁亥前記』三登大台記　明治20、斎藤　忠「松浦武四郎の考古学観」日本歴史378　1979、斎藤編『日本考古学史資料集成』1　吉川弘文館　昭和54）

4・22

大分、豆田駅の僧五岳

「爰に真言の住僧に五岳と云が有。山田も是を訪見よと云えども、余は如此弊衣清痩一寒生。尋たとて何ぞ逢はれんと辞す。此五岳上人、其名海内に轟き、一紙半片をも金にかゆるの貴重品ときく。男、後住また一首の数寄物有て、是もまた当地にて風聞高し。近頃、熊本鎮台大尉某来りて画を乞ふ。上人不逢。また大宰府宮司高辻殿来りて訪はる。上人繁用を以て不逢」（中略）
「是此地の国風なるや。我友斎藤竹堂は西遊の時、当国帆足万里を訪はる。三五日滞留致しなば逢はん。とて帰されしなり。則万里、竹堂の名を知らずして逢はざりしか」

（稿本『丁亥前記』一　三登大台記）

4・23　大分、宇佐駅の寺院跡
「入て、左りに行。堂跡おくに護摩堂跡。中に直堂跡、東に五重の塔跡、北に北門跡、また右の方には弥勒寺跡、前に金堂跡、祇園社、岩井堂、鐘楼跡、南塔跡、経堂跡、南門跡、各礎残れり」

4・24　中津の古墳
「殿町にて渡辺玄包を訪、玄包、大に悦び、近来得る処の古物を見せらる。家内子供衆は皆東京に早く帰り度よしなり。譚石窟の事に及。座に河村弥五郎なる者あり。是を案内者として一見致し行べしとて添呉る。
城下の西やま国川、是耶馬渓の末なり。橋有。湾には蒸気懸れり。七八丁にして鈴熊村に到る。村の前に窟有。是筑後にて見る処の如き一枚石を天井として、三面また大石を畳しものなり。上を鈴熊山と云。此南面に内六畳位の穴あり。従是南に并て楡尾山。此山に四ヶ所を見る。何れも墓窟と思はる。帰りて鈴熊山にうしろより登る」

4・25　福岡、小倉駅の好古家・数寄者
「紺屋町池田新造を訪ふ。同道して常願寺町小川敬養を訪ふ。共に当所の好古家なり。大橋西長府や新兵衛を訪ふに是また近頃まで骨董を業となし居たる者にして頗る数寄者なり。三時前乗船。小倉丸にて馬関に来る。研海舎に到る。行季を卸て、稲荷町なる弁天座の開演と聞て至り見る」

4・27 広島尾道、第十九番御袖天満宮の石標

「左り尾道湊に早天上陸ス。御袖天満宮え参詣し、社務所祠掌河野氏に出会。石標の事を談じ、朝餉して亀山元介を訪ふ。早天の事故留められ候得共、辞して出立。今度は下道を車にて行」

川辺駅の円筒埴輪列、箭田大塚古墳か

「山畑の其中に高さ五六間の小高き阜有。其処二段に成、其下一ッの溝有。其回りと中段、上段と径八九寸、高サ一尺二三寸の便、赤素焼、中段に帯にくり有るを埋めたり。其数多きより称して千壺と云。今纔三四十位を見る。余友人岡本武輝をして是を掘らしめたるに全きもの稀なりと。是和州仁徳天皇の陵また播州垂水の千壺の如く、土留めに埋めし物なるなり」

（稿本『丁亥前記』一、『松浦武四郎大台紀行集』記念館　平成15）

「小岡有て其周り凡二百間計、堀有て雨後溢水、岡の廻り赤壺を埋ること無数、依て土人千壺と云」

（刊本『丁亥前記』三登大台記　明治20）

5・2 大坂、化学冶金方兼造幣局長官顧問ガウランドに面談

「午後四時なり。通辞某来る。我を曳て造幣局官舎ガブランドの客館に到る。主人大に悦び談、先、古物に始て諸国の廟窟の事に及ぼす。別て豊前国の廟窟は別てよく知れり。是楯野知事の書を齎して豊前に到りしと云。其図一々審に記し、其外名山大岳をよく知る。釈迦岳に登り、飛騨国、乗鞍、越中の方等くわしく探索したる人なり。夜ふけ再会を約して帰る」

刊本『丁亥前記』三登大台記
題辞　依仁山託智水　沙門勝道碑
中之語　為北海道人　梅潭老漁
誡書　六月廿五日新獲開笈
奥付　明治二十年七月二日届
　　　同　八月　刻成
編集兼　東京神田五軒町十五番
地　士族　松浦弘蔵版

（稿本『丁亥前記』二、上田宏範「ウィリアム・ゴーランド小伝」『日本古墳文化論』創元社　昭和56、福永　昭「松浦武四郎と交流のあった外国人」三重の古文化98　平成25）

5・3　藤沢から一畳敷長詩を受取り

「田中に到る。話し、帰途藤沢翁を訪。我に一畳敷長詩を和したとて恵まる。然るに先生近隣に伊丹中村良顕なる者住すと聞て、使を遣すに不在」

5・5　大台小屋の計画

「吉野やに到り宿す。郡役所に到りて西村書記に引合て、本年もまた二棟を建築する事を話す」（稿本『丁亥前記』二）

5・9　大台登山準備費用の精算

「大台行の事相当、米、味噌、小豆等の事勘定相済せ、亀市を連れて弥兵衛方へ行、武兵衛を訪ふて、西原村真田八十八宅ニ到る。従是は大谷清次郎を召連れて川合村に到る。今夜は真田に戻り泊る様頼置、出立候」（稿本『丁亥前記』二）

5・11〜14　大台ヶ原山探索

5・11

「大台辻より山に登る」（中略）「開拓場に出る。此十二丁の坂、一昨年、余が来りし時は篠、生しげりて道形ちなかりしが、今度は一筋の道となり、また開拓場も茨生茂りしも、今は大工三人程入りて作事に懸り居たり。是は玉置郡長五円を小橡村に遣し、一棟可立様に被申付しと。依て二間半三間の堂を村にて立ると云。余も此作事に金五円を寄進したり」（中略）

「名古屋谷の粘鞨場に下る。此処は中の滝の源なり。爰にて我が来春は一字一石の法華を書まして思はる。依て万事よく亀市へ頼置。此辺り万作の木多し。是則我が白骨を納る瑞相なりと思ふ」（中略）

「塩辛谷のすじを上ることしばしにて、新築の小堂に到る。此辺桧、樅、榑多く苔多し。小川有。山の懐にて風も静なり。堂は一間半中に炉を切、正面三間に仕切。中に孔雀明王の負を入、其一方に五間に三間斗の仮屋を建たり。最早十名斗先に来りて粥を煮置り」（稿本『丁亥前記』二）

5・12

山上の大護摩修行

「十二時頃に成て来る者を記すに、（天ヶ瀬・西原・川合・小橡・白川・熊野神ノ上・五所・東川木・出口・きわだ・宮ノ平・木組の各村、北牟婁郡某村の　名前五〇余名と奉納物　御供物・油・蝋燭）

凡十二時頃より護摩場え到る。護摩木積重ね上たり。四方に四天王の旗翻し、正面大西喜兵衛、右真田八十八、左大谷清次郎、長次郎、亀市等五人、東西二人ヅ、□持錫杖と異口同音に読上奉る。余頻りに涙を催しぬ。高野山奥院に参詣なしたる時の如し、是にて当山には神霊在ることしらる。凡理趣経、不動経畢て、なふまく三まん陀の声はり上て、護摩木に燃立烟パチパチパチパチパチと天を瞑ます斗」

（稿本『丁亥前記』二、「五月十二日大台山牛石護摩修行之図」刊本『丁亥前記』三登大台記　挿絵　明治20）

5・19

不動堂建設・新聞報道

「〇大台山の不動堂　昨年の伊勢新聞にも掲載せし如く　松浦武四郎氏の先年来人跡絶へたる大台山登陟し　大和国吉野郡有志者の賛成を得て建築に取係られたる不動堂は愈よ此程落成したるに依り　去十二日入仏して開眼供養を行ひ採灯護摩焼等を為したるに折柄　天ヶ瀬、西京、東町木組等より参詣人群集して大峯山と其高さを競ふ大台山も未曾有の賑ひなりし由にて　同氏ハ前後十五日間計りも滞留せられしに　当初登陟の頃とも違ひ今ハ八道の通路も開けたる趣きなれば　本年中にハ此他二三所の小堂をも建築して追々行旅の便をも計らる丶由　北牟婁郡船津村より同氏が弊社へ寄せられたる信書の端に見へたるが同氏ハ北海道を始じめ内地に在りては　鶴峯山　吉野、筑波、其他の嶮山を跋渉して道路を開くを楽みとせらる丶趣きなれバ　老いて益す壮んなる今小角とも言ひつべきか」

（伊勢新聞　明治20・5・19）

5・20　大台ヶ原登山帰途の帰郷

「土肥郡長宅を訪ふ。不在。津に在る由にて直に出立し、夕方、小野江村松浦禹三郎方へ着。墓参す。今年は父五十年回に付て金千疋を上、三部経を頼、寺にて馳走になり帰る」

（稿本『丁亥前記』二）

5・27　東京帰着

「二番汽車にて家に帰る。庭中の草よく生茂りたり。また上総やの柳、地を払ふ斗に成たり。かへり来て青葉にとざすばかりなるはにふの門を明るられしさ」

（稿本『丁亥前記』二、『松浦武四郎大台紀行集』　記念館　平成15）

5・31　大台山探索同行の井場亀市宛に観音堂の場所案

「津ニ而一日滞留致候得共、県令留守ニ而不逢申、甚残念、大杉谷郡長者津ニ来居候間、大ニ都合よろしく、追々宮川の川すじも岩石切通し、大杉ヲ開山ニ可成候由ニ御座候

右ニ就而も観音堂者　片平台か日出か岳の下辺ニ致し度、喜兵衛者少々差考出少き人物故、堂の中ニ者護摩檀ニ致ス等申候様之事有、後々如何様事仕出スも難知候様ニ相成候而者、折角之我等苦心も水の泡と成候間、先々他県ニ不懸致し置候方可宜と存候、呉々も三重県の他ニ不懸様ニ致し置れ候方と存候」

（井場亀市宛　明治20年5月31日付け松浦武四書簡写　高田十郎『松浦武四郎書状』昭和10弘版、三浦泰之「松浦武四郎記念館所蔵　絵葉書帖（木片勧進関係絵葉書帖）について（終）付録　井場亀市郎ほか宛て松浦竹四郎書簡の写しについて」会誌69　２０１４）

6・26

太宰府神社宮司江藤正澄から一畳敷用材

「偖、名嶋古城〔小早川隆景建築〕材木、早速御仕向申上筈之処、小生江譲候仁ハ即陸軍経理部当分営長岩本氏ナル仁ニ而、当人裏貸家ヘ住居致シ、朝暮参り気付居候より少シ当人之隙を見合せ候間、甚遅引ニ及ひ、御存意も如何ト相考ヘ申候、併シ漸本日荷造申候間、大阪造幣局一雄氏迄仕出申候間、着之上直ニ御仕向之儀御照会仕候、何□来月十日前後ニ可届奉存候」

（松浦武四郎宛（明治20）6月26日付け江藤正澄葉書　記念館蔵、三浦泰之「松浦武四郎記念館所蔵　絵葉書帖について⑵」No.11　会誌65　２０１２、「六十四」『木片勧進』明治20）

六十四　筑前　福岡　江藤正澄
同　宗像郡大島中津宮祭神田心（タコリ）姫命　神殿文禄九丙寅年大宮司氏貞建築　脇障子頭造り　氏貞在世の時此島に居城せし跡有　また氏貞の詠とて夫木集に　さりともと身のうき事は大島の神の心を頼はかりそ　此氏貞亡ふる迄七十九世　年数六百七十三年也と
筑紫の海沖の宮ゐの古木をも　おくるは人の情なりけり
（『木片勧進』明治20刊）
＊文禄は永禄の錯誤

7・23

大和吉野郡西原村、井場亀一郎から大台ヶ原山名古屋谷の不動堂着工通知

「不動堂は浅太郎へ相談致、本月廿九日ヨリ建築取掛り可申筈ニ相成候、且、奥田守亮殿ニも相談、承諾ヲ受申候、本尊者当所ニ無之、宜敷御了知ヲ願候」

（松浦武四郎宛（明治20）7月23日消印井場亀一郎葉書、三浦泰之「松浦武四郎記念館所蔵絵葉書帖（木片勧進関係絵葉書帖）について（終）」No.50　会誌65　２０１２）

8・12

吉野郡、井場亀市に大台ヶ原山の小堂建設促進方法指示

「扨、此間、小橡村より何かいろいろむつかしき事申来候間、是者先子細有事と存候小橡村とてもそれほど睦ヶ敷申まじと存候間、是が例の弥市が手と存候間、

我等者手も名前も引候間、よく惣代と相談致し、貴様、浅太郎両人ニ而ナゴヤ谷ニ建設致し貰置べし、左候ハヾ、不動様でも観音様でも此方ヨリ遣し候間、何卒浅太郎と貴様と両人ニ而建設致すべし

無程大台者開らけ候間、万代、貴様、浅太郎の名も残るべし、浅太郎へよろしく頼候、幸便之節、浅太郎へ何か遣し候、小橡村にて彼是申候ハヾ、申ス事出来ざる処よりして、やがて開く様ニ成也、めんどう故、我等はやめ候間、貴様、浅太郎両人ニ而建設致さるべし、依而請取書残し遣スべし、小橡惣代グズグス言ハヾやむべし」

（亀市宛て（明治20・8）月12日付け武四郎書簡写　高田十郎『松浦武四郎書状』昭和10孔版、三浦泰之「松浦武四郎記念館所蔵　絵葉書帖について（終）付録井場亀市郎ほか宛て松浦竹四郎書簡の写しについて」会誌69　2014）

8・19　大和葛上郡金剛山上、葛城真純から誘い

「扨、小生前年在京中ニも折々貴名之高きを承知仕、且、御著作物等御坐候趣承り候へ共、多忙に紛れ不得参伺帰国候段、兼テ残念ニ存居候間、在京之知友等へも御住所聞合せ度と此頃文通せし折節、片木之集と可申冊子御上木之旨申居人有之候へ共、弊国芳山之人ニは候得共、実情此道ニ好古之意ナキガ為カ、冊子之名サヘはきと覚へられされハ、残憾此事ニ御坐候」

＊木片勧進

「其内京摂辺へ御通行候ハ、弊山へ御登山奉待上候、併し当山ハ近年大破壊ニて御投宿スラ御勧メ申上兼候体ニ御坐候へ共、志情ニ於テハ好古之実情乍憚御憐意被下度候、右御厭ひなき時ハ追テ御来駕之節御枉駕奉希上候、併し御覧ニ入ル物も無之候へ共、風景のミハ有之候、然ルニ小生ハ兎角不在がちニ付、自然御来遊之刻ハ前以御はかきニても御通知給リ度、此段願上候」

（松浦大人閣下宛（明治20）８月19日付け葛城真純書簡、山田哲好「史料翻刻松浦武四郎記念館所蔵の松浦武四郎関係書簡」《東二九四》『松浦武四郎研究序説』　笹木義友・三浦泰之編　２０１１）

８・21　富士登山出立

「登岳も屈指五十一年余、未た十九才の時なりしか、吉田を上り須走りに下り、表口をしらさりしかは俗間に北より登り南表口に下り、南より登り北に下るを山を犁とて忌むとはしれと、年来の願なれハ、八月廿一日〔旧七月　三日〕中野松平を伴ふて出立〔二リ〕」　（『丁亥後記』刊本冒頭）

「八月六日娘産前腫気にて余程の難症と申来る。否する間に追々電報にて、日まし大病と申来る。十日午、薄暮には、今日四時二十分はかなくなりしとのしらせに、婆も余もたゞなく斗、飛立斗に思えども、如何ともなし難く、初七日も過しかば、松平を誘引して出立」

（『丁亥後記』　唐津巳喜夫翻刻　佐藤貞夫編『明治期稿本集』　記念館　平成29、刊本『乙酉後記・丙戌後記・丁亥後記』　影印収録）

『丁亥後記』
題辞　月皎風芳処　広開甘露門
明治二十年八月廿七日　為北海
老翁　前清見七十三翁　蓉嶺
奥付　明治二十年十一月二日届
同　十一月刻成
編集兼出版人　東京神田五軒町
十五番地　士族　松浦弘蔵版

『丁亥後記』稿
外題　明治二十年七十歳　八月廿
一日〔旧七月三日〕廿九日
畢之　富士登山記
唐津巳喜夫翻刻・佐藤貞夫編『明治期稿本集』記念館　平成29

８・24、25　登頂

「何れも皆四這して上る。左右手すり有。上を見れば階の上より大なる面をさし出て、御早うお座りと云。其顔凡三尺も有るやうに見え不思議なりと。松平を顧れば、松平の顔も斗樽斗に見えたり。是山嵐の瘴気のなす事、何となく天濛々として有けるが、甚寒く一歩も立留り難くぞ有ける。上れば直には大なりと見へし人も常の人にて全く濛気のわざ也。爰にて手水をうる也。上りて、頂上。是をおはちと云。数峰爪立して八葉の蓮の如く、是に仏号を配当す。周り凡一りと云へども回る所多き故、凡五十丁にも及ぶ也」（中略）

「恩師より遣し呉たる綿子の上に煎餅見たやうなる布団一枚をきて夜を明かしたり。四時頃より一同起て御来迎を拝。雑煮を食て四時半頃出たり。今日は則旧の七夕。新の八月二十五日なり」

（稿本『丁亥後記』）

8・29　帰着

「廿九日。朝涼に函根駅を過、十一時頃国分津（かうづ）停車場に飯し、五時過家に帰り例の一首口吟せんと

柴の戸をたゝく力も落はてゝ　たゞなにごともなくばかりなり」

（刊本『丁亥後記』　明治20）

9・22　小橡村の井場亀市に、大台ヶ原山名古屋谷の小堂建設問合わせ

「名古屋谷上の堂はやめ候哉、貴様、浅太郎両人ニ而立候哉、是また可申遣候」

（亀市宛　明治20年9月22日付け武四郎書簡写　高田十郎『松浦武四郎書状』昭和10孔版、三浦泰之「松浦武四郎記念館所蔵　絵葉書帖（木片勧進関係絵葉書帖）について（終）付録　井場亀市郎ほか宛て松浦竹四郎書簡の写しについて」会誌69　2014）

10・22　大台ヶ原山の観音堂

「名古屋谷観音堂江者　不動様とか　かんのん様を合セ祭る様可致、豊助参り候ハヾ右観音様も大切ニ持帰り貰候、浅太郎、貴様両人江預ヶ候様致し度候也、とにかく、此状着次第、名古屋谷立物一件、豊助娘か忠兵衛娘か両人の返事、早々可申遣候様相頼候」

（井場亀市宛　明治20年10月22日付け松浦武四書簡写　高田十郎『松浦武四郎書状』　昭和10孔版、三浦泰之「松浦武四郎記念館所蔵　絵葉書帖について（終）付録　井場亀市郎ほか宛て松浦竹四郎書簡の写しについて」会誌69　2014）

10・29 『日課天神図』一幅　紙本墨画、河鍋暁斎筆、記念館蔵
落款「明治二十亥十月廿九日　如空暁斎書」
（林昇太郎「武四郎涅槃図をめぐる人びと」『松浦武四郎　時代と人びと』北海道開拓記念館編　北海道出版企画センター　２００４）

11・12 大台山小堂建設
「名古屋谷の方亀市へ任せ候へば如何様ニなり仕候間、同人へまかセ置被下候、我等ニ於ては最早やめと戸長へ申遣し候間、出来様と出来まゐと天ニまかセ候也、北山谷神変講と成候とも前鬼講と成候とも其も自主自由也、我等が趣意者それ等の事者少しも不構也、我等考候者、小椽ニ而彼是申候者是も弥市なるべし、喜兵衛の変心も弥市なるべし、先々、亀市のする処を見て居らるべし、大工杣等の直段上り者聊の事也、決而心配なし、我に五年命あらば立派ニ行者の言条を立て、大台を前鬼ニまけざる様ニすべし、知恩院様の懸物、来年遣ス也、我等書の事、承知也」
（真田宛　明治20年11月12日付け松浦書簡写　高田十郎『松浦武四郎書状』昭和10、三浦泰之「松浦武四郎記念館所蔵　絵葉書帖について（終）付録井場亀市郎ほか宛て松浦竹四郎書簡の写しについて」会誌69　２０１４）

＊真田八十八

七　終　焉

一八八八年　明治21　71歳

2・　危篤・新聞報道

「◎松浦武四郎氏病篤し　県下一志郡小野江村より出せて蝦夷地の開拓に従事し遂に開拓判官に任ぜられたる北海翁松浦武四郎氏ハ　去る七日特旨を以て従五位に叙せられたるが　□□此程重病に罹り昨今余程危篤なりといふ」

（伊勢新聞　明治21・2・14）

2・7　叙位叙勲（辞令入り封筒の松浦孫太解説）

「明治廿一年二月七日　特旨ヲ以テ従五位ニ叙セラル

同　日　従五位ニ叙セラル

北海翁廿一年二月四日　下谷竹町四、鷲津精一郎氏宅ヘ行キ卒中ヲ発シ吊リ台ニテ自宅ニ帰リ　以後病篤キ事ヲ天聴ニ達シ従五位ヲ賜フ、　十日卒ス、　此辞令ヲ枕許ニテイビキヲカキ昏々タル処ニ見セタルトキ目ヲ見開キ　カルクウナヅカレタルト父ヨリ聞キタリ　予ハ其ノ時ハ知ラザリシ」

叙　位

「　　松浦　弘

特旨ヲ以テ従五位ニ被叙　明治二十一年二月七日

宮内省」

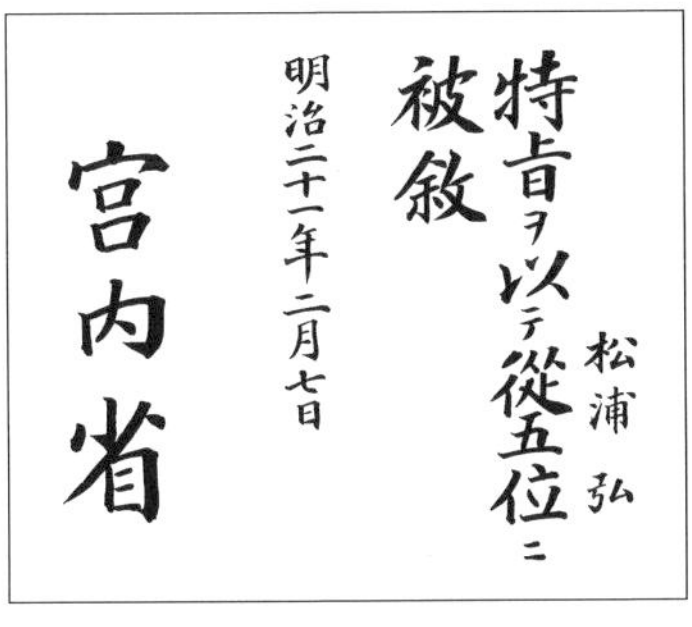
松浦　弘

特旨ヲ以テ従五位ニ

被叙

明治二十一年二月七日

宮内省

松浦　弘

「叙従五位　宮内大臣　従二位勲一等子爵土方久元宣　明治二十一年二月七日」

（『宣旨』箱　明治21・2・7　記念館蔵）

2・10　東京、神田五軒町の自宅で死去、七一歳

「祭粢料上封

明治二十一年二月十日　金弐百円下賜」（封書　二枚　記念館蔵）

「◎松浦弘氏逝焉　曾て危篤の疾患に罹りたる由を記載したる松浦弘氏（□名武四郎）の病状は中風症の由にて　薬石効なく遂に去十日を以て溘焉易簀したり　右に就き去十二日　其葬儀を執行したるが　予て同氏の遺言に従ひ白木の立棺に斂め　曾て生前に愛玩したる勾玉管玉等の糸に貫きたる者数聯を覆ひ　古代の風に擬して今戸称福寺に葬り　後ち日暮里火葬場に於て一端荼毘の煙と為し　白骨は東京より大台原山に移し　氏が熱心に開拓を企図したる記念の為めに止むる趣きなり　氏は予て北海道の開拓に従事して同庁枢要の地位に上り　桂冠の後も各地に周遊して種々の奇行を為し　昨年及び一昨年にも古稀の老体を顧みず　奮然として大台原山に登臨し　其開墾を企つるが如き功績の少なからざるは　世人の夙とに知る所なれば　其履歴は次号に詳細を記載すべし　惜しむべし　勢陽出身の一人物を失ひしことを」（伊勢新聞　明治21・2・17）

三重郡小山村医者・博物家、鎌井松石の追悼

「当郡一志郡須川村尾ノ江村ノ人ナリ　通名松浦武四郎弘ト云　晩年ニ北海ト号ス　右松浦弘氏ハ松石山人同癖ニテ従来知已ノ処　一昨々年病状中風症ヲ発シ種々治療　薬石効ナク終ニ本年明治二十年二月十日ヲ以テ終ニ溘焉易簀シタリ　右ニ就キ去十二日葬儀ヲ執行シタリ　同氏ガ遺言ニ従ヒ白木ノ立棺ニテ　平生

＊尾ノ江村　小野江村

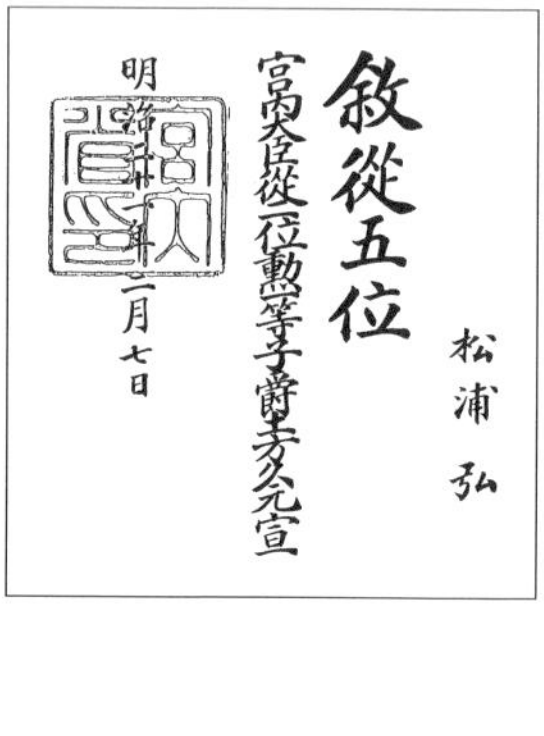
叙従五位

松浦弘

宮内大臣従二位勲一等子爵土方久元宣

明治廿一年二月七日

ニ愛翫シタル勾玉管玉等ノ糸ニ貫キタルモノ数聯ヲ覆ヒ　古代ノ風ヲ擬シテ今戸称福寺ニ葬リ　後チ日暮ノ里火葬場ニ於テ一端荼毘ノ煙ヲ為シ　白骨ハ東京ヨリ大台原山ニ移シ　氏ガ熱心ニ開拓ヲ企図シタル紀念ノ為ニ止ル趣キナリ
氏ハ予テ北海道ノ開拓ニ従事シテ同庁樞要ノ地位ニ上リ　桂冠ノ後モ各地ニ周遊シテ種々ノ奇行ヲ為シ昨年及ヒ一昨年ニモ古稀ノ老体ヲモ顧ミズ　奮然トシテ大台原山ニ登臨シ　其開墾ヲ企ツルガ如キ功績ノ少ナカラザルハ　世人ノ夙トニ知ル所ナレバ　其履歴ハ追テ詳細ニ記載スレドモ　惜ム可キハ勢陽出身ノ一人物ヲ失ヒシコトヲ　右松浦武四郎氏ノ年齢ハ古稀ヨリ三年目ノ春二月死ス」

（鎌井松石『三重本草稿』附録伍　明治21頃、鎌井家寄贈　四日市市立博物館所蔵）

＊鎌井松石（一八一六―九一）

2・14　死亡報道

「去る七日、特旨を以て従五位に叙せられたる同氏は、元と伊勢の人にして武四郎と通称せり、剛毅倹素にして平生好みて古物の鑑定を善くす、嘉永安整の頃、旧幕府に仕へ深く蝦夷不毛の地に入て開拓の業に従事し、維新の際擢んで、開拓判官となりしが、幾もなく職を辞し、爾来風月の間に優游して今日に至り、今茲七十の高齢なるも尚矍鑠たりしが、去四日の事とか、所用の為め降積る雪を冒して早朝より起出て、下谷竹町の某家に到りて閑談中俄かに中風症を起し、直ちに医を迎へて療治を加へ、暫くにして下谷五軒町の自宅に送り、尚ほ療養手当も等閑ならざりしが、終に同十日午前七時卒去せり
因て一昨十二日午后一時、浅草今戸町の菩提所へ送葬せしが、白木の竪櫃に曲玉管玉等の装飾を為し総て古代の葬儀に擬し、文人墨客多く会葬せり、又た遺骨は存生中の遺言に拠り大和国大台ヶ原山に送る由」

（郵便報知新聞　明治21・2・14、柏書房　平成4縮小影印、秋葉　実「松浦武

4・5　吉野郡西原村惣代名主、真田八十八が大坂造幣局松浦一雄納骨を待機
四郎往返書簡(25)」会誌41　2003)
「陳者尊君父御コッ申置之通り大台山ヱ納ノ由ニテ　近日御出張被遊之趣ニ付テハ我等モ御供仕、一坐ノ護摩修行モ致置候間、待受候也、我庵モアハラやニ候へ共、二三泊ハ我家テ止宿ヲ致被下度、昨年モ父拙地より発足致候ヘ者、本年モ我等同道致度ニ付、拙地御発足被下度、猶又墓所ハ名古屋谷ニ限り、昨年立置候御堂ハ兼テ咄合ニテ内払三社ニ致、一体者我ノ入所モコシラヱ置ト申置有之ハ位配堂也、余者面会ヲ待テ万々申延候也」
(松浦一雄宛(明治21)4月5日消印　真田八十八葉書、三浦泰之「松浦武四郎記念館所蔵　絵葉書帖(木片勧進関係絵葉書帖)について(4)」No.45　会誌65　2012)

一八八九年　明治22

1・29　大台ヶ原山の開拓計画・新聞報道
「○大台ヶ原山の開拓　和州吉野郡南部なる大台ヶ原山の事は　先年故松浦武四郎翁の跋渉に依りて大いに世に知らるゝ所となりたるが　京都祇園下河原町に寄留する鹿児島県士族渋谷国安と云ふ人　昨年七月以来該山開拓の事を思ひ立ちたるが　当時同氏は吉野地方へ避暑に赴きたる際　小栃村に一泊し村民四十余名を引き連れて大台ヶ原山に入り　五日三夜山中を跋渉せしが老樹古木鬱蒼として鹿道だに未だ通ぜず　山中には八つの峰ありて其間に四里四方ほどの平原あり　中央に一里四方計りの大沼あり　山野共に生茂る樹木、栂、□、檜、柘植等多く　其の大なるものは十六人にて拱(かゝ)ゑるほどのものあり　跋

渉中　四尺有余の鷲を三度まで見とめたりと云へり
該山は、大和、紀伊、伊勢の三国に境し　小栃村共有山なるが渋谷氏の概畧調査に拠れば東西九里　南北七里もある由　今開拓の計画といふを聞くに小栃村より大台山中を経て紀伊、伊勢の両国へ通路を開きなば山中より八百万本の良材を得べく　其代価は伐出し費用を引くも尚三千百万円の利益を得ることいと易しとの見込にて　差当りて前の二道路を開くだけの資本として二十万円を要すれば　株主を募集せんと此節同意者を集め居るといへり」

（伊勢新聞　明治22・1・29）

後　記

小　玉　道　明

一

三雲と東京の両松浦家には、大半の松浦武四郎関係資料が保存されてきた。長年月の間に遭遇された天災、戦禍から守られた御両家の御苦労は、言葉や文字に表現されるものではない。戦後にあっては東京の松浦家の方で一時、文部省国文学研究資料館史料館（現在名、国文学研究資料館）に寄託されていたこともある（松浦一雄氏談話「松浦家文書の戦時疎開」『史料館研究紀要』30　聞き手鈴江英一　史料館　平成11）。

これらの書画と書簡類は長年の間、保存と公開を願望されていた三雲松浦家から一志郡三雲町への御寄贈を契機に開設した町立松浦武四郎記念館に収蔵され、計画的に展示公開されている。当時の町議会では記念館の新設をめぐった激しい議論が重ねられたと聞く。松阪市に町村合併後には、さらに東京松浦家からの御寄贈があり、同一の文化財保存施設により保管されることになった。

二〇〇八年七月九日には、そのうちの一五〇五点が重要文化財（歴史資料）に指定され、毀損の激しい物品については、国庫補助を得るなどして、修復事業も続けられて現在に至る。

本書のうち、松浦武四郎年譜の中心となる資料は、各界各層の友人知友らとの頻繁な書簡であり、要点となる部分を抜粋した。混然とした時代に生き抜いた武四郎の姿を追ったものである。年譜では時代の流れに沿って集中して見られる事項を目安として章立してみた。特徴的な活動に焦点を当て区切っているから、章立の区分としては前後も生じている。

二

明治維新という一大変革期、言い換えれば近代社会に移行する幕末から明治初期の変動期に当面した松浦武四郎の実像資料として、数多くの書簡が読まれてきた。この武四郎書簡については、北海道遠軽町丸瀬布の秋葉　実（一九二六〜二〇一五）氏により、『松浦武四郎研究会会誌』（一九八四年四月二〇日創刊）の九四年の14号から、逝去される前年の70号まで五三回にわたり連載された数々の「松浦武四郎の往返書簡」（後に、松浦武四郎往返書簡）がある。難解な書簡が翻刻され、一通ごとに懇切な注を付けて紹介されているから、内容の理解を一段と深めることができた。

もちろん同研究会会誌には、会員諸氏らの論考の中にも多くの武四郎書簡類が紹介され、それを軸にした多様な武四郎の活躍が解明されてきた。

一方、二〇〇七年度から一〇年度には北海道開拓記念館が、「近世後期から近代初期に形成された知識人ネットワークに関する基礎研究」を、日本学術振興会科学研究費補助金の交付により共同研究として進められた。その成果は大部な『松浦武四郎研究序説』（笹木義友・三浦泰之共編　２０１１）に総括された。副題にある「幕末維新期における知識人ネットワークの諸相」に示されるような、これまた多くの書簡の翻刻が示された。いうまでもなく書簡の多くは、差出月日が記されても差出年まで記さないのが通例であるが、内容などから差出年が確定、あるいは推定されている。

また書簡集としては、松浦武四郎存命中に昵懇の栃木県足利の画人、田崎草雲の懇望により譲られた書簡類もある。後には当地の須永金三郎氏により巻子一一巻に仕立てられ、足利学校遺跡図書館に所蔵され、現在では足利市立草雲美術館に保管される。翻刻には六通の武四郎書簡を含む『芸窓雁影　田崎草雲宛書簡集』と、一二二通が『雲津雁影　松浦武四郎宛来信集』に集録されている。

雲津雁影はまず地元の橋本芳一氏が翻刻に着手され、さらに小野智一氏が校訂して編集した改訂版（個人出版　２０１１）がある。その大半は前記秋葉氏も新たに翻刻され、『松浦竹四郎研究会会誌』四六号から五九号に掲載している。

同じ頃、武四郎の出身地、一志郡三雲町（町長黒宮哲之）では、一九九二年九月から三雲町史編集委員会（委員長　三重大学名誉教授酒井一）により進行する。この『三雲町史』では、各所に所蔵される武四郎書簡類が収められた（『町史』第三巻　資料編2　2000、『町史』第一巻　資料編補遺2003）。その多くは郷里の実家宛書簡の松浦武四郎記念館保管分と、親交のあった津の豪商川喜田石水宛書簡（津市・石水博物館蔵）をはじめ、生涯師とした津藩校有造館督学の平松楽斎宛（津市教育委員会蔵）、伊勢神宮神官で師とした足代弘訓宛（神宮文庫蔵）などの書簡であった。

三

本書では、ほとんどを占める抜粋した書簡類の注の意味を含め、下欄に月旦と渋団扇に記載された詩画の内容と、収集品を収納した箱の箱書、書斎一畳敷用古材を集成した『木材勧進』記録などとともに、武四郎による自費出版図書も挙げた。

合わせて田崎草雲から求められて、明治一一（一八七八）年に一括届けられた知人の書簡一二〇余通に合わせた月旦（『雲津雁影』【百二十二】　足利市・草雲美術館蔵）から、本文に収録した書簡の下欄に添えてみた。ただし書簡の発着日付とはかなりの齟齬を生じている。

また『蝦夷屏風』右隻と、『遺芬』四の月旦（松浦武四郎記念館蔵）も併せて示す。これらはいずれも、三浦泰之「史料翻刻　松浦武四郎による人物紹介に関する史料」『松浦武四郎研究序説』笹木義友・三浦泰之編（2011）に紹介されているものである。

蝦夷屏風では、「明治二年送り遺候分」とされ、遺芬には明治五年までの書簡であり、雲津雁影の月旦は明治一一年までの武四郎宛ての書簡に添えられていたものである。

「渋団扇」は、長年にわたる交友のあった知人や、各界の要人と識者らに書・漢詩・寸画の揮毫を求められたもので、明治元年頃の初見以来、晩年まで続く。最晩年に集中する書斎「一畳敷」用材の寄贈者を列記した『木材勧進』の個別例とともに、年記が明記されない場合も多い。

友人等に依頼して手許にされた書・画の落款付き渋団扇は、現在では何時の頃か骨からはずされて『渋団扇帖』（三冊　記念館蔵）にまとめられたものがある（山本　命「渋団扇帖―松浦武四郎が集めたサイン帳―」『松浦武四郎研究序説』笹木義友・三浦泰之編　２０１１）。

このほか現存しないが、明治三二（一八九九）年一一月三日撮影という屏風に仕立てられた写真がある。その屏風を実見した早稲田大学初代図書館長で、随筆家市島春城が追想している。

尚ほ遺族の所蔵品中に渋団扇の貼りまぜの屏風があつたが震災にどうなつたか知らん、これには種々の書画があつて面白いものだつた。

（市島春城「多気志楼主人」書斎3　書斎社　大正15）

各所の知人等から届けられた書斎一畳敷用古材については、一点ごとに増築完成後の明治二〇（一八八七）年刊の『木片勧進』に集約される。ただしその調達年月が記されないが、用材送付状などから推定して年表に分割してみたので、実態とはかけ離れた場合もあろう。

いうまでもなく古器物の収集も、居住地が東京神田五軒町に定められる以前の頃から見られ、明治一〇年と一五年に刊行された大判の図録『撥雲余興』二冊にまとめられた。主として書画類以外の解説付き出土品集であるが、掲載された現物の所在はながく知られてこなかった。

ところが近年、東京都世田谷区の公益財団法人静嘉堂に伝来することが明らかになる。二〇一〇年度から一二年度には、国学院大学研究開発推進機構学術資料館を中心にした諸氏らが詳細な整理と研究が進められた。その成果は、遺物写真と実測図などを合わせた報告書でもある『静嘉堂文庫蔵　松浦武四郎蒐集古物目録』（内川隆志編　平成25）にまとめられた。これも日本学術振興会科学研究費補助金の交付による「博物館における人文資料形成史の研究　静嘉堂文庫所蔵松浦武四郎旧蔵資料の研究と公開」調査であった。

整理終了後の二〇一三年一〇月五日から一二月八日には、東京都世田谷区岡本の静嘉堂文庫美術館で「幕末の北方探検家松浦武四郎」展として公開され、武四郎蒐集の実態と内容が広く知られるようになった（『静嘉堂蔵　松浦武四郎コレクション』平成25）。

古物、収集品は明治二（一八六九）年頃から、大小の木製収納箱に収められたようである。それらには武四郎自身による箱書のほか、昵懇の書家等に長短の題字を求めて揮毫年月、時には収集品入手の時期と契機も記される。取得年月不明の器物の箱書は、関連事項などから年月を推定して、下欄に釈文を転載させていただいた。これらの箱書の整理番号と釈文は、内川隆志編「箱書・文書の翻刻文」『静嘉堂文庫蔵　松浦武四郎蒐集古物目録』（平成25）によるものである。

四

武四郎近代年譜の晩年にあたる明治一二（一八七九）年以降は、西国各地の探査が始まる。紀行文の要約は極力さけ、特徴的な印象を追って年月にしたがい抜粋してみた。整備途上の鉄道を利用しながら、人力車の利用か徒歩が移動の主な姿であった。汽車賃にはあまり気をつかわなかったようであり、車賃の地域差には物価の格差とともに留意していた。諸国の通常の見聞の間に、とくに各地同好者との交流が詳しく記される。

明治元（一八六八）年から始まる新政府の廃仏棄釈、あるいは神仏分離策による古社寺荒廃の実態を嘆きながら、その疲弊の姿が占められる。新政府による地方統治の実態に気を配った旅であり、単なる物見遊山ではなかったと読む。

これらの紀行には、武四郎生前の小本による出版もある。大半は稿本のままに伝来されていて、記念館では二〇〇三年度に、松浦孫太の解読をもとにした佐藤貞夫氏の翻刻と編集による刊行が着手される。まずは、武四郎最晩年の明治一八年から二〇年の大台ヶ原紀行分であった。その後、しばらく間をおいた二〇一四年からは、併設の小野江コミュニティセンター（公民館）講座に、佐藤氏を講師とした、「武四郎を読む会」各位の取り組みが続いた。

（書　名）	（解読）	（翻刻編集）	（刊行）
松浦武四郎大台紀行	松浦孫太	佐藤貞夫	2003
乙酉紀行（明治18）・丙戌前記（明治19）・丁亥前記（明治20）			
壬午遊記（明治15）	松浦孫太	佐藤貞夫	2011
辛巳紀行（明治14）	松浦孫太	佐藤貞夫・武四郎を読む会	2012
癸未溟誌（明治16）	松浦孫太	佐藤貞夫・武四郎を読む会	2013
甲申日記（明治17）	松浦孫太	佐藤貞夫	2014
己卯記行（明治12）		佐藤貞夫・福永昭・唐津巳喜夫	2015
庚辰紀行（明治13）		佐藤貞夫	2016
明治期稿本集			2017
明治二年東海道山すじ日記		佐藤貞夫	
乙酉後記（明治18）		佐藤貞夫・松村暸子	
丁亥後記（明治20）		佐藤貞夫・唐津巳喜夫	

西国旅行の初年度にあたる明治一二（一八七九）年から一四年初までは、伊勢山田出身の書家松田雪柯（一八二三―八一）の日記を併せ見ることができた。伊勢山田在住時の雪柯とは、その父である適翁ともどもの付き合いであり、さらに交友を深めていたようだ。雪柯の在京期間はわずか三年ほどとはいえ、とくに近代書道確立に大きな役割を占める日下部鳴鶴、巌谷一六、小野湖山らをはじめ、来日中の清国楊守敬らとの頻繁な出会があった。

武四郎にとっては、古写経をはじめ古文書類への本格的な理解を深める機会になったのであろう。実際、雪柯を含めた当時の一流書家との接触の成果は、ちょうど同じ明治一二年に始める毎年の西日本各地への旅、その都度の探索記録、紀行の文面に現れる。各地の古社寺で直接した古書・経典類を詳細に列記するなど、積極的な関心に表われる。

この日記の解読は、書論研究会代表杉村邦彦氏らにより、同研究会誌の「書論」29号（一九九三年）から41号（二〇一五年）に掲載された。雪柯による自筆日記一三冊のうちの在京時にあたる四冊分の釈文であり、「松田雪柯東都日記」と題した連載で、十分な理解のないままにその恩恵を受けた。

五

武四郎の密度濃い生涯については、探検家、好古家、蒐集家など、さまざまな人物像が提示されてきた。生家を離れた諸国順歴と長崎逗留の青少年期に始まり、蝦夷地探索に邁進した壮年期、毎年の西日本各地探訪の晩年を過ごすという。荒廃する諸寺社の順覧の合間には、新体制を迎えた町々村々の実情も淡々と描写して伝える。

また直径一メートル近い大神鏡の奉納が、明治八（一八七五）年五月一五日に、京都北野天満宮、続いて一〇月二二日の上野東照宮。以後、大坂天満宮（明治12・5・5）、吉野金峯山蔵王堂（明治14・5・28）、太宰府天満宮（明治15・5・9）にある。奉鏡の詳細な真意は知られないが、圧巻の奉納行列も記される。

一方、この頃には、西日本各地の天満宮を選定した「聖跡廿五霊社」へ、友人等に呼び掛けによる小鏡と、各社近辺の案内道標・石標の設置が始まる。あたかも敬虔な天神信仰の証しとされている。いうまでもなく、この二五社は右大臣菅原道真の左遷ともいわれる京都から九州太宰府への道程をめぐる故事に由来する。ただし選定は考証結果と言うより、長年の伝承に従ったようだ。

そのうちの八社には武四郎自身が小鏡を奉納し、残りの一七社へは願主として昵懇な身近な友人・知友等に呼びかけたもの。天満天神社への巡拝も道真への憧憬と追慕からであって、短期間とはいえ官職にあった自己の境遇に重ねたのかもしれない。

すでに郷里実家の灯籠には、官職就任の証しを誇らしげに刻み込んでいた。在職中の諸事百般におよぶ建言、新政府による北方統治政策への失望は、予想外になる対照的な表現とみなしたい。

この頃の心境は、最晩年に出かけた著名な友人の墓参にもよく顕れる。その一人、島　義勇などは開拓使の同僚でもあったし、当事者らへの単なる追憶とも思われない。幕藩旧体制に、あるいは新政府の政策に反発し、抵抗しながら自滅した者への鎮魂の旅とも見受けられる。

明治15・5・1　萩　吉田松陰墓参　安政の大獄（安政6、刑死）
明治15・5・11　佐賀　島　義勇・江藤新平墓参　佐賀の乱（明治7、梟首）
明治16・4・21　鹿児島　西郷隆盛・戦死者七周忌墓参　西南戦争（明治10、自刃）
明治17・4・26　但馬　南　八郎（河上弥市）墓参　生野の変（文久3、自刃）
明治17・5・4　敦賀　武田耕雲斎墓参　天狗党の乱（慶応元、斬罪）

いずれも動乱の世に無残な結末でも、後の赦免と復権、現在では時代の変革に果たされた役割が、関係地に建てられた墓標などとともに語り継がれているようだ。

なお執筆者の不注意から明治17・4・26の冒頭に次の記事が欠落した。補記したい。

4・26　生野の変の指導者、南　八郎（河上弥市）墓参

「しばし過て路の右に石垣高く積み、紙木綿の幟数十本を立たる有故、是ぞ南八郎外十一人の墳墓にして十二本並び立るも憐れに思はる。其まはり桜を植て有。是皆其後何事か願の成就せし者等、願はたしの為に奉りしなりと。我も躑躅二三本を折て手向、車夫をして線香もとめ、さしくゆらして、生野山岩のかけ路の遠ければ　涙の露を手向にぞして」

道中の古墳群

「道傍に小冢斗の岡陵有り。其下空にして車より下り、覗き見るや巨石をたゝみ、其天井と覚しきは一枚石にして粗なる石棺有。是は何時頃掘りしやと車夫に問はゞ、五六年前掘出たるが、中には太刀、鏃、素焼の壺類有りしと等談らふまに、向の方にもまた一つ見ゆ。山手を見れば、山の麓にも有。其近く六つ程見しが、また此在かけて十余ヶ所　有と」（『甲

六

本書の作成には、まず松阪市小野江町・松浦武四郎記念館所蔵の資料をもとにしながら、北海道の松浦武四郎研究会会員諸氏らによる諸論著を十二分に転用させていただいた。誤用もあろうが御容赦くださ い。また資料収集には、三重大学付属図書館・情報図書館チームと三重県環境生活部文化振興課県史編さん班（通称、県史編纂室）には、常々お世話をかけた。

とくに資料収集には武四郎を読む会の福永　昭氏、史料の翻字と整理には県史編さん班の井上しげみ・沢山孝子両姉に御苦労をかけた。また終始、松浦武四郎記念館館長中野　恭、主任学芸員山本命両氏と館員の皆々様の協力、長年にわたり松浦武四郎研究会の事務局も担当されている北海道出版企画センター野澤緯三男氏からは、掲載史料の適否に適切なご指摘もあり、厚くお礼申し上げる。

なお紀行文中の古墳などの名称については、当記念館から左記による照会に対して、当該市町文化財担当係から懇切な回答が寄せられ、理解を深めた。御芳名を記して謝意とする。

「古墳の名称等について

当館は、幕末から明治維新に生き、六度に及ぶ北海道の探検を行うとともに、日本各地を巡り古物収集に力を注いだ松浦武四郎の生地にある博物館ですが、本年が松浦武四郎の生誕２００年にあたるため、武四郎の明治期の年譜を作成しております。

つきましては、松浦武四郎が記録した紀行文（別紙参照）に記載がある古墳の名称等についてご教示を賜りたく、お手数ではございますが、下記にご記入の上、このままＦＡＸにて当館へご返信をいただきたく存じます。

なお名称には遺跡地図、遺跡台帳に記載のものとし、不明の場合は不明とご記入ください。ご多用とは存じますが、ご教示賜りますよう、どうぞよろしくお願い申し上げます。

記

古墳の名称　通称、別称　所在市町村名　代表的文献」

回答部局と担当者（敬称略）

静岡市観光交流文化局文化財課文化財保護係

掛川市教委社会教育課文化財係

磐田市教委文化財課　佐口節司

岡崎市教委社会教育課文化財係　小林　巧

東海市教育委員会社会教育課　宮沢浩司

関市教委文化課文化財保護センター　伊藤　聡

揖斐郡大野町教委生涯学習課文化財整理室　竹谷勝也

大垣市教委文化振興課　文化財保護・活用推進グループ　高田康成

芦屋市教委社会教育部生涯学習課文化財係　竹村忠洋

姫路市教委文化財課　岡坂直巳

岡山市教委生涯学習部文化財課

防府市教委文化財課文化財保護係

太宰府市教委文化財課

うきは市教委生涯学習課文化財保護係　生野里美

熊本市経済観光局文化・スポーツ交流部文化振興課　三好栄太郎

熊本県八代郡氷川町教委生涯学習課

明治期の武四郎の旅

（佐藤貞夫氏作成）

明治十二年（1879）『己卯記行』の旅

目的：①いしの七回忌法要　②大阪天満宮への大神鏡奉納　③妻との名所旧跡めぐり

行程：東京－半田－宮－四日市－小野江－伊勢－二見－津－大津－京都－奈良－飛鳥－吉野－橋本－高野山－堺－大阪－神戸－丹生山田－須磨－大阪－大津－宮－東京

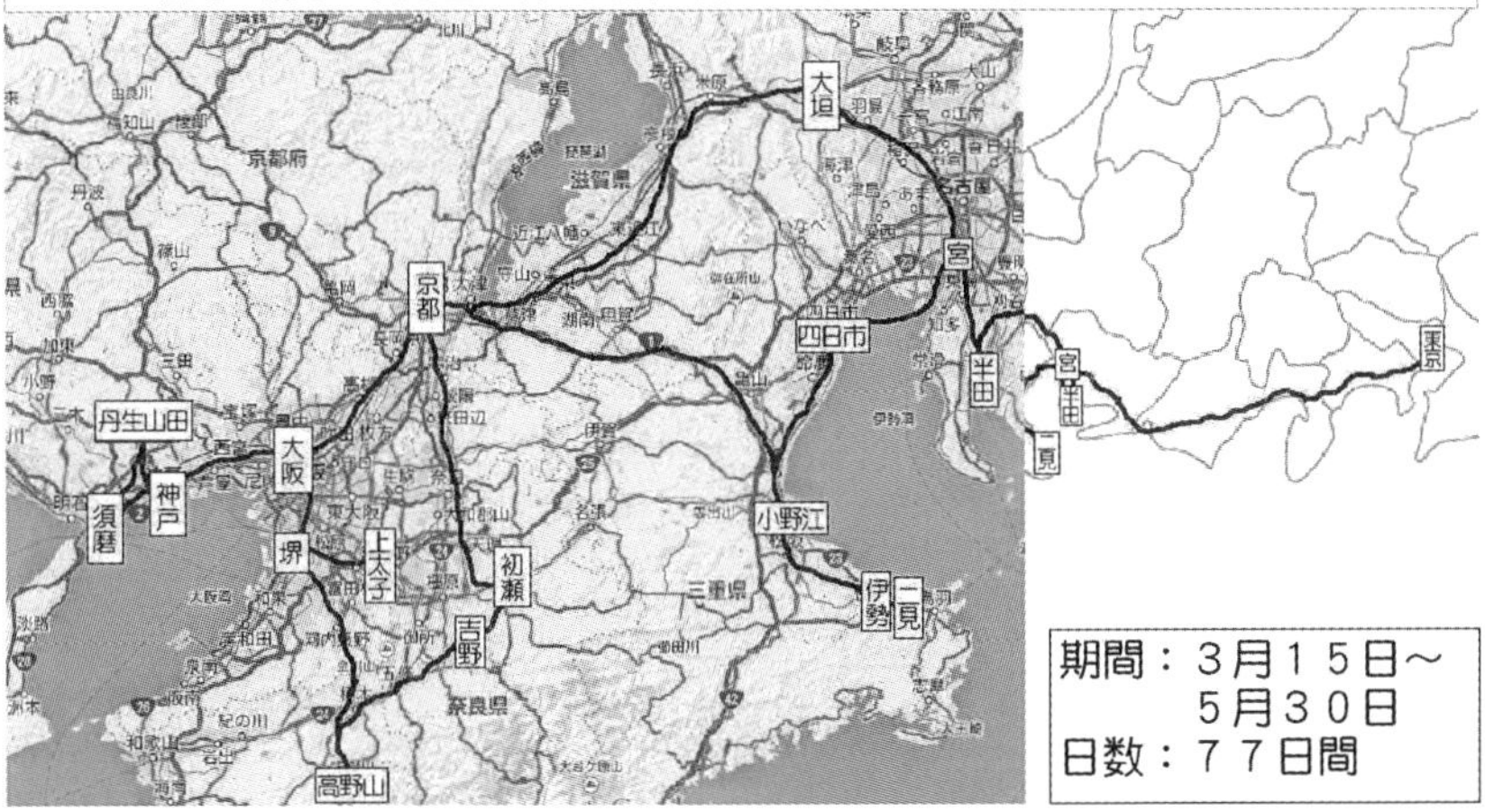

明治十三年（1880）『庚辰紀行』の旅

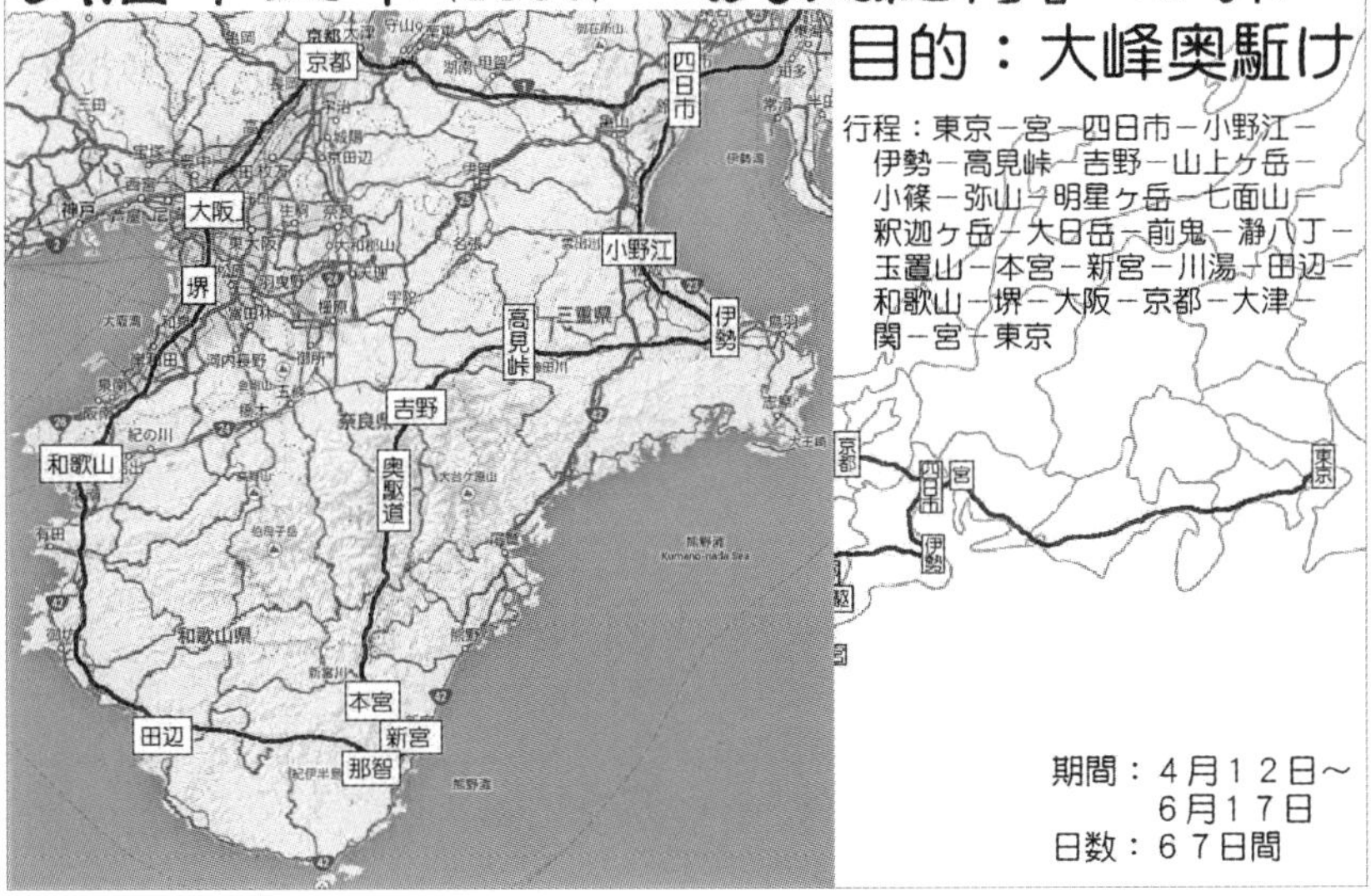

明治十四年（1881）『辛巳紀行』の旅

目的：①天神・天満宮調べ　②金峰山寺蔵王堂への大神鏡奉納
行程：東京－名古屋－岐阜－米原－石山寺－大阪－須磨－姫路－尾道－（船）－広島－（船）三田尻－（船）－馬関－（船）－博多－太宰府－博多－馬関－（船）－多度津－高松－（船）－大阪－吉野－宇陀－四日市－宮－東京

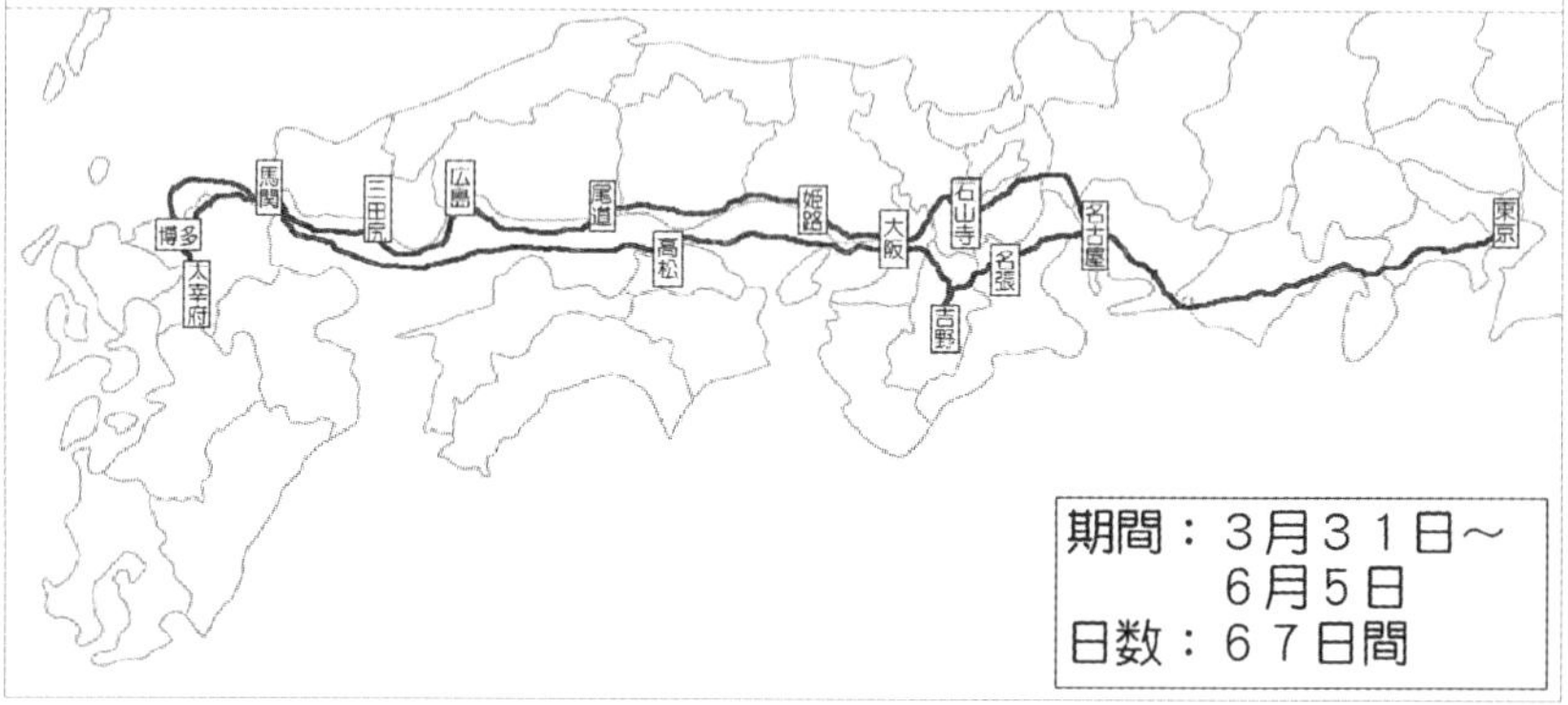

期間：３月３１日～
６月５日
日数：６７日間

明治十五年（1882）『壬午遊記』の旅

目的：①太宰府への大神鏡奉納　②松陰の墓参り　③島義勇の墓参り×
行程：東京－宮－養老－八幡－三井寺－京都－大阪－明石－姫路－美作－米子－松江－銀山－益田－萩－防府－三田尻－馬関－（船）－博多－太宰府－佐賀－博多－馬関－（船）－宮島－（船）－尾道－（船）－多度津－（船）－神戸－大阪－京都－亀山－四日市－宮－東京

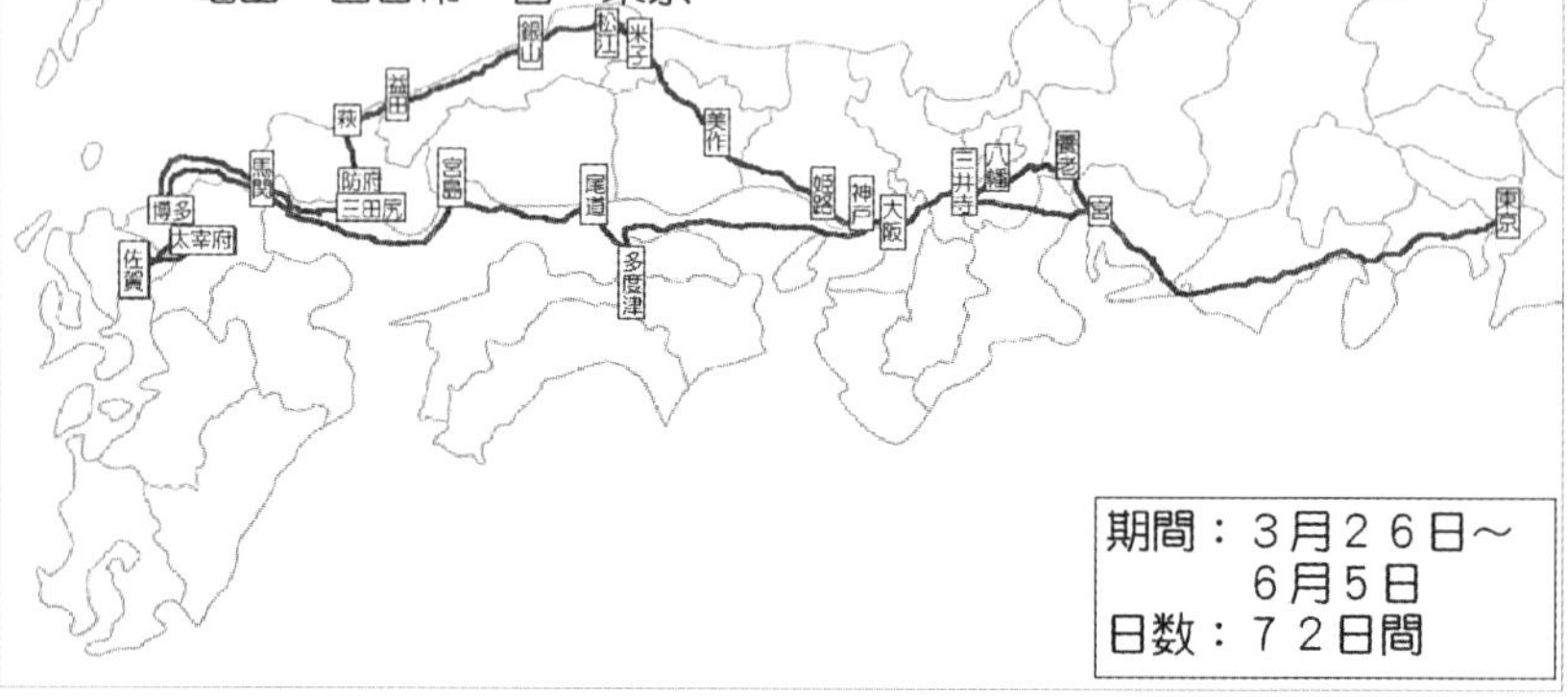

期間：３月２６日～
６月５日
日数：７２日間

明治十六年（1883）『癸未溟誌』の旅

目的：①西郷隆盛の墓参り　②五家荘周遊　③天神・天満宮めぐり×
行程：東京－宮－四日市－大津－京都－大阪－神戸－（船）－馬関－香椎宮－福岡－太宰府－久留米－熊本－五家荘－都農－宮崎－都城－鹿児島－加治木－人吉－八代－熊本－久留米－博多－馬関－（船）－三田尻－（船）－多度津－（船）－大阪－大津－亀山－宮－東京

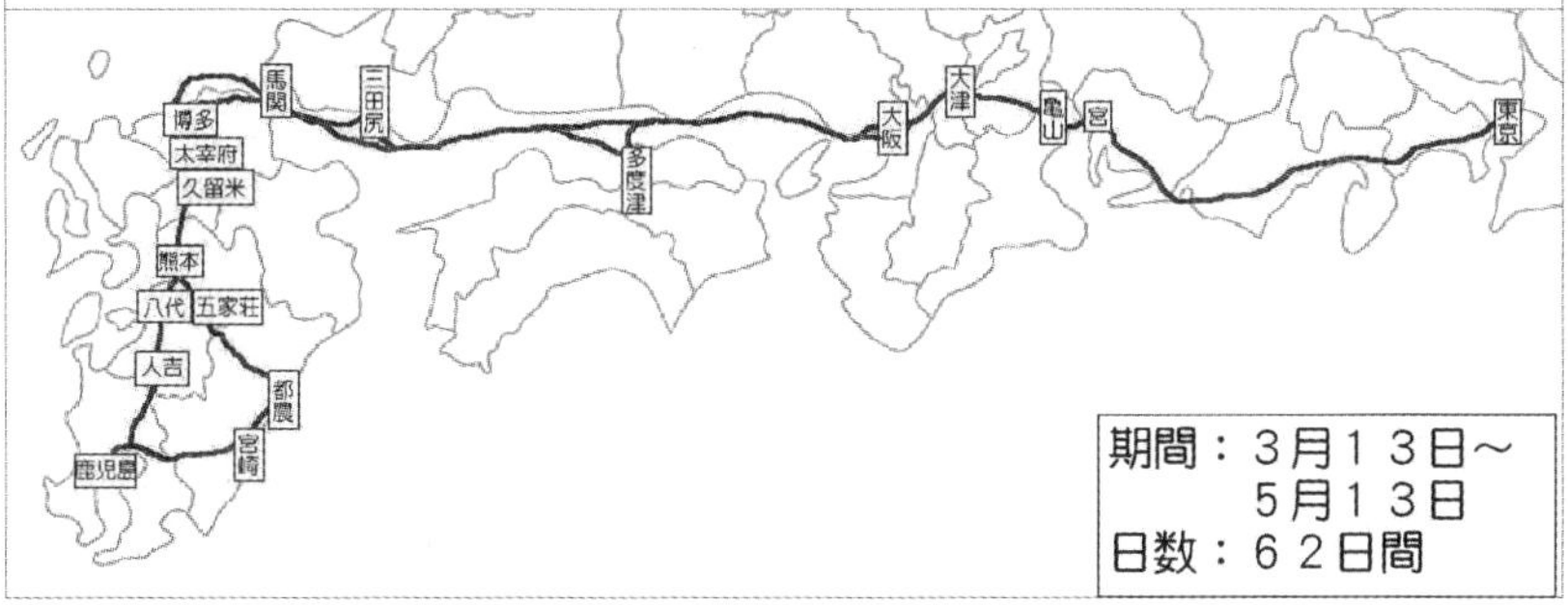

期間：３月１３日～
　　　５月１３日
日数：６２日間

明治十七年（1884）『甲申日記』の旅

目的：①高野山に髻を納める　②小神鏡奉納・石標設置　③文化財拝観
行程：東京－宮－四日市－大津－京都－富田林－高野山－堺－大阪－須磨－曽根－姫路－朝来－温泉寺－久美浜－宮津－舞鶴－小浜－敦賀－守山－大津－京都－大阪－大津－亀山－宮－東京

大阪天満宮へ奉納

北野天満宮へ奉納

小神鏡

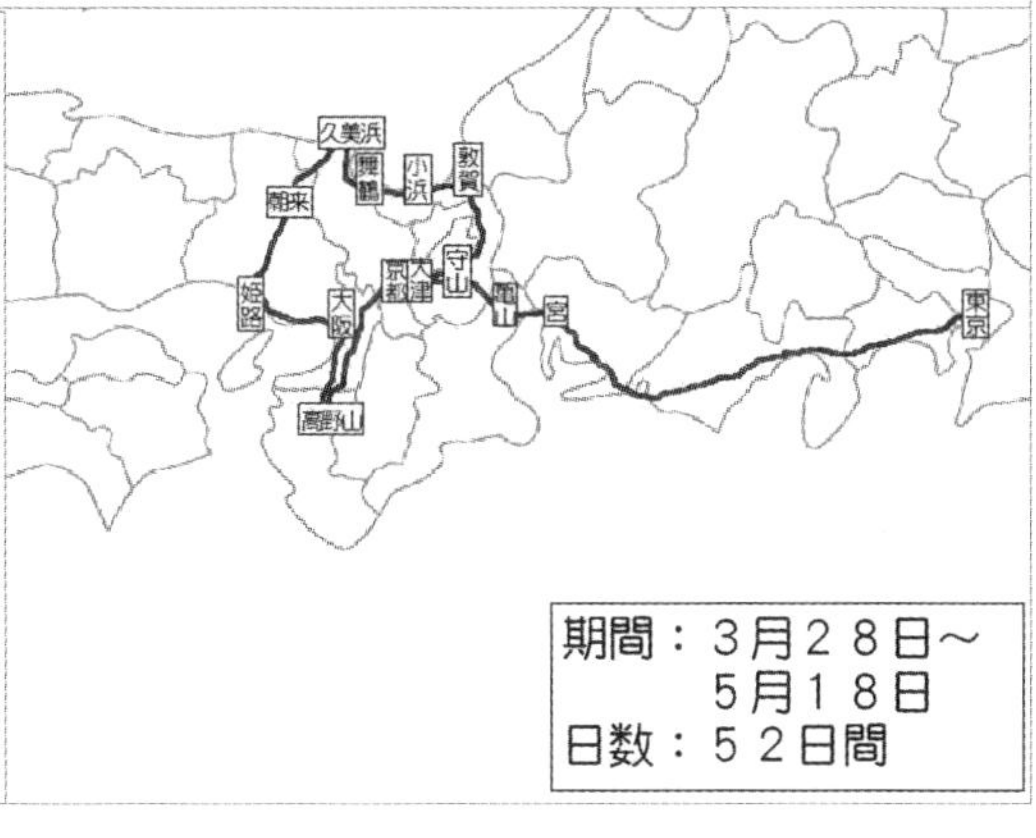

期間：３月２８日～
　　　５月１８日
日数：５２日間

明治十八年(1885)『乙酉紀行』の旅

目的：①天満宮への小神鏡奉納　②大台ヶ原の探索
行程：東京－(東海道)－宮－桑名－鈴鹿峠－大津－京都－大阪－神戸－姫路－神戸－大阪－法隆寺－初瀬－桜井－吉野－天ヶ瀬－大台ヶ原－木津－伊勢－小野江－四日市－宮－(東海道)－東京

期間：４月１４日～５月３１日
日数：４８日間

明治十八年(1885)『乙酉後記』の旅

目的：①いしの十三回忌追福　②三峯神社・秩父三十四ヶ所観音霊場めぐり
行程：東京－（汽車）－本庄－秩父三十四ヶ所観音霊場めぐり－川越－東京
期間：１０月６日～１２日　　日数：７日間

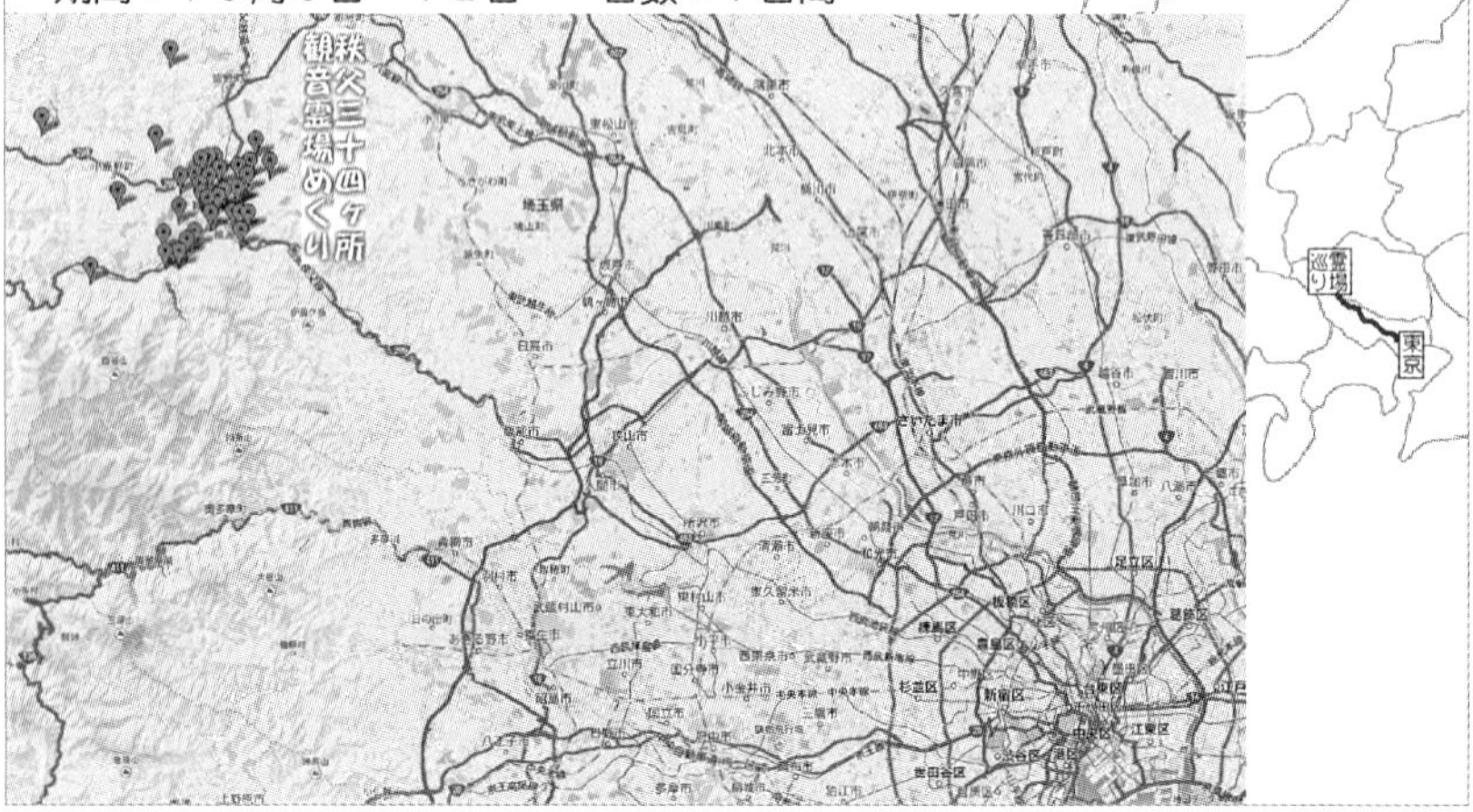

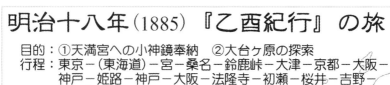

明治十九年(1886)『丙戌前記』の旅

目的：①小神鏡奉納・建標　②大台ヶ原・上北山・大杉谷の探索
行程：東京－（東海道）－宮－桑名－鈴鹿峠－大津－京都－大阪－神戸－姫路－明石－神戸－大阪－奈良－吉野－天ヶ瀬－大台ヶ原－上北山－木津－伊勢－大杉谷－小野江－四日市－宮－（東海道）－東京

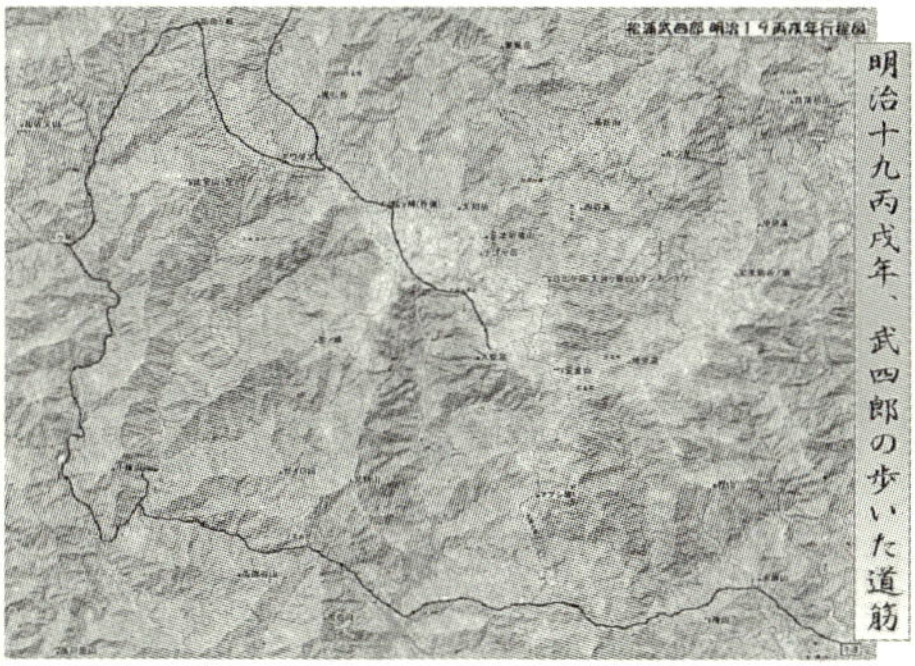

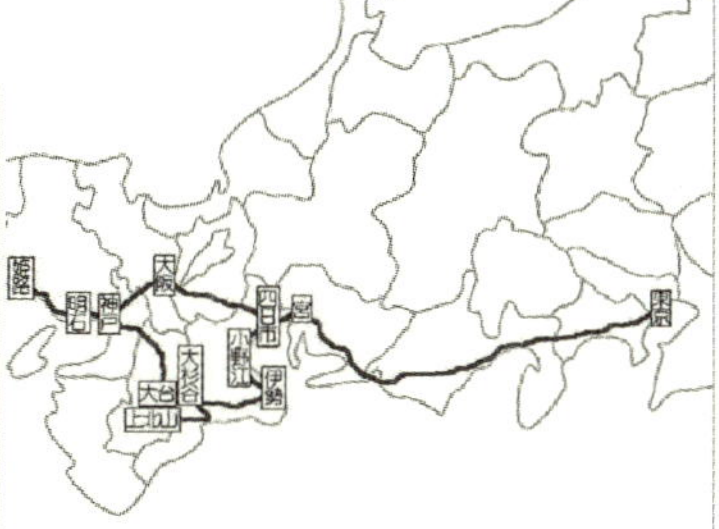

期間：４月９日～５月２２日
日数：４４日間

明治十九年(1886)『丙戌後記』の旅

目的：①信毛周遊　②妙義山（最高点1103m）登山
行程：東京－（汽車）－前橋－暮坂峠－草津－戸隠神社－善光寺－上田－小諸－軽井沢－妙義山登山－高崎－（汽車）－東京

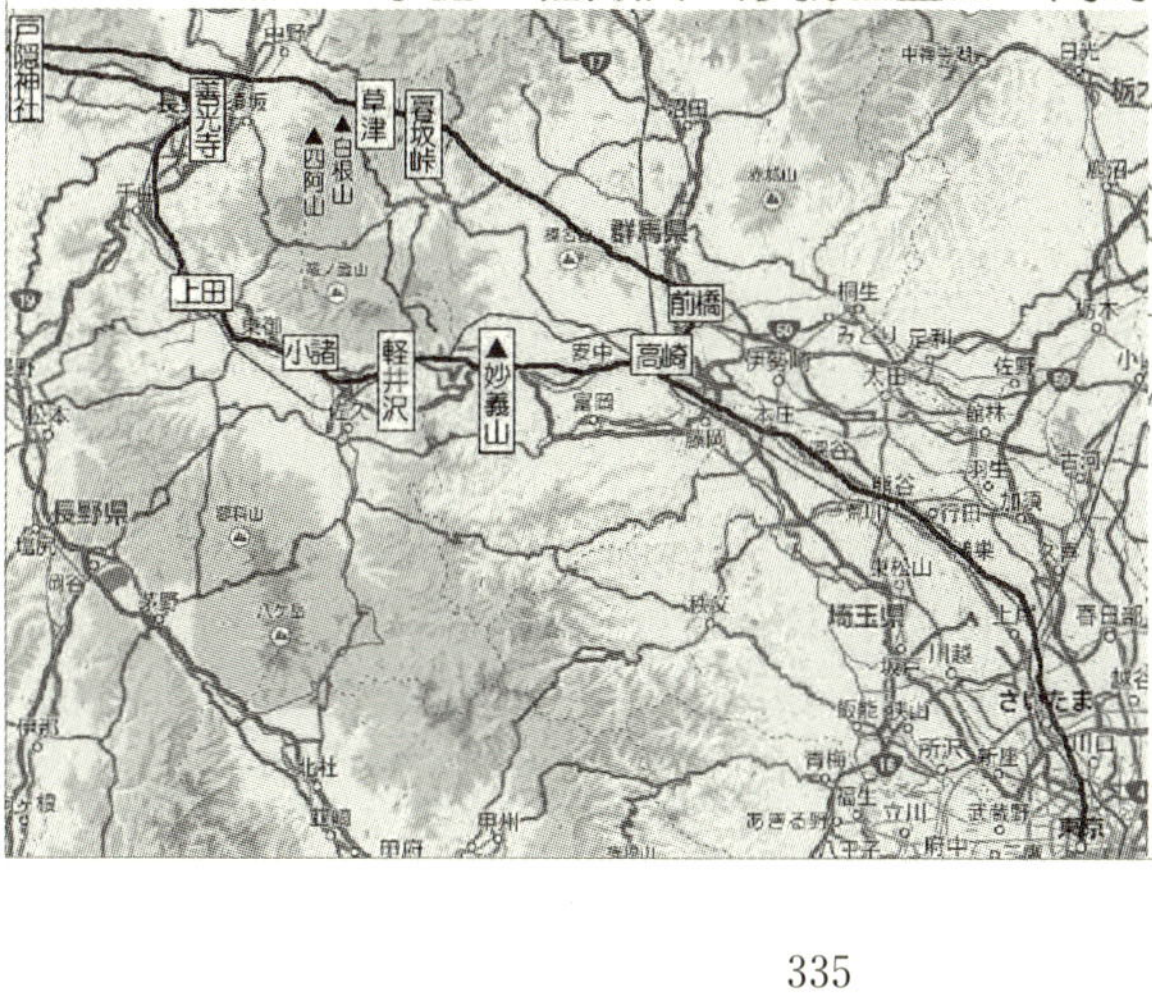

期間：１０月７日
　　　～１６日
日数：１０日間

明治二十年（1887）『丁亥前記』の旅

目的：①小神鏡の奉納　②大台ヶ原の新しい小屋・登山道の披露
行程：東京－（東海道）－名古屋－長浜－大津－京都－大阪－神戸－姫路－淡路島－福良－撫養－多度津－（船）－三田尻－防府－馬関－小倉－博多－太宰府－宇佐－小倉－宮島－尾道－大阪－下市－洞川－天ヶ瀬－大台ヶ原（護摩供養）－木津－伊勢－小野江－四日市－宮－東京

期間：３月２２日～５月２７日
日数：６７日間

明治二十年（1887）『丁亥後記』の旅

目的：①富士登山　②おまさ（養女）の三七日法要・記念分け
行程：東京－八王子－上野原－都留－吉田－富士山－大宮－江尻－（東海道）－東京

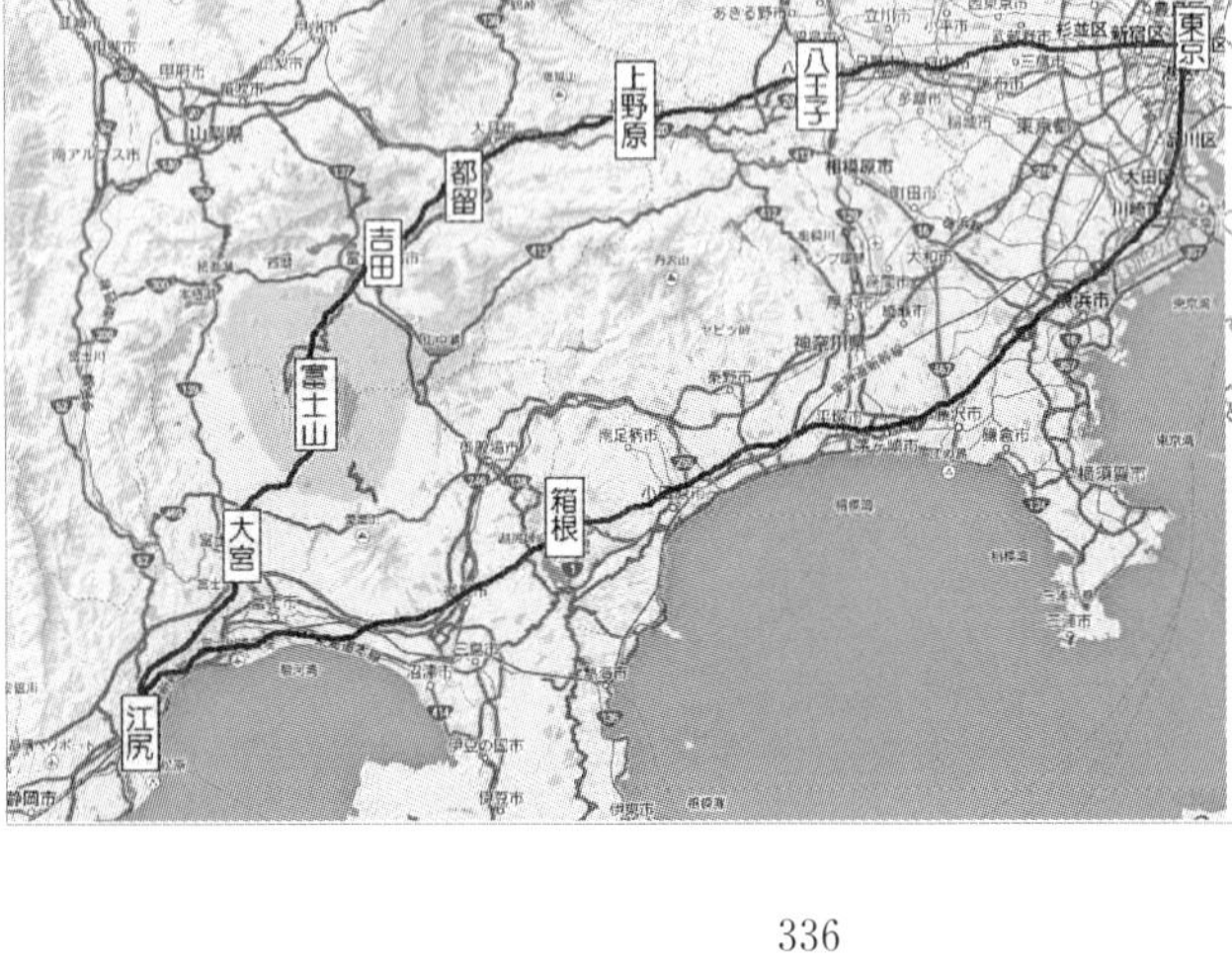

期間：８月２１日
～２９日
日数：９日間

（註）
○経典類・新聞以外は武四郎作品
○「　」付きは書簡等の集録
○次の著作類と展覧会図録の書名は割愛
渋団扇帖、雲津雁影、木片勧進、絵葉書帖、松浦武四郎往返書簡、松浦武四郎研究序説、松浦武四郎関係歴史資料目録、松浦武四郎
蒐集古物目録、三雲町史

く

け

こ

さ

し

書名類・論文索引

せ

そ

た

ち

つ

て

と

な

か

き

く

人　名　索　引

佐　藤　貞　夫（さとうさだお）
1941年　三重県一志郡三雲村生
主編著　松浦武四郎稿本翻刻、松浦武四郎記念館刊行
竹四郎日誌（按西按東扈従）（平成13）
松浦武四郎大台紀行集
乙酉紀行・丙戌前記・丁亥前記（平成15）
壬午遊記（平成23）・辛巳紀行（平成24）・癸未溟誌（平成25）
甲申日記（平成26）・己卯記行（平成27）・庚辰紀行（平成28）
明治期稿本集
明治二年東海道山すじ日記・乙酉後記・丁亥後記（平成29）
四国遍路道中雑誌（平成30）

小　玉　道　明（こだまみちあき）
1936年　愛知県岡崎市生
主編著　六三子残影　光出版　1991
奥伊勢宮川村の本草　宮川村　1997
考古の社会史　光出版　2006
続考古の社会史　光出版　2012
三重県議会・新聞コラムの文化財　三重県　平成25
伊勢商人西村広休の本草物産学　光出版　2015

近代初期の松浦武四郎

発　行　2018年11月15日
編　者　松浦武四郎記念館
発行者　野　澤　緯三男
発行所　北海道出版企画センター
〒001-0018 札幌市北区北18条西6丁目2-47
電 話　011-737-1755　FAX　011-737-4007
振 替　02790-6-16677
URL　http://www.h-ppc.com/
E-mail　hppc186@rose.ocn.ne.Jp
印刷所　㈱北海道機関紙印刷所
製本所　石田製本株式会社

ISBN978-4-8328-1807-1　C0021